U0738449

2001年国家社科基金项目（01CZS006）：“近代中国人开发宁夏的思想研究”结项成果。

2009年度获得“宁夏大学优秀学术出版基金（（E）NDZZ09-1）”资助。

2010年教育部资助宁夏大学“211工程”项目“中国民族史学理论与回族史、西夏史”子项目“回族与西北区域史”成果之一。

近代宁夏开发思想及实践研究

张天政◎著

人民出版社

序　言

一、研究现状述评

说明：1. 本书稿所研究空间范围即今天宁夏的行政区划；2. 本课题所指近代是 1840 年至 1949 年的历史时期。3. 书稿所指“开发”，是指对经济、教育、文化、思想、政治等各方面建设、治理。

在中共中央、国务院发出“西部大开发”的伟大号召下，宁夏区党委、政府提出“西部大开发，宁夏要争先”的响亮口号，明确了宁夏在西部大开发中总的战略方针。宁夏属我国西部较为落后的省区之一，宁夏当前到底应如何进行大开发，赶超东西部发达省区，仍是摆在我们面前现实而紧迫的问题。现实与历史有着隔不断的联系。但迄今为止，尚未见学术界有专门著作对近代宁夏开发的思想主张及实践加以系统探讨。多年来海内外学术界有关近代宁夏的研究著作，民国时期主要有：马福祥等《朔方道志》，天津华泰印书馆，1926 年出版；宁夏省政府秘书处编《十年来宁夏省政述要》，宁夏省政府 1942 年印，宁夏人民出版社 1988 年影印版；叶祖灏著《宁夏纪要》，南京正论出版社 1947 年出版；秦晋著《宁夏到何处去》，1947 年印。新中国成立以来，有关研究著作主要有：陈育宁总主编，吴忠礼、刘钦斌主编《宁夏通史》，近现代卷，宁夏人民出版社1993年版，该著作对宁夏近代开发的政治条件、税制、金融及经济的缓慢发展，对宁夏近代的教育、科技文化加以梳理与探讨；胡平生著《民国时期的宁夏省（1929—1949）》，台湾学生书局1988年版。该著作对民国时期宁夏的历史沿革及自然地理，军事与政治，财政金融，工农商业，交通水利，社会情态，教育发展进行较为深入的研究。魏永理主编，李宗植、张寿彭副主编《中国西北近代开发史》，甘肃人民出版社1993年版；Topping，John Themis：“Chinese Muslin Militarist：Ma HongKui in Ningxia，1933—1949”，The university of Michigan，PH，D1983。[①] 侧重于近代宁夏某些方面问题的宏观研究，侧重于部分宁夏开发的探讨；同时也提供有关材料搜集线索及某些研究思路。上述论著虽对近代宁夏开发一些事实稍有着墨，对近代宁夏历史有所梳理，但对近代宁夏开发的思想及主张缺乏全面、详细的论述，缺乏多角度、深层次的理论分析，缺乏对系统的档案、文献、期刊材料的运用，更缺乏对近代宁夏开发思考及实践相结合进行更加全面的评价，这也就难以更好地为当前宁夏大开发提供借鉴。

二、研究内容

本书稿主要对1840年至1949年期间国人开发、治理宁夏的思想及实践进行较为系统、全面的研究。晚清时期，左宗棠及其他官员对宁夏开发、治理的政治、经济、教育等环境进行探

① D是博士论文英文词的缩写。内容详见作者著《约翰·史密斯·托平撰〈中国穆斯林军阀：马鸿逵在宁夏（1933—1949）〉述评》，张柱华主编《“草原丝绸之路”学术研讨会论文集》，中外关系史论文集第17辑，甘肃人民出版社2010年版。

讨，并在经济、政治、文化教育方面进行治理、开发，取得一定成绩。民国时期，近人对宁夏开发、治理的思考更为系统，主要涉及经济方面，如交通、邮电、水利、工业、农业、林业、畜牧业、商业、财政、货币金融尤其是农村金融方面；同时，涉及政治、民族、科技、教育、思想文化观念方面，并在上述方面进行实践，在地方政治、经济、民族、文化教育建设方面做出诸多不懈的努力，带来近代宁夏区域经济、社会的变迁。再者，通过开发的主张及实践来揭示地方当局与中央政府的关系，并提供一些有益于区域建设的建议或启示。

三、学术价值与研究方法

本书稿属于2001年度国家社会科学基金项目《近代中国人开发宁夏的思想研究》课题结项成果。因此，该著作的完成，不仅有益于近代宁夏史及近代中国区域史的研究，而且有助于近代西北区域史研究，更有助于补充近代中国经济及西北现代经济开发研究的薄弱领域，并有助于近代中国史的研究。同时，也有助于了解宁夏的历史或区情，为区域经济建设提供帮助或启示。本书稿主要运用历史学、经济地理学、发展经济学等研究方法，对近代宁夏开发思想主张及实践进行系统研究。

四、参考资料

书稿尽可能充分搜集并利用已刊各种原始资料。另外，北京政府时期的宁夏，在国家混乱、军阀割据，地方战争不断、政争迭起的形势下，无暇考虑、规划地方建设，且现有史料较少，笔者尽全力搜集有关史料，但所积累资料欠系统，很难专列节、目，因而分散于书稿相关节、目中；对于民国时期，尤其是国民政府时期的资料，除搜集已刊史料外，还收集到南京中国第二历史档案馆国民政府各部委有关宁夏的未刊的珍贵档案史料，搜集到宁夏回族自治区档案馆、中国第一历史档案馆相关未刊档案，如水利、畜牧、金融等方面的材料。笔者主要运用宁夏回族自治区档案馆、宁夏图书馆、宁夏大学人文学院资料室、宁夏大学图书馆、复旦大学历史系资料室及图书馆、上海图书馆、中国第一历史档案馆、中国第二历史档案馆、国家图书馆、中国社会科学院近代史研究所图书馆所珍藏资料。

五、近代宁夏概况

宁夏的地理位置远离海洋，深居内陆，境内地表形态复杂多样，加上地形及纬度等关系，造成宁夏典型的大陆性气候。当时的宁夏雨量稀少，日照长，蒸发量高，气候干燥；风暴频繁，天气变化无常。宁夏的土壤多为钙层土，具体分为漠境钙土区、淡栗钙土区、未成熟之淡栗钙土区、冲积土区等。宁夏在晚清及民国时期（1929 年建省前）隶属甘肃省。自近代以来，宁夏社会政治较为黑暗，交通闭塞，农牧业经济凋敝，民众深受鸦片毒害，文化教育极为落后，但晚清时期基本无地方割据势力。进入民国时期，其中北京政府时期，宁夏先后为马福祥、马鸿宾、冯玉祥等所控制，战乱纷争不断；国民政府时期，1933 年，马鸿逵组建新的宁夏省政府，直到 1949 年；其统治历经 1927 年至 1937 年南京国民政府时期，1937 年至 1945 年抗日战争时期，1945 年至 1949 年时期。马鸿逵统治宁夏期间，认为宁夏属较小省份，周边环境对其构成威胁，因而各项举措、建设均以增强其政治、经济、军事实力，维护与巩固其统治为宗旨。近代中国开发宁夏思想主张的产生，就其动机而言，近代中国掀起的关于宁夏开发思想的动机或背景除为当时的统治者服务外（如镇压民众反抗、防共反共），具体如下：其一，宁夏属新建省份，经济文化比较落后，但自然资源较为丰富，可利用宁夏较为丰富的自然资源促进本区域经济恢复及社会发展，平衡宁夏与沿海省份之差距。其二，晚清时期沙俄对西北侵略加紧；民国时期，九一八事变的爆发，伪满洲国的建立，日本帝国主义侵华步伐的加快，严重威胁着中国北部边疆安全及中华民族的生存，当时需要从战略上考虑加强国防，巩固包括宁夏在内的西北边疆。其三，晚清、国民政府有关政令、决议的推动作用。如1932年12月，国民党四届三中全会上，褚民谊等人提出“开发西北案”。1933年，国民党中央政治会议召开343次会议，通过“开发西北案”，国民政府经委会也在交通建设方面予以支持。这意味着国民党做出开发包括宁夏在内的西北各省的决议。[①] 同年，国民政府行政院发布有关上述提案的训令。[②] 清政府、国民党及其政府的有关决议引起当时社会各界的较多关注，关于宁夏等西北开发的思潮应运而生。

---

① 《大公报》1935年2月9日，第四、五版。

② 中国第二历史档案馆编《中华民国史档案资料汇编》，第五辑，第一编，财政经济（七），江苏古籍出版社1994年版，第68—75页。

目录 contents

晚清篇

第一章　晚清时期宁夏开发环境的思考

第一节　地理环境、自然资源及交通、财税

身为封疆大吏，陕甘总督左宗棠较重视了解包括宁夏在内的甘肃地方情形，他讲道："窃维甘肃地气高寒，节候暑少寒多，物产甚稀，民生日蹙。蚕桑既限于土宜，裘褐亦限于购制，需用棉布均须自川、陕、湖北采购而来。"左宗棠首先注意到，特殊的地形、气候等地理环境因素影响当地生产生活。同时，他亦尖锐指出由于地理、交通等原因，宁夏等地社会生产生活实际处于封闭、落后状态。如"陆路贩运，脚运价昂，民间无衣之苦，甚于无食。……至于丝、布匹，甘肃素未讲求，全恃商贩，又不能有南方舟楫可资重载，以故价值昂贵异常。民间耕作收入不多，本地银钱向本［原文如是］缺乏，遂不得不忍受风寒"。[①] 左宗棠实际主张对该地区的治理需先从了解当地地理及社会经济等情况入手。

---

① 左宗棠著《札陕甘各州县试种稻谷桑棉》，《左宗棠全集》，第14册，札件，岳麓书社1996年版，第527—529页。

历史进入近代，包括宁夏在内的西北各省交通设施仍极为落后。清末，甘肃宁夏知府赵惟熙鉴于“西北为神京右臂，居建瓴之势，拥天府之腴，而独令其芒芴闭塞，混沌终古，地产无由远，民智无由开，强邻之窥伺无由绝”。赵惟熙认为包括宁夏在内的西北交通建设乃“尤亟之亟”。[①]

晚清以来包括甘肃省辖下的宁夏财政税收状况成为近人关注的问题。正如左宗棠所讲，该区域“承平时经入各款不及东南一腴郡之多，专仰给部拨各省协济饷银以资支放”。[②] 而“奏拨甘饷每年四百一十余万两，加以本省地丁额征二十八万两，咸丰元年以前岁以为常，迄无缺欠，固资敷衍”。咸丰年间，各省“协饷稀至，每岁所入减至二百余万两，甘肃势已不支”。驻甘“兵勇二百数十营，粮食饷需一切均摊派民间供支，为日既久，……人畜耗而地亩荒，军储急而民食尽”。[③] 可见，包括甘肃省辖下的宁夏财政相当困难，连兵勇、民众生计均成问题。

第二节　对宁夏政治状况的关注

晚清时期，包括宁夏在内的甘肃地方官员，仍“执法营私，贪酷并济，玩视军务，罔恤民艰”，“甘省州县枯瘠，不自聊生”，地方官员却“日肆诛求”，“剥削闾阎”，百姓“颗粒全

---

① 《东方杂志》，第四卷第八期，光绪33年（1907年）6月25日，第155、161—162页。

② 左宗棠著《请敕部核销甘省部司各钞票折》，《左宗棠全集》，第5册，奏稿五，岳麓书社1991年版，第433页。

③ 左宗棠著《陈明甘肃捐输实数乞广文闱中额片》，《左宗棠全集》，第6册，奏稿六，岳麓书社1992年版，第127页。

无”，生计断绝。而府衙官吏仍花天酒地，“酣嬉淋离”，“总督衙门，与武营中军、候补文员，游逛宴会，听曲宿娼”，“彻夜不休”；“属员相率效尤，俱尚浮靡。而督、臬两署笙歌，竟无虚月”，“鼓吹休明”，“叫嚣喧呶，极不可耐”；[①] 各署官员“结拜弟兄，酒食征逐，醉后谩骂，毫无局面”，所有花费，全从司库“项内开销”。[②] 政治腐朽达到极点。如“固原提督胡超克扣兵饷，置办戏装，置汰名粮，畜养优伶”，“不时唱戏宴客”。[③] 张声磬等将清道咸年间包括宁夏在内的甘肃地方政治腐败状况予以无情揭露，实际指出该区域政治环境极为恶劣。

至光绪年间，政治状况仍未有大的改观。1879 年，左宗棠在奏特参贪劣狡诈各员一折中即指出，卸任署平罗县事任懋修苛敛营私、声名狼藉；前署宁夏府经历、补用典史陈宝善藉查罂粟诈索银钱。[④]

民众负担却依然如故。步入近代以来，宁夏民众赋税负担更为严重。张声磬记载，道咸年间，仍继续“加赋，甚至村庐寺观，亦令纳租”，“日捐、月捐、黑捐、飞捐、亩捐各种捐法”层出不穷，“州县催征，鞭扑严急”，“官丁非棍”，“排门搜刮”，“敲筋击髓”，“民怨如仇”，“甘肃秽政，莫大于加赋”！赋税负担日益加重。[⑤]

---

① 张声磬著《道咸宦海见闻录》，中华书局 1981 年版，第 134、206、214、226、402 页。

② 张声磬著《道咸宦海见闻录》，第 226 页。

③ 《清宣宗实录》，卷 281，转引自杨新才编著《宁夏农业史》中国农业出版社 1998 年版，第 213 页。

④ 《清实录》，第五十三册，《德宗实录》，卷九十二，中华书局 1987 年版，第 382 页。

⑤ 张声磬著《道咸宦海见闻录》，中华书局 1981 年版，第 134、212、400、402 页。

对此，游历西北途经宁夏的谭嗣同曾赋诗揭露，他咏道：

“马足蹩，车轴折，人蹉跌，山岌业，
朔雁一声天雨雪。舆夫舆夫，尔勿嗔官！
仅用尔力，尔胡不肯竭？
尔不思车中累累物，东南万户之膏血。
呜呼！车中累累物，东南万户之膏血！”①

该诗通过对当地车夫在高山雪地运粮的血泪斑斑历史情景之展现，揭露了清政府及其地方当局对包括当地贫苦车夫在内的广大民众的百般奴役与残酷剥削；而谭嗣同在诗中所表达的不可遏止的愤怒与慨叹之情则反映了作者迫切要求减轻包括宁夏在内各地人民负担的强烈愿望。

鸦片之种植、吸食亦为近人议论之重大问题。1872 年 12 月间，左宗棠奏称，“民间栽种罂粟，本干例禁，现在陕、甘地方疮痍甫复，耕垦无多，民食、军粮犹虞不继”，② 上述文字明确指出鸦片种植是包括宁夏在内的甘肃省经济难以恢复的原因之一。

1874 年，左宗棠在另一份奏折中分析道：此乃因各州县颟顸从事，“视若缓图，甚且于罂粟含苞成果时始行勘验，徒使委员丁役收受规费，虚报民间畏怯拔除，希图掩饰；或竟以罂粟现杂禾稼内种之，碍难拔除；或以愚民护惜罂粟，动辄集众阻勘，恐致激成事端，虚词掩饰”。③ 左宗棠较客观地分析了鸦片

① 谭嗣同著《六盘山转饷谣》，蔡尚思、方行编《谭嗣同全集》（增订本），中华书局 1981 年版，第 67 页。约 1890 年至 1898 年间，谭嗣同曾游历西北。

② 左宗棠著《左宗棠全集》，第六册，奏稿六，岳麓书社 1992 年版，第 45 页；宁夏回族自治区档案馆编，吴忠礼、杨新才主编《清实录宁夏资料辑录》（下），宁夏人民出版社 1986 年版，第 1126 页。

③ 左宗棠著《特参查禁罂粟办理颟顸并失察委员丁役诈索之知县请分别革降折》，《左宗棠全集》，第六册，奏稿六，岳麓书社 1992 年版，第 45 页。

种植泛滥的某些原因，明确指出鸦片种植、贩卖实与当时税收及政治腐败有关。

时隔十余年至1886年，关陇各县种烟，复红花遍地，左宗棠闻之大惊，叹曰“劫余黎民元气未复，加以克伐，其何以堪，若不严行禁绝，三十年之后，汉人种族其将弱乎”。[①] 左宗棠显然对鸦片种植问题表示极大关注，甚至将其提至危及汉民族兴衰之高度。

在对晚清时期宁夏区域情状或开发环境考察的同时，近人更多地关注如何在宁夏进行开发、治理。

---

① 戴鞍钢、黄苇主编《中国地方志经济资料汇编》，汉语大词典出版社1999年版，第1206页。

第二章　宁夏治理的思考及实践

第一节　政治变革

据所见史料，晚清近人关于宁夏政治建设的主张及实践主要包括三个方面。

其一，注重整顿吏治。1879年，因鸦片种植，左宗棠在奏特参贪劣狡诈各员一折中即指出，卸任署平罗县事任懋修苛敛营私、声名狼藉；前署宁夏府经历、补用典史陈宝善藉查罂粟诈所银钱。均著革职永不叙用。①

其二是禁烟措施。1878年，左宗棠等在上奏关于甘肃现办禁种罂粟、请仅将查禁不力及实在出力各员分别惩、劝各折片中认为，栽种罂粟有害民食，例禁綦严。但宁夏府及其属各县多有查禁不力者，因而受到奏处革职查办的官员有宁夏府知府李宗宾、宁夏县知县胡韵兰、灵州知州孙承弼、宁朔县知县贺升运及中卫、平罗两县有关官员；而对"其查禁尤为出力之宁

---

① 《清实录》，第五十三册，《德宗实录》（二），卷九十二，中华书局1987年版，第三八二页。

灵厅同知俞光容，著赏加知府衔”，署中卫县知县刘然亮、署宁夏府知府张宗槐、署平罗县知县吕恕、代理宁夏县知县李日乾、代理灵州知州德荫以及署甘肃宁夏镇总兵冯南斌均受到不同奖赏。[①] 左宗棠主张通过禁种、惩治腐败等办法来实行禁烟，一度产生明显效果。正如有论者所言，左宗棠此次可谓下很大决心在宁夏大加整顿。[②]

1900 年 10 月，固原知州王学伊曾采取筹款组建戒烟等局，施给吸洋烟者丸药等禁戒措施，以除民病。[③]

宁夏禁烟曾受到嘉奖。据宁夏将军台布等奏，至 1909 年宁夏满城戒烟，一律净尽。所有出力之协领瑞理等数员，请饬传旨嘉奖。兵丁等拟求饬拨饷予以十成，以示鼓励。清廷传旨对瑞理等均予嘉奖，批准为禁烟动用银两，准其开销；对加复兵饷，暂行缓办。[④] 但一年后鸦片种植、吸食又有反弹。1910 年 1 月 28 日，宁夏将军台布等奏甘肃一省种烟最多，至今尚无禁种消息；“官员戒断均已互相出结，兵丁百姓又不过问，家家烟火，彻夜开灯”。台布所奏引起清廷关注，即著“长庚严饬所属于禁种、禁吸二事实力稽查，认真办理，以除痼习而卫民生”。[⑤] 显然表明，长庚再次在甘宁各地推行清廷戒烟令时，在宁夏满营多遇阻碍。同年 1 月宁夏满营正红旗防御舍里、镶黄旗骁骑

---

① 《清实录》，第五十三册，《德宗实录》（二），卷七十六，中华书局 1987 年版，第一七一页。

② 秦翰才著《左文襄公在西北》岳麓书社 1984 年版，第 226 页。

③ ［民国］叶超著《固原县志》卷十，固原文物工作站，1981 年印，第 24 页。

④ 《清实录》，第六十册，附《宣统政纪》，卷十，中华书局 1987 年版，第 203 页。

⑤ 《清实录》，第六十册，附《宣统政纪》，卷二十八，中华书局 1987 年版，第五〇七页。

校保昌因烟瘾未断而被革职；[①] 3月，以阻挠戒烟禁令，宁夏驻防正蓝旗佐领孟赉、骁骑校文广亦受革职处分。[②] 陕甘地方当局对禁烟采取一些有效措施，对禁种、禁吸并重；清廷也给予高度关注。

其三，消除满汉区别，处理好满、汉、回等民族关系。清末，满汉民族关系有待改善。1907年志锐奏称：驻防归农，宜令旗丁应募入伍，然后以本旗底饷为之购地。均下会议政务处议。[③]

1908年3月，宁夏府知府赵惟熙托人代奏化除满汉条陈：请裁撤旗兵，预给恩饷10年，由国家为之生利。其恩饷请募集公债，即以此项旗饷作抵。清廷令下会议政务处知之。[④] 宁夏满营归农问题至清廷覆亡一直未得解决。

第二节　经济建设

一、交通建设的主张

宁夏交通建设是晚清时期国人关注的话题之一。近代宁夏交通还相当落后，与东南沿海相比，至19世纪末20世纪初，宁

---

① 《清实录》，第六十册，附《宣统政纪》，卷二十六，中华书局1987年版，第四八九页。

② 《清实录》，第六十册，附《宣统政纪》，卷三十一，中华书局1987年版，第五五八页。

③ 《清实录》，第五十九册，《德宗实录》（八），卷五八三，中华书局1987年版，第七〇五页。

④ 《清实录》，第五十九册，《德宗实录》（八），卷五八七，中华书局1987年版，第七六五页。

夏人仍未享近代交通之便利。略知东南借外债筑铁路的热闹局面，看到清廷于1905年开始修筑京张铁路，明显的反差与西北地方政绩贫乏，唤起晚清陕甘地方官员呼吁续筑西北铁路的一线希望。

1908年，时常深深感叹“西北为神京右臂，居建瓴之势，拥天府之腴，而独令其芒芴闭塞，混沌终古，地产无由远，民智无由开，强邻之窥伺无由绝”的甘肃宁夏知府赵惟熙认为西北铁路之修筑乃“尤亟之亟”。他在从国防、移民实边及流通包括宁夏在内的西北物产的角度论证其必要性的同时，积极主张修筑从张家口西经绥远城，然后到宁夏，“再循北纬三十八度间，逾贺兰山尾，经蒙古阿拉善额鲁特旗地，西过凉州，再经嘉峪关、哈密、迪化，远达伊犁的铁路”，并规划该路全长约8000里，作为在西北修筑的干线铁路之一。

赵惟熙还强调指出，“西干之所以取此路线者，以西北货多人稀，利息不厚，商办必然难成，故此道纯为国家性质，取径自宜直捷，用款省而程功易，征调速而转运灵，正不必绕道西安兰州，旷日糜费也”。[①] 赵惟熙所拟修筑路线与铁路兴办形式显然是主张续接完工后之京张铁路，向包括宁夏在内的西北诸省延伸。但此议并未引起清廷足够重视，清廷仅令下部议。[②] 赵惟熙宏大的西北筑路计划被搁置起来。

京绥铁路修筑完工后，陕甘总督长庚认为续提赵惟熙之议的时机成熟。1910年，长庚上奏主张修筑全程二千余里，东起归化，途经宁夏，西至兰州的铁路。且不仅规划南北铁路线两

① 《东方杂志》，第四卷，第八期，光绪33年6月25日，第155、161—162页。

② 《清实录》，第五十九册，《德宗实录》（八），卷五八七，中华书局1987年版，第七六五页。

道，其中“北路由灵州至山西之包头镇，取其赴京便捷”；还具体定预算、筹经费。并强调修成该段铁路之重要性，他认为若“论商务，则北路由兰州而达包头，与归张铁路接轨，而商货流通”；若“论征伐，则设遇事，燕、晋之兵，由北路计日可以至固原”；[①] 长庚所议显然具有防范、镇压人民起义之意图，也为流通宁夏等西北各省物产。但从修筑铁路的可行性角度看，长庚之议较赵惟熙所说更经济，可操作性更强。

19 世纪 90 年代，宁夏才开始筹建近代通讯设施。1890 年，清廷设有线电报总局于兰州，并于九月间在固原州租赁民房，设立电报分局。[②] 固原分局有各项通讯器械 12 种 115 副，价值 112 英镑；线路东至瓦亭驿，与平凉局线相接；西至曹家河，与兰州局接线；北至火草，与宁夏局接线。东西干线 485 里，南北干线 240 里；设局员一名，司事一名，领班一人，总管二人，各生三人，各役三名，巡弁二人，巡勇二人，共有职员 22 名。经常性开支 2817.12 两白银。[③] 次年，将电线由固原向北接至中卫县宁安堡，在此设立报房；[④] 该报房有各俱设备 8 种 53 副，价值 35 英镑；设领班兼报生一名，各役二人，巡弁一名，共四人。经常性开支 576 两银。[⑤] 同年，又在宁夏府设立电报分局，但电线迟迟未能接通。1903 年 5 月 30 日，陕甘总督崧蕃奏称：宁夏僻处北路，拟添设由固原至宁夏电线，以速文报。近代通

---

① 《清实录》，第六〇册，附《宣统政纪》，卷四十五，中华书局 1987 年版，第八〇五页。

② 慕少堂编《甘宁青史略》，正编卷 24。

③ 杨绳信编著《清末陕甘概况》，三秦出版社 1997 年版，第 84 页。

④ 《清实录》，第五十八册，《德宗实录》（七），卷五一五，中华书局 1987 年版，第八〇一页。

⑤ 杨绳信编著《清末陕甘概况》，三秦出版社 1997 年版，第 85 页。

讯设施开始向宁夏北部延伸。[①] 该局最初也是租赁民房办公，有各种器械 12 种 80 副，价值 80 英镑。线路南至火草沟与固原局接线，北至宁夏府城电报局，南北支线长 435 里。设局员一名，各生一人，各役四人，巡弁一人，巡勇七人，共 11 人。经常性开支 1529. 4 两。[②]

1909 年 4 月 8 日，清廷邮传部奏报《要政分年规划意见书》中拟在第八年试办甘肃等省电话，第九年筹设包头镇至宁夏电线，并拟大修西北各省电线。清廷开始筹建从北路通往西北的电话线路。[③]

二、农业手工业开发

左宗棠倡导种棉、织布，认为在陕甘两省种植棉花等经济作物，一则可防止罂粟种植，另则可解决百姓的穿衣问题。[④] 这样的引导是较为切合当时社会生产恢复、发展实际的。

水利是当时宁夏平原农业恢复及社会安定的重要条件。包括左宗棠在内的封疆大吏均较为重视。至 1901 年，举人出身、由云贵调任陕甘总督的崧蕃在清末新政期间对宁夏水利开发也较为关注。崧蕃在上清廷的奏折中称，“甘肃僻处西北，地高风劲，无论夏秋，每年只能耕种一次。惟宁夏府各属，地滨黄河，可以创新水利”。但因战乱破坏甚巨，致使“人民迁徙，地遂荒废”。他上任不久，即“筹修宁夏渠工，疏通水利”，并先从破坏较重的中

---

① 《清实录》，第五十八册，《德宗实录》（七），卷五一五，中华书局 1987 年版，第八〇一页。

② 杨绳信编著《清末陕甘概况》，三秦出版社 1997 年版，第 84 页。

③ 《清实录》，第六〇册，附《宣统政纪》，卷十，中华书局 1987 年版，第一八八页。

④ 张力著《近代国人的开发西北观》，《中央研究院近代史研究所集刊》，第 18 期（台北，1989 年），第 171 页。

卫渠工修起，中卫渠工修竣后，崧蕃还主张“凡宁郡近河州县，查勘可兴水利之处，皆令仿照接修”；鉴于现有平罗、海城、固原、庆阳等各属已有报垦荒地数百或千亩者不等，因而“其旱地无水各属”，亦可筹设农务局，并选派公正绅耆设法招垦。崧蕃的主张对当时宁夏中卫县水利兴修产生了重要作用。

据记载，崧蕃在任于宁夏的具体政绩，如曾委派讲求水利之中卫知县王树楠，将县属之七星渠延长70余里，至白马通滩，可灌溉宁安、恩和、鸣沙州及白马通滩田达6万余亩，促使当地农牧经济得以恢复。同时还组织修筑渠口、渠堤、排水暗洞等设施。[①]

1903年（光绪29年），当地人民逃难致秦渠失修，造成渠口码头冲没。后经1904年（光绪30年）及1908年（光绪34年）重修，始畅流如初。[②] 如1906年高熙喆在任宁夏知府期间，勤俭爱民，曾鉴于黄河改道西移，致使惠农渠水源不足影响农作物及时浇灌的情况，设法从地方筹款，将惠农渠渠口改道杨和堡之东，解决惠农渠的进水问题，当年惠农渠灌区粮食获得丰收。[③] 据记载，高熙喆曾自带粗粮，脚穿老母所做布鞋，每日在渠上监工。[④]

升允任陕甘总督期间，在宁夏城内设垦务局等机构，并拟定《开办垦务章程》13条，办理垦务及开凿湛恩渠等事宜。

---

① 王锺瀚点校《清史列传·崧蕃传》，卷五十九，中华书局1987年版，第4607页。

② 宁夏省政府编《宁夏资源志》，1946年印，第21—22页。

③ 孙兆奎著《清光绪年间宁夏的一位清官高熙喆》，政协宁夏银川市委员会文史与学习委员会编《银川文史资料》第十二辑，2003年印，第133页。据记载，高熙喆，山东滕县人，1904年被清政府任命为宁夏府知府。

④ 中国第二历史档案馆编《冯玉祥日记》，第2册，民国名人日记丛书，江苏古籍出版社1992年版，第264页。

1909年5月，清政府农工商部督促地方先行核算所需款项，尽早开工，以便旗民均能受灌溉之益；还要求对唐徕渠培高堤防，增建闸坝；并督促疏通各排水沟、洞，不得迟延。同年，宁夏将军志锐开湛恩渠，董福祥捐兰平银20万两，三年后该渠开通，用去189951两。[①] 该渠开凿选取水口在唐徕渠取水口以下近百里宁朔县靖益堡马驿敦。[②] 1910年9月，为开渠开通后垦荒种地，清政府又准宁夏志锐所奏，派宁夏知府赵惟熙为总办，负责开荒事宜；同时，宁夏府办理新政事宜最早，志锐还令在宁夏各厅、州、县一律设立农事试验场。不久，宁夏府、固原州均设立该类机构，以办理改良农具、配制肥料等农事试验。[③]

清末新政期间，宁夏府知府赵惟熙曾对各主要大渠实施疏浚。1901年，惠农渠因“河流西渠外刷20余里，屡修因土质为沙地未成”。1905年，赵惟熙改惠农渠口于阳堡以东，使得渠流正常，始解民困。1908年，赵惟熙曾组织对大清渠迎水坝实施修整，当时以柳条编制大筐放置巨石，压迎水坝5里，使得渠水流势减缓。[④]

清朝顺治初年，黄河西迁将河忠堡隔在河东，农民常苦无水灌溉农田。至1908年，知府赵惟熙组织开挖新渠。当时先接清水沟洞，用汉渠退水以开新渠。当时沿灵武县之新接堡以达

---

① 《农工商部咨》，1911年4月16日，中国第一历史档案馆藏军机处档案，档案03/143/7044。

② 《农工商部咨》，1911年4月16日，中国第一历史档案馆藏军机处档案，档案03/143/7044；朱耀初：《宁夏水利设业概况》，《中央银行经济汇报》，第7卷第7期，1943年5月16日，第78—79页。

③ 《台布志锐奏宁夏马厂垦荒开渠设局开办》，1908年11月21日，中国第一历史档案馆藏农工商部档案，档案号20/1/83。

④ 朱耀初著《宁夏水利设业概况》，《中央银行经济汇报》，第7卷第7期，1943年5月16日，第78—79页。

河忠堡。当时为便于灌溉，河忠堡新接地隔在天水渠西者，则从史家场黄河架飞槽渡之。而对新接地退水不能归河者，则修暗洞以排之。故名曰“天水渠”。该渠长30余里，有大小两道，灌溉宁夏县农田6000余亩。[①]

各地对秦渠历任官员也曾加以修整。1903年，因百姓逃避兵役，无暇修渠，造成渠口码头冲没，从此险工迭出。次年，灵州知州廖保泰筹款8万余元，大加修筑。然因渠口无码头堤防，结果险工仍难避免。1908年春，新任知州陈必淮在上年考察渠势的基础上，在渠口投石数百，宽18丈，长80余丈，上垫土方，数月后修成码头，险工避免；[②] 后还在堤上植树，以树盘根固堤。[③]

1901年，中卫知县王树楠在七星渠渠口鹰石嘴建闭水闸三道，退水闸两道，并在该渠下流4里处建石闸三座，以方便灌溉。[④] 1909年春，中卫知县曾动工修补美利渠，因夫力不足，渠务渐趋废弛。后该县知事张心镜设立美利渠水利局，“清查田户，接田派夫，渠务遂又恢复”。[⑤] 至1911年，宁夏汉延、唐徕、惠农、大清、天水、秦渠及汉渠、美利渠、七星渠、昌润渠共灌田70万余亩。[⑥]

---

① 朱耀初著《宁夏水利设业概况》，《中央银行经济汇报》，第7卷第7期，1943年5月16日，第80页。

② 朱耀初著《宁夏水利设业概况》，《中央银行经济汇报》，第7卷第7期，1943年5月16日，第80页；马福祥编《朔方道志》卷六，水利。

③ 马福祥编《朔方道志》卷六，水利。

④ 朱耀初著《宁夏水利设业概况》，《中央银行经济汇报》，第7卷第7期，1943年5月16日，第81页。

⑤ 朱耀初著《宁夏水利设业概况》，《中央银行经济汇报》，第7卷第7期，1943年5月16日，第80页。

⑥ 朱耀初著《宁夏水利设业概况》，《中央银行经济汇报》，第7卷第7期，1943年5月16日，第81页。

陶模任陕甘总督期间，曾主张包括宁夏在内的陕甘各属认为植树具有保持水土，改良土壤，调和雨泽，促使空气清新而利于人体健康，防止风沙灾害、保护农作物等重要性，主张动员商民在适宜之耕地或荒地广植各种树木，以预弭灾患、而兴地利。①

1908 年 12 月 14 日，宁夏将军台布等奏，在宁夏设局开垦马厂官荒，以便旗丁归农。②

1911 年陕甘总督长庚在上清廷的《办理农工及矿务情形略》奏折中称，在省城兰州织呢局恢复生产的情形下，各地纷纷效仿，如“宁夏则设工艺学堂”，“至习艺所，则各州县相继设立”。其制造成品之最著者中，即有“宁夏之裁（原文如是，疑为栽——作者注）绒毯滩羊皮”。③

三、地方金融及商业

光绪 13 年，清廷户部令复开铸钱局。光绪 33 年，陕甘总督升允始设甘肃官钱局，其所制银钱局票行全省，准完钱厘税，信用既著，社会称便。1909 年，在宁夏设立官银钱分局，开展业务，1923 年关闭清理。④ 宁夏金融业中之典当业始于清初。至乾隆年间，当铺已达 205 家；1903 年，总资本达 50 万两的山西票号“协同庆”在宁夏设立支店。⑤ 后来又有山西票号邦蔚丰厚票号在宁夏设立分号。

而宁夏羊毛、皮的外向型商业化转变最初起源于来自天津

---

① ［民国］叶超著《固原县志》卷十，固原文物工作站 1981 年印，第 24 页。

② 《清实录》，第六〇册，《宣统政纪》，卷三，中华书局 1987 年版，第四八页。

③ 刘锦藻编《清朝续文献通考》，卷三七八，实业一，考一一二四八。

④ 人民银行宁夏分行金融研究所编《宁夏金融史近代史料汇编》，上册，1987 年印，第 31、33 页。

⑤ 人民银行宁夏分行金融研究所编《宁夏金融史近代史料汇编》，上册，第 30 页。

的外国洋行。晚清洋行在宁夏设行主要集中在宁夏石嘴山。石嘴山设行约在光绪六年（1880 年），最后撤走是在 1926 年，前后共约 40 年。该地具有货物、商品吐纳的功能。事实上，洋行将商路从包头、归绥向东延伸至天津。

大约在光绪 6 年，天津英国商行高林洋行派雇员葛某到西北探险。他到石嘴山后见当地的农民因羊毛没有销路用做肥料很是吃惊，他用低价赊购羊毛然后运抵天津高价销售获利丰厚。翌年，高林洋行正式在石嘴山设行，挂起“高林洋行”的牌子。在天津的英、德洋行寻踪而至在石嘴山陆续开办了十家洋行，其中英商 8 家、德商 2 家，而资本雄厚者有六家，故称六大洋行。外国在宁夏开办的十家洋行如下：[①]

洋行名称	主持人
英商高林洋行	葛某
*英商仁记洋行	赵宝鉴、张富平
*英商新泰兴洋行	刘增庆、侯自明
*英商天长仁洋行	鲍耀章
*英商平和洋行	任寿昌
英商隆茂洋行	宁小藩
英商明义洋行	张锡廷
*德商瑞记洋行	陈金如
*德商兴隆洋行	范华亭

注*号的即六大洋行

洋行的组织管理：各洋行的主子大部分住在天津的英国租界，石嘴山各行行主都是次要的负责人，大多是天津人。各行均设有经理及副手数人，统称为大老板，常川住行总理一切。

① 刘廷栋著《外国洋行在石嘴山》，全国政协文史资料委员会编《中华文史资料文库》第十四卷，中国文史出版社 1996 年版，第 641 页。

此外，在较大的城市设有分行，在临近牧区的小城市设有"庄"，负责联络收购。六大洋行在西北各地开设外庄情况大致如下：①

内蒙古：阿拉善旗、额济纳旗、伊克昭盟各旗。

宁夏：银川、花马池、惠安堡、韦州、半个城、下马关、中宁、中卫、贺兰、平罗、惠农。

甘肃：靖远、无坊寺、大庙、平番、海原、固原、黑城子。

青海：西宁。

大老板之下设银柜专司会计、出纳，外账专司庶务、接待等杂项工作。再下即为下级司职人员如学徒、厨师、勤杂等若干名。大行约有四五十人，小行约有二三十人不等。驻外庄者统称为小老板，专司放款、订毛、收毛、运毛之责。石嘴山各行最初的营业资金均由天津总行调拨，谓之"发标"，后来改为外地各行互相调拨资金，谓之"调标"。洋行始设时，由于交通不便只能直接"发标"，将现银直接送至石嘴山洋行。清末民初，当近代邮电事业深入西北后，遂改为"调标"。

洋行的经营状况：洋行主要经营皮毛收购业务。每年的农历正月上旬，小老板由石嘴山总行出发，根据收毛的多少携带现款返回所在外庄。他们在牧区先要查看牧民羊群大小，估计羊毛产量，然后订立合同规定交毛数与交毛期，最后付给定银。除直接向牧民购毛外也委托中间人、商贩、商人购毛。羊毛的收购价格因毛的质量而定。宁毛（宁夏产）一年剪两次，纤维较短，故收购价格比较低，在早期"每100斤羊毛3至5两银子，晚期增至7至10两"。② 洋行将在各地收购的羊毛统一运至

① 徐安伦、杨旭东著《宁夏经济史》，宁夏人民出版社1998年版，第165页。

② 刘廷栋著《外国洋行在石嘴山》，《中华文史资料文库》第十四卷，中国文史出版社1996年版，第642页。

石嘴山，雇工拣毛、晾晒、捆包，进行初加工后运到包头，然后再转运到天津。洋行给牧民的羊毛收购价格远低于市场价格。以宁毛来说，洋行给牧民的收购价是每百斤3至5两银子，而羊毛运至天津后“以百斤30两销售”。再扣除工人工资、途中运费仍然获利丰厚。帝国主义洋行在西北经营羊毛40余年大发横财，据统计，洋行在西北四十年间共掠走“羊毛约8亿斤，皮约4000万张”。[①] 洋商所需资金主要来自天津金融业。如1923年，为进行商业贸易，从中国银行天津分行获得资金七八十万元，均运至宁夏等处，汇款较前增加。[②]

第一次世界大战爆发，伴随着各家洋行开始在西北的渐渐撤出，中国商人也开始逐步涉足羊毛收购。到20世纪20年代受到中国革命运动高涨的影响，洋行的重返西北面临困境；地方政府为增加财政收入纷纷设卡征税，洋行经营羊毛已经没有以前那样有利可图，在这种情况下洋行开始收缩。到1926年，洋行从石嘴山全部撤走。

洋行外商及买办先后在近代宁夏商业舞台上崛起，独领一时之风骚。他们的商业活动引起了近代宁夏社会观念及社会的变动。

其一，商业发展给一个地区带来的变化首先体现在人的思想观念上的变化。近代西北交通闭塞，地旷人稀，经济发展落后，人们的思想观念保守。近代商业的发展首要的意义在于启迪民智、革新面貌、开阔人们的视野，使商品经济观念深入人心。在洋行来到宁夏设立分支机构以前，本地百姓除知羊毛能

---

① 刘廷栋著《外国洋行在石嘴山》，《中华文史资料文库》第十四卷，中国文史出版社1996年版，第642—643页。

② 引自中国银行总行、中国第二历史档案馆合编《中国银行行史资料汇编(1912—1949)》上编（三），档案出版社1991年版，第1917页。

做毛毡、沤肥外，不知道羊毛还能产生丰厚的经济利益。洋行收购羊毛的消息传开后，“牧民以为世代弃之无用的羊毛居然能够换回白花花的银两，皆欣喜若狂，争先恐后的到许家客店售羊毛”①。

其二，洋行所开展的皮毛贸易也激发着地方当局开辟新税源、财源的意识。过去不仅一般的百姓不知道羊毛的价值，就连地方政府的官员对羊毛的价值也认识不足。在1913年以前，洋行在西北经营羊毛是不用缴税的，只是在地方政府与洋行发生借贷关系，洋行催交欠款，地方政府无钱还债时，才想到了对羊毛贸易征税。1913年，有人建议“设立一个‘皮毛公卖所’，先按5%收税……不及一年，即将所欠洋行的10万两借款偿清。甘肃当局至此才知道这项税收是很大的一个财源。为了加强税收，第二年改派一个姓沈的统领，带武装30余人到石嘴山，税率增至10%，第三年又增至15%……察绥等地闻讯，亦要求收过境税。青海马麟则禁止卖毛给洋行，由自己垄断，直接运往天津”②。继洋行之后，民商、官商都插手羊毛等土特产的收购。

其三，近代商业的发展引起社会结构的变动。洋行来到西北后，当地出现了近代的雇佣关系。洋行所雇的工人大致分工是：毛头儿是一些熟练工人，被洋行吸收为常年工人，专门为洋行组织和训练工人；大工是重劳动工人；小工是轻劳动工人；童工是辅助劳力。工人大部分是临时工，干一天算一天工资，除了工资再没有其他任何待遇。工资等级“毛头儿每月银

① 张文明口述，刘继云整理：《西北第一个羊毛买办——忆祖父张嘉荣》，《宁夏老字号》，宁夏人民出版社1997年版，第180页。

② 刘廷栋著《外国洋行在石嘴山》，《中华文史资料文库》第十四卷，第645页。

五两，大工每日制钱180至200文，小工每日制钱40至50文。工资的发放各行不一，有的行当天发，有的行10天一发”。[①] 这在以前是没有的。商业的发展使劳动力从农业产业向商业转移，使一部分劳动力脱离了农业生产。如果把近代宁夏商业的发展比做一场商业革命的话，那么在这场商业革命中农民和封建地主阶级受到冲击，而新兴的商人阶层则大发其财。洋行在宁夏40余年时间，在掠夺式的资源经营方式下，西北的羊毛资源面临枯竭。“大多数的牧民几乎都变成了洋行的债户，欠下了世世代代偿还不清的债务。”[②] 不但一般的产毛户都破了产，就是鄂托克旗王爷也破了产。“（王爷）原先只借了洋行3000两银子，每年把他的全部羊毛都交给洋行，还不够偿付利息，这样拖了20年，本利翻滚，母子繁殖，累欠已达几十万两。王爷还不起账，只好把三个碱湖抵押给洋行。”[③] 而与洋行相联系的一些近代买办则大发横财。西北的羊毛买办张嘉荣原只是一个镖局的镖头，做了买办后不几年“用几万两白银购地兴建宅地，同时，又花几千两白银捐了一个清朝的五品官”[④]。尤其在洋行从宁夏撤走之后，中国商人成为宁夏土特产的主要收购者。洋行虽然从宁夏撤走，但并没有放弃西北的羊毛市场。商号收购的羊毛等土特产贩运至天津主要是卖给洋行，而商号所经营的商品主要靠洋行的供应。商号充当了洋行和牧民之间的中间人，洋行由直接收购变为间接

---

① 刘廷栋著《外国洋行在石嘴山》，《中华文史资料文库》第十四卷，第642页。

② 刘廷栋著《外国洋行在石嘴山》，《中华文史资料文库》第十四卷，第644页。

③ 同上。

④ 张文明口述，刘继云整理：《西北第一个羊毛买办——忆祖父张嘉荣》，《宁夏老字号》，宁夏人民出版社1997年版，第185页。

收购。商业的发展使旧的社会结构发生了明显的变化，这是宁夏社会现代化的一个表现。

第三节 回族教育的主张与实践

左宗棠任陕甘总督期间，主张在宁夏等地创设书院、兴办科举，倡导儒学，这就推动了当地封建文化教育的再度兴起。在左宗棠的鼓励下，宁夏地方官吏纷纷兴学，同光年间宁夏先后创办有钟灵书院（址宁灵）、归儒书院（址化平川）、凤池书院（址惠安堡）、银川书院、灵文书院（设灵州）、又新书院（设平罗）。[①]

与此同时，左宗棠主张对于回回民族运用中国儒家思想进行教育，使之潜移默化。出于其主观动机，左宗棠对今属宁夏当时为甘肃省所隶属之海城（今宁夏海原县）、化平川（今宁夏泾源县）、平远（今宁夏同心县）等处回人族居之地创办书院、义学予以特别注意。在左宗棠的倡导下，"嵩武军统领张曜于同治十一二年间，驻防宁夏时，也就各回村普设义学，劝回民幼稚一律读书"。[②] 后于同治十一年，由通判左寿昆在化平川创设义学 12 处，并发给书籍、笔墨、伙食。光绪六年，在平远城乡设义学五处，在海城设城乡义学六处。[③] 回族教育的兴办有助于当地儒家文化教育的推进。

清末宁夏文化教育仍然滞后，当时正值清末新政之际，隶属于甘肃的宁夏官员注意到废科举、兴学堂之风，开始倡导进

---

① 秦翰才著《左文襄公在西北》，岳麓书社 1984 年印行，第 254—256 页。

② 秦翰才著《左文襄公在西北》，第 258—259 页。

③ 秦翰才著《左文襄公在西北》，第 257—258 页。

行教育改革。宁夏府县官员已有人认识到发展地方教育之重要性。时在宁夏回族聚居区之一灵州任职的陈三洲即指出，“从来国运之隆替，视乎人才，人才之盛衰，由乎学校，学校之系重矣”。“学堂一日不兴，则人才一日不出；人才一日不出，则国家一日不强。顾何以安内攘外，自立于竞争之域哉?”可见兴办包括回族中小学堂在内的新式学校的紧迫性。[①]

清末新政期间，陕甘地方当局开始在宁夏着手改旧式的书院为新式中、小学堂。[②] 其中，银川书院改称宁夏府中学堂。当时中学堂学制为 5 年，所开课程有修身、读经讲经、国文、历史、算学、博物、理化、财政、地理、外语、图画、体操。1906 年，陕甘总督升允等奏请设立宁夏驻防中小学堂各一区，一切科学功课谨遵定章办理，拟以酌裁额马拨充经费。此议为清廷所获准。[③] 1907 年 12 月 20 日，署宁夏将军志锐奏：宁夏驻防创设中小学堂现已开办。[④] 时隔大约两年，宁夏将军台布等奏，宁夏满营设中、小学堂，惟学生程度于中学不及，现拟改为高等小学、初等小学各一区，共合 120 名之额以符前奏。此外又设两翼蒙学堂二区，各四五十名；清文学堂一区，亦约 40 名，1909 年六月第一学期起，将各学应报部者，照章报部立案。

---

① 《光绪灵洲志》（甘图藏本），《灵州志迹》，宁夏人民出版社 1990 年版，第 362 页。

② 关于小学教育，据记载，从 1905 年起，甘肃地方当局规定在各县设高级小学堂，各乡设初级小学堂。到民国初年，宁夏宁朔县的叶盛、邵岗、大坝、小坝、玉泉等地已先后设有初级小学。

③ 《清实录》，第五十九册，《德宗实录》（八），卷五六〇，中华书局 1987 年版，第四一四页。

④ 《清实录》，第五十九册，《德宗实录》（八），卷五八三，中华书局 1987 年版，第七〇五页。

该议为清廷所准。[①] 清末，宁夏普通教育除设立中学堂外，主要侧重于各县初、高等小学堂的创设。据统计，1904 年至 1908 年，甘宁地方当局先后在宁夏府及固原直隶州设立中学堂 2 所，在各县设高等小学堂 9 所，初等小学堂 116 所，武备学堂 1 所；另据不完全统计，约共有回汉中小学生 1000 多名，约有教习 137 名。[②] 其中，“学生多为熟读精时的秀才、童生，教材采用中西结合”。但“在实际教学中，仍侧重于讲五经四书，写八股文章，学生作文，还是‘之乎者也’的老一套”。[③] 可见，当时宁夏办近代教育基本上是空有其名。

预备立宪时期，清政府学部开始着手拟订包括宁夏在内的回族地方兴学章程；拟在回族聚居区推广官话；并拟派员到包括宁夏在内的西北等回族地区检查学务。[④] 但据所见史料，近代宁夏回族普通教育事业仍属草莱有待辟创。

---

① 《清实录》，第六〇册，附《宣统政纪》，卷十四，中华书局 1987 年版，第二八四页。

② 升允、长庚修，安维峻纂《甘肃新通志》卷 38，学校志，学堂，清宣统元年刻本，第 4、5、9、10 页。其中，中小学堂多为各府、州、县书院改称而成。见《宁夏文史资料》合订本，第 2 册，第 249 页。

③ 宁夏区政协文史资料委员会编《宁夏文史资料》合订本，第 2 册，宁夏人民出版社 1988 年版，第 249 页。

④ 马塞北主编《清实录穆斯林资料辑录》，下卷，第二分册，宁夏人民出版社 1988 年版，第 1596—1597 页。

民国篇

第一章　民国时期宁夏开发环境的思考

民国时期，尤其国民政府时期，近人关于宁夏开发的视角较晚清更为广阔、具体，对宁夏开发理论的探讨才真正提上日程。

第一节　经济环境

一、有利因素

近人注重研究宁夏自然地理环境及自然资源。王光玮在考察宁夏土壤分布情形后，认为宁夏土壤中的冲积土层主要分布在黄河流经宁夏地区，该土中含有适量有机成分，土质较为肥沃。他实际认为冲积土层有利于农作物及牧草等生长。[①] 实际上，冲积土只有在灌溉得以保障的前提下才能发挥作用。

另一论者即中央地质调查所的研究员朱莲青，在勘查宁夏地形地貌及与当地社会经济的关系后，他认为宁夏的土壤一直具有促进当地农业生产的因素。朱莲青指出宁夏 11 种性质土壤

① 秦孝仪主编《革命文献》，第 88 辑，1981 年版，第 405 页。

中的棕壤分布在宁夏贺兰山之上部及罗山一带，不含石灰质，呈中性反应，主为棕色，以其有良好之反应，及适宜之质地，可列为中等土壤。唯剖面过薄，处境过高，故仅能用于造林及天然林木之繁殖。

宁夏的淡栗钙土，“如有水可以利用，则为良好土壤，唯面积过小，仅可用以造林”。卫宁平原区之豫旺、盐池两县多为此类土壤。当地的幼年棕漠钙土为全省分布最广的土壤。幼年棕漠钙土分布地点，除以贺兰山以西之漠境为主，其范围东约起自定远营，西起额济纳弱水河东岸约五里之地间有草地外，贺兰山迤东约起自黄河东岸之台地，除罗山外，莫不为此土所占领，此类土壤之特性为全剖面均以砂质为主，腐殖质含量稀少，仅可生长牧草，以为牧场，如欲辟为农地尚须与办水利以改良之。

灰漠钙土：灰漠钙土主要分布于漠境，剖面大部带灰色，有呈色斑纹者，此土亦甚低劣，唯以含水较高，虽不足以言耕，但其上所生牧草则甚丰茂，可充天然之牧场。

盐碱土：盐碱土为宁省经济价值最高之土壤，在农业上占重要地位。但在黄河冲积平原区实占极广大地域。北至磴口县之渡口堂，南迄中卫县之南长滩，此类土壤之性状东西变异甚大，以上均粉砂黏壤，此距离外，四五十公分以下，即为砂土，愈近台地边际，则砂屑愈高，直至露出地面。常见盐碱土以分布于宁夏平原者为最肥。因其土屑深厚，灌溉便利，故盐类逐年减低。渗育性水稻土，就肥力言，以间歇性水稻土为最良。

碱性红色幼年土：分布黄河以东丘陵地区，呈屑粒构造，其肥力尚可，堪开辟为农地或牧地，而以牧地为较宜。[①] 近人对

① 宁夏省政府编《宁夏资源志》，1946 年印，第 6—11 页。

宁夏土壤所具有有利因素之分析与水利建设结合起来较为具体明确，有助于今人进一步了解当地自然环境。

近人也较为重视调查宁夏自然资源之种类及分布，注意到宁夏地区蕴藏着较为丰富的自然资源。陈赓雅认为，宁夏平原土肥水沃，不但西北少有，即内地亦罕见，故有天下黄河唯富宁夏之称；且有红、黄、蓝、白、黑五宝，即枸杞、甘草、贺兰石、二毛皮、发菜与煤。① 另有论者经调查后著文指出，宁夏各县主要农作物及经济作物，为稻米、小麦、米谷、荞麦、高粱、豆类、发菜、枸杞、甘草等。② 陈赓雅等当时从自然资源的角度来考虑宁夏包括农业在内的经济开发是正确的，但其将发菜列为宁夏五宝之一，显然未将发菜的采掘与宁夏生态环境问题联系起来。

至于畜牧产品，有论者认为宁夏荒地面积甚广，牧畜为农重副业。宁夏羊有绵羊、山羊两种。绵羊形体大多类似，体重通常为二十五斤至四十斤，肉味醇美。山羊身体健壮而灵敏，其肉味不佳，多为乳用羊。③ 该观点基本上符合实际，但认为山羊肉味欠佳有失片面。宁夏山羊一般在夏季宰杀食用，肉鲜味美，冬季一般食用绵羊。贺兰山以东农牧区之绵羊毛品质较甘、青所产者为佳，织维细长，白色毛占百分之九十四，在地毯毛市场上颇占优势。另有毛绒等绒产品，其中宁夏山羊绒细长，光泽及弹性均超乎甘、青两省之上。④ 绵羊皮则分胎皮、水皮、

---

① 陈赓雅著《西北视察记》，引自中国西北文献丛书编辑委员会编《中国西北文献丛书》，第四辑（132 册），西北民俗文献，第 16 卷，兰州古籍出版社 1990 年版，第 103—104 页。

② 秦孝仪主编《革命文献》第 88 辑，1981 年版，第 521 页。

③ 宁夏省政府编《宁夏资源志》，1946 年印，第 62 页。

④ 韩在英著《宁夏羊毛产销概况》，中农月刊 6 卷 5 期，第 61 页。胡平生著《民国时期的宁夏省（1929—1949）》，台湾学生书局 1988 年版，第 63 页。

摔头皮、二毛皮、割毛皮、老羊皮六种。二毛皮通称滩羊皮，系羊生聚于沙滩之上，毛质洁白，毛之弯曲，多至十三道，毛皮价值最大。[①] 宁夏黄牛各县均有，黄牛性温和，因系农业役畜，故其数量大致能够应付各县之耕种。[②] 有论者也考察到，宁夏所产马为蒙古马，乃中国马类型之一，其腿短，体重，能忍受极寒及干燥气候，马之蹄胫较西康马为优；该种马擅急驰，适宜于军用及坐乘，宁夏则多用以耕作，以其耐劳苦之力甚为强大。[③] 宁夏所有骆驼属双峰，体重自四百至四百六十公斤。其性能耐极寒，忍久饥久渴，喜食多刺多筋的植物，而以盐碱地所生者尤佳。行沙漠自如，用以载货，负重致远，常感事半而功倍，大西北货运实利之。宁夏骆驼，行政区各县，农民常养之，供农间时运货以补农家经济之不足。[④]

彭文和则认为开发西北应紧密结合当地的习惯，首先指出开发西北不要忽视了它的历史性。他认为，众所周知，宁夏等西北各省的民族自古迄今过的是游牧生活，畜牧是他们谋生的唯一技能。我们亦知道，一个地方的风俗习惯，因为经过长久的朝代而存在的，想要立即改变它是绝对不容易的。另外，他还指出畜牧业的发展能够促进农业的发展，改善民众的生活等。[⑤] 彭文和将人文因素及畜牧业的作用作为宁夏经济开发的有利条件之一是有一定道理的。

马鸿逵补充道："本省地处边陲，人烟稀少，东有黄河，中贯贺兰，水草丰茂，适宜畜牧，且以西北畜产而论，无论毛革，

① 《宁夏资源志》，第65—67页。

② 《宁夏资源志》，第69页。

③ 《宁夏资源志》，第72页。

④ 《宁夏资源志》，第73—74页。

⑤ 秦孝仪主编《革命文献》，第89辑，第423—424页。

其品质之优美，为各地所不及。”[1] 20 世纪 40 年代初，马鸿逵看到在宁夏发展畜牧业具有天时、地利之优势。

矿产资源更是近人考察的重要方面。向金声 1936 年在对西北各省的资源进行调查后，认为宁夏矿产资源较为丰富，有盐、煤炭（干炭、烟炭）、铅、金、银、铜、铁、硫磺、硝石、明矾、石油、硼砂等。其中，煤炭主要分布在平罗、灵武、中卫、宁朔等县；石油主要分布在灵武、平罗县；盐主要分布在花马池等地；铁分布在平罗县；金、银、铜分别分布在盐池、中卫等县。显然，向金声认为宁夏具有上述资源优势可加以利用。[2] 另据 1941 年宁夏建设厅技士张文谟调查，宁夏所蕴藏之矿产还有菱镁、石棉、水晶、大理石、瓷土等 26 种。其中，时人认为宁夏菱镁储量丰富，“且品质优良，实国内所仅见”。[3] 1943 年，经济部西北工业考察团勘察到宁夏贺兰山畔所产之石灰石、石英石、黏土、石膏石等均甚佳，认为其颇有开发价值。[4] 宁夏地质调查所所长李士林在考察、研究宁夏地质时代过程中指出，贺兰山中有紫红页岩，且“常夹有淡绿页岩在内，为贺兰砚制造之材料，质地致密，色泽美观，精工雕刻之砚，名闻远近，为贺兰山之名产”,[5] 制成品“常有香远溢清之幽致”。[6] 论者显然看出宁夏砚石具有较广泛之开发前景。

曾在固原县为官的叶超等（叶超先后任固原县县长、教师）

---

① 宁夏省政府秘书处编《十年来宁夏省政述要》，建设篇，第五册，1942 年印，宁夏人民出版社 1988 年影印版，第 341 页。

② 秦孝仪主编《革命文献》，第 88 辑，1981 年版，第 384—386 页。

③ 《宁夏资源志》，第 28—60 页。

④ 《经济部西北工业考察团报告》，《民国档案》，1992 年第 4 期，第 33 页。

⑤ 李士林著《宁夏地质》，《新西北月刊》，七卷十、十一期合刊。引自胡平生著《民国时期的宁夏省（1929—1949）》，第 30 页。

⑥ 《宁夏资源志》，第 60 页。

对固原的地理环境进行考察，尤其对固原的土壤进行分析，认为固原境内土壤可分为九质，其中壤土、砂质壤土、壤质沙土、腐植质土较有利于农作物种植；埴土、砂土、砾灰砂土、泥灰土、砾土多易干燥，较为贫瘠，除埴土外其他土壤在湿润等条件下可作耕地或牧场、果园。此外，叶超还对该地水资源，如河流、湖泊、泉水等流经或分布区域及其他自然资源进行考察、分析。[①] 叶超对固原县境土壤性质的分析较有价值，但他们忽视了水利在利用上述土壤进行农牧业开发中的重要作用。

二、经济制约因素

近人认为自然资源是有利因素，但该时期他们亦更多关注宁夏开发所存在的经济制约因素，当地的自然地理环境、交通、水利、牧业、财政金融等经济制约因素则是近人考察宁夏开发环境的诸多重要方面。具体可分为：

（一）自然地理环境的恶劣是该时期国人考察宁夏开发的经济制约因素之一[②]

王光玮曾对宁夏的自然地理环境进行过较系统的考察。他认为除平原地带外，宁夏其他地形不利于耕作，“其中沙漠之地垦殖为不可能。台地虽为黄土与红土所组成；然地面被侵刷日久，割裂不整，常高出河床数十至百余公尺，灌溉维艰，耕作

① 叶超编《固原县志》，民国，卷二，宁夏固原县文物工作站1981年印，第13—14、36—41页；叶超编《固原县志》，卷四，第1—21页。

② 1927—1928年徐旭生、斯文赫定、黄文弼等率领西北科学考查团对包括宁夏北部在内的西北省区的气候（如温度）、植被、土壤沙化等问题进行考察。因其未提出明确意见，笔者仅在此说明。详见徐旭生著《徐旭生西游日记》，宁夏人民出版社2000年版。

不易”。[①] 论者所言不仅指出宁夏地形与农耕的关系，更认为宁夏可耕地面积是有限的。王光玮在这一点上是颇有眼光的。但是，他认为沙漠不能成为可耕地有些武断。沙漠逐步通过引水灌溉、土壤改良是可成为可耕地的。

气候方面，就温度而言，王光玮通过对宁夏纬度、一月与七月平均温度、全年平均温度、全年温差度数等情况进行考察后，指出宁夏有冬季较冷，而寒暑温度相差较大，昼夜温差变动甚剧等气候特点。王光玮认为，此种变动过剧之气温使农作物的生机亦常遭阻滞。至于宁夏“在雨量区分上，为半干燥区域。若无水利建设，仅能为畜牧之场所。虽有干性农作物种植亦能适应，然必视各季雨量分布情形，及雨量变率以为断。”[②] 王光玮认识到宁夏恶劣的气候在一定程度上已成为宁夏山区农业发展的制约因素。

王光玮在考察宁夏土壤分布情形后，认为宁夏土壤主要为黄土层及冲积土层。其中，黄土层主要分布在盐灵台地及六盘山地区，在这里所见黄土形状可证为近代风力所吹成。“因吹积作用并未停止，腐植质至稀。土性疏松，善吸收水分，若海绵然。”[③] 因此，这里若无河水灌溉，种植不甚相宜。冲积土层主要分布在黄河流经宁夏地区，该土中含有适量有机成分，土质较为肥沃。他认为除冲积土层外，黄土层含碱性较大，不利于农作物及牧草等生长。

王光玮通过对宁夏地形、气候、土壤等的初步考察，认为其基本上没有成为宁夏山区农业经济发展的有利条件，却具有阻碍作用。他的观点是有一定道理的。

---

① 秦孝仪主编《革命文献》，第 88 辑，1981 年版，第 411 页。

② 秦孝仪主编《革命文献》，第 88 辑，第 402—403 页。

③ 秦孝仪主编《革命文献》，第 88 辑，第 405 页。

另外，王光玮还主张改良宁夏等西北省区土壤，“而改良之要，不外引水灌溉，滤去硷质之一途”。[①] 王光玮所言仅通过引水灌溉以改良土壤之途径，其难度之大、收效之微可以想见。但兴修水利可谓改良宁夏地区碱性土壤之第一步骤。

更为重要的是，像王光玮这样从宁夏自然地理环境的角度来考虑宁夏开发经济问题，也是颇有启发的。但是，王光玮仅看到宁夏自然地理环境的主要特点，并据此提出有关改善宁夏土壤的权益之计。他并没有将宁夏的地理位置、复杂多样的地形、恶劣的气候与钙层土壤之成因等问题联系起来进行深入探讨，以提出比较切合宁夏实际的、尽可能有助于改善当地恶劣的自然环境的主张。

近代著名学者张其昀通过对宁夏土壤考察后，认为宁夏冲积土区之土壤多为粉砂壤及粉砂黏壤，颜色不一，尤以淡灰棕最为普通，开区灌溉，农业甚盛。指出宁夏冲积土中所含盐类成分颇高，追究原由，乃施灌以后，盐分反致集积，“此盖以灌溉之说，集于心土，溶解所有盐质，渐使地下水位提高，至毛细管作用可以达到，则盐分上升，为害作物，大概地下水面距地面之二三公尺以内，既有盐碱上升之危险”。张其昀接着不无担忧地讲道，宁夏目前灌溉区域受盐碱之害虽不大严重，但不少耕地盐碱聚集，已难以利用。此皆因灌溉排水不畅所致。张其昀所言较他人略有不同，说明其看出一些问题。当时宁夏平原灌溉排水系统淤塞致使土地盐碱化等问题确实较为严重。

同时，张其昀还对宁夏钙土区进行考察，认为时人所言宁夏淡栗钙土应属“未成熟之淡栗钙土”，主要分布于宁夏盐池、预旺两县之大部，大体上“均由强石灰性之黄土变成，分化作

① 秦孝仪主编《革命文献》，第88辑，第406页。硷、碱为同一字。

用进行不深，尚未变成淡栗钙土，颜色较浅，约自淡灰棕至黄棕，其组织为粉砂黏壤土，性疏松，多孔穴，因雨量稀少，土中石灰质消失不多”。他感到该种土壤因有机质缺乏等缘由，农业不甚适宜，故本区人民生活多以牧为主，以农为副。张其昀所言反映宁夏钙层土区社会生产的不利因素，如当时宁夏盐池、预旺等县区除经营畜牧业外，多仅进行旱地农业耕作。[①]

自然资源本来是人类生存与发展的条件，亦是与宁夏区域开发紧密相关的基本问题，人文因素也不可缺少。时人除看到宁夏所蕴藏自然资源、人文及地理因素在当时成为宁夏开发的有利因素外，他们也感到考察宁夏开发其他经济制约因素的必要性。

（二）交通、水利设施

时人认识到，区域开发条件首在交通。20 世纪 30 年代初，宁夏交通落后，因而该问题即成为国人关心的话题之一。[②] 1934 年，李仪祉担忧道，包宁铁路建设遥遥无期，开辟黄河航运困难重重，而宁夏交通问题难以解决，则常使整个“西北交通无法利展，殊属有碍国步”。[③] 时隔两年，关注宁夏等西北各省开发的向金声尖锐地指出，欲开发西北，“最先须由交通着手，若交通阻碍，如同隔世，则一切建设均无从着手”。[④] 从而将交通建设提高到影响全局的高度。交通的滞后，不仅严重阻碍着当时的区域开发，更使宁夏社会经济恢复、发展遥遥无期。

为恢复地方农业经济，维持民众生活，维持地方安定等计，

---

① 张其昀著《宁夏省人文地理志》，《资源委员会季刊》第二卷一期——西北专号（一），1942 年，第 213 页。

② 秦孝仪主编《革命文献》，第 88 辑，1981 年版，第 55—56 页。

③ 秦孝仪主编《革命文献》，第 88 辑，第 368—369 页。

④ 秦孝仪主编《革命文献》，第 88 辑，第 384—386 页。

水利建设亦是近人关注的重要问题之一。时任宁夏省政府主席的马鸿逵也注意到水利建设的弊端。1935 年，在一次省行政会议上，马鸿逵厉声痛斥水利管理方面的腐败行为，他讲道，河西水利积弊较大，“发水利财的人，吃水利饭的人，不知有多少”，主管水利之人，公开索贿，以致渠务废弛，连年发生水灾。①

马鸿逵还讲道：“水利事业之成功，与管理严密，关系甚大，宁夏水利管理，仍相沿旧习，每年放水期，分为三轮”，“各支渠口门，有水利警察监视开放，但因渠多人少，管理困难，且各渠口无水尺做准，放水不知多少，农民亦不知节约水量，上段农民灌地，常溢出田外，将车路淹没或泄入湖内，而稍段农民则常感水量不足，用水苦乐不均，此急待改进者。”②马鸿逵所谈 20 世纪 30 年代初宁夏水利业所存在之弊病成为宁夏地方当局下决心设法进行水利建设的原因之一。

对于宁夏水利工程修筑方面之问题，著名水利专家李仪祉于 1934 年即明确指出，宁夏“各渠通病在坡度太小，故一经通水，辄淤垫甚高，每年必须挑渠数次，挑渠之前，又须卷埽堵塞渠口，而汉唐惠农各渠口，俱极宽大，俨如巨河，故费工不小，旧例皆计亩征夫征料，以应其事”，③ 李仪祉一语道破宁夏水利工程技术上的弊病。宁夏修渠工料之所费甚大，长期负担此巨费之民众深感其苦。而另有论者则指出宁夏渠工与管理长期“仍相沿旧习，未能按科学方法改进，不能做到物尽其用，

① 《十年来宁夏省政述要》建设篇，第五册，第 16 页；杨新才等编《宁夏水旱自然灾害史料》，宁夏回族自治区水文总站，1987 年印，第 277—285 页。

② 《十年来宁夏省政述要》建设篇，第五册，第 8—9 页。

③ 秦孝仪主编《革命文献》第 82 辑，第 374 页。

地尽其力之目的，诚一憾事”。① 如时人也曾认为宁夏水利设施较为简陋，没有利用水力发电，水利开发力度不够。②

当时水利建设中存在的问题甚至造成严重灾害。其中对河岸的防护缺乏足够重视和有力措施。河防的某些措施如防冲淘塌岸的护岸码头等耗用大量柴草、石料，仅能见一时之功，但不能从根本上稳定河身；③ 对夏秋雨季暴涨河水的防范作用则较小，甚至因护岸不力而连续造成灾害。

至于排水工程，马鸿逵等认为各大排水沟（洞）坡度比降太小，④ 各沟过水断面狭小，沟身弯曲，加上沟道为泥沙堵塞过快，甚至杂草丛生，出水不畅，往往失去排水沟的作用。仍由于各项措施未真正落实，以及经费和技术、工程材料等缺乏，⑤ 结果使宁夏平原湖沼星布，“有七十二连湖九十二连湖之称”，⑥ 这造成灌区地下水位不断增高，土地盐碱化日益严重；或每逢暴雨时湖泽水位上涨，时常淹没农田等灾害。这诚如时人所指出：“反观宁夏水利事业，虽有悠久历史，但至今仍墨守成规，滞凝不进”，以致造成水土资源暴弃等令人痛惜的后果。⑦ 这可谓在一定程度上切中当时水利建设之要害。

---

① 《十年来宁夏省政述要》建设篇，第五册，第 6 页。

② 黄风著《宁夏纵横谈》，西北通讯月刊社编《西北通讯》（月刊），第 1 卷第 2 期（1947 年），第 28 页。

③ 宁夏区政协文史资料研究委员会编《宁夏文史资料》，第 13 辑，1984 年印，第 38 页。

④ 宁夏省政府秘书处编《十年来宁夏省政要》，建设篇，第五册，宁夏省政府 1942 年印行，第 44—54 页。

⑤ 宁夏区政协文史资料研究委员会编《宁夏文史资料》，第 13 辑，1984 年印，第 33 页。

⑥ 叶祖灏著《宁夏纪要》，南京正论出版社 1947 年版，第 84 页。

⑦ 宁夏区政协文史资料研究委员会编《宁夏文史资料》，第 13 辑，1984 年印，第 48 页。

马鸿逵虽深知上述宁夏水利建设存在不足，[1] 但由于他从巩固个人的统治地位考虑，因而没有采纳有些水利专家提出的在宁夏青铜峡筑坝或修铁桥等主张，结果除水利行政腐败有所减少外，宁夏水利建设存在的渠水含沙石量大、民众负担重、水利技术落后等重大问题当时一直没有得到解决。而这些问题在一定程度上一直困扰着宁夏社会经济的恢复、发展及民众生活。

（三）林牧业

宁夏森林分布及林业建设概况亦是近人关注的重大问题。据文献反映，新的宁夏省政府组建后，在筹划林业建设过程中，发现贺兰山等地森林“乃以保护乏人，斫伐随意，遂致童山濯濯，仅剩残余断枝幼苗而已。古木巨材，寥若晨星，暴殄毁坏，实深浩叹！”[2] 感叹当时森林植被破坏之严重程度。马鸿逵则叹道：绥陕宁交界区“荒废已极，每年西北风夹飞沙以俱来，房屋田园辄被淹没，驯致气候失调，社会经济遭受莫大之损失”。[3] 从而进一步指出宁夏森林植被破坏所造成的诸多直接后果。

而学者出身的张楚实除目睹当时宁夏森林植被破坏之惨状外，还将森林植被的严重破坏与宁夏的自然地理环境恶劣日益加剧联系起来。早年曾就读于国立中央大学农学院森林系并在该系任教师，后转任国民政府实业部技士的张楚实较详尽地论述了宁夏森林植被缺乏的危害性。一方面，他认为森林的缺乏影响到气候。其一是影响到降水量。由于缺乏森林，致使空中湿气量减，导致落雨机会减少。[4] 虽说气候的基本成因有太阳光之辐射、海陆位置与季风环流、地形等因素，森林缺乏不是气

---

① 秦孝仪主编《革命文献》，第 88 辑，第 6 页。

② 秦孝仪主编《革命文献》，第 90 辑，1981 年版，第 66 页。

③ 《十年来宁夏省政述要》建设篇，第 5 册，第 317—318 页。

④ 秦孝仪主编《革命文献》，第 88 辑，第 280—283 页。

候恶化及降水量减少的主要原因。但从理论上说，茂密的森林草原植被对改善包括降水在内的宁夏地区小气候是能够产生一定作用的。因而，张楚实的这种看法反映论者对近代宁夏林业建设及改善宁夏小气候等问题的关注，其所言也有一定道理。

其二，张楚实还认为森林缺乏难以防止或控制风沙。张楚实感叹道，宁夏等西北省区为风沙所害，“可称建设上一大障碍”。而且“沙漠也有逐渐南迁的趋势，”不过，西北干风中夹带的土砂则大可以茂密的森林植被来防止。另外，“森林有增加空气相对湿度的功效，又能保持地面水分，所以对于雨量缺乏的西北，是需要而且是必要的”。① 由张楚实所强调的森林植被之重要性及森林本身所具有的作用可见，茂密的森林草原植被对处于特殊地理环境的宁夏则是尤为需要的。张楚实虽然说的是包括宁夏在内的整个西北因森林缺乏而导致风沙为患，但实际上也是对当时宁夏北部及盐灵台地为风沙侵蚀及生态环境已经严重恶化之形象写照。森林草原植被的破坏乃至风沙为患严重地影响着当地的社会生产生活。

其三，张楚实认为森林亦有助于调节温度。张楚实认为，宁夏等西北各省的温度多是冬夏昼夜悬殊得厉害，这对动植物的生长多有不便。而“森林是可以调节极端的温度的，林中夏日最高温度较无林处低，冷日最低温度却较无林处高，昼夜相差也是这样，这对于大陆性气候深刻的西北，不是很需要的吗?”② 张楚实的关于宁夏气温多不利于动植物生长的观点有失偏颇。而事实上，宁夏等西北各省的温度并非对所有农作物的生长全然不利，但他的森林能调节气温的观点是有道理的。

---

① 秦孝仪主编《革命文献》，第 88 辑，第 283—284 页。

② 秦孝仪主编《革命文献》，第 88 辑，第 284 页。

另一方面，张楚实亦注意到，由于森林草原植被的缺乏，若在宁夏每年降雨季节，亦会严重危及到宁夏各地区的水土保持，并往往造成黄河下游的水灾。[①] 张楚实这里是针对当时黄河宁夏段上世纪30年代水灾频繁所言，他的观点是颇有道理的。

这正如马鸿逵所说，黄河为患，由来已久，"治本之道，应先整理上游，而上游之整理，则多赖林垦之设置，故为防止沙漠南移，治理黄河泛滥，则本省保安林之经营，亦属刻不容缓者也"。[②] 上述说明当时肆虐的风沙、频繁的水灾等已严重困扰着宁夏的社会生产生活。

从张楚实对宁夏森林及草原植被缺乏所造成严重恶果的深刻分析与马鸿逵对此的认识，也可想见宁夏生态系统已处于恶性循环的状态。宁夏特殊的地形等因素造成当时恶劣的气候，而长期干旱多风的气候，人类不顾独特的自然地域特征、脆弱的生态环境过度开发，则难以形成茂密的森林植被与富有有机质的土壤。当时宁夏森林草原植被生态系统已相当脆弱。而近人所指出的发展林业的必要性与一些具体主张对于改善日益恶化的生态环境是十分重要的。包括宁夏在内西北各省森林、草原植被缺乏，带来的不仅是材木不敷应用的后果与加剧当地自然地理环境严重程度，在每年降雨或暴雨季节，长此以往会给黄河下游带来严重危害。而研究已证明，生长茂密的森林、草原植被可截留降水，或排出一定数量的水分，保持地面及空气中的湿度，因而对于宁夏生态环境治理如防止风沙、水土保持等是十分必要的。

但促使自然地理环境向有利于社会生产生活方面转变往往

---

① 秦孝仪主编《革命文献》，第88辑，第285页。

② 秦孝仪主编《革命文献》，第88辑，第317—318页。

更加艰难而久远。有关专家也认识到进行宁夏林业建设具有一定的难度。1934 年，李仪祉感到，宁夏地域广阔，人烟稀少，“故造林颇为难望”。[①] 实际上，著名水利专家李仪祉在一定程度上仅看到在宁夏进行林业建设的艰巨性与持久性，虽说这有助于当时在保持清醒头脑的前提下进行林业建设，但是，他并没有充分认识到当时在宁夏进行林业建设的必要性与紧迫性。

另外，历史进入民国时期，宁夏境内人烟稀少，荒地较多，回、汉、蒙各族人民富有进行畜牧业生产的经验。20 世纪 40 年代初马鸿逵一方面看到宁夏畜牧业所具有的发展优势，同时也深知制约当地畜牧业发展的因素，他认为当时“惟以疫病流行，死亡率甚大，交通不便，医药困难，影响畜牧之繁殖孳生至钜”。[②] 安汉则认为宁夏畜疫流行乃不讲卫生之故，并举例指出宁夏羊群中所流行各种疾病之原由，除天气寒冷外，多为圈舍潮湿所致。[③] 而对于包括固原地区在内的近代宁夏畜牧业存在的更多问题，朱桦则认为，当局自抗战以来不仅对畜牧业重视不够，而且“对兽疫之防治不加提倡，牧养之方法不合科学，牲畜之品种不加改良，牲畜正副产品之整理与制造不加研究，且弊端百出，以致价格低减”。[④] 宁夏农林处也承认，对牛肺疫的紧急预防措施即属不力。[⑤] 而对发生严重疫病之牲畜则更难以治疗。其中牛瘟时有发生，致使牛之死亡率达到相当高的程度。

---

① 秦孝仪主编《革命文献》，第 88 辑，第 366 页。

② 秦孝仪主编《革命文献》，第 88 辑，第 341 页。

③ 安汉、李自发著《西北农业考察》，中国西北文献丛书编辑委员会编《中国西北文献丛书》，续编，西北史地文献卷，第八册，甘肃文化出版社 1999 年版，第 346 页。

④ 朱桦著《促进甘肃固海区羊毛生产事业之商榷》，《畜牧兽医月刊》，第 1 卷第 2 期，(1940 年)。

⑤ 宁夏省农林处编《宁夏省农政七年》，1946 年印，第 108 页。

据调查，1938年贺兰县通昌牛瘟死亡率竟达90%，[①] 说明当时对牲畜严重疫情几乎无法控制，在一定程度上致使畜牧业走向衰落，更“影响于西北农业经济实非浅鲜”。近人所谈宁夏畜牧业存在问题，也制约着宁夏社会经济的进一步发展。深究上述问题之原由，固然与一般民众封闭及懒惰等恶习有关，但也由于政府缺乏富有力度的倡导，如缺乏广泛地对民众进行科学饲养及生产的宣传引导，缺乏更多的经济投入及积极的扶植政策，以及宁夏工商业之不发达，文化教育及科学研究严重滞后所致。

（四）财政金融方面

宁夏财政乃该地方庶政之母。但20世纪30年代初宁夏的财税金融状况却不利于宁夏区域开发。宁夏自建省以来财税状况也引起国民政府高层政要及各界的较多关注。1934年11月，蒋中正在西安召开的一次会议上指出，宁夏等各地苛捐杂税虽有裁撤，但期间仍有未尽遵办，且有全未撤销者。[②]

20世纪30年代初宁夏苛捐杂税的严重程度如宁夏商会及财厅人士所讲到的：宁夏未建省以前，人民负担较轻，自建省以后，政费浩繁，捐税名目频繁。据统计1934年由宁夏财政厅、建设厅、公安局、榷运局、垦殖局等机关收取的税费捐约有三十余种。[③]

著名进步记者范长江尖锐地指出，当时实质是厉行重税制。其表现之一即是多立税目，表现之二是实行包税。“用资本来包税的人，他是一种营利性质，当然要在所缴税额之外，有相当

---

① 宁夏省政府编《宁夏资源志》，1946年印，第70页。

② 秦孝仪主编《革命文献》，第88辑，第139页。

③ 陈赓雅著《西北视察记》，引自中国西北文献丛书编辑委员会编《中国西北文献丛书》，第四辑（132册），西北民俗文献，第16卷，兰州古籍出版社1990年版，第115—116页。

的赢余。所以除财政预算上所定税额之外，民众无疑问的还要负担这些包税者的赢余。宁夏的包税还有一个特点，就是包税的并不是普通商人，而是与军政各方面有深切关系的人物。”“但是这个多税与包税两重政策的结果，对于宁夏社会经济，发生了非常恶劣的影响。”① 这样，民众负担势必增加。当时税收本已名目繁多，又实行包税，这一切实已到民众难以负担的程度，更阻碍社会生产的恢复、发展。从1935年起，宁夏地方当局对税收混乱的状况进行整顿，民众负担一度有所减轻。但这种状况没有维持多久，上世纪40年代初期，苛捐杂税又成为民众之沉重负担。② 甚至到1947年，由于税制关系，宁夏地方当局还致函要求国民政府解决宁夏“苛税扰民”问题。③

从上世纪30年代初起，宁夏金融方面也存在相当严重的问题。署名少青的一论者即指出，“现在宁夏之金融可谓紊乱极矣!”原西北银行所发行纸币信用一落千丈；另外还强制发行流通券、金融维持券等，“所以市面释为纸币所充斥，现货早不复见，以致物价高涨，商业萧条，市面呈出恐慌之现象”。④ 农村金融状况亦是近人关注的重要问题之一。中央农业实验所1934年曾对宁夏四县农民借款来源进行调查（报告次数14次），结果发现，当地农民几乎没有在银行、合作社、典当、钱庄借款，而向商店、地主、富农、商人借款百分比则分别为21.8%、14.3%、28.6%、35.3%。且各种借款利率多在五分以上，其

---

① 范长江著《中国的西北角》，新华出版社1980年版，第186—187页。

② 王中著《宁夏行政视察团见闻》，宁夏回族自治区文史研究馆编《宁夏文史》，第11辑，1995年印，第212页。

③ 中国第二历史档案馆编《中华民国史档案资料汇编》，第五辑，第三编，财政经济（一），江苏古籍出版社2000年版，第558页。

④ 少青著《宁夏现状》，《陇钟》1931年，第6页。

中三分至四分占28.5%，四分至五分占14.2%，五分以上竟占57.3%，居当时参加调查西北各省之首。[①] 由上述足见宁夏农民借贷之困难与当地农村通行高利贷利率之高。在当时宁夏捐税负担过重、水旱灾害颇多等背景下，这不仅可能使许多农民破产，更难以谈及维持农民自身生活及当地农业生产的恢复与发展。

上述国民政府时期各界人士所谈宁夏开发经济因素的各个方面均为近代宁夏开发经济环境内部诸方面紧密相关之重大问题。其中，所论近代宁夏所蕴藏之自然资源为宁夏经济开发基础之基础；宁夏生态环境恶劣与森林缺乏的论述旨在强调近代宁夏加强生态环境建设的必要性。其他如交通、水利设施滞后，林业、畜牧业问题重重，财政金融紊乱，均是该历史时期宁夏经济开发之背景及必须解决之问题，更是关乎巩固西北边疆，利用宁夏较为丰富的自然资源加快本区域经济及社会发展，关系到平衡宁夏与沿海省份之差距等重大问题。其中，财政金融状况不佳则是上述诸多经济制约因素及政治、教育、科技等腐败或落后所致。宁夏地方行政中的诸多弊病在水利行政方面也有表现。1935年宁夏省政府在一份报告中称："徒以晚近理事者，既无水利常识，复无道德观念，职事之故，所有各渠渠务，浸假废弛，农村经济，日益枯竭。"[②] 前述经济因素中有关水利行政方面的种种弊病实际亦为其在政治上的表现。

---

① 宁夏省政府秘书处编《十年来宁夏省政述要》总类篇，第一册，第110页。

② 秦孝仪主编《革命文献》，第90辑，第58页。

第二节　政治、社会、思想文化环境

一、行政弊端

宁夏虽处边塞，但官场习气甚为深重。1941 年，在宁夏任省政府主席多年的马鸿逵痛斥道："查本省机关每逢更迭长官，奔竞钻营之风，即因之而起。或出于强有力之门，或夤缘亲戚故旧之交，情面请托，荐举推毂，各有所图，不达目的不止。"结果致使新任各机关长官因恐失欢要人，开罪亲友，于己身不利，不敢拒而不应，于是左支右绌。这样，"国家名器，遂沦为私人酬应之品，盖国家设官分职，原为治事，非为私人厚植羽党"，如今反而以此滥行举荐，漫无限制，在品学优异者决不借此汲引。长此以往，"不免藉势要挟，驯至正人引退，小人进身，治事者少，食禄者众"，庶政因此废止。结果，"既遗吏治前途以不良影响，且失登庸人才之本意"。[①] 马鸿逵所言实为近代官场丑恶病态之形象写照，也说明当时的用人体制存在严重问题。

对宁夏省政府负责官员为"左右习近把持朦蔽"，马鸿逵 1942 年讲道："为官吏者，宅心正大，持身廉谨，非不称一时铮佼，往往无好成绩，自堕身名，盖左右习近误之也。"实际上"诚以左右习近，日在主管长官之侧，朝夕于斯，主管长官性情好恶，及举动从违，无不知之深而见之切，最易揣摩心理，盗窃权柄"，"使之如坠云雾中而不知觉，手段固有多端，而不外

① 秦孝仪主编《革命文献》，第 88 辑，1981 年版，第 265—266 页。

乎谗谄、逢迎、把持、朦蔽四者”。马鸿逵强调道：“以上四种，出于左右习近，即在主管长官，不知不觉之中，足以败坏好官之声誉而有余，妨碍政治之进行而可畏，古人以此引为深戒，我辈对此务要严防，勿任此谗谄、逢迎、把持、蒙蔽之人，幸进干政，滥用误事，庶政治有清明之望，寅僚无尸位之讥。”[①]马鸿逵所言旨在集权，但较具体反映出当时宁夏政治体制弊端重重，如高层公职人员素质不高，缺乏民主决策机制。

对包括宁夏在内的西北各省政治情状，1934 年有论者在大公报著文称：“西北人民经多年之饥馑及苛政，其疲弊困顿，早达顶点，犹如病人，元气衰耗，根本大伤，非丞使彻底休养，任何局部治疗，不能奏效。”[②] 试就西北区域之各省而论，自山西迄新疆，皆民困甚深，固有天灾，重在人祸。该论者认为人为因素是该区域政治状况恶化的主要原因是不无道理的。马鸿逵统治宁夏期间，认为宁夏属较小省份，周边环境对其构成威胁，便积极扩军备战，政治经济环境欠佳，致使民众负担日益加重。

二、民众负担

国民政府时期近人亦更多地关注宁夏行政中的税收过重问题。1934 年 11 月，蒋中正讲道：各地苛捐杂税，虽有裁撤，但此期间仍有未尽遵办，且有全未撤销者。而苛捐杂税等，“吾人决视为革命之劲敌，必当以全力以赴扫荡此敲骨吸髓亡国灭种之弊害，革命之成败，民族之兴废，亦实于此系之。”[③] 从而指出税收过重的严重危害性。

---

① 《十年来宁夏省政述要》总类篇，第一册，第 111—116 页。

② 秦孝仪主编《革命文献》第 88 辑，第 104 页。

③ 秦孝仪主编《革命文献》第 88 辑，第 139 页。

无独有偶，在陈赓雅1935年做采访时，宁夏商会及财厅负责人也谈到：宁夏未建省以前，人民负担较轻，自建省以后，土地仍旧，出产无增，但机关林立，政费浩繁，人民负担因之日增。捐税频繁，计其名目约为：清乡费（即烟亩捐改称），百货特税、烟酒公卖、纸烟特税、牲畜税、屠宰税、羊肠税、地丁银、地丁捐、驼捐、船捐、斗行捐、木捐、行捐（油醋磨纸香牙铜铁皮各行），以上归财政厅征收；渠工、坝料、罚夫，以上归建设厅。善后捐、烟膏捐，以上归财厅代办。烟灯捐（宁夏城内，全年共收四万余元，其余未祥，然亦可测烟祸之烈矣），房捐（市房每间每月二角，住房一角）、花户捐、路灯捐、菜摊捐、水车捐、店簿捐、飞机场捐、飞机捐、修汽车路捐、以上归公安局。此外尚有榷运局官盐分销税（每年售蒙盐十六万包，每包售价十元零五角，榷运局年可收四十余万元），垦殖局清丈注册登记费及各县羊捐（每头全年三角五分，由县府收之）。① 宁夏商会及财厅人士对当地苛捐杂税情况做出概括描述。

1934年，大公报上有论者著文更为直接讲道，宁夏等省财政组织异常庸劣，税捐官吏，一般贪污，“况更假手地方劣绅操纵其间，公家所得有限，人们所纳者，或倍于应罚之数，是以鸦片筹款之罪恶，不仅在其榨取民财，且因其太苛细，太骚扰，甚至太残酷！”降至最近，真到山穷水尽之地步。②

1935年9月，对宁夏税制颇为关注的一论者进一步分析当地税种过多之缘由。他讲道：宁夏自建省后，以一府之力，养一省之行政组织，不论当年分省之理由如何，由人民经济及地方财政论，实为一大错误。“宁夏属小省，虽财政规模微弱，但

① 陈赓雅著《西北视察记》，沈云龙主编：《近代中国史料丛刊》，续编，第76辑，台北文海出版社1988年版，第113—114页。

② 秦孝仪主编《革命文献》，第88辑，第105页。

养军则甚多，地方精华，尽耗于军费，农民困苦，犹如甘凉。就宁夏现状而言，为全国最落后之区域，徒以人民无呼吁之门，而官吏有讳饰之具，如此困苦，全国不闻。”[①] 该言者认为宁夏不该建省有失偏颇。1929 年分省前，甘宁青同为甘肃省，面积过大，中央、地方人力与财力等有限，不利于宁夏等区域发展。分省应该说为宁夏的经济与社会进步提供了机遇。当然，该论者认为宁夏养兵过多，官吏善于蒙蔽，以对民众实行专制统治，则较为深刻地揭露了当时宁夏的政治弊病。

1935 年，马鸿逵将民众负担过重原因归为宁夏地方豪绅过分集中土地所致。他说，考其原因，计有各县豪强兼并田地，每多有田无赋；狡诈土劣，往往捏报水崩、沙压、雹灾、蝗害、豁免正粮；富强剥削贫弱，购买田地，往往不带粮赋，以致卖主有粮无地，买主有地无粮；私垦荒地，每多隐抗国课；学田庙田水手田等。漫无限制，任意避免粮差；自清乾隆清丈后，各县粮户红册历时既久，多因死亡逃绝，而错失其实数；“地”、“粮”既不相随，则每次按照粮银数目摊派差款时，有地无粮之富户，摊款自少，有粮无地之贫户所出反多，遂益造成不均之势。[②] 马鸿逵所言虽有个人动机，但也反映 20 世纪 30 年代初土地过度集中、民众负担不均的情况。

包括宁夏在内的西北区域的民众负担问题在 20 世纪 30 年代末仍未得到很好解决。当时隶属于甘肃省的海固地区即因民众负担过重，于 1938 年首先爆发回民起义。如国民党中央秘书处在致国民政府军事委员会密函中也承认，变乱总因“在人民负担太重”，临时摊派太多。“而地方负有责任者，又复失察，使

① 秦孝仪主编《革命文献》，第 88 辑，第 146—147 页。

② 陈赓雅著《西北视察记》，沈云龙主编《近代中国史料丛刊》，续编，第 76 辑，台北，文海出版社 1988 年版，第 113—114 页。

民众痛苦反而加深。”加上反动的民族政策，不尊重回族生活习惯所致。①

三、回汉民族关系也是近人议论的重要问题

1934年马鸿逵认为，可以说回汉民族问题是西北最大的问题，也可以说是西北最大的耻辱。究其原由，是“有不明白的阿衡（訇），因为认错了教理，以致常有残杀外教同胞的思想”。“我们知道在穆圣人的时代，正值宗教战争时期，所有一切的敌对精神，都是对当时的敌教而讲，并不是对中国同胞讲的，若拿战时的作为尽用于平时，绝对不可行的。”“不明白的阿衡们，只学了穆圣的战时行为，他们把穆圣的真教理真精神，像博爱平等自由等等都没有讲出来，中国社会并不知道这种好处。”有些阿衡不愿回教青年认识中国文字，似乎有意愚蒙回教青年；他们既然讲错了道理，又使外界的知识无从灌入教民的脑内，于是好多人的思想都跟着错误，所以无形中在回汉同胞之间划一道鸿沟，感情老是不能融洽。加以一般私心自用的人从中挑拨，想拿回汉问题要挟中央，为自己升官发财。② 马鸿逵的观点不无道理，他实质讲出在回族中存在的狭隘的民族主义是导致回汉民族矛盾的原因之一。

1937年孙瀚文对民族问题的考察更为具体。他讲道，历史上的回汉民族之关系虽历代更替，亦颇能维系民族之感情，之后所以彼此隔阂者，乃满清分化离间之政策所致。有清一代对异民族畛域观念之深刻已如上述，回汉民族彼时均为被统治阶级，虽为人离间利用，亦均未自我觉醒，以致造成回汉间悲惨

---

① 中共宁夏回族自治区委员会、中共固原地区委员会党史研究室编《海固回民起义与回民骑兵团》，第371、389、368页。

② 秦孝仪主编《革命文献》，第88辑，第108页。

之结果。[①] 孙瀚文所言显然主张回汉民族应吸取历史教训，以民族大义为重，加强团结，共赴国难。孙瀚文从追溯晚清民族政策的角度来看待民族团结及民族觉醒是颇有道理的。

自1938年起，隶属于甘肃省的海原固原地区先后爆发三次回民起义，引起中共中央对包括宁夏在内的西北回族问题的进一步关注与研究。中共中央首先对大汉族主义引起回汉民族矛盾进行揭露。1940年，中共西北工作委员会认为，对回回民族大汉族主义的猖獗始于满清一代。满清统治者尽力挑拨回汉间的斗争，藉以维护自己日趋没落的统治，同时又利用大汉族主义的刽子手对回族实行历史上空前无比的野蛮政策；对"叛回"实行血洗，对"降回"则实行分散，剥夺其迁徙居住的自由，这是回回民族人口衰落与住地分散的主要历史原因。

中共中央西北工作委员会认为国民党大汉族主义的表现之一是："回族已经汉化，回族就是回教徒，因此回族不是一个民族，因此回族所需要的不是民族平等，而是教育，是要用教育来解除回族的宗教迷信，来提高回族的文化知识"。这就是其大汉族主义的理论与政策。中央进一步指出，上述仅仅是国民党对回族政策的表面，还不是它的实质，"国民党政府对待回族，没有在政治上、经济上、文化教育上实行民族平等的原则，没有减轻过去北洋军阀当权时代的压迫、剥削，同时还尽量维持回族内部一切落后的和黑暗的势力，利用回族上层封建分子以巩固对整个回族的统治"。这实际揭示出回族起义反抗赋税苛重等经济剥削、政治压迫的原因。

同时，中共中央西北工作委员会也尖锐地指出："伴着大汉

---

① 孙瀚文著《论抗战期之西北回汉问题》，甘肃省图书馆编《西北民族宗教史料文摘》，宁夏分册，1986年印，第72页。

族主义而来的，在回族内部也有狭隘的回族主义的思想。不论大汉族主义或回族主义，主要的虽是在回汉两族上层统治阶级的利益的基础上形成的，但在回汉两族广大的下层民众中间，也仍然存在着的”。这些论断相当深刻，揭示回汉民族误解的原因。抗战时期，中共中央从陕甘宁边区曾数次派代表到宁夏与地方当局谈判，希冀结束反共、团结抗日均无果而终。其背后的原因在于回族上层统治者不肯放弃其即得利益所致。换言之，宁夏地方当局不是将区域建设、发展而是将即得利益放在首位。

至于国民党引导下的回族对抗日、中共的态度及其原因，中共中央西北工作委员会认识到，“抗战以来，国民党政府虽然企图团结回族抗日，也做些表面上的宣传号召，但对于自己一贯的大汉族主义政策基本上没有改变；另一方面却在回族中尽力进行‘防共’、‘反共’的挑拨，甚至是防共先于抗日”。这是对20世纪40年代初国民党发动的数次反共高潮的深刻揭露。根据历史事实，国民党主要是挑拨、煽动甚至利用回族上层从军事、政治、意识形态方面反共、防共。可见国民党在山河破碎、民族危亡之际，并没有完全对外，一致联合各政党、各民族共同抗日，不是完全将大后方建设、巩固、发展而是将即得集团利益放在首位。

另外，关于对抗战以来回汉民族关系现状的估计，中共中央西北工作委员会认为，由于历史原因及国民党对回族实行错误政策，结果造成“回汉间民族的不信任，和民族仇恨，不但没有消灭，也没有减少。回族上层不信任国民党，但同时也惧怕共产党”。[①] 这深刻揭露了国民党对西北回族政策的实质，即

① 中共宁夏回族自治区委员会、中共固原地区委员会党史研究室编《海固回民起义与回民骑兵团》，宁夏人民出版社，1991年6月第1版，第64—65页。

不仅造成回汉民族猜疑、仇视等严重后果，而且加剧了即得利益的回族军阀集团的地方割据，更不利于团结抗战及大后方的开发建设与巩固。

上述均阐明宁夏回汉民族矛盾的现状，深刻分析了导致回汉冲突的主要原因，并为民族矛盾的消除及关系的融洽指明了方向；指出回汉民族的团结、聚集一切力量联合抗日收复大好河山、争取民族解放是当时的方向。

四、思想文化观念亦是时人关注的方面之一

蒋中正1934年在游览宁夏等西北省份古迹时，发现当地文物惨遭破坏的情况后，曾气愤地感叹道：此“复可见吾国人毁灭历史摧残文化之恶习成性，由来已久。此诚为可痛之事。又西北各省人民，狃于故步，富于靠天吃饭之观念，……今后如无人定胜天之决心与努力，则前途自仍未可乐观也”。[①] 蒋介石对宁夏等省民众的文明素质状况，是否具有开拓进取精神及该区域前途表示极大的担忧，表达了对当地民众的思想文化观念的关注。

宁夏当地旧的风俗习惯亦是时人议论的话题。如1935年陈赓雅注意到宁省缠足之风，“除城市女生逐渐解放外，余多仍沿陋俗，尤以乡村回女尤甚。普通放足女子的婚姻问题，往往不若缠足者之易于解决”。“而普通人，又多好蓄天足婢，娶媳则又多喜旧式女子，云其能处家庭，而任琐务，是诚意外事也！”[②] 陈赓雅对宁夏农村尤其回族缠足陋习予以揭露，同时也表明宁夏保留缠足旧习的严重程度。但直到20世纪40年代中期，宁夏

---

① 秦孝仪主编《革命文献》，第88辑，第139—140页。

② 陈赓雅著《西北视察记》，沈云龙主编《近代中国史料丛刊》，续编，第76辑，第128页。

缠足之风尚盛，叶祖灏讲道，“近年虽风气渐开，禁令迭颁，然穷乡僻壤，仍所在多有。天足女子，仅能于学校或交通要埠中见之，为数甚少”。回民妇女亦多缠足。①

至于宁夏回汉两民族品德也有论者加以考察。陈赓雅经采访后写道，汉族民性之短处，比较上说，约为无团结力；鲜知卫生；多嗜烟酒；习性怠惰。应以回民之有团结力；合理的教义，如每日遵崇礼拜，务须“早起”、“沐浴”、“净心”、“运动”，及不沾染任何“嗜好”；冒险精神；勤奋俭朴等美德，以弥补其缺陷。至于回教民性之短处，不足之处计有文化落后，知识欠缺；思想狭隘；性情刚暴。宜以汉族“博大”、“仁爱”等精神，用教育方式以救济之。② 陈赓雅的记述应该说较为客观地反映了当时回汉民族的品格。其中，回族民众较好的生活习惯当时值得汉族民众学习。

五、近人亦关注鸦片、赌博等丑恶现象

1934 年，有论者在天津大公报著文讲道：“以吾人所知西北一般之病根，首属鸦片，陕甘青宁晋皆然。在昔西北人民，举赖鸦片贸易以抵补入超，但饮鸩止渴，为害日钜，该省养兵过多，竟赖鸦片为理财之术，美其名曰罚款，实等派捐。近两年因鸦片价落，运输困难，人民收入年以少，罚款负担日以多，直成求死不得之问题，早谈不到种烟利益之多少，可想见其祸民严重到何等地步”。③ 该论者将鸦片的毒害及解决提高到西北建设根本问题的高度。

叶祖灏讲道，宁夏过去遍植罂粟，故人民多染阿芙蓉癖，

---

① 叶祖灏著《宁夏纪要》，第 49 页。

② 陈赓雅著《西北视察记》，第 139 页。

③ 秦孝仪主编《革命文献》，第 88 辑，第 104—105 页。

绅商各界多以鸦片为应客常品，虽穷至断炊，而鸦片仍不能不吸。一榻横陈，形消神瘁，病国害民，莫此为甚！[①]

实际上，吸食更有甚者。如范长江于1935年即有形象报道，宁夏“妇女之有鸦片嗜好者，更随地有之。常有有嗜好而受孕之妇女其胎儿在腹中即中烟毒，脱离母体之婴儿，往往必须用烟气喷面之后，始知啼哭！如此再放任下去，将来一般民众过半皆成骷髅，则一切问题，将至无从谈起！”宁夏鸦片多运往华北销售，因日本侵华，交通阻隔。范长江还关注道，这样，鸦片市场缩小，宁夏农民种烟，已占去上等产粮地面，本身抽烟，身体亦难再作辛苦之经营，烟价又低，收入无几，试问将来如何生活下去！[②] 在各方面压力下，近年以来［约从1935年至1945年——笔者注］，宁夏地方当局厉行禁烟即禁种，禁运，禁吸，“此风已日戢弭”。但仅从名义上加以禁止。官府也曾贩卖鸦片。乃至吸食鸦片者，“尽为汉人，回民可谓绝无”。[③] 鸦片的毒害有论者将其视为包括宁夏在内的西北各省应解决的根本问题，应该说已将此事提升到相当高的程度。

第三节　教育经费因素

近人认为宁夏教育投入严重不足，教育经费短缺。1934年，据调查，当时“就各国地方教费占地方全部岁出之平均百分比论，有高至百分之二十九又小数四（瑞士），或百分之二十七（苏格兰与苏俄）”，而中国乃为13.575%。“就中国各省论，教

① 叶祖灏著《宁夏纪要》，第49页。

② 范长江著《中国的西北角》，第188页。

③ 叶祖灏著《宁夏纪要》，第49页。

费有占全部省费百分之二十五（河北、河南）、或二十四有奇（江苏）者”，而包括宁夏在内的西北各省均在百分之四左右。[1]教育科研文化经费的短缺严重影响到本区域教育科技及文化事业的发展，严重影响到本区域科技人才的培养及人口的总体素质，更影响到本区域社会、经济的长远发展的根基。

记者秦晋曾对宁夏1944年至1946五年中等学校教育经费进行统计，计为，

（年度）	（中学）	（师范）	（职校）	（合计）
1944年	391245元	514825元	71040元	977110元
1945年	1031000	1016000	384000	2431000
1946年	1031000	1016000	434000	2481000

“由此吾人可以探索宁省中等教育之概况”。[2]秦晋认为宁夏教育经费较少是有道理的。如据统计，

年度	教育文化费	省支军费	行政费
1931年	95660元	1990829	237090元
1932年	74052元	2698750	259523
1933年	89533		229077
1934年	135513	2571762	282942
1935年	213310	1277629	351554
1936年	232560		396393
1937年	200070		339548
1938年	100651		189871
1939年	103125	3019472	256330
1940年	140615	1196403	168558

据胡平生先生后来分析，宁夏财政支出方面，其分配大致

① 秦孝仪主编《革命文献》，第89辑，第486—487页。

② 秦晋著《宁夏向何处去》，第76页。

尚妥，“惟其中教育文化似嫌太少”。他认为按正常分配标准，教育文化经费应占总支出十分之二或三以上，“然其二十年度仅占二十八分之一，二十一年度约为四十六分之一，二十二年度约为四十三分之一”，二十三年度、二十四年度约均为二十五分之一，“二十五年度约为二十四分之一，二十六年度约为三十八分之一，二十七年度下半年度为二十五分之一，二十八年度为五十分之一，二十九年度则为二十七分之一”。[①] 胡平生的统计及分析不无道理。综上所述，近人旨在摸清影响宁夏区域开发的诸多因素，从多角度对宁夏区域开发中的有利及制约因素进行考察，从而提出了相应的开发主张。

---

① 胡平生著《民国时期的宁夏省（1929—1949）》，台湾学生书局1988年版，第210页。

第二章　区域经济开发的主张及实践

如果说晚清时期国人关于宁夏开发的思想主张是宁夏近代开发思想萌芽的话，那么，民国时期近人所提出的宁夏开发的诸多主张则是宁夏近代开发思想的确立。其中，国民政府时期国人关于宁夏开发的思想主张涉及开发方针、政治与民族、经济、文化教育、思想观念习俗等重大问题。

关于宁夏开发的方针，蒋中正于 1934 年来宁夏考察后在“开发西北建设宁夏”的谈话中提出：开发宁夏正如“总理所讲的、所主张的改革政治、改革社会，其实施的程序是：第一、调查户口。第二、清丈土地。旨在使贫富负担，得以平衡。第三、开辟交通。旨在加强国防，开发资源。第四、振兴警卫”。[①] 蒋介石关于宁夏开发、治理的主张实际上企图在宁夏农村实行保甲制，增加财政收入，加强对宁夏地方的控制，以达到其防共反共的目的。当然，其所提出的通过清丈田亩增加赋税收入、加强交通建设、开发自然资源等主张对于宁夏等省区从经济方面进行抗战准备也具有一定的推动作用。但是，上述主张很难说是全面的、适合宁夏的区域开发方针。

同年 11 月，蒋中正在陕西西安的一次谈话中又指出，当前

① 秦孝仪主编《革命文献》，第 88 辑，第 125—126 页。

包括宁夏在内的“西北各省之建设事业，除救济农村另有整个步骤以外，其他应以造林水利畜牧开垦与交通最为重要”。进而较明确指出宁夏等省经济开发的初步方针。蒋介石的主张有助于当时的宁夏加强基础设施建设，改善生态环境，发展农林牧业经济。蒋介石还感叹道：现在除交通、畜牧、合作事业正在推行或筹办外，造林开垦与水利则皆未十分注重。从而指出宁夏等省经济建设存在的问题。同时，蒋介石还针对当时基础设施建设如造林、筑路、修渠等大型工程资金、人力短缺的情况提出具体策略方针，他讲道：“其实各项工程，大有大办，小有小办，且可以军士为主干，训练技术，并及时施行征工，利用兵力民力，按部就班，日积月累，则虽极大之工程，亦终有完成之一日。”[①] 进而向宁夏等省区提出经济开发是否应采取积极态度，是否应采取切实可行的办法等至关全局的问题，应该说这在一定程度上是切合当时宁夏开发实际的。但是，仅从上述来规划宁夏区域开发还是远远不够的。宁夏地处边塞，20 世纪 30 年代初历经战乱，政治黑暗，经济及文化教育相当落后，当地人民亦饱受鸦片毒害。因而，宁夏开发不仅应关注经济建设，还应更多考虑政治体制、文化教育、思想观念等重大问题。

时任宁夏省政府主席不久的马鸿逵则认为，教育、水利、禁烟应为宁夏省当前所面临紧迫解决的问题，因为“水利为养民之源，教育为牖民之本，而禁烟一事，又为强国保种之要端，顾此三宗，皆为首务”，[②] 这里应该注意的是马鸿逵上述主张的具体背景。马鸿逵上任后的宁夏前途如何，从南京国民政府到社会各界十分关注。当时蒋介石、宋子文等最高政要及其他各

---

① 秦孝仪主编《革命文献》，第 88 辑，第 139 页。

② 宁夏省政府秘书处编《十年来宁夏省政述要》，总类篇，第一册，第 153、157 页。

界人士纷纷以各种名义来宁夏考察，并以各种方式提出有关意见，如蒋介石曾根据有关报告在南京当面要求马鸿逵返宁夏后加强禁烟。马鸿逵提出上述主张显然是为取得更多政绩。当然，马鸿逵所谈的上述问题，也是针对宁夏经济及文化教育仍极为落后，水利废弛、烟毒肆虐状况提出的，更是当时宁夏所面临的既现实、紧迫而又长远必须完成的任务。

而在国民政府为宁夏所制定的开发方针、策略中，更多强调以经济开发为重点。如国民政府经委会认为水利、交通、农业改良、卫生四项为宁夏等西北各省当务之急。但是，亦有论者 1934 年在《西京日报》上以“变更西北建设计划”为题著文认为，在此四项之中，“若再能分别先后，辩明缓急，则必事半功倍，轻而易举矣”。这是旨在先明确经济开发的具体步骤。该论者还称赞经委会所通过的新计划案中，“将西兰公路工款之加拨三十五万元，便是集中财力，先成一事，再及其他之步骤，在目前之中国经济情形下，此种建设办法，实属最为合理”。他还指出在“新计划中，认甘肃宁夏两省水利事业，颇关重要”。而尤应注意的是，“欲复兴农村，欲改良畜牧，欲便利交通，水利之兴修，乃其先决问题”。① 这是试图解决宁夏农村当时因水灾、战乱所面临的各种问题。

虽然说由于各种因素限制，区域经济开发应分轻重缓急，有所侧重，但当时对宁夏开发倾向于首先考虑经济建设是比较符合宁夏开发实际的。

① 秦孝仪主编《革命文献》，第 88 辑，第 114 页。

第一节 交通、邮电及水利建设

一、交通

其中交通建设又为经济建设的第一步骤。向金声在西北资源的调查一文中强调：“作者以为欲开发西北，最先须由交通着手，若交通阻碍，如同隔世，则一切建设均无从进行”，[①] 明确指出交通建设的重要性。如果说交通建设为宁夏经济建设之第一步骤的话，那么，修筑简易公路则是宁夏交通建设切实可行的具体操作方案之一。因而许多有识之士纷纷提出有关建议。1926 年国民军途径宁夏入甘期间，冯玉祥主张修筑省会兰州至宁夏等地的公路干线若干条。[②] 1930 年，国民政府建设委员会委员长张人杰主张修筑宁昔路——由宁夏达昔至乌苏入蒙古，计 1735 里，系沙土路。[③] 张人杰为宁夏设计出向北修筑公路交通线的方案。

至 1932 年，褚民谊等主张设立国道局，负责修整途经宁夏的包兰公路，强调应设法重新修筑接通宁夏中卫至兰州段，并设立车站、修理厂等辅助设施。[④] 晚清以来宁夏本无公路等交通设施。自西北军入、过境以后，曾修筑包宁简易公路；但由于年久失修，各路段多有阻塞，阻碍当地社会生产的发展。而在宁夏修筑出境公路主张的实现有助于宁夏公路建设、进出口货

① 秦孝仪主编《革命文献》，第 88 辑，第 395 页。
② 李泰棻著《国民军史稿》，1930 年印，第 454、455 页。
③ 秦孝仪主编《革命文献》，第 89 辑，第 95 页。
④ 秦孝仪主编《革命文献》，第 89 辑，第 14 页。

物流通及社会经济发展。

近代宁夏铁路建设亦是国人关注的焦点。民国时期，出于国防需要，孙中山较早提出在宁夏等地修筑铁路。他所提出宏大的修筑铁路的计划之一是：修筑东起辽宁，途径外蒙古、内蒙古、宁夏、甘肃西到新疆，全长二万三千余里的西北铁路。[①]

孙中山还曾建议修筑东方大港至乌里雅苏台铁路线。即自东方大港，应用天线路轨，至于定远；再用地线路轨，至于亳州。由亳州起，分支自筑路轨，西行越安徽省界，至河南鹿邑。自此处转向西北，逾太康、通许，以及中牟。在中牟与海兰线相会，并行至于郑州、荥阳、汜水。在汜水渡过黄河，至温县。又在怀庆出河南界，入山西界。于是乃过阳城、沁水、浮山，以至平阳。在平阳渡汾水，至蒲县、大宁。转而西，至省界，再渡黄河，入陕西境。于是进至延长，遵延水流域，以至于延安、小关、靖边，然后循长城南边，以入甘肃。又渡黄河，至宁夏。自宁夏而西北，过贺兰山脉，至沙漠缘端之定远营。于此取一直线向西北走，直至西北铁路系统之乙结合点，与此系统合一线以至乌里雅苏台。此线所经之沙漠及草地部分均可以灌溉工事改善之。其自亳州至乙结合点之距离为一千八百英里。[②] 孙中山的主张为宁夏铁路建设、构架东西交通提供了宏大的方案或思路。从理论上讲，该方案如能实现，也有助于中国北部边疆建设。

同时，孙中山先生还建议修筑西安至宁夏铁路。中山先生认为此线应自西安起，西北向行，至泾阳县、淳化、三水（今改称洵邑）。过三水后，出陕西界，入甘肃界，与正宁转而西，

---

① 秦孝仪主编《革命文献》，第89辑，第148—49页。

② 《建国方略之二·实业计划（物质建设）》，《孙中山选集》，人民出版社1981年第2版，第307—308页。

至宁州。自宁州始入环河谷地，循其左岸，上至庆阳府及环县。乃离河岸，经清平、平远后，与环河相会。仍循该谷地，上至分水界。过分水界后，至灵州，渡黄河至宁夏。此线长约四百英里，经过矿产及石油最富之地区。[①] 从而为宁夏向南修筑铁路提供又一方案。

“九一八事变”后，1932 年有论者在天津大公报以开发河套之前提为题，再次建议“包宁铁路之兴筑，惟有将北宁平绥两路，合并经营，而以展修之责付托之。此议也，本报前屡论及，以今日实际情形论，惟如此始有迅速成功之可能性”。[②] 该论者的建议显然具有战略眼光，是将北宁铁路机关业务扩展、华北与西北地区国防建设及宁夏经济开发结合起来。若没有抗战的爆发，这一建议应该是较为切合实际的。

20 世纪 40 年代，国民政府曾组织人力勘察该条铁路线。包宁段铁路线系由平包线西端的终点包头起始，延长至宁夏，据勘察全长约 550 公里。预计向西延长至兰州，可与陇海铁路接轨，可成为开发西北的主要交通干线。原来计划拟在第二年即可动工，测量定线工作则须在 1946 年底初测完成。[③]

关于测量筹建工作，交通部责成平津区铁路局设置包宁段工程筹备处办理此事，并由该局副局长苏纪忍兼任处长。原定设三个测量总队，分别办理包头至五原、五原至磴口、磴口至宁夏三段初测工作，并定在三个月内完成，然后再组九个测量队，分队办理定线工作。但该处为节省人力，并提高工作效率起见，只设立第一第二两个测量总队，分别由包头及宁夏两端

---

① 《孙中山选集》，人民出版社 1981 年第 2 版，第 309 页。

② 秦孝仪主编《革命文献》，第 88 辑，第 56 页。

③ 汉初：《包宁铁路线初测近况》，《交通月刊》第一卷第六期，1947 年，第 48 页。

迎面查勘，中间各以陕坝为终点。第一测量总队于该年6月25日由包头出发向西勘测，第二测量总队于8月1日由宁夏开始向东回测。[①]

该段原定路线有二，一是依黄河沿岸至宁夏，称前山线；一是绕乌拉山后，经河套，沿狼山山麓，绕贺兰山后而达宁夏，称后山线。该段当时勘测路线，取其距离较短施工较易者，用前山线（据10月份所测实长584多公里），唯自10月份会测完成后复继续勘测后山线，以资日后筑路时之抉择。[②]

第一测量总队担任包头至陕坝间248公里之初测工作，其工作进度，六月份实际勘测日数仅六日，勘竣包头至麻池间五公里四百米里程。七月份勘竣麻池至狮动虎露头间72公里140米里程。期间经过昆独仑河、乌兰记、张八德、长根等地，沿途一带地形平坦多细砂，地势北高而南低，北依乌拉山麓，南临黄河，易于修筑路基，故选线之时，参照民国十四年测量图表，选用此线，即前山线。该地段间经济情形以包头为主，因包头此时为包绥线终点站，为绥远省主要都市，向为西北出产皮毛总汇之地。市面稠密，商业兴盛，工业出品有皮革、面粉等工厂。主要矿产为包头西北大青山蕴藏的煤矿，主要农产为小麦、燕麦、麻、马铃薯等。[③]

8月份完成自狮动虎露头至北圪都402.300公里处，计长70.160公里。

其间经过官牛居、公庙子、西山嘴、退水渠、塔不木多村等地，沿线畜牧业甚盛，农产以小麦、糜子等为主，商业则颇凋零。地形由西山嘴以东，取线乌拉山前，北高南低，路线进

① 汉初：《包宁铁路线初测近况》，《交通月刊》第一卷第六期，第48页。

② 汉初：《包宁铁路线初测近况》，《交通月刊》第一卷第六期，第48页。

③ 汉初：《包宁铁路线初测近况》，《交通月刊》第一卷第六期，第48—49页。

入河套，地势平坦，渠道纵横，兼有沙丘及积水滩，取线必须加以躲避环绕，故湾道曲折较多，桥梁涵洞工程亦复不少，唯套内人烟稠密，征用民父，不甚困难，便于将来施工。①

9月份测竣北圪都至崇发公313.500公里处，计长88.800公里，其间经过五原县、义和渠、沙河渠、新公中、晏江县、丰济渠、百川堡南等地，该地段间经济情形，因沿线渠道纵横，土壤肥沃，地形平坦，甚宜种植，世有“天下黄河富河套”之说，正指此地。农产有稻米、小麦、糜子、高粱、胡麻、瓜类、豆类、马铃薯等。畜牧业亦盛，每年所出皮毛数量甚巨。但西北一带居民较少，土地多未开垦种植，所经五原县百川堡、晏江县等地，商民汇集，为套中之精华。并在百川堡设有屯垦局，专事垦荒，将来倘能交通便利，积极移民开垦富源，必可成为华北之粮区。此地多沙丘、放水海子，渠道则多系旧日居民所开，无闸门节制，涨水时期立即将渠道冲毁并成为水害，平地遇水数尺，造成交通断绝，故选线之时，多避沙丘海子而选高地。②

10月份勘竣崇发公至陕坝268.491公里处（第二测量总队测至陕坝为302.777公里处，系由包头、宁夏分向陕坝勘测时之里程差数）计长45.09公里，其间经过永济渠、狼山县、吴祥渠等地，该地带均在河套中，农产及畜牧业均盛，与五原县一带大致相同。③

该段测竣包头至陕坝281.509公里路线后，因所取路线为前山线，复继续由西山嘴东北向回测后山线，后山线系绕乌拉山后，沿阴山山麓，经红门兔、苏家壕、安北县（即大佘太）、

① 汉初：《包宁铁路线初测近况》，《交通月刊》第一卷第六期，第49页。
② 汉初：《包宁铁路线初测近况》，《交通月刊》第一卷第六期，第49页。
③ 汉初：《包宁铁路线初测近况》，《交通月刊》第一卷第六期，第49页。

乌兰佛洞、台梁、老爷庙、崐都仑召等地，而达包头。长度较前山线路更长，修筑也较艰难，对于边陲国防价值较大，而对于经济方面贡献则较小。后山线以安北县为主要城市，仅有商店三十余家。宿亥产大量红柳，可制木炭，乌拉素海之渔业正在萌芽时期，苟将国势平稳，建设发达，则前山后山两线固不妨兼设并敷也。[①]

第二测量总队自8月1日由宁夏东北向开始回测，8月内计完成宁夏至二子地120公里，沿线经贺兰、于详堡、洪广营、二道渠、平罗县、惠农县、石嘴山等地，地形依贺兰山麓沿线一带，虽商业凋零，但人民经济状况则较良好。农产品以米麦为主，皮毛出产亦丰，贺兰山中矿产丰富，煤铁蕴藏数量丰厚。所勘测铁路线经过地带地势尚属平坦，桥梁涵洞亦少，唯依山坡筑路，平均每三公里即必须有一弯道，由于宁夏主要输出产物均产自贺兰山中，故选用此靠近贺兰山之路线。[②]

9月份完成自二子地至陕坝302.777公里处，计长182.777公里，沿线经过二道坎、牛七沟、河拐子、三道营等地，因躲避黄河西岸之大沙丘地带，过黄河沿河之东岸地带经王元地、磴口、陶子图、南台等地，再越河西岸经三盛公、永兴镇、补隆淖、乌拉河、头道桥、新河乡、素太召等地，而抵陕坝。其间由二子地至三盛公间百余公里地段，除极少数游牧民族外，几无人烟，出产亦少，唯在128公里处牛七沟、二道坎之间，贺兰山中产煤甚丰，陕坝、石嘴山一带燃料需用概皆取给于此。此外，伊盟一带产盐也丰，且足敷当地需要。该段地形平坦，路基良好，唯两度跨过黄河，须修过河大桥两座，工程艰巨，

① 汉初:《包宁铁路线初测近况》,《交通月刊》第一卷第六期，第49页。

② 汉初:《包宁铁路线初测近况》,《交通月刊》第一卷第六期，第49页。

由三盛公以至陕坝间沿线居民渐多，产量颇为丰足，地势平坦，易于筑路。[①]

该队因所测路线石嘴山至乌拉河间，砂丘流动，绵延达百余公里，恐将来修筑路基困难，业于10月开始回测，由石嘴山绕至贺兰山后，沿巴银乌拉山暨狼山山麓，经过炭井沟、霍鲁斯太、得不泰水泉、钟百里、哈老包、查亥得力树井、吉兰泰盐务所、合同玉树井、照子井、儿驼庙、脑儿布井、什拉布仑、四壩、公地、三义德、乌兰河、米仓县等地而达陕坝，计长378公里，较原测路线约长1倍之余。[②]

总之，该第一测量总队于测毕前山线后，复着手回测山后线，第二测量总队于测抵陕坝后，亦在回测沿巴银乌拉山及狼山山麓之线，将来权衡全局，比较利害，在选定路线时，还须一番审慎研究。[③]

换言之，日本侵华延缓、阻碍了宁夏等西北各省交通建设主张落实及实施的进程。

近人除强调应积极开辟宁夏面向东西的交通外，有论者还主张宁夏应打开面向南部的商路交通。1932年，何应钦主张修筑西安至宁夏段铁路。[④] 这一主张是比较有新意的，因为这一建议的落实有助于宁夏充分利用陇海铁路与东南各省进行经济文化交流。

另外，早在1931年马鹤天即对宁夏交通问题有较多建言。当时他除论述包头、银川的重要地位，强调修筑宁包铁路的战略意义外，还主张在宁夏等省多架设无线电台；设法开辟途径

---

① 汉初：《包宁铁路线初测近况》，《交通月刊》第一卷第六期，第49页。
② 汉初：《包宁铁路线初测近况》，《交通月刊》第一卷第六期，第49页。
③ 汉初：《包宁铁路线初测近况》，《交通月刊》第一卷第六期，第49页。
④ 秦孝仪主编《革命文献》，第88辑，第35页。

宁夏的航空线路；主张打通由循化经兰州、银川至包头的黄河水路航道。[①] 马鹤天为近代宁夏设计出立体性交通建设方案。

而著名水利专家李仪祉则更关心宁夏的交通建设。1934 年，李仪祉在黄河上游视察报告中指出，包宁铁路修筑遥遥无期，会阻碍宁夏等西北省份交通及社会经济发展；黄河本身，欲治导之，使行汽船，其困难与耗费，较之建筑铁路更有过者，盖河身宽泛，而治河材料最感缺乏也，舍此二者而外，唯有开运河一法较易得效。而“宁夏各渠以唐徕渠为最长最大，宽处有二百公尺，由青铜峡口，至平罗县镇远堡，长凡三百二十里，与石嘴子相近，渠尾尚阔数丈，此可用以作航运也，绥远之乌加河，绕北山而行，蜿蜒数百里，东距包头二百里，西距磴口不过数十里，此亦可以治为航道也”。另外，“青铜峡宜造一跨河铁桥，此桥甚为需要，由此桥则宁兰公路，可于此处过河，行河之南岸，不必绕越渡河至三次矣”。且造桥之费用不高。而桥造成后，可大大方便官商民等行路，亦利于当地社会经济发展。[②]

时人从公路、铁路、航运、电信、水运等方面关注宁夏的交通建设，这可谓已从全方位、立体化的角度较详尽地提出宁夏交通现代化建设方案。近人已认识到交通建设与加快信息交流、宁夏区域经济开发、增强开放意识、对抗日之战略地位之间的关系。

1930 年，宁夏省建设厅拟定有《整顿宁夏全省交通计划》，将宁平、宁兰及另外 4 条公路列为干线公路，并要求当年一律修成。但因资金等具体措施并未落实，因而该计划并未被认真

① 秦孝仪主编《革命文献》，第 89 辑，第 148—149 页。

② 秦孝仪主编《革命文献》，第 88 辑，第 368—369 页。

实行。[1] 1933年，宁夏地方当局又制定出《宁夏省道修筑计划》，对宁夏公路建设进行较具体的考虑、安排。[2] 根据此计划，筑成宁包、宁兰、宁平三条省内干线公路及10余条县乡支线公路。此后还进行公路养护、修整，并开展汽车客货运业务。另外，还较为重视开展河运、航空运输业务，也注意邮电设施建设。[3]

马鸿逵组建起宁夏省政府后，即着手进行交通建设。为加强对本省区的政治、军事控制，对陕、甘、宁边区进行封锁，在西北军和上届省政府公路交通建设的基础上，1933年4月，马鸿逵下令设立宁夏省道管理处，以当时制定的《宁夏省道修筑计划》为指导，开始修筑省内干线、支线公路。到1936年为止，宁夏省道管理处采用军工为主、民工为辅等形式，筑成宁（夏）包（头）、宁兰（州）、宁平（凉）三条省内干线公路和宁灵（武）、宁盐（池）、金（积）灵、金预（旺）、宁定（远营）、盐预、金宁、灵预、清（水堡）洪（广营）、预固（原）等10余条县乡支线公路。[4] 省内干支线公路筑成后，宁夏省政府一面组织养护公路，如在省干支线公路两旁植树约40万株，[5] 以加固路基；派人定期平整路面，挖掘排水沟等，一面于1936年改宁夏省道管理处为宁夏省汽车管理局，转入汽车客货运业

① 《宁夏省各项建设计划》，《中国建设》，第1卷第3期，（1930年）。引自宁夏回族自治区交通厅编写组、鲁人勇主编《宁夏交通史》，宁夏人民出版社1988年版，第172—173页。

② 《宁夏省道修筑计划》，《道路月刊》，第40卷第3号，（1933年）。引自宁夏回族自治区交通厅编写组、鲁人勇主编《宁夏交通史》，第173—177页。

③ 张天政著《马鸿逵与宁夏近代工业的兴衰》，《民国档案》1999年第4期。

④ 《宁夏全省汽车路线图》，《十年来宁夏省政述要》第五册，建设篇，第142—143页。

⑤ 宁夏回族自治区政协文史资料研究委员会编《宁夏文史资料》第19辑，宁夏人民出版社1990年版，第7页。

务。当时有员工约60余名,[①] 有汽车30余辆（以卡车为主）。[②] 营运路线最初是以宁夏城为中心点，北起平罗县，南达中卫县；抗日战争爆发后，营运线路以宁平线为主，偶尔也到达兰州、西安。[③] 运输业务是以客运为主，抗战前营业状况较好，但当时省内主要交通运输工具仍是骆驼、毛驴、牛马车、羊皮筏等。省内干支线公路的修筑．在抗战时期发挥了重要作用。

国民政府为加强战时西北其他省区与宁夏、绥远的联系，完成了西兰公路经隆德至固原段的整修改线工程（将该路与宁平公路相接）。[④] 为确保傅作义部在绥远抗战的物资供应，国民政府交通部在1940年接管宁夏公路的同时，又对省内干道和几段县道加以整修,[⑤] 从而更有利于战时运输线的通畅和抗战物资供应。除修筑公路开展汽车运输业务外，宁夏省政府还设立河运公司，负责管理、组织水上运输；当时曾令黄河流经各县承造木船40余艘，并自平、津购来汽船机器2台，装成大小木壳船3艘，在黄河宁包段来往运输货物。[⑥] 抗战期间，黄河流经各县共有各类船只300余艘（包括渡船）。另有羊皮筏子，数量更多，还设立民间组织省船业公司，经营、协调水运业务。[⑦] 此

① 宁夏回族自治区政协文史资料研究委员会编《宁夏文史资料》第17辑，宁夏人民出版社1987年版，第101页。

② 宁夏省政府秘书处编《十年来宁夏省政述要》第五册，建设篇，宁夏省政府1942年印行，第140页。

③ 宁夏省政府秘书处编《十年来宁夏省政述要》第五册，建设篇，宁夏省政府1942年印行，第139—140页。

④ 陈育宁总主编、吴忠礼刘钦斌主编《宁夏通史》近现代卷，宁夏人民出版社1993年版，第200页。

⑤ 宁夏回族自治区交通厅编写组编《宁夏交通史》，宁夏人民出版社1988年版，第240—241页。

⑥ 秦孝仪主编《革命文献》第90辑，第83页。

⑦ 宁夏回族自治区政协文史资料研究委员会编《宁夏文史资料》第19辑，宁夏人民出版社1990年版，第7页。

外，宁夏省政府还先后在省垣东、西郊修筑简易飞机场3处，协助开展航空运输业务。经过几年的建设，使宁夏的交通状况较前大为改观，不仅为地方军政机关和普通商人运送物资、货物提供了方便，而且有利于加强省内外的政治、军事联系。

马鸿逵主持宁夏省政后的交通建设，其意义不仅在于维护对宁夏的政治、军事统治，而且为宁夏近代工业的举办，及地方社会经济的缓慢发展提供了一定的客观条件。

二、邮电业

邮政、电信作为近代中国社会的产物之一，其产生与发展情况可以从一个侧面反映当时社会变化的真实面貌，值得我们去做进一步的研究。在现有公开出版的学术论著中，有一些曾涉及到这一时期宁夏省邮电业或与邮电业发展息息相关的交通运输业，即胡平生著《民国时期的宁夏省（1929—1949）》（台湾学生书局1988年版）一书，第三章第四节专门介绍了民国时期宁夏省的“邮电事业”，利用《宁夏的今昔》、《宁夏省农业调查》、《十年来宁夏省政述要》等文献资料，将这一时期宁夏省的邮政、有线电报、无线电报及电话等事业的发展情形做了概述，但3000余字的篇幅使论述不够详尽；宁夏回族自治区交通厅编写组主编《宁夏交通史》（宁夏人民出版社1988年版）一书详细介绍了宁夏地区交通运输业的发展情况，而近代交通运输业的发展又对新产生之邮电业的发展至关重要；陈育宁总主编，吴忠礼、刘钦斌主编《宁夏通史》，近现代卷，（宁夏人民出版社2001年版）则简单地叙述了近代宁夏通信和交通业的发展情况；徐安伦、杨旭东著《宁夏经济史》（宁夏人民出版社1998年版）专辟篇章，介绍了近代宁夏交通运输业和邮电业的产生和发展情况。

另外，西北大学容岚的硕士学位论文《抗日时期（1931—1945）国民政府开发西北交通运输问题研究》，西北师范大学戴巍的硕士学位论文《南京国民政府时期甘宁青农村社会变迁探析》，吉林大学聂宏凯的硕士论文《1927—1937 年南京国民政府交通运输建设及影响》，其中均涉及到宁夏邮电业，但仅稍有提及。对国民政府时期宁夏邮电业的研究，就笔者所知，到目前为止还十分不足，在此领域尚无专题性的学术著作或论文出现。

（一）宁夏省邮电机构的设置与演变

出于军事、政治、经济等多方面的考虑，1880 年，清政府设电报总局，开办电报通信；1896 年，设立“大清邮政”，在邮驿基础上增开民间通信业务。中国初步建立起新式的官办邮电机构。

宁夏地处边陲，故近代邮、电通信开办较晚。1905 年，宁夏地方当局鉴于驿站“日久生弊……议改邮局包办”，[①] 于次年在宁夏府城设邮局一所，是为宁夏设立邮局之始。设立之初的宁夏邮局隶属于汉口邮界之西安副邮界下辖的兰州邮政分局。当时，宁夏府驿站尚存，驿站只负责传递朝廷公文邸报，邮局则面向公众，办理函件、包件、汇兑等业务。

1910 年 11 月，邮传部重新划分邮界，兰州邮政分局升副邮政总局，隶属西安邮界。辛亥革命后，中华民国设交通部，大清邮政改称中华邮政，兰州副邮政总局改属北京邮区，宁夏境内驿站亦同时裁撤，驿站承担的官方通信任务由邮局办理。1914 年，交通部按行政区划重新划分邮区，改升兰州副邮政总

① 《朔方道志》“建置志·下”，天津华泰印书馆代印，第 26 页。

局为“甘肃邮务管理局”，隶属于北京国民政府交通部邮政总局。①

宁夏的电信事业，从有线电报开始，创始于清朝光绪年间。1913年，固原至宁夏的电报线向北延伸至磴口，并于磴口设报房与宁夏通报。是年，全国电政区域划分为13区，每区设一管理局，陕、甘为一个电政区，“陕甘电政管理局”设立西安，宁夏电报分局属其管辖。1916年陕甘电政管理局撤销，管理权限、监督之责改由兰州一等电报局兼办，宁夏电报分局同时改称三等电报局，隶属兰州一等电报局管辖。②

1929年宁夏建省，原有的邮政、电报两局继续正常发展。宁夏电话通信始于1933年3月，马鸿逵主持省政后，以省垣为中心，向部分县镇、重要关卡架设军用电话线路，设宁夏省电话局，由军队控制市话和省内长途电话，自立条规，自定资费。

1929年，宁夏邮局按所在地业务繁简程度被划为二等邮局，隶属于甘肃邮政管理局。1934年初，宁夏境内爆发“孙马大战”，北部之磴口、石嘴山被攻陷，平罗、宁夏被围几近两个月，致使各地寄往上述地方的邮件无法通达；剩余各线邮路虽然畅通，却因时有“军人盘诘”而屡屡迟误。东南各省寄往中卫、吴忠堡、中宁等地的邮件原本经由阳曲、绥德一线而来，现也只得改道长安、平凉。③ 战争对邮局业务造成了极大的

① 宁夏邮电志编纂委员会编《宁夏邮电志》，宁夏人民出版社1995年版，第65页。

② 宁夏邮电志编纂委员会编《宁夏邮电志》，宁夏人民出版社1995年版，第79页。

③ 《甘肃邮政管理局第二五六零/一一二二五号呈文》1934年3月28日，《甘肃邮政局、邮政总局等关于各种邮班、邮路及邮务等事项的呈、函、指令等》1934年1月6日至1934年12月22日，甘肃省档案馆藏民国甘宁青邮政、电信档案，档案号20—1—225。

破坏。

1935年初，甘肃邮政管理局按照1934年9月全国邮政会议议案，以开发西北、扩充边地邮务为由，报请邮政总局核准，提升宁夏二等甲级邮局为一等乙级邮局。① 当时，宁夏邮局共有员工28人。②

1937年“七·七”事变后，归绥、包头相继沦陷。因宁夏临近绥西前线，战略地位日渐重要，且华北至西南邮件主要由宁夏经转，于是宁夏邮局邮务日趋繁忙，业务量猛增。为适应战时需要，邮政总局曾令地方邮局、代办所及信柜随时注意改进机器设备、加派人手，并在急需时增设邮政机构。③ 宁夏邮局遂增设临时机构，雇佣临时办事人员，以解燃眉之急。截至1944年3月，宁夏共有邮政局所85处，其中一等局1处，二等局3处，三等局7处，四等局1处，代办所31处，信柜32处，邮站9处，邮票代售点1处；共有邮路2522公里，其中邮差邮路2188公里，村镇邮路97公里，汽车邮路237公里。④

---

① 《甘肃邮政管理局第二八五零/一一九五六号呈文》1935年6月7日，《邮政总局、甘肃邮政局等关于查复邮政月报、代办所营业状况、改升邮局等级、规定罗马拼音、分发邮政舆图等训令、函、呈》1935年3月4日至1935年12月2日，甘肃省档案馆藏民国甘宁青邮政、电信档案，档案号20—6—142。

② 《宁夏二等邮局职工姓名、职务、薪水表》1934年12月，《省邮电局关于职工薪水、奖励命令及职工姓名清册》1932年至1940年，宁夏档案馆藏民国甘宁青邮政管理局档案，档案号民3—157。

③ 《交通部邮政总局通代电第四六一号》1939年2月10日，《邮政总局关于清运积存重包邮件、兰州、凉州、西宁间新试通航、航空时刻表、军邮业务移转管辖办法等的通代电、通令》1939年1月18日至1939年2月11日，甘肃省档案馆藏民国甘宁青邮政、电信档案，档案号20—6—346。

④ 《邮政总局为送热、察、绥、宁、陕、甘、青、新、康、滇、黔、桂等省交通概况致交通部呈》1944年3月9日，中国第二历史档案馆编《中华民国史档案资料汇编》，第五辑第二编“财政经济”（十），江苏古籍出版社1997年版，第701—706页。

抗战胜利后，面对宁夏邮局机构及业务量在战争中有所扩大的情况，邮政总局鉴于邮政经济困难，出于提高效率、减轻负担的考虑，下令在必要地点酌情增加局、所、信柜，其余临时机构一律撤销。[①] 另外，考虑到宁夏地方“情形特殊”、“法治情形又有不同”，且与管理局“距离遥远”、不便指挥。为使宁夏邮局能够根据本省“特殊实际情形”制定谨慎而妥善的措施，以便就近指挥省内二、三等邮局，提高效率、避免贻误。甘宁青邮政管理局遂向邮政总局提请，[②] 将宁夏一等乙级邮局改升为一等甲级局。[③] 为加快宁夏全省邮政通信的发展，邮政总局批准宁夏一等乙级邮局自 1946 年 2 月 1 日起改升为一等甲级局，[④] 萧祖荫继续担任宁夏邮局局长。提升后，宁夏邮局有甲级邮务员 1 人，乙级邮务员 8 人，邮务佐 3 人，信差 5 人，听差 4 人，邮差 23 人，杂役 1 人。[⑤] 这次提升，意味着政府对宁夏在

---

① 《交通部邮政总局训令局业通字第八八三号》1947 年 1 月 17 日，甘肃省档案馆藏民国甘宁青邮政、电信档案，档案号 20—6—346。

② 甘肃邮政管理局于 1945 年 9 月 12 日奉邮政总局令改为甘宁青邮政管理局，《甘宁青邮政管理局邮总字第六三三号通函》1945 年 9 月 12 日，《甘宁青邮局、宁夏省各机关致省邮局的公函》1938 年至 1945 年，宁夏档案馆藏民国甘宁青邮政管理局档案，档案号民 3—180。

③ 《甘肃邮政管理局邮总字第四八号呈文》1935 年 6 月 4 日，《甘肃邮政局关于检查邮电工作、报送人员考绩、调整邮包资费及人员更动事宜等密呈》1945 年 5 月 26 日至 1945 年 10 月 27 日，甘肃省档案馆藏民国甘宁青邮政、电信档案，档案号 20—7—357。

④ 《交通部邮政总局局业字第一二七四号训令》1946 年 2 月 8 日，《邮政总局、甘宁青邮局、甘肃邮局等关于组织事务年报表、机构设置等项的公函、呈等》1945 年 12 月 21 日至 1946 年 9 月 5 日，甘肃省档案馆藏民国甘宁青邮政、电信档案，档案号 20—1—154。

⑤ 根据“甘宁青邮区内地各局局长姓名及员工人数一览表”统计所得，《甘宁青邮管局邮务帮办移交书及移交说明书、人员一览表、公事分类处理办法、居所数目月报、支局分布详情表等》1946 年 7 月，甘肃省档案馆藏民国甘宁青邮政、电信档案，档案号 20—2—57。

抗战中作用的肯定。

1948年12月1日，奉甘宁青邮政管理局第3824号训令，宁夏邮局在银川成立“甘宁青邮区第一战区邮务管理段”，该段与宁夏一等甲级邮局是一个机构两块牌子，由宁夏邮局局长萧祖荫充任该段主任。其职能是：一旦该段与管理局失去联系，可代管理局指挥段内二、三等邮局。1949年6月，该段又易名“甘宁青邮区第一邮务管理段”。1949年9月23日，宁夏解放。其时，宁夏邮局实有员工49人。①

宁夏省电报（信）局的沿革。1929年，奉南京国民政府交通部令，甘、宁合设一个管理局，定名为“甘宁电政管理局”，设在兰州。宁夏省电报局定为三等电报局，隶属甘宁电政管理局管辖。1935年3月23日，根据交通部训令第1561号，“宁夏电报局与当地电台应自本年四月一日起实行合并，所有一切事务报务业务会计册报等项均应统一办理”。合并后的宁夏电报局局长为王松桢，业务长为刘敦铭，共有有线电报务员11人，无线电报务员2人，业务员7人，事务员2人，机工2人，线工9人，小工6人，报差3人，局役4人。②

1937年“七·七”事变后，归绥、包头的沦陷使宁夏因临近前线，军政电报骤然增加。抗战期间，“中央军事政治各高级

---

① 《宁夏一等邮局员工姓名清单》1949年5月31日，《宁夏邮局局务、人员、局产、储汇、组织等的移交书及员工名额表、人数清单、邮政代办所清单及局房现状略图等》1949年4月15日至1949年5月31日，甘肃省档案馆藏民国甘宁青邮政、电信档案，档案号20—3—13。

② 《交通部宁夏电报局六月份报书》1935年3月24日，《宁夏省邮电管理局人事杂卷》1936年，宁夏档案馆藏民国甘宁青邮电管理局档案，档案号民3—90。

要员常来视察，年必数次”，[1] 宁夏在抗战中沟通前线与后方的重要战略地位可见一斑。军政机关云集宁夏，战争时期军情政令的传递又十分紧急，再加上电报传递讯息的相对快捷，使宁夏电报局的业务量大为增加。原有人员已不敷使用。[2] 但抗战时期，财力、物力及人力资源都十分稀缺，所以面对宁夏电报局提出的增加人手、改进设备的要求，上级部门屡屡无奈地推辞。虽然条件如此恶劣，宁夏电报局的员工还是克服了重重困难，保证了通讯的正常进行。

1942 年 7 月，奉交通部令，宁夏电报局改名为贺兰电报局。按交通部公布的《电报局组织章程》，贺兰电报局改为二等局，[3] 王松桢仍为局长，另有报务员 17 人、事务员 10 人，报差 4 人。[4] 截至 1943 年底，宁夏共有电信员工 123 人，差工 50 人。[5] 1944 年 10 月，奉交通部令全国各地电报局统一改名为电信局，贺兰电报局更名交通部宁夏电信局。1945 年 1 月，奉交通部令，第一区电信管理局在西安正式成立，宁夏电信局划归第一区电信管理局领导。

抗战胜利后，电信业的发展使其管辖区域日益扩大，交通

---

① 《甘宁青邮局、省邮局关于职工薪水、邮佐考试、职工保证书的电文、清单》1921 年至 1944 年，宁夏档案馆藏民国甘宁青邮电管理局档案，档案号民 3—145。

② 《关于业务繁重、请增值报员的电文》1948 年 9 月 26 日，《省电信局人事杂卷》1948 年，宁夏档案馆藏民国甘宁青邮电管理局档案，档案号民 3—88。

③ 宁夏邮电志编纂委员会编《宁夏邮电志》，宁夏人民出版社 1995 年版，第 80 页。

④ 根据“甘宁青各局台处处理报务人事统计表”所得，《甘宁电政局报务概况清册本》1942 年 1 月，甘肃省档案馆藏民国甘宁青邮政、电信档案，档案号 20—1—321。

⑤ 《电政员工人数分省统计表》1943 年 12 月，中国第二历史档案馆编《中华民国史档案资料汇编》，第五辑第二编“财政经济”（十），江苏古籍出版社 1997 年版，第 911 页。

部于1946年再次调整电政区划，将原来的五区制改为九区制，甘、宁、青三省划为第八区电信管理局，宁夏电信局仍为二等局。同年12月，交通部电信总局颁布《各区电信管理局所属电信局组织章程》，依照业务成分，将原来的六等分为三等，每等再分甲乙两级，宁夏电信局核定为三级甲等局。①

对于电话的重要性，马鸿逵认为，对于其所属之军政机关的通讯来说，在“简捷便利”方面，“电话较之电报尤为重要”。因此，马鸿逵改组省政府后即接办宁夏省电话局，添置设备器材，增加经费，架设南北电话线路，并在各县及乡、堡（镇）设立电话分局（所）或驻工处，开展话务经营活动。② 当时的电话局主要为地方军政官员和商人提供服务，通话量也在逐渐增大。就开办省内长途电话业务，并与原有的市内电话合并，设立宁夏省电话局。马鸿逵设立的宁夏省电话局，直属于宁夏省政府管辖，员工直接来自马鸿逵所属部队，经费由宁夏省库全权负责。③

1933年，宁夏省电话局建立之初，在局长以下设有副局长、工程师、稽查长和稽查，又在其下分设总务、会计、工务三股，总务股设股长、文书、主任和书记，会计股设股长、主任、庶务、书记和库务员，工务股设股长、主任、司机领班、司机班长和司机。1935年至1936年间，鉴于大部分设施已经完成，省电话局遂将工程师、稽查长、稽查以及会计、工务两股的书记、库务员、司机领班等职裁撤；又因话务日渐繁忙，增设话务股，设股长、主任、司机领班和司机等职，专司话务事宜。省电话

① 《宁夏邮电志》第80页。

② 宁夏省政府秘书处编《十年来宁夏省政述要》第五册，建设篇，宁夏省政府1942年印行，第143—146页。

③ 《十年来宁夏省政述要》，建设篇，第143—145页。

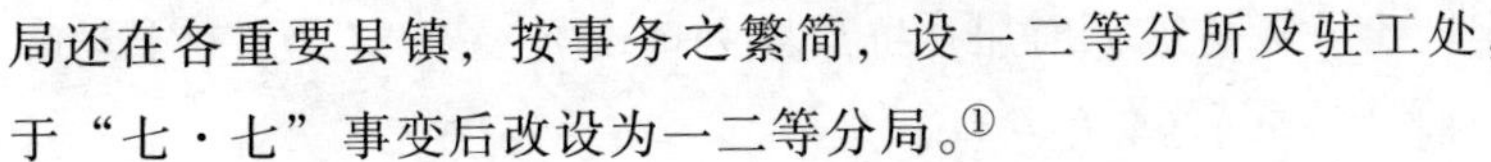

局还在各重要县镇，按事务之繁简，设一二等分所及驻工处，于“七·七”事变后改设为一二等分局。[①]

关于宁夏省电话局具体的组织系统，可见下表：

宁夏省电话局组织系统表

<table>
<tr><td colspan="2">局长</td></tr>
<tr><td colspan="2">副局长</td></tr>
<tr><td>阿拉庙驻工处（线工）
陶乐驻工处（线工）
倒塔驻工处（线工）

横城驻工处（线工）</td><td>总务股（股长、书记、材料员）
会计股（股长、售票员）
工务股（股长、主任、工务员（2）、线工（2））
话务股（股长、司机班长（2）、司机（10））</td></tr>
<tr><td colspan="2">黄渠桥一等分局（局长、主任、线工）——（磴口县二等分局、石嘴山二等分局、平罗县二等分局、立刚堡驻工处（线工）、新台驻工处（线工）、呼司拉图驻工处（线工））
吴忠一等分局（局长、主任、线工（2））——（盐池县二等分局（局长、线工）、金积县二等分局（局长、线工）、韦州二等分局（局长、线工））
大壩一等分局（局长、主任、线工（2））——（宁朔县二等分局（局长、线工）、杨和堡驻工处（线工）、广武驻工处（线工））
中宁县一等分局（局长、主任、线工）——（同心县二等分局（局长、线工）、中卫县二等分局（局长、线工）、石空二等分局（局长、线工（2）））</td></tr>
</table>

资料来源：宁夏省政府秘书处编：《十年来宁夏省政述要？建设篇》，宁夏人民出版社1988年影印版，第144页。（注：表中括号内数字均为人数，未注明人数的均为1人）

省电话局初设时，员工人数为65人，均系马鸿逵所属部队的军人。[②] 到1942年，宁夏省电话局仍有员工65名。[③] 此后经

① 《十年来宁夏省政述要》，建设篇，第144页。

② 《宁夏省电话局民国三十年十一月份增加经费预算清册》1941年11月，《省电话局增加经费预算清册》1941年，宁夏档案馆藏民国甘宁青邮电管理局档案，档案号民3—80。

③ 宁夏省政府秘书处编《十年来宁夏省政述要》第五册，建设篇，宁夏省政府1942年印行，第150页。

过改编，人员屡有增加，抗战胜利前夕发展至87人，[①] 宁夏解放时共有员工96人。[②]

马鸿逵设立的宁夏省电话局，其员工均为地方军人。虽然也经过改编，见下表宁夏省电话局人员花名清册：

	上尉会计	书记兼会计	吴文卿
	上尉材料员	庶务	宁万国
工务室	上尉工务长	头目	齐振坡
	少尉工务员	司机	刘德福
	准尉工务员		李如桂
			蔡占江
			甘增贵
			马玉龙
			周长盛
总机室	中尉话务员		刘国杰、张万胜
			孙效文
			李万金、周学仁
			王金德
			齐境役、蔡树成
			朱文明
合计 十九人			
吴忠分局暨所属分队（第一分队）人员花名清册			
吴忠堡第一分队	上尉分队长	局长	谭振和
	中尉书记	书记兼会计	王贵尤
	中尉队副	头目	金子英
	准尉话务员	线工	杨龙、杨长河
金积监视哨	少尉哨长	头目	周路河

① 《宁夏省电话局人员编制花名清册》1944年1月1日，《省邮电管理局员工名册》，宁夏档案馆藏民国甘宁青邮电管理局档案，档案号民3—54。

② 《宁夏省电话局三十八年员工薪饷发放证明册》1949年8月，《省电话局职工名册》1949年，宁夏档案馆藏民国甘宁青邮电管理局档案，档案号民3—55。

（续上表）

	准尉话务员	线工	杨万禄
灵武监视哨	中尉哨长	头目	王金殿
	少尉话务员	线工	杨明坤
石沟驿监视哨	少尉哨长	头目	乔全贵
惠安堡监视哨	中尉哨长	头目	翟润芝
	少尉话务员	线工	冯海珍
韦州监视哨	中尉哨长	头目	海长禄
	少尉话务员	线工	马忠文
合计　十四人			
中宁分局暨所属分队（第二分队）人员花名清册			
中宁第二分队	上尉分队长	局长	何天玉
	中尉书记	书记兼会计	孙其义
	少尉队副	头目	李占荣
	准尉话务员	线工	董文生、杨世英
中卫监视哨	中尉哨长	头目	孟廷仁
	少尉话务员	线工	钱如山
同心监视哨	少尉哨长	头目	赵慎言
陈麻子井监视哨	少尉哨长	头目	胡成显
合计　九人			
大坝分局暨所属分队（第三分队）人员花名清册			
大坝第三分队	上尉分队长	局长	唐忠义
	中尉书记	书记兼会计	蔡芝
	少尉队副	头目	季生奎
	准尉话务员	线工	胡治中
广武监视哨	少尉哨长	头目	白光玉
石空监视哨	中尉哨长	头目	童满仓
	少尉话务员	线工	刘延东
小坝监视哨	少尉哨长	头目	丁德山
杨和堡监视哨	少尉哨长	头目	韩玉民
合计　九人			
黄渠桥分局暨所属分队（第四分队）人员花名清册			

（续上表）

黄渠桥第四分队	上尉分队长	局长	李子俊
	中尉书记	书记兼会计	范守俭
	少尉队副	头目	王有田
	少尉话务员	线工	曹美
谢岗堡监视哨	中尉哨长	头目	崔化云
李岗堡监视哨	中尉哨长	头目	李五虎
平罗监视哨	中尉哨长	头目	史文星
	少尉话务员	线工	司德文
惠农监视哨	少尉哨长	头目	巴德胜
石嘴山监视哨	中尉哨长	头目	杨万福
	准尉话务员	线工	朱勤
磴口监视哨	少尉哨长	头目	何玉璞
	少尉话务员	线工	林寿松
補隆淖监视哨	少尉哨长	头目	王东君
胡斯拉图监视哨	准尉哨长	头目	张全玉
步云高监视哨	少尉哨长	头目	李元源
新台监视哨	准尉哨长	头目	刘忠扬
合计　十七人			
横城分局暨所属分队（第五分队）人员花名清册			
横城第五分队	上尉分队长	局长	郁振发
	少尉书记	书记兼会计	郭兆元
	中尉队副	头目	李永章
	少尉话务员	线工	王殿英、李田玉
宝塔监视哨	中尉哨长	头目	李玉随
陶乐监视哨	中尉哨长	头目	华生荣
	准尉话务员	线工	吴得胜
阿太庙监视哨	准尉哨长	头目	王志元
五虎墩监视哨	准尉哨长	头目	孙来臣
阿拉庙监视哨	准尉哨长	头目	朱连玉
合计　十一人			
定远营分局暨所属分队（第六分队）人员花名清册			

（续上表）

定远营第六分队	上尉分队长	局长	包得胜
	中尉书记	书记兼会计	李守义
	少尉队副	头目	赵登奎
		线工	王连科
	准尉话务员		王贵贤
范家子营监视哨	准尉哨长	头目	任生祥
苏峪口监视哨	准尉哨长	头目	杨逢山
贺兰山监视哨	准尉哨长	头目	金占成
合计　八人			
共八十七人			
1944 年 1 月 1 日			

资料来源：《宁夏省电话局人员编制花名清册》1944 年 1 月 1 日，《省邮电管理局员工名册》，宁夏档案馆藏民国甘宁青邮电管理局档案，档案号民 3—54。

但上表所列"头目"等职位的设置仍显示出宁夏电话局职员编制中军队味道之浓厚，说明其改编之不彻底。前文已经提到，宁夏省办电话线路均架设在与军事有关之各重要地段；而且，其电话除用于军事及传达政令外，虽也代售商话，但"军事机关人员因公而通话者"半价优惠，其他人员则"盖收全价"，[①] 因此商话"营业清淡"。[②] 据此，可以说，宁夏省电话局只是马鸿逵军政系统的御用工具。它的设立，根本上是为了加强马鸿逵对宁夏的全面控制而已。

宁夏省电话局的北路干线，在"孙马大战"时"曾一度被破坏"，虽然在战争结束后得到积极的修复，但却浪费了人力与财力。东路干线于 1936 年夏马鸿逵部与红军的斗争中被"破坏

① 《十年来宁夏省政述要》，建设篇，第 145 页。

② 《宁夏省办长途电话调查表》1946 年 3 月 15 日，《甘宁青邮政管理局、第一电信局巡查靖远、石嘴山、宁夏局的报告书》1946 年 3 月 8 日至 1946 年 6 月 17 日，甘肃省档案馆藏民国甘宁青邮政、电信档案，档案号 20—1—40。

四百余华里”，线路器材损失巨大，并且因故未进行修复，造成宁省东部广大地区消息不畅通。1941 年 4 月，横牛段防空情报专线甚至在马鸿逵部与八路军的冲突中被破坏，直接影响到防空情报的传递，影响更为巨大。连年的战争，使电话线路与设备时常遭到破坏，对于电话业务的发展至为不利。[①]

前文提到，宁夏省电话局在绥西、包头相继沦陷后，大力加强防空情报专用线路的铺设。这些线路的铺设，使得日军空袭时防空情报传递迅速，使空袭对宁夏的影响降到了最低。虽然防空情报专用电话线的架设，主观上是为了减小军政当局的损失，但这些措施的实行，客观上也有利于宁夏各级地方机构的联络和民众生命、财产损失的降低。

宁夏邮电检查所。1936 年 3 月 16 日，国民政府军事委员会调查统计局任命宁夏电报局局长朱思义为新成立的军委会宁夏邮电检查所所长，在没有合适办公地点之前，先假借中国国民党宁夏省党部进行办公。[②] 紧接着，新成立的宁夏邮电检查所便任命梁森渭、王化贤为电报检查员，[③] 着手开展电报检查事宜。

对于国民政府军事委员会的这种做法，马鸿逵虽不便提出抗议，遂指示宁夏军警联合督察处以“严加防范敌探汉奸扰害地方”为由，特派该处电讯检查主任、第十七集团军总司令部

---

① 《十年来宁夏省政述要》，建设篇，第 145 页。

② 《宁夏邮电检查所政字第一号公函》1936 年 3 月 18 日，《本局邮电检查所任职、检查人员名册》1936 年 3 月至 1941 年，宁夏档案馆藏民国甘宁青邮电管理局档案，档案号民 3—13。

③ 《宁夏邮电检查所政字第二号公函》1936 年 3 月 18 日，《本局邮电检查所任职、检查人员名册》，第 2 页。

少校参议杜凤仪驻守宁夏电报局，专负检查电报之责。[①] 宁夏电报局的来往电报，非经该主任盖章而不得发送。[②] 此后，又加派汪洋、纪玉亭与杜凤仪一起，轮流监视宁夏电报局的无线电及有线电运转情况。[③] 马鸿逵的此种做法，是担心国民政府势力深入宁夏，为巩固自己对宁夏的统治而采取的一种排挤措施，是不便明里反抗而实行的一个暗招。尽管宁夏邮电检查所有军委会在后面撑腰，但宁夏终究是马鸿逵的势力范围。到 1943 年底，新任所长杨福全只好以宁夏"地方情形特殊"为由，向甘肃邮政管理局和邮政总局提请认可宁夏当局邮电检查部门的优先检查权。[④] 虽然邮政总局的密令要求"婉言拒绝省当局检查，而由军委会邮电检查所检查",[⑤] 出于无奈，杨福全还是默认了宁夏省当局邮电检查部门的优先检查权。

1944 年秋，经过协商，宁夏地方当局与军委会特检处联合成立了军事委员会特检处宁夏邮电检查所，由宁夏方面调派人手执行公务。[⑥] 这样，中央涉宁势力被完全排挤出了宁夏。新成

---

① 《宁夏省临时检查电报人员姓名简历表》1942 年 5 月，《本局邮电检查所任职、检查人员名册》，1936 年 3 月至 1941 年，宁夏档案馆藏民国甘宁青邮电管理局档案，档案号民 3—13。

② 《宁夏省军警联合督察处第十三号公函》1939 年 3 月 12 日，《本局邮电检查所任职、检查人员名册》，第 6 页。

③ 《宁夏省军警联合督察处第十四号公函》1939 年 3 月 14 日，《本局邮电检查所任职、检查人员名册》，第 9 页。

④ 《甘肃邮政管理局第三十号呈文》1943 年 11 月 25 日，《甘肃省政府、甘宁青邮局、甘肃邮局等关于设立邮局、成立邮电检查机构及闻作舟等人员考绩、任职等项的训令、函、呈等》1943 年 3 月 8 日至 1946 年 6 月 17 日，甘肃省档案馆藏民国甘宁青邮政、电信档案，档案号 20—1—136。

⑤ 《甘肃邮政管理局训令》1944 年 2 月 14 日，《甘肃省政府、甘宁青邮局、甘肃邮局等关于设立邮局、成立邮电检查机构及闻作舟等人员考绩、任职等项的训令、函、呈等》，第 99 页

⑥ 黎杰著《马鸿逵统治宁夏时期的邮电检查所》，宁夏区政协文史资料委员会编《宁夏文史资料》，第十九辑，宁夏人民出版社 1990 年版，32 页。

立的宁夏邮电检查所设上校所长一人，下属邮件、电报两个检查组各设中校组长一人，少校审查员一人，少尉至少校检查员十五至二十人，少尉至少校总务、文书四至五人。他们对来自沦陷区、陕甘宁边区的落地或过路邮件实行普遍检查，对一般邮件实行抽查，对中央派驻宁夏的军统“缉私处”、中统“调统室”、中央银行、农民银行、直接税局、盐务局及航空站等的邮件进行重点检查。[①] 对查扣的可疑信件，都上交特检处检查，没有问题的原件退回，未退发的邮件则不知所踪。[②] 这种邮电检查机构与邮电检查方式的存在，使人民寄递的信件和拍发之电报安全性都不能保障，对宁夏邮电行业业务的发展与推广都极为不利。

（二）宁夏省邮电线路及业务建设

1. 邮电线路

1929 年宁夏初建省时，省内原有公路已经难以行驶汽车，当时宁夏省内及省际间的几条主干邮路主要靠人力和兽力发运邮件。

1933 年，马鸿逵出任宁夏省政府主席，开始了其对宁夏长达 17 年的统治。马鸿逵上台之初，鉴于“交通为沟通文化、繁荣地方之唯一要政”，遂设立宁夏省道管理处，直属于宁夏省政府，负责全省道路的修建与运输业的管理。[③] 正当马鸿逵开始整修宁夏省内的公路，以加强其对宁夏的控制之时，1933 年 6 月，蒋介石以国民政府的名义，任命孙殿英为“青海西区屯垦督

① 《马鸿逵统治宁夏时期的邮电检查所》，第 34—36 页。

② 《马鸿逵统治宁夏时期的邮电检查所》，第 38 页。

③ 宁夏省政府秘书处编《十年来宁夏省政述要》，建设篇，宁夏人民出版社 1988 年影印版，第 121 页。

办”，令其率部西移，以削弱西北马家势力。为了争夺统治权，“孙马大战”爆发。各地寄往宁夏、平罗的信件与包裹“因屡有阻滞而暂停收寄”；东南各省寄往中卫、吴忠堡、中宁等地的包裹，也由原来的太原、阳曲、绥德、宁夏线，改道长安、平凉。石嘴山、磴口等地虽在孙军势力范围内，但石磴、宁皋（兰）、宁盐（池）及宁定（远营）等轻班邮路在当地第十五路军的协助下亦可通行，只是“常被军人盘诘，以致迟误”。[①] 这样，“一月十六日至三月廿二日平罗被围”，直到3月22日战事初告一段落时，各路邮班得以恢复正常。[②]

战事结束后，马鸿逵得以集中人力、物力与财力，完成其整修宁夏省内公路的计划。到1936年为止，宁夏省道管理处采取军工为主、民工为辅的形式，在西北军和上届省政府公路交通建设的基础上，筑成宁包（头）、宁兰（州）、宁平（凉）三条省内干线公路和宁灵（武）、宁盐（池）、宁定（远营）等10余条县乡支线公路。[③] 1933年，宁夏省道管理处所属的宁兰、宁包两线公路汽车开始运营，宁夏邮局开始不定期利用公路班车带运邮件。1947年10月及12月，宁夏邮局分别开通宁兰、

---

① 《甘肃邮政管理局第二五六零/一一二二五号呈文》1934年3月28日，《甘肃邮政局、邮政总局等关于各种邮班、邮路及邮务等事项的呈、函、指令等》1934年1月6日至1934年12月22日，甘肃省档案馆藏民国甘宁青邮政、电信档案，档案号20—1—225。

② 《甘肃邮政管理局第二五六九/一一六八号呈文》1934年4月10日，《甘肃邮政局、邮政总局等关于各种邮班、邮路及邮务等事项的呈、函、指令等》1934年1月6日至1934年12月22日，甘肃省档案馆藏民国甘宁青邮政、电信档案，档案号20—1—225。

③ 《十年来宁夏省政述要》，建设篇，第121—126页。

宁包邮政汽车，邮运能力大为提高。[①]

1934年，中德欧亚航空公司的皋兰至宁夏航线允许宁夏邮局带运邮件，开辟了宁夏首条航空邮路，此种邮运方式更为快捷。此线后又延伸至包头、北平，1939年因抗战而被迫停航。1948年，中国航空公司开通平—绥—宁—兰航线，与民航空运队平—宁不定期航班一起带运宁夏邮件，[②] 至宁夏解放时宣告结束。

另外，宁夏至兰州、宁夏至包头两段全程均可利用水运寄递。水运的优点是运量大、运费低，因此邮局一般采取与运输商行签约的方式来转运重件。但其速度慢、安全性差以及一年中只有半年可通航，所以不能作为主要邮运方式。

有线电报线路，经过宁夏境内的第一条长途电报线路是自固原向北，经同心、中宁、青铜峡、广武、宁朔到达宁夏府城，由宁夏府城经石嘴山至磴口、临河、五原至包头的南北电报干线，[③] 由交通部兰州电报总局组织架设。此后，交通部甘宁电政管理局又架设了兰州经靖远、中宁至宁夏的长途电报线路，[④] 可以与宁夏、中宁、中卫直接通报，使宁夏、兰州两电报局联系更加方便快捷。上述两条干线线路中，宁夏与中宁间的电报线为双线，一线开放兰州、宁夏、绥远直达电报与电话，二线开放中宁、吴忠堡至宁夏电报。但二线被宁夏省政府强行借去用

---

① 《宁夏邮局局务、人员、局产、储汇、组织等的移交书及员工名额表、人数清单、邮政代办所清单及局房现状略图等》1949年4月15日至1949年5月31日，甘肃省档案馆藏民国甘宁青邮政、电信档案，档案号20—3—13。

② 《宁夏邮局局务、人员、局产、储汇、组织等的移交书及员工名额表、人数清单、邮政代办所清单及局房现状略图等》，第16页。

③ 《朔方道志》，卷五“建置志·下”，第26页。

④ 《甘宁电政局报务概况清册本》1942年1月，甘肃省档案馆藏民国甘宁青邮政、电信档案，档案号20—1—321。

以通电话，以至于二线电报工作停顿，影响电报局业务的开展。[①] 为不影响电报局发报，甘宁电政管理局及宁夏电报局屡次催请宁夏省政府交还二线，甚至上报到第八战区副司令长官朱绍良处。但第八战区司令长官蒋中正与副司令长官朱绍良联名回电婉拒，要求在宁夏省政府修建宁夏至中宁电话线前继续占用。[②] 甘宁电政局与宁夏电报局对此情况也无可奈何。

宁夏境内的短途电报电路在长途电报干线的基础上又有一定的铺设，但多与宁夏省办电话线路通用一条线路，是为报话两用线路。

无线电报线路：1933 年，宁夏电报局初设无线电台后，为加强与兰州方面的联系，首先开通了宁夏至兰州无线电报一路。1942 年，鉴于宁夏至石嘴山、磴口两有线电报线路被省政府占用而造成了线路拥塞，以及为了改善宁夏北部与外界联系薄弱的现象，又相继开通宁夏至定远营、扎萨克旗、巴音木图、包头和归绥的无线电报线路。[③] 无线电报线路的开辟，弥补了有线电报线路不足引起的通讯限制，既扩大了通讯范围，又使非常情况下的通讯能力得到了保障。

电话线路，宁夏省电话局建立之后，鉴于宁夏电话“器材

① 《甘宁电政管理局报字第五九五八号发文》1937 年 12 月 15 日，《交通部、电信总局、甘宁电政局、第八战区司令长官司令部等为抄发编制、电话专线修整、拍发防空情报电报等事项的指令、代电等》1937 年 8 月 14 日至 1938 年 1 月 26 日，甘肃省档案馆藏民国甘宁青邮政、电信档案，档案号 20—3—261。

② 《第八战区司令长官司令部指令交字第二号》1937 年 12 月 22 日，《交通部、电信总局、甘宁电政局、第八战区司令长官司令部等为抄发编制、电话专线修整、拍发防空情报电报等事项的指令、代电等》1937 年 8 月 14 日至 1938 年 1 月 26 日，甘肃省档案馆藏民国甘宁青邮政、电信档案，档案号 20—3—261。

③ 《宁夏电信局有线及无线电路报务调查表》1946 年 3 月 8 日，《甘宁青邮政管理局第一电信局巡查靖远、石嘴山、宁夏局的报告书》1946 年 3 月 8 日至 1946 年 6 月 17 日，甘肃省档案馆藏民国甘宁青邮政、电信档案，档案号 20—1—40。

缺乏……规模尤小”，仅有电话机二三十部且线路全为“铁质独线”，“只达名城巨镇”，马鸿逵筹备巨款、采购器材、聘请专家，“详加设计，力求改进”，计划加强全省电话通信网络与设备。于是，“凡属军事有关之各重要地段”完全架设复线，架成“东南西北四大干线”，即东路的宁横干线、南路的宁卫干线、西路的宁定干线与北路的宁磴干线；此外还架设支线若干。宁夏省垣鼓楼在原有的一百门总机一部外，添置五十门总机一部，在小南门、东分局、南分局、防空司令部及大壩、吴忠堡、杨和堡、横城、中宁等处添设分机，使宁夏境内的电话机数量达到二百余部。

“七·七”事变后，绥远、包头沦陷，宁夏临近前线，日军战机常“窜扰”宁夏。军事情报与防空情报的增加，使原有电话线路不敷使用。1938 年秋，宁夏省电话局又采购大批器材，增设横城经牛毛井、石嘴山至步云高和横城至阿太庙两条支线，专作防空情报之用。后又将石步段扩展至新召，将横阿段扩展至阿拉庙。这些线路完成之后，日军战机“又虽几度侵扰，因情报迅速，幸未再罹其祸”。①

2. 宁夏省邮电业务的改进

信函的寄递，是宁夏邮局开展最早、最基本的一项业务。早在 1929 年之前，宁夏邮局就已经开办了国内外信函收寄业务，直到 1949 年无大变化。其间，宁夏邮局共开办普通、挂号和特快三类信函业务。1934 年隶属于甘宁青邮政局的宁夏二等甲级邮政局及其下属各县邮政分支局（所），也不断扩展业务范围，邮件可递送全国各地。其中，普通信函的邮寄量要远远大于挂号及快递邮件。究其原因，一方面是宁夏地方不发达，挂

① 《十年来宁夏省政述要》，建设篇，第 143—146 页。

号及快递信函需求相对较少；另一方面，则是经济的落后、人民生活水平的低下，导致人民无力承担挂号及快递邮件的费用。

客货运业务。1936 年 1 月 31 日，宁夏省道管理处改组为汽车管理局，开始营运宁夏省内客货运业务。自此，宁夏邮局可以通过公路班车带运邮件，运力及速度得到提升，促进了邮件业务的发展。1947 年 10 月及 12 月，在宁夏省政府整修之公路基础上，宁夏邮局分别开通宁兰（州）、宁包（头）邮政汽车路线，邮运能力及省际间邮运速度更为提高。[①] 但是，宁夏汽车邮路的开通背后，却也经历了一番波折。根据 1936 年 11 月开始施行的《邮政法》第十八、十九条规定，宁夏省政府应该对经过其境内的邮政汽车免征捐税，[②] 以利通讯。但在宁兰、宁包两路邮政汽车的筹办过程中，宁夏省政府执意收取过境邮车的“养路捐”，甘宁青邮政管理局呈请邮政总局与交通部，请其与宁夏省政府协商免予征收，也告失败。[③] 最终，宁夏邮局拟按车辆维修费出账，以交纳邮车“养路捐”共 2060 元，[④] 上述两路邮政汽车才顺利开通。宁兰、宁包邮路开办之初，因邮件尚少、

① 《宁夏邮局局务、人员、局产、储汇、组织等的移交书及员工名额表、人数清单、邮政代办所清单及局房现状略图等》1949 年 4 月 15 日至 1949 年 5 月 31 日，甘肃省档案馆藏民国甘宁青邮政、电信档案，档案号 20—3—13。

② 《邮政法》第十八、十九条，中国第二历史档案馆编《中华民国史档案资料汇编》，第五辑第一编“财政经济”（九）“交通邮电”，江苏古籍出版社 1994 年版，第 20 页。

③ 《甘宁青邮政管理局邮内字第五号半公函》1946 年 4 月 3 日，《甘肃省政府、甘宁青邮政局、甘肃邮政局关于包件经传、彻查汇款、拟租专用信箱、商民非法放款等的密公函、半公函》1945 年 12 月 7 日至 1946 年 12 月 29 日，甘肃省档案馆藏民国甘宁青邮政、电信档案，档案号 20—4—245。

④ 《甘宁青邮政管理局邮内字第六号半公函》1946 年 5 月 10 日，《甘肃省政府、甘宁青邮政局、甘肃邮政局关于包件经传、彻查汇款、拟租专用信箱、商民非法放款等的密公函、半公函》1945 年 12 月 7 日至 1946 年 12 月 29 日，甘肃省档案馆藏民国甘宁青邮政、电信档案，档案号 20—4—245。

空位尚多，经相关部门请求，甘宁青邮政管理局曾允许宁夏邮局邮车出售客票，搭载因公办事的宁夏军政人员，为宁夏地方当局提供便利。但在上述两线“邮件增多”，宁夏邮局“运邮班车应付邮运已感力有不逮”的情况下，宁夏邮局提出“实不能再售客票”的请求，却被“宁省人士”以公路班车稀少、不准邮车出售客票会造成其“无法出行”而拒绝。邮局方面“多方解释婉拒”，反而招致不满，只好通过甘宁青邮政管理局请求交通部兰州第七运输处加开兰州、宁夏、包头间的公路局车，以缓解不满情绪的蔓延。处于如此蛮横的“宁夏军政人士”管辖下，宁夏邮局的主管人员与其交往“颇感应付困难”。[①] 据统计，尚未开办汽车邮路前，从宁夏寄信至南京最快20天；但汽车邮路开通后，从宁夏向南京寄信则最快只需5天。[②] 汽车邮路提速尚且如此之快，航空邮路的开办，信函的传递之快就不难想象了。马鸿逵为巩固统治而采取的措施，客观上促进了邮局邮运方式的进步与邮运业务的发展。但这两种邮递方式高额的价格却使普通百姓望而却步。1934年6月至12月，宁夏邮局交寄之航空邮件分别为20件、369件、601件、635件、619件、34件和1203件。[③] 与宁夏邮局每月交寄邮件总量相比，航空邮件的运递量无异于杯水车薪。

---

① 《交通部公路总局第七运输处第一运输段公函》1948年4月26日，《宁夏省政府所属各局发至省邮局的各种公函》1933年至1949年，宁夏档案馆藏民国甘宁青邮电管理局档案，档案号民3—179。

② 根据“南京寄发国内大城市邮件所需日数表”得出，《现代邮政》第一卷第二期，1947年9月，中国第二历史档案馆藏，第35、36页。

③ 根据1934年6至12月“宁夏局每星期三收寄航空信函统计表”得出，《甘肃邮政管理局、皋兰、酒泉、宁夏邮局关于收寄航空文件统计表及扣运费数额表》1934年2月6日至1935年1月8日，甘肃省档案馆藏民国甘宁青邮政、电信档案，档案号20—6—465。

包件的运递也是宁夏邮局最早开办的业务之一。经过长期发展，到宁夏建省时，以包头为中心、连接宁包邮路与平绥铁路的路线成为宁夏邮局运递包件的主要线路。其中，由宁夏向包头、平津地区运递的包件，主要装置当地盛产的羊毛、枸杞和药材等；而由省外运抵宁夏的包件则主要装置布匹等日用轻工业品。“七・七”事变前，包件业务已发展成为宁夏邮局的主要业务之一。“七・七”事变后，宁夏地方当局对包件控制极为严格，常以防止当地物资“资敌”的名义查扣包裹。但宁夏省政府对禁运物资并未明文通知邮局方面，往往是在事发扣留之后将被扣物资定性为禁运物品。① 1943 年 9 月，黄渠桥稽查队以防止资敌名义查扣孝布包裹 15 袋；② 同月，吴忠堡稽查队又在水路截获土布包裹 116 袋，也以防止货物流入“敌地”而全部扣留没收。③ 宁夏邮局以及被扣包裹之商家屡次恳请领回包裹，而且宁夏邮局及甘肃邮政管理局的相关人员屡次请求晋见“马主席”商谈此事，均被拒绝。④ 1945 年抗战胜利以后，包件业务一度出现复苏，旋因“各地土产多被统制”，“当局对于出口货物统制甚严”，从而致使向邮局“交寄之挂号邮件及包裹”的

① 《甘肃邮政管理局邮内字第五九号发文》1945 年 9 月 15 日，甘肃省档案馆藏民国甘宁青邮政、电信档案，档案号 20—7—357。

② 《磴口邮局第二零二号公函》1943 年 9 月 27 日，《甘肃邮政局关于检查邮电工作、报送人员考绩、调整邮包资费及人员更动事宜等密呈》1945 年 5 月 26 日至 1945 年 10 月 2 日，甘肃省档案馆藏民国甘宁青邮政、电信档案，档案号 20—7—357。

③ 《宁夏省政府代电财四字第四号》1945 年 8 月 30 日，《甘肃邮政局关于检查邮电工作、报送人员考绩、调整邮包资费及人员更动事宜等密呈》1945 年 5 月 26 日至 1945 年 10 月 2 日，甘肃省档案馆藏民国甘宁青邮政、电信档案，档案号 20—7—357。

④ 《甘肃邮政管理局邮内字第六六号发文》1945 年 10 月 15 日，甘肃省档案馆藏民国甘宁青邮政、电信档案，档案号 20—7—357。

业务量受到严重影响。[①]

汇兑业务是宁夏邮局最早开展的金融业务。1908 年开办，丰富了其金融业务，为商民提供了方便。[②] 宁夏邮局的储汇业务，曾因邮政机关的重视和大力推广而一度发展很快，“各地商民极多信赖本局机构”，[③] 宁夏省邮局局长萧祖荫还于 1946 年因其在 1944 年协助发展储金业务而记三等功一次。[④] 但邮局办理储汇业务“头寸不如银行之充裕，无法揽收大宗汇款”；[⑤] 而且宁夏邮局没有自设电台，需要由电报局转发汇款，但“电局电报迟缓以及电文错误丛生”，“影响本局汇业，极非浅鲜”，因此邮政汇款“与自设电台之银行竞争自属困难”，[⑥] 大宗商业汇款业务均被银行获得，邮局储汇大部分为个人业务。

1943 年，宁夏邮局开办人寿保险业务。人寿保险分定期险与养老险两种。但在非常时期，由于战争频仍、物价飞涨、货币贬值，人民并未对保险投去多大热情。因此保险业务并未得到推广。

---

① 《甘肃邮政管理局局长局务移交书》1945 年 7 月 14 日，《省邮局、甘宁青邮局会议记录卷》1945 年—1949 年，宁夏档案馆藏民国甘宁青邮政管理局档案，档案号民 3—186。

② 《宁夏邮局局务、人员、局产、储汇、组织等的移交书及员工名额表、人数清单、邮政代办所清单及局房现状略图等》1949 年 4 月 15 日至 1949 年 5 月 31 日，甘肃省档案馆藏民国甘宁青邮政、电信档案，档案号 20—3—13。

③ 《甘肃邮政管理局局长局务移交书》，第 23 页。

④ 《甘宁青邮政管理局训令邮综字第二九二九号》1946 年 11 月 22 日，《省邮局人事杂卷》1940 年至 1948 年，宁夏档案馆藏民国档案，档案号民 3—202。

⑤ 《甘宁青邮政管理局财字第一一六六/三二一三号呈文》1946 年 11 月 4 日，《邮政总局、甘宁青邮政管理局、甘肃邮政局等关于令发大密电码表、奖励安西局长、开办对交汇票、高级邮员特种考试、认购美金债券等的训令、函、呈》1945 年 5 月 2 日至 1949 年 6 月 24 日，甘肃省档案馆藏民国甘宁青邮政、电信档案，档案号 20—4—107。

⑥ 《甘肃邮政管理局局长局务移交书》，第 23 页。

报刊发行。国民政府时期，各地新闻纸只有在内政部申请登记证，于所在邮区登记在案，并由邮区管理局上报邮政总局，获得发行执照并通令全国各邮区后，方可在全国通过邮局发行。这体现出一个政府对社会公共事业合法而有效的控制。而且，通过在邮局登记，新创办的报刊可以通过邮政系统在全国公开发行，发行渠道之宽，有利于其迅速推广。报刊作为一种传播现代文化的新式媒介，对开阔群众眼界、开化社会风气有积极的意义。据现有资料统计，1942 年在甘肃邮政管理局登记在案的宁夏报刊，有《宁夏书报》、《宁夏党声》、《宁夏建设半月刊》、《朔风》、《建设周刊》、《宁夏民国日报》、《新宁时报》、《宁夏省政府公报》、《宁夏新宁通讯》、《扫荡简报》以及《贺兰报》等 11 份，[①] 1944 年增加了《黄渠桥实验简报》、《宁夏教育》、《时事通讯》等 3 份。[②] 对于人口相对较少的宁夏省来说，三年间创办 14 份报刊，这个数字并不算小，充分反映出这一时期的宁夏社会正发生着积极的变化。但战争时期的文化发展并不能一帆风顺地进行下去，战争导致的人员及资源的短缺，严重制约着报刊业的发展。1940 年 7 月，天津《大公报》宁夏分馆曾致函宁夏省邮政局，“值兹抗战建国，后方文化最为重要……务望通饬沿途……对于敝报随到随发”，[③] 邮局方面也因

---

① 《甘肃邮政管理局通函第 597 号》1942 年 12 月 26 日，《省邮局所存各地关于邮政、新闻纸等情的公函》1942 年至 1949 年，宁夏档案馆藏民国甘宁青邮政管理局档案，档案号民 3—182。

② 《甘肃邮政管理局通函第 623 号》1944 年 6 月 1 日，《省邮局所存各地关于邮政、新闻纸等情的公函》1942 年至 1949 年，宁夏档案馆藏民国甘宁青邮政管理局档案，档案号民 3—182。

③ 《关于沿途各邮局勿再随包裹重班以免积压的公函》1940 年 7 月 19 日，《全国各地给宁夏省邮局的公函》1943 年至 1949 年，宁夏档案馆藏民国甘宁青邮政管理局档案，档案号民 3—186。

战争影响而不了了之。

其他业务。为了方便群众，并增加自身经济收益，邮局利用网点较多的优势代理了一些不属于通讯范围的业务：代售印花税票、代理国库、代收税款、代收车站站款、代收电信局公款、代收货价、代付军人抚恤金、代付中央文职公务员退休金、代发广告以及代订报刊等。[①] 另外，宁夏邮局也提倡开展集邮活动。但宁夏经济文化的落后情况，使集邮在宁夏并未兴旺，宁夏邮局也未设专门机构办理集邮业务。偶有纪念邮票发行，则由出售普通邮票的人员兼营。

有线电报方面，宁夏电报局利用韦氏自动电报机与中宁、靖远、兰州通报，利用莫尔斯电报机与石嘴山、临河、陕坝、包头通报，利用磁石式电话机与吴忠堡通报。[②] 其中宁夏与兰州间的线路为全天工作，接转甘肃、宁夏、绥远三省间电报；[③] 宁夏与中宁、石嘴山、临河、陕坝间的线路则是每日开放定量时间。[④]

1933 年，宁夏电报局初设无线电台后，为加强与兰州方面的联系，利用 TR—200W 发报机与兰州通报，并利用 TR—600W

---

① 《宁夏邮局局务、人员、局产、储汇、组织等的移交书及员工名额表、人数清单、邮政代办所清单及局房现状略图等》1949 年 4 月 15 日至 1949 年 5 月 31 日，甘肃省档案馆藏民国甘宁青邮政、电信档案，档案号 20—3—13。

② 《宁夏电信局有线电报路情形调查表》1946 年 3 月 8 日，《甘宁青邮政管理局、第一电信局巡查靖远、石嘴山、宁夏局的报告书》1946 年 3 月 8 日至 1946 年 6 月 17 日，甘肃省档案馆藏民国甘宁青邮政、电信档案，档案号 20—1—40。

③ 《交通部甘宁电政管理局有无线电路每日与各地工作情形及报务处理方式一览表》，《甘宁电政局报务概况清册本》1942 年 1 月，甘肃省档案馆藏民国甘宁青邮政、电信档案，档案号 20—1—321。

④ 《甘宁电政管理局无线电暨全区各局有线电定时通报通话时间表》，《甘宁电政局报务概况清册本》1942 年 1 月，甘肃省档案馆藏民国甘宁青邮政、电信档案，档案号 20—1—321。

无线报话双用机与兰州通话，每日通话一个小时，在紧急时刻马鸿逵亦非常关注宁、兰间的通话情况，只是声音效果不太稳定令其大为烦恼；鉴于宁夏至石嘴山、磴口两有线电报线路被省政府占用而造成了线路拥塞，且为了改善宁夏北部与外界联系薄弱的现象，宁夏电报局还利用 TR—200W 发报机与包头、榆林、定远营、扎萨克旗、绥远、天水、巴音木图通报。[①]

电报出现之后，以其相对于信件的迅捷和电话的简便，成为战时军政机关的重要通讯手段。见以下两表：

宁夏电报局用户收支情况表

科目及摘要	上月结余		本月收付		本月结余		备注
	收方	付方	收方	付方	收方	付方	
应收款	3493.01		1239.72	229.24	4503.49		
十五路军总指挥部	2312.35		876.75		3189.10		
宁夏省政府	951.42		211.35		1162.79		
宁夏省教育厅	81.21		74.20	81.21	74.20		收回6月份欠费
盐务收税处	148.03		38.82	148.03	38.82		
国民代表大会宁夏选举事务所			38.60		38.60		

资料来源：《交通部甘宁区宁夏电报局分户详表》1936 年 7 月 31 日，《省电报局预算书》1936 年，宁夏档案馆藏民国甘宁青邮电管理局档案，档案号民 3—98。

① 《宁夏电信局无线电话路情形调查表》1946 年 3 月 8 日，《甘宁青邮政管理局、第一电信局巡查靖远、石嘴山、宁夏局的报告书》1946 年 3 月 8 日至 1946 年 6 月 17 日，甘肃省档案馆藏民国甘宁青邮政、电信档案，档案号 20—1—40。

宁夏电报局用户收支情况表

科目及摘要	上月结余	本月增加	本月减少	本月结余	备注
应收款	42877.275	2661.13	2240.33	43298.075	
十七集团军总司令部	24178.835	1128.43	1035.60	24271.665	收回上年十月及十一月份
宁夏省政府	3353.785	842.55	373.50	3822.835	收回上年十二月份
前宁夏省政府	157.70			157.70	
前宁夏省保安处	14.05			14.05	
宁夏选举事务所	40.60			40.60	收料费后之余欠报费
军委会派驻阿拉旗专员办事处	460.65			460.65	
骑兵第二军	4357.00			4357.00	
第二战区北路军总司令部	60.45			60.45	
十七集团军特务团	1.95			1.95	
炮兵五十二团一营三连	822.64			822.64	
炮兵十五团三营	99.08				
陆军第165师	4.40				
陆军第81军	327.795				
陆军第35师	9.24				
军政部独立炮兵工营	311.85				
第八战区司令长官司令部	2691.405				
航委会宁夏飞行场	645.75				
军委会政治部	413.26				
第八战区运输处	782.055				

（续上表）

科目及摘要	上月结余	本月增加	本月减少	本月结余	备注
陆军第35军	23.36				
军政部	995.84				
军委会军训部	8.88				
骑兵第四师	626.32				
军委会天水行营	648.57				
陆军新编第五旅	308.46				
炮兵四十二团三营九连	241.74				
中央西北慰劳团	3.72				
陆军第十五军	527.79				
军事委员会	118.33				
陆军暂编第十师	188.41				
中央通讯社兰州分社	38.43				
宁夏一等邮局	51.75	96.15	89.55	58.35	收回上月下半月本月上半月
中国农业银行宁夏支行	251.64	384.50	630.14	6.00	收回上月
宁夏盐务管理局	111.54	209.50	111.54	209.50	收回上月

资料来源：《交通部甘宁青区宁夏电报局分户详表》1941年2月28日，《省电报局员工津贴清单、薪水分目详表》1941年，宁夏档案馆藏民国甘宁青邮电管理局档案，档案号民3—99。

两表相结合可看出，“七·七”事变前后，宁夏电报局的主要用户均为军事机关。尤其表3显示出“七·七”事变后，宁夏电报局发送的军事电报占到电报总量的90%以上，可见宁夏电报局对抗战的贡献之大。但是，从表2及表3中也可看出，这些军事机关基本上不会按时付费，拖欠报费成为家常便饭，电报局的正常运行只能靠拨款维持。[①]

电政机关员工为保证军政电报的持续畅通与高效快捷，已经做到延长工作时间、加大工作强度等贡献。在抗战期间宁夏电报局也认真地执行了电报总局的有关政策，对军政机关之因公发报给予半价优惠。见下表：

甲、发往他省者

报类 电文	寻常电	加急电	官军电	全价官电	新闻电	加急新闻电
华文明语	一角	二角	五分	一角	二分五厘	一角
华文密语	二角	四角	五分	一角		
洋文明语或密语	二角	四角	一角	二角	五分	二角

乙、发往本省者

报类 电文	寻常电	加急电	官军电	全价官电	新闻电	加急新闻电
华文明语	七分	一角四分	三分五厘	七分	二分	七分
华文密语	一角四分	两角八分	三分五厘	七分		
洋文明语或密语	一角四分	两角八分	七分	一角四分	四分	一角四分

资料来源：《交通部电政管理局报字第四三六二号训令》1936年9月，《石嘴山邮局关于报务及所存甘宁青邮局各种训令卷》1936年，宁夏档案馆藏民国甘宁青邮电管理局档案，档案号民3—104。

可见，为了全民族抗战的胜利，电政机关把自身的利益置之度外，做出了超乎寻常的牺牲与贡献。

---

① 《长安第一区电信管理局巡查员报告书第十一号》1946年3月15日，《甘宁青邮政管理局、第一电信局巡查靖远、石嘴山、宁夏局的报告书》1946年3月8日至1946年6月17日，甘肃省档案馆藏民国甘宁青邮政、电信档案，档案号20—1—40。

但是，在宁夏电报局受理之军事电报与日俱增、电报线路不敷使用的情况下，主管机关曾经请求第十五路军无线电管理处帮助拍发积压电报，却被对方以其设备在战争中损毁严重、自顾不暇为由而拒绝。[①] 甘宁电政管理局又向第八战区副司令长官朱绍良申请，要求宁夏省政府交还被其占用通电话的中宁至吴忠堡间宁夏电报局架设的有线电报线路，[②] 以解决宁夏电报局线路紧缺的问题。但第八战区司令长官蒋中正与副司令长官朱绍良联名回电婉拒，并要求在宁夏省政府修建宁夏至中宁电话线之前继续借用此电报线通话。[③] 甘宁电政局与宁夏电报局对此情况也是无可奈何。宁夏电报局为保证军事通讯，已经做出了巨大的贡献，但其提出的一点合理要求却被拒绝。虽然第八战区司令长官部因军情紧急、临时架设电话线路无法应急等因素而拒绝宁夏电报局的合理请求也可理解，但这样毕竟影响了宁夏电报局正常业务的开展。

三、水利建设的思考与实践

宁夏平原渠道的修整亦是国人在水利建设方面谈论较多的

---

① 《交通部宁夏电报局代电第一二五三号》1937 年 10 月 18 日，《交通部、电信总局、甘宁电政局、第八战区司令长官司令部等为抄发编制、电话专线修整、拍发防空情报电报等事项的指令、代电等》1937 年 8 月 14 日至 1938 年 1 月 26 日，甘肃省档案馆藏民国甘宁青邮政、电信档案，档案号 20—3—261。

② 《甘宁电政管理局报字第五九五八号发文》1937 年 12 月 15 日，《交通部、电信总局、甘宁电政局、第八战区司令长官司令部等为抄发编制、电话专线修整、拍发防空情报电报等事项的指令、代电等》1937 年 8 月 14 日至 1938 年 1 月 26 日，甘肃省档案馆藏民国甘宁青邮政、电信档案，档案号 20—3—261。

③ 《第八战区司令长官司令部指令交字第二号》1937 年 12 月 22 日，《交通部、电信总局、甘宁电政局、第八战区司令长官司令部等为抄发编制、电话专线修整、拍发防空情报电报等事项的指令、代电等》1937 年 8 月 14 日至 1938 年 1 月 26 日，甘肃省档案馆藏民国甘宁青邮政、电信档案，档案号 20—3—261。

问题。1930 年，建设委员会委员长张静江在考察宁夏各渠概况后，提出对各渠进行根本治理之具体计划：一为筹设农事实验场及水文站；二为确立各渠水面坡度及渗透量；三为修改渠口，改宽渠身；四为改造桥洞。张人杰还较详细列出兴修各渠所需经费及施工期限，也强调须进行水文、气象、土壤观察研究及建立水利学校等；还指出进行这样的水利建设后，既可免除水灾，又可扩大灌溉面积，促进农、渔业生产，增加税收，也能够利用所开宽渠道开展航运，促进区域经济发展。[①]

这些建议有助于宁夏水利设施的改进，而建立水文站并进行水文、气象测量观察，进行农业科技试验，则有助于包括水利在内的宁夏农业建设逐渐走向现代化。

对于水利兴修，北京政府时期宁夏地方当局及当地士绅曾予以关注。1913 年，宁夏护军使马福祥会同满营将军常连、宁夏道台赵维熙为解决遣散满营官兵生计问题，于 1914 年在唐徕渠左（西）岸靖益堡陈家田附近设分水口，新开长达 50 余公里的大支渠一道，名为湛恩渠，以便化旗为民的满营官兵自食其力，自养身家。后因风沙淤渠，输水不利，又下移 1.5 公里另开渠口，改名为新开渠。[②] 1917 年，中卫县宁安堡七星渠渠绅王祯自筹料款，在七星渠鹰石嘴进水闸上段 2 公里处，临河并列修建石拱型涵洞（渠口进水涵洞）3 孔，长 85 米，单宽 3 米，高 2.5 米。但不久因山洪爆发，冲毁洞顶挡洪“金刚石墙”，造成该渠淤塞。两年后，渠绅王汝霖、张从善又组织修复，据说一直使用到 1958 年改建。

---

① 秦孝仪主编《革命文献》，第 89 辑，第 108—110 页。

② 卢德明、李景牧著《民国时期的宁夏水利》，政协宁夏回族自治区委员会文史和学习委员会编：《宁夏文史资料》，存稿选编之一，第二十五辑，宁夏人民出版社 2001 年版，第 195 页。

宁夏建省前，甘肃地方当局也曾派员疏浚宁夏水利。1928年春，甘肃省派水利专员崔桐选来宁整顿水利，崔专员曾组织彻底疏浚唐徕渠道，使得淤积多年的渠道输水畅利。[①] 这源于1926年冯玉祥五原誓师途径宁夏。冯玉祥当时目睹宁夏北部平原大片农田荒芜，十分奇怪与痛心。在暂住宁夏城的20多天里，走访百姓后得知，当地水利为豪绅所把持，水利系统内贪污成风，渠道破烂，灌田缺水，讨户甚多，致使素有“天下黄河富宁夏”的“塞上江南”贫穷不堪。于是，冯玉祥做出“打倒土豪劣绅，铲除贪官污吏，整顿宁夏水利”的指示，要求甘肃省政府主席刘郁芬选派干练官员，认真整顿宁夏水利系统的腐败问题。并强调，“对于把持水利，罪大恶极的人可以就地正法，先斩后奏”。于是，刘郁芬于1927年春派崔桐选为宁夏水利专员，来宁主持、整顿水利。

崔桐选到达宁夏后，通过暗访明察，了解到宁夏水利在用人方面存在严重问题。当时水利历来为豪绅污吏所把持，其往往以粗估冒算，分肥营私，排挤新人。因此，崔桐选决定先从人事方面着手寻找机会严厉整治。1927年夏，正逢宁夏平原农田灌溉二轮水时，巡视唐徕渠灌溉情况的崔桐选到达四道罗渠口时，正遇复兴渠支渠长周万华为农户要水灌溉。周万华诉说镇朔堡完全赖以灌水的复兴渠被该渠中段洪广营豪绅黄厚坤控制，致使渠梢段农民为了及时淌水，年年向黄厚坤送礼求情。崔桐选追究原因，得知是黄厚坤曾向唐徕渠管理局长蔡乐善送礼，据说送过鸦片烟50两，两人关系密切。经查证属实，崔桐选非常气愤，立即下令将黄、蔡二人逮捕，并在洪广营以行贿

① 卢德明著《秦汉唐三渠沿革考述》，宁夏回族自治区文史馆编《宁夏文史》第十四辑，1998年内部发行，第25页。

霸水罪将黄厚坤当众枪决，以受贿枉法罪将蔡乐善在唐徕渠西门桥枪决，以儆效尤。这在当时引起很大震动。

次年春修时，崔桐选亲自督修春工。他注意到新任唐徕渠管理局长徐宗孺对下属督率不严，造成许多应该宽辟深挖的工程多未能按要求做到。于是，崔桐选将徐宗孺以督工不力论处。结果是徐局长自套铁链，沿渠戴罪督修，风气为之大振。崔桐选任宁夏水利专员期间，督查相当严厉。如汉延渠管理局长蔡之弼因担心渠堤决口，未按时加足该渠存水量，延误灌期，造成渠首、梢段争水灌田。常规是先灌首段，依次灌溉。否则会耽误梢段灌水，造成农作物旱灾。崔令蔡自带镣铐，沿渠戴罪封水，限期放水到梢段。结果蔡仍未按期完成。崔桐选甚为愤怒，以封水不力失职罪将蔡之弼枪决，杀一儆百。

崔桐选嫉恶如仇，工作认真，甚至不徇私情。有一位常与他探讨水利兴革的当地士绅于熔，担任汉延渠管理局局长，富有水利工程修整及管理经验。崔桐选对其相当信任，曾举荐其为水利助理员。但后来发现于熔在任期间有贪污劣迹，崔桐选立即将其逮捕，并罚款4000银元，于熔自己认罪并赔款2000银元，共计6000银元如数交汉延渠管理局做工料费开支。后因于熔认罪态度较好，崔将其撤职释放。[①] 崔桐选任职期间，处世果断，在人事方面严厉整顿，旨在剔除长期形成的水利积弊，成效相当显著，深得民心。至今，崔桐选整治宁夏水利的事迹仍在宁夏老一辈水利工作人员及部分群众中流传着。

作为基础设施之一的水利建设也是近人关注的问题。李仪祉率团对黄河宁夏段及各大干渠进行考察，并发表《黄河上游

① 卢德明著《崔桐选整治宁夏水利贪官污吏》，政协宁夏回族自治区委员会文史和学习委员会编《宁夏文史资料》，存稿选编之一，第二十五辑，宁夏人民出版社2001年版，第213—214页。此书为编者吴先生所赠，在此谨致谢意。

视察报告》，推动黄河水利委员会及宁夏地方当局重视宁夏水利兴修及科技应用工作。其中，近人首先主张宁夏加强水利机构建设。1935 年，马鸿逵认为，兴修水利将在宁夏农业恢复、为工业发电、发展内河航运促进商业发展等方面发挥重要作用。同时，马鸿逵也主张消除水利积弊，改革渠制。①

而毕业于清华大学水利系，在宁夏水利部门任职数年的黄震东则主张完善宁夏水利机构。黄震东著文主张调整宁夏水政机构，他讲道："凡事业之推进，必赖其行政机构之完整及组织之严密与否。宁夏水政机构虽一再调整，但因人才之缺乏，组织不能健全，以至水利事业之进展甚缓，故欲改进宁夏水利事业，则对专门人才之罗致，以及中下级干部之训练，应先期着手，以备将来推进工作之需要也。"黄震东的建议比较符合当时宁夏水利行政方面情况，有助于水利管理的加强与技术改进。②针对时人关注的宁夏水利事业中面临的行政管理与水利技术问题，以及关于如何进行水利建设的许多重要建议，为变水患为水利，保证宁夏平原农田引黄灌溉，促使农业生产得以恢复、发展，宁夏地方当局推出如下水利建设措施：

改组、健全各级水利管理机构，制定水利法规、制度及具体除弊章则、措施，培训水利人员，筹措水利经费，利用近代水利科技资料，是宁夏地方当局进行水利建设的重要内容。当时宁夏水灾严重，水利行政积弊重重。从 1927 年起，宁夏渠务渐至废弛；③ 而长期形成的各种积弊，如渠、县水利局长吞食空额、夫料，水利警察受贿卖水，委管吃夫，多估工料，藉端勒

---

① 《十年来宁夏省政述要》建设篇，第五册，第 21 页。

② 宁夏区政协文史资料研究委员会编《宁夏文史资料》，第 13 辑，第 53 页。

③ 李翰园著《宁夏水利》，《新西北月刊》，第 7 卷，第 10—11 期合刊，1944 年，第 70 页。

索时常发生。[①] 其中河西区之宁夏、宁朔、平罗等县渠务积弊尤大。[②] 20 世纪 30 年代初，黄河中下游水灾频仍，引起南京国民政府的较多关注。鉴于水患严重，水利工程废弛，水利行政积弊重重，各地水利机构事权不一，从 1934 年至 1945 年，国民政府做出、颁布的有关宁夏等西北省区开发的各种决议、法令，[③] 设立水利机构，[④] 及人力、物力、技术支持等，社会各界提出诸多建议，[⑤] 均对宁夏水利建设的进行具有一定的推动作用。

从组建起新的宁夏省政府伊始，就有“整顿渠务之议”。[⑥] 1935 年春，宁夏省第二次省政会议召开，会议针对水利机构中存在种种积弊，提议改革渠制；会议决定改组水利行政机构，废除建省以来实行的建设厅下设省水利局及各渠、县局长制，[⑦] 在省建设厅下直接成立各渠、县水利委员会，沿用“官督民治”之法，由各受水户选出富有水利经验者 3 至 11 名充任渠、县水

---

① 宁夏区政协文史资料委员会编《宁夏文史资料》，合订本，第一册，宁夏人民出版社 1988 年版，第 208—211 页。

② 宁夏省政府秘书处编《十年来宁夏省政述要》，建设篇，第五册，第 13 页；秦孝仪主编《革命文献》，第 90 辑，第 60 页。

③ 该方面史料较多，限于篇幅，本文不再赘述。具体见中国第二历史档案馆编《中华民国史档案资料汇编》，第五辑，第一编，财政经济（七），江苏古籍出版社 1994 年版，第 451 页；秦孝仪主编《革命文献》，第 81 辑，第 270—272 页；中国第二历史档案馆编《中华民国史档案资料汇编》，第五辑，第二编，财政经济（八），江苏古籍出版社 1997 年版，第 445-—446 页；秦孝仪主编《中华民国重要史料初编——对日抗战时期》，第四编，战时建设（二），台北，中国国民党中央委员会党史委员会 1988 年编印，第 440 页。

④ 如在国民政府有关部、委下设黄河水利委员会，管理黄河流域水利建设事宜。详情见黄河水利委员会黄河志总编辑室编《黄河河政志》，《黄河志》，卷十，河南人民出版社 1996 版。

⑤ 具体资料见宁夏区政协文史资料研究委员会编《宁夏文史资料》，第 13 辑，1984 年；秦孝仪主编《革命文献》，第 82 辑；秦孝仪主编《革命文献》，第 83 辑，台北，1981 年版。

⑥ 秦孝仪主编《革命文献》，第 90 辑，台北，1981 年版，第 58 页。

⑦ 秦孝仪主编《革命文献》，第 81 辑。台北，1981 年版，第 302 页。

利委员会委员，并推选常委共负管理之责。①

根据上述改组原则，成立有唐徕、汉延、惠农、大清、天水、昌润渠和中卫、中宁、金积、灵武县水利委员会。② 后又在县所辖各乡设水利管理员，各干支渠设段、支渠长等若干名，各司其职，管理具体水利事务，以加强基层水利行政管理。省内水利管理机构的调整，既可分散水利行政管理权，利于剔除积弊；亦促使水利工程兴修、灌溉管理逐渐趋于业务化、合理化；同时，整个水利系统内行政管理得以加强，从而也有助于水利行政效率的提高。经过多年的整顿，水利行政管理趋于正常。

为统一事权，1941 年宁夏地方当局又将此前成立的宁夏省水利监察委员会改组为省水利局，隶属于省建设厅；将各渠、县改委员会制为局长制，设有唐徕、汉延、惠农、大清、云亭、惠民渠和卫、宁、金、灵县水利局。③ 基层水利管理与前略同。并另设王洪堡河工处和夏朔平三县（河西）沟洞事务所，分别管理河工、排水沟洞事务。④ 从而在较大程度上集中了水利行政管理权。

为调整水利机构，兴利除弊，加强水利行政管理，宁夏省各级水利管理机构亦制定出有关法规章则，并采取一些防弊措施。如曾制定有《宁夏省各县、渠水利委员会通则》、《宁夏省各县、渠水利委员会委员选举条例》、《水利春工夫料点验办法》

① 宁夏省政府秘书处编《十年来宁夏省政述要》，建设篇，第五册，第 14 页；宁夏省政府建设厅编《宁夏省水利专刊》，中华印书局 1936 年版，第 217—218 页。

② 宁夏省政府建设厅编《宁夏省水利专刊》，中华印书局 1936 版，第 217—218 页。

③ 宁夏省政府秘书处编《十年来宁夏省政述要》，建设篇，第五册，第 7 页。

④ 宁夏省政府秘书处编《十年来宁夏省政述要》，建设篇，第五册，第 14—15 页。

等十余种制度、办法。[①] 以上法规、制度对于进行水利机构、队伍建设，保护水利设施、加强灌溉管理均具有重要推动作用。再如，为剔除水利管理和施工方面积弊，宁夏省建设厅也曾采取诸多防弊章则和措施。其中，1935 年即在各渠、县组建起水利委员会的同时，组织、委派人员对局长制时水利收支账项进行检查、审核，并规定以后每年收支款项须呈报省建设厅核查，各委员会也须向社会公布收支账目。[②] 之后又逐步组建起省、渠县水利经费收支、工程监督机构。如 1937 年为防止贪污，彻底剔除积弊，促进渠务起见，经议决成立汉、唐、惠、清四渠审核及保管两委员会，选出审核委员会正、副主任委员各一人，保管委员会选出主任委员一人，分别主持两委员会一切会务，该两会负责审核四渠有关不利行政一切事件及保管四渠水利经费，以期事不忘举，款不虚糜。[③] 同年 3 月间，宁夏建设厅还派员对各渠补修春工所备一切物料点验与账相符，严令妥为保管，并报告有案。4 月间复派遣大批人员分赴各渠监工，并就近督促，以增进工作效率。各渠所有工程因应需物料之齐备，与工作人员之努力，于 4 月底先后竣工。[④] 又如宁夏省建设厅还曾组建全省水利工款稽核委员会，后又将其改组为省水利监察委员会，并下设河东、西、卫宁区监委会，县、乡设监察委员，以健全省内水利监督系统。1938 年至 1946 年李翰园任省建设厅长期间，先后以建设厅名义组织卫宁、金灵、河西水利春工夫料

---

① 中国水利学会水利史研究会编《中国近代水利史论文集》，河海大学出版社 1992 年版，第 161 页。

② 秦孝仪主编《革命文献》，第 90 辑，1981 年版，第 60 页。

③ 《宁夏省政府工作报告（1937 年 2 月）》，中国第二历史档案馆藏南京国民政府实业部档案，档案号四二二（1）344。

④ 宁夏区政协文史资料研究委员会编《宁夏文史资料》，第 13 辑，第 108—109 页；宁夏省政府秘书处编《十年来宁夏省政述要》，建设篇，第五册，第 20 页。

点验队和第17集团军官佐点验队，对河、渠及排水沟工夫料依账进行认真清点。[①] 其他措施如由财政部门依建设厅所报受水户误夫名册代征罚款，严惩水利行政失职、贪污人员和抗夫料地方土豪劣绅等。上述规章制度和措施的推行最初两年在水利系统内曾收到弊绝风清之效，[②] 但水利积弊并未彻底根除。

与此同时，宁夏省政府也责成建设厅着手进行水利管理人员队伍建设。省建设厅曾两次设立水利人员训练所，组织对水利警察、段长、委管等常设或临时管理人员分期分批进行培训，促使他们的业务能力、工作责任心较前有所提高。[③] 省建设厅还曾裁汰水利管理人员中的老弱、嗜好多者，比较重视任用富有经验的水利技术人员，委派年轻有为者或学习水利专业的毕业生在各级水利机构中任职，[④] 以逐步提高各级水利行政管理的水平和质量。

至于当时宁夏兴修水利工程所需经费，1940年前基本沿用“以渠养渠”之法，依据受水农户田亩数向其平均摊派统一征收。其中受水农户须年年交纳水利费并负担所需渠夫坝料。为使受水户负担合理，省建设厅于1938年冬曾组织人力，历时数月，对原来统计有误的各渠、县受水户实灌田亩数进行查对核实，作为各渠县水利机构向受水户朋搭夫份，征收水利费之依

---

① 宁夏省政府秘书处编《十年来宁夏省政述要》，建设篇，第五册，第19页；宁夏区政协文史资料委员会编《宁夏文史资料》，合订本，第一册，宁夏人民出版社1988年版，第211—212页。

② 宁夏区政协文史资料委员会编《宁夏文史资料》，合订本，第一册，第211—212页。

③ 宁夏省政府秘书处编《十年来宁夏省政述要》，建设篇，第五册，第62页；宁夏区政协文史资料研究委员会编《宁夏文史资料》，第13辑，第107页。

④ 宁夏区政协文史资料研究委员会编《宁夏文史资料》，第13辑，1984年印，第107页。

据。[1] 当时，国民政府亦曾给宁夏一定数额的水利建设经费。如1934年，国民政府经济委员会委员长宋子文曾给宁夏拨水利款20万元；[2] 从1940年起，宁夏水利经费筹措开始申请国民政府协款补助，其不足由受益户民平均负担。[3] 如当年曾获国民政府补助30万元，其中20余万元用于购买物料，不足由各渠、县受益户均摊。[4] 后来几乎每年均获国民政府不等数额的水利贷款资助费。在水利费用未筹足之前，采取由中国农民银行驻宁夏分支机构等贷款先行修筑之法。[5] 水利经费和物料等筹集办法的改进，不仅使农民负担逐渐趋于合理、公平，而且从20世纪40年代起采用以受水户负担为主，政府资助为辅的新的水利经费筹措办法，在一定程度上也减轻了受水农民的经济负担。上述均利于宁夏平原各县水利建设的顺利进行。

同时，宁夏省水利主管部门也逐渐重视收集、利用一些近代水利科技资料，成为兴修水利工程和灌溉管理的参考依据。到1947年止，前黄河水利委员会及其宁夏工程总队先后设立有吴忠堡、青铜峡、石嘴山、陈俊堡、大坝、叶升堡水文站，黄河新墩、枣园堡、横城及清水河中宁水位站等气象观测机构。[6] 这些水文、水位站所记录大量水文或气象资料成为宁夏省各级水利部门观测汛情、兴修水利、进行灌溉管理的重要参考资料。

---

① 宁夏区政协文史资料研究委员会编《宁夏文史资料》，第13辑，第109页。

② 宁夏省政府秘书处编《十年来宁夏省政述要》，建设篇，第五册，第37—38页。

③ 李翰园著《宁夏水利》，《新西北月刊》，第7卷第10—11期合刊（1944年），第75页。

④ 宁夏省政府秘书处编《十年来宁夏省政述要》，建设篇，第五册，第11页。

⑤ 《宁夏省政府政绩比较表、工作报告（1940年—1944年）》，中国第二历史档案馆藏南京国民政府经济部档案，档案号四15533。

⑥ 宁夏区政协文史资料研究委员会编《宁夏文史资料》，第13辑，第112页。

此外，当时还对引黄灌区做了初步勘测设计，其中《宁夏水利专刊》曾刊出各类工程及渠系图是较早的测绘图纸资料。1940年，宁夏省建设厅下设水利工程设计组，“负全省水利工程设计之责，为谋以科学方法逐渐改进渠工”。[①] 此后，曾完成渠道、排水沟等水利工程勘测。1944年10月，前黄河水利委员会宁夏工程总队成立，下设四个测量队，先后完成灌区万分之一地形图测绘；[②] 设计出青铜峡闸坝和河东西总干渠及灌区计划图表；另测绘万分之一地形图83幅，测图面积6631.20平方公里，[③] 从而为当时宁夏水利工程的整修创造了技术条件。

此外，宁夏地方当局还注重水利工程兴修的计划性。约从1936年至1948年，几乎每年均制定全省水利行政的计划，并呈报国民政府批准。如在1939年宁夏省政府上报给国民政府的行政计划中，拟开辟河西新开渠、河东新开渠，改修唐徕、汉延二渠上段，宽辟深挖金积汉渠；修筑河西河东各沟洞、修筑七星渠口并延长渠身、改修羚羊角渠渠口；完成王洪堡河工、修筑卫宁两县河工。[④] 该项措施的实施有助于推动宁夏水利建设的进行。

如上所述，宁夏地方当局不仅从形式上改组、健全各级水利管理机构，明确分工，而且试图剔除水利积弊，通过培训、以年轻人员代替老职员等，促使水利管理人员具有较高素质，并参考、应用近代水利科技资料进行水利工程建设。这事实上

① 宁夏省政府秘书处编《十年来宁夏省政述要》，建设篇，第五册，第7页。

② 宁夏水利志编纂委员会编《宁夏水利志》，宁夏人民出版社1992年版，第58页。

③ 宁夏区政协文史资料研究委员会编《宁夏文史资料》，第13辑，第111页。

④ 《宁夏省政府1939年行政计划》，中国第二历史档案馆藏南京国民政府经济部档案，档案号四15143。

成为宁夏水利建设走向现代化的初步尝试，而这种新的地方水利行政管理体制，则有益于各项水利工程的兴修及其质量的提高。

水利工程建设方面，戴季陶注意到黄河宁夏段河工建设，1932 年提出设立国营黄河造林局。[①] 戴季陶主张设立有关营造黄河护岸林的机构，注意黄河护岸工程，这是颇有道理的。

针对时人提出的诸多亟待解决的水利技术问题，以及关于如何进行水利工程建设的许多重要建议，宁夏地方当局组织进行各项水利工程建设。进而言之，兴修各项水利工程是宁夏地方当局进行水利建设的主要任务。该时期“宁夏之水利工程，可分河工、渠工、退水沟工三种”。具体在河工工程方面，当时为防堵沿卫、宁、朔、灵等县河岸崩陷等造成灾害，从 1934 年至 1947 年，宁夏省建设厅曾先后协调设立各县临时河工处和王洪河工处，负责河岸各险段施工，并组织修筑了河岸防护工程。当时河防措施主要是修筑黄河“护岸码头”、“逼水坝”或“护岸丁坝”、“护岸石堤”等，几乎每年均采取类似措施来加固河岸。另外，对河岸重大险段也注意采取临时防护措施。如省建设厅曾针对防堵无效，河水沿河岸弯道冲刷造成宁朔县王洪乡多年塌岸毁损农田（高产田）近万亩，并威胁惠农渠身和宁兰公路等险情，于 1941 年春调兵工千余人，在仁存渡以下黄河东（右）岸挑挖深壕一道，[②] “计长一华里，宽十丈，深六尺，”[③] 至汛期即导河水东趋。这样用人工取直黄河湾道，既消除省内一大河患，保住沿岸农田，也保证着惠农渠身及宁兰包公路的

① 秦孝仪主编《革命文献》，第 89 辑，第 476—477 页。

② 宁夏区政协文史资料研究委员会编《宁夏文史资料》，第 13 辑，1984 年印，第 109—110 页。

③ 宁夏省政府秘书处编《十年来宁夏省政述要》，建设篇，第五册，第 57 页。

安全。1942年5月初修成大小码头共40座，护堤长拜一堵，浚挖王洪东河河床达15万土方。[①] 1943年，曾修筑大小六十座护岸码头，护岸长坝600处；因河水上涨，抢修各险工段。[②] 再如，1947年还按计划在中卫、灵武等县河岸险段修筑“护岸丁坝”等以加固岸堤。[③] 这些河防工程的修筑一度曾起到防止黄河宁夏段河水泛滥之作用，既在短期内保障着沿岸农田民舍及公用设施（如渠道、公路）的安全，也利于省内二百万余亩农田灌溉的正常进行。

汉延渠引水口原在马关嵯西岔，但河道西趋，引水不多。1914年，渠绅于熔请准在九道沟另开新的引水口。到1939年，西河口水量不能满足汉延、惠农、大清三大干渠分用，经建设厅长李翰园、水利专员于光和等商议后决定，将该三大干渠进水口上移到西河口，以便同口引水。该项工程一直使用到1960年宁夏青铜峡水利枢纽工程截流为止。

1949年春，宁夏省水利局长于光和在中卫县美利渠迎水桥下段左（西）岸开口，新挖一条长达10公里的扶农渠。该渠直到1950年完成全部工程，即现今中卫北干渠。[④]

自20世纪30年代中期起，宁夏渠工虽颇受重视，年年多有计划，且岁岁整修。如1934年，宁夏地方当局除计划修筑云亭渠外，还拟接引唐徕渠支流湛恩渠梢，自宁夏县屯庄起，至平

---

① 《宁夏省政府政绩比较表、工作报告（1940年—1944年）》，中国第二历史档案馆藏南京国民政府经济部档案，档案号四15533。

② 《宁夏省政府政绩比较表、工作报告（1940年—1944年）》，中国第二历史档案馆藏国民政府经济部档案，档案号四15533。

③ 马鸿逵著《一年来之宁夏》，引自西北通讯半月刊社编《西北通讯》（半月刊），第2卷第8期（1948年），第5页。

④ 卢德明、李景牧：《民国时期的宁夏水利》，政协宁夏回族自治区委员会文史和学习委员会编《宁夏文史资料》，存稿选编之一，第二十五辑，第195—196页。

罗县之燕窝池止，计长二百余里，两旁草滩能资灌溉者约十八万亩；改修天水渠一道。自灵武县古城湾引黄河水入渠，至灵武县属横城入河，计长150余里。此渠改修之后，荒田可耕者约五六十万亩；接引七星渠。自中宁县鸣沙洲起，至该县张恩堡入河，计长六十余里，此渠能接至张恩堡，则鸣沙洲白马滩一带约能开荒十余万亩；接引汉梢渠。自金积县属汉坝堡起，至该县羊［原文乃此字，作者注］马湖止，计长三十余里，约垦荒田四十余万亩。①

但其受历史上各干渠直接由黄河取口引水做法的限制，及技术地理等原因，致使渠口太宽、渠道坡度太小容易淤塞，造成每年岁修须卷埽例行修整，各渠之口、身耗费数以百万斤计的柴草、坝料和数以万计的人工等。针对上述情况，著名水利专家李仪祉建议在宁夏青铜峡修造铁桥后，可在桥孔之间“设活动堰以蓄高河水，则河东西两岸之灌溉渠，可以统由此节制管理，河西以唐徕渠为母渠，河东展长汉渠为母渠，由母渠分给各渠水量不患不给，渠身不患淤，堰后积淤可由中泓排泄之，如此则各渠养护之费，可以大省，旱潦不虞，宁夏灌田之亩，可增至三百万亩，水利交通益莫大焉。”②

李仪祉还曾建议，沿黄河（东西岸）各修一条总干渠，使各渠均从总干渠分出，则可省去每年各渠口卷埽费（养护费）数十万元；另外可在黄河流经青铜峡处筑坝，这样既能由人力控制进入干渠的水量，又可在坝内处理淤积泥沙以避免各干渠口身为沙、石所淤塞；还可解决交通问题，并利用该处水力发电发展宁夏等省毛织工业。③ 就当时水利经费、技术等条件，完

① 秦孝仪主编《革命文献》，第83辑，第284—285页。

② 秦孝仪主编《革命文献》，第88辑，第369页。

③ 秦孝仪主编《革命文献》，第83辑，第284—285页。

全实现上述建议不大可能，但可考虑采纳其中某些建议，如使河东、西灌区各干渠分别实现在黄河一处取口引水，加大渠道坡度等方面进行工程建设，以在更大程度上减轻受水农户的负担，或节省大量经费、夫料用于其他水利建设工程。可惜，当时好的建议仅停留在纸面上。

李仪祉的一些主张为宁夏地方当局所关注。1942年，宁夏地方当局计划进行汉（延）、唐、惠、清、云昌五渠联合工程，因五渠均在河西，拟开一新渠，即在河西开一总干渠，五渠分口引水，计划着手勘察线路；疏浚西河河床，引东河水入西河；另专修汉（延）、唐、惠、清、云昌五渠工程，如修引水坝、整修外河险工险段、维修水闸、疏浚渠桶延长渠梢；另外还修筑金积、灵武、中卫、中宁、陶乐等县渠工。[①] 该计划较为重要，是采纳一些专家意见的例证之一。

另外，有论者还主张应重视宁夏水利建设对黄河下游的影响。邵元冲对1935年宁夏省政府方面计划开凿四条新渠，且正在筹划经费较为关注。他认为，如果能在黄河的上游多开渠道，使河水四散灌田，下游一定可以减少许多水灾。而在宁夏开凿水渠，直接固然是宁夏人民的利益，而间接减少下游各省的水灾，也是其他各省的利益。过去讲水利问题，往往只是注意到一段或一省，不知河水是连续的，应该通盘计划，通力合作，各省的利益都是一致的。[②] 这是将宁夏水利建设提高到关系全局的高度，认为宁夏水利建设是黄河流域水利建设的有机组成部分，将其与黄河的治理尤其是黄泛区的治理紧密联系起来，从而成为当时流行的黄河及黄泛区治理理念的反映。

---

① 《宁夏省政府三十一年度（1942）工作计划》，中国第二历史档案馆藏南京国民政府档案，档案号十一（2）1926。

② 秦孝仪主编《革命文献》，第88辑，第275—276页。

渠工则是当时宁夏的重点水利工程。渠道的整修旨在为每年农田按时灌溉做好准备。为保证农田灌溉，每年春、秋季都要对渠道进行修整。其中春季渠工也称春工或岁修，每年春分始到立夏为期一月半。岁修施工是先用麦草及黄土作埽坝，堵塞渠口以阻断进水；并将渠口至进水闸间，凡需埽工处均作埽坝，阻断水流，为下期工程做好准备。二期工程从清明节起，即行疏通渠道、修筑护岸埽工（码头）、加压溢水道（跳水）、迎水坝及砌闸墩斗门等。[①] 1943 年初，已将原计划所拟修凿之汉延、唐徕、惠农、大清，云亭、昌润、惠民、秦汉、天水、中卫、中宁、及河西河东新开渠各渠工程应需物料如草束、木料、大石、胶泥、石灰、铁货等均已筹备齐全，所需夫力，亦已朋搭完竣。各渠扫工均已于三月下旬兴工。[②] 该年第二季度，汉惠清三渠合力开凿西河总进水口之石结子，使所有阻碍入水之处均行通畅。曾分别对唐徕、汉延、惠农、大清、云昌渠，灵武县秦渠、天水渠、河东新开渠、美利渠、七星渠等渠工加以修整。如对唐徕渠工即有扒打头二三石结子，加压腰坝并大跳水，补修大拜湾，补修罗渠新工并二闸里外出水，修补退水闸、各段渠堤等工程。[③] 同年，在河东新开渠筑成山水沟漕一座；[④] 如 1945 年至 1947 年就曾分别对唐徕、惠农、汉延、大清、秦、汉、七星、羚羊角等渠灌溉设施，即迎水坝、渠口及

---

① 宁夏省政府秘书处编《十年来宁夏省政述要》，建设篇，第五册，第 8 页。

② 《宁夏省政府工作报告（1943 年 1—3 月份）》，宁夏档案馆藏宁夏省政府档案。

③ 《宁夏省政府工作报告（1943 年 4—6 月份）》，宁夏档案馆藏宁夏省政府档案。

④ 《宁夏省政府政绩比较表、工作报告（1940 年—1944 年）》，中国第二历史档案馆藏南京国民政府经济部档案，档案号四 15533。

堤坝、滚水坝、退水闸等进行加固修补，并清挖渠口及身之淤塞。[①] 同时，为固堤并阻挡风沙，防止水渠堤坝决口，1933 年至 1946 年间，宁夏地方当局也较为重视组织沿各干、支渠堤坝植树、造林。[②] 如 1936 年已在各渠堤坝植成树木约 50 余万株。[③] 秋工是在秋分各渠全部停水后，对干支渠进行补修，为顺利冬灌做好准备。除每年的渠道例行修整外，还兴修几项新的水利工程。一为修筑云亭渠。当时宁夏省境内黄河西岸南起宁朔县属的杨和、李祥，宁夏县的通宁、通朔、通贵、通昌等村，北到平罗县属通吉村一带大片土地因缺水灌溉而长年荒芜。1934 年，宁夏地方当局向来宁的国民政府经济委员会委员长宋子文申请拨款 20 万元，[④] 并另筹经费 10 余万元，从当年冬到第二年夏，先征用民夫，开挖渠口；后调派兵工 17000 余人掘成渠身。过去一直认为云亭渠经费仅二十万元，现有新材料记载当时还另筹上述资金。[⑤] 还将新开该渠以马福祥字命名为云亭渠（今民生渠）。该渠在宁朔县王太堡惠农渠之二渠桥旁开口，长百余里，可灌田 20 万亩。[⑥] 二为开成河西新开渠，延长七星渠；[⑦] 兴

---

① 《宁夏省水利局简要工作报告（1947）》，宁夏档案馆藏档案。

② 秦孝仪主编《革命文献》，第 90 辑，第 60 页；宁夏省农林处编《宁夏新农政》，1946 年印，第 2 页。

③ 秦孝仪主编《革命文献》，第 90 辑，第 60 页。

④ 秦孝仪主编《革命文献》，第 90 辑，第 37—38 页。

⑤ 申报年鉴社编《申报年鉴》，申报社，1935 年印，第 923 页；范长江著《中国的西北角》，引自《民国丛书》编辑委员会编《民国丛书》，第三编（70），上海书店 1991 年版，第 321 页。

⑥ 高良佐著《西北随轺记》，1936 年版，引自中国西北文献丛书编辑委员会编《中国西北文献丛书》，第四辑（129 册），西北民俗文献，第 13 卷，兰州古籍出版社 1990 年版，第 419 页。中国第二历史档案馆编《中华民国史档案资料汇编》，第五辑，第一编，财政经济（七），江苏古籍出版社 1994 年版，第 66 页。

⑦ 宁夏省政府秘书处编《十年来宁夏省政述要》，建设篇，第五册，第 38—39 页。

修叶升堡龙门渠、整修大小红花渠等。[①] 三为针对青铜峡以下黄河分为东西两河，其主流渐东趋，西河水减造成大清、汉延、惠农渠灌溉缺水，河西灌区田亩受旱灾等问题，曾集中大清等渠人力、物力，于1939年春，将西河上游水量大处开为三渠共用进水口，并合力卷埽封堵西河口，清除西河口多年淤积卵石，修筑引水长坝等。[②] 这项工程的兴修，既增大了上述三渠进水量，也通过改历代干渠各自由河岸开口的陈法，成功地将三渠口合并一处，从而减少了三渠各口岁修所用经费夫料。1942年4月5至5月4日在中宁七星渠、金积汉渠、唐徕渠又新开成支渠各一道。[③]

经过连续数年的修整，宁夏平原各县渠道灌溉工程的质量较前有所提高，从而一度减少了黄河宁夏段发生水灾的可能性，避免了渠堤决口淹没田禾等灾害。1937年至1942年间灌区各县基本上未发生因渠水泛滥而造成的灾荒，[④] 与当时年年例行整修渠道不无关系。

排水沟作为农田灌溉的配套设施也是当时注重整修的水利工程之一。[⑤] 宁夏省建设厅在兴修渠道灌溉工程的同时，面对仅有虚名而无实效的排水沟道，及其所造成渠水漫溢地下水位增高、土地盐碱化等严重状况，于1936年调兵工数千人，先将河

---

① 宁夏省农林处编《宁夏新农政》，1946年印，第96页。

② 宁夏区政协文史资料研究委员会编《宁夏文史资料》，第13辑，1984年印，第54页。

③ 《宁夏省政府政绩比较表、工作报告（1940年—1944年）》，中国第二历史档案馆藏南京国民政府经济部档案，档案号四15533。

④ 杨新才等编《宁夏水旱自然灾害史料》，宁夏回族自治区水文总站，1987年，第286—288、277—290页。

⑤ 中国第二历史档案馆编《中华民国史档案资料汇编》，第五辑，第二编，财政经济（八），江苏古籍出版社1997版，第449页。

西区北大、小中沟及西大排水沟一段加以疏浚，并分别将其予以加宽挑深。[①] 后因泥沙淤塞，从 1939 年起宁夏省建设厅又组织人力对河西灌区排水沟如北大、小中、黄阳、环城等沟进行清淤和扩修；一度还彻底疏通西大沟；并重修张（掌）政、永固、云亭各暗洞，重修河东秦渠山水沟永涵洞，责成各县水利局整修卫宁、河东灌区排水沟等。[②] 但由于自然因素，淤塞快于清淤，因而往往造成排水效果不佳。为使排水沟真正发挥作用，1942 年，除洞工由民夫修筑外，所有黄阳、小中、北大沟又利用兵工加以疏浚。此外将西大沟开通上段 100 公里，中卫县唐家湖新开退水沟七公里，疏浚灵武山水沟 15 公里，中宁山河堤加高垫厚土方四万土方也均由兵工做成之。[③] 由此可知，1942 年宁夏地方当局调动大批兵工对河西、东灌区排水沟进行修整，使其在短期内具有排水沟之效。[④] 1943 年初，对计划补修之河西区望鸿沟，唐铎沟洞及分水闸，魏信沟洞及分水闸，永庆洞，永安洞，永宏洞、灵武县之各小洞，黑眼洞，以及各处沟桥，并疏浚各县沟道等，其应筹备之各项物件与划拨夫工等工作，基本上办理完竣。[⑤] 同年，修建唐徕渠退水闸一座，延长该渠梢三十余华里至排水沟，7 月间还调集贺兰、永宁两县春工误夫继续挑挖、使之疏浚。同月，还将为水冲刷甚剧的林皋、王洪等

---

① 秦孝仪主编《革命文献》，第 90 辑，第 63 页。

② 宁夏省政府秘书处编《十年来宁夏省政述要》，建设篇，第五册，第 38—39 页；宁夏区政协文史资料研究委员会编《宁夏文史资料》，第 13 辑，1984 年印，第 110 页。

③ 《宁夏省政府政绩比较表、工作报告（1940 年—1944 年）》，中国第二历史档案馆藏南京国民政府经济部档案，档案号四 15533。

④ 宁夏省政府秘书处编《十年来宁夏省政述要》，建设篇，第五册，第 121 页。

⑤ 《宁夏省政府工作报告（1943 年 1—3 月份）》，宁夏档案馆藏宁夏省政府档案。

处暗洞及时修护，恢复排水功效，而免危险；[①] 1945 年至 1947 年，河西、卫宁区排水设施还曾数次得到不同程度的维修。[②] 如上所述，当时宁夏水利主管部门几乎每遇淤塞就对渠道排水沟进行一番修整，虽然收到一定的效果，但当时排水沟所发挥的排泄作用是有限的。[③]

开办内河航运亦是宁夏水利建设的任务之一。20 世纪 30 年代中期，宁夏地方当局还一度重视发展黄河航运。当时曾设立官督民办的河运公司，制定航运规则；曾函商江南造船所设计制造钢板快船数艘；同时，还购置汽船机器 2 架，装成大小汽船 2 艘；亦令沿黄河各县制造木帆船 40 余艘，[④] 交船户在宁夏、包头之间开展内河客、货运业务。随着河运业务的扩大，宁夏木船数量后来有所增加。1940 年，作为宁夏大型河运工具的木船有高梆船、五舱船、渡船、渔船等。其中，高梆船 81 艘、五舱船 88 艘、渡船 51 艘、渔船 5 艘。[⑤] 抗战胜利后，宁夏木船数量又有所增加。[⑥] 利用黄河发展宁夏水上交通运输，不仅对宁夏陆路交通的不便有所弥补，更有助于宁夏商业贸易等的发展。

---

① 《宁夏省政府 1943 年工作报告（10—12 月）》，中国第二历史档案馆藏南京国民政府内政部档案，档案号十二（6）13100。

② 马鸿逵著《一年来之宁夏》，引自西北通讯半月刊社编《西北通讯》，（半月刊），1948 年第 2 卷，第 8 期，第 5 页；《宁夏省水利局简要工作报告（1947 年）》，宁夏档案馆藏档案。

③ 宁夏区政协文史资料研究委员会编《宁夏文史资料》，第 13 辑，第 54 页。

④ 秦孝仪主编《革命文献》，第 90 辑，第 83 页；《宁夏省政府行政报告（1936 年）》，中国第二历史档案馆藏南京国民政府实业部档案，档号四二二（1）2056。

⑤ 宁夏省政府秘书处编《十年来宁夏省政述要》，建设篇，第五册，转引自胡平生著《民国时期的宁夏省（1929—1949）》，台湾学生书局 1988 年版，第 137—139 页。

⑥ 马鸿逵著《一年来之宁夏》，引自西北通讯半月刊社编《西北通讯》，（半月刊），第 2 卷第 8 期（1948 年），第 5 页。

但是到 1947 年以后，宁夏地方当局又追随蒋介石国民党打内战，因而水利工程失修乃至渠务废弛又如以往，致使灌溉面积急剧减少，到解放前夕，宁夏平原灌田亩数已减至 192 万亩。[①]

由上述宁夏水利建设的状况及所暴露的问题不难看出，虽然当时马鸿逵宁夏当局较为重视水利建设，但在水利工程中受以往治河经验和旧渠道、沟线设计等束缚，一直处于被动防护穷于应付的地位。可见当时的水利工程缺乏在科学规划设计下的彻底整修，因而仅收到短期效果，也就未能从根本上解决变水害为水利的问题。

此外，时人还拟定有固原县水利渠道工程计划书，计划修筑清水河、西河子、碟碟沟、硝口、碾子头、毛甘村、东山坡渠道水利工程，[②] 若上述诸水利工程修浚，则可灌溉农田五六千亩，叶超等人显然主张或赞成充分利用当地水资源进行农田水利灌溉、提高农田产量，发展地方农牧业经济。

第二节 工业建设

为振兴地方工矿业，在宁夏创设近代机器工厂，开发宁夏自然资源，1930 年，身为南京国民政府建设委员会委员长的张人杰在考察、了解宁夏的煤、铁、盐、铜等矿藏及农畜物产分布状况后，建议在宁夏（今银川）等地分别设立棉、毛纺织工厂，面粉厂、肉制品、罐头厂，机器修理及制造工厂，在宁夏、

---

① 宁夏区政协文史资料研究委员会编《宁夏文史资料》，第 13 辑，第 33 页。

② 叶超编《民国固原县志》，卷十，艺文志，第 44 页。

石嘴山、灵武兴办发电厂。[①] 张静江主张充分利用宁夏现有资源兴办实业，发展地方经济。

1931 年，马鹤天等强调应在宁夏设立制革厂、毛纺厂，制造皮类，纺织毛货；设立骨肥料制造厂。[②] 这显然也主张利用宁夏牧业资源进行轻工业开发。这不失为兴办宁夏近代工业的方案之一。

对宁夏建设事业颇为关心的安汉主张宁夏利用现有资源建造水泥工厂。他讲道，水泥即士敏土，为近代各种建筑工程之要品，为发展交通，宁夏等西北各省新兴工程之需要水泥处甚多。但因转运维艰，在京沪每袋售价 3 元，在西安购买则动辄 30—40 元。若新陇青宁则更梦想不到，其被视为珍品能按两称购。据调查，宁夏贺兰山下之水泥原料丰富，“而其质之纯粹，尤属上品。”[③] 因而在当地设立一座水泥工厂对宁夏交通建设、建筑工程之发展及垦殖之推动会大有益处。据目前所见史料，安汉是主张在宁夏设立水泥厂的第一人。

褚民谊也提议在宁夏设立劝业局，兴办毛革、烟草、制碱等工厂或公司。[④]

1932 年，戴季陶主张设立西北地质调查所，调查包括宁夏在内各省区之地质情况；设立西北生物研究所，调查包括宁夏在内的各省区动植物产情形。[⑤] 戴季陶关于设立研究机构的了解、研究宁夏自然资源的建言是有一定道理且较为重要的。

---

① 秦孝仪主编《革命文献》，第 89 辑，第 125—141 页。

② 秦孝仪主编《革命文献》，第 89 辑，第 158 页。

③ 安汉著《西北垦殖论》，杨建新主编《西北史地文献卷》，中国西北文献丛书续编，第七册，甘肃文化出版社 1999 年版，第 228 页。

④ 秦孝仪主编《革命文献》，第 89 辑，第 20 页。

⑤ 秦孝仪主编《革命文献》，第 89 辑，第 476—477 页。

李仪祉在黄河上游视察报告中还希冀宁夏在青铜峡跨河铁桥修成后，除在铁桥孔设活动堰，既利于水利建设，又可利用其发展电力工业，以发展呢革、毛织等工业。[①] 李仪祉的主张是较有远见的。

经济学家、曾任农本局长的何廉在20世纪40年代初游历宁夏等地后认为，其一；在西北发展工业，一开始就应该强调兴办必要的有关衣食的轻工业，这些工业能够依靠当地市场，原料也不虞匮乏，如麦子磨面、棉花纺织；其二，为发展工业，必须有运输力量和足够的电力，其中前者是主要的。对于交通运输，何廉强调指出，西北自然资源匮乏，供电力使用的煤、供建筑和加工用的原料以及分配制成品的工具都需要用交通工具运进。他还认为，私营企业难以承办灌溉与运输两项主要事业，只有政府才能承办。但何廉的意见在当时并没有受到关注。正如他自己所言，“当我回到重庆时，政府没有要我就在西北的观察提供意见，我的看法被束之高阁，一直到我负责战后经济设计工作时才用上”。[②]

从20世纪30年代起，在素有“塞上江南”之称的宁夏，才有一些近代机器工厂相继创设，它带来宁夏近代工业经济的初兴景象。但到40年代中期，它又迅即转向低落。本文拟结合当时的社会历史条件，对马鸿逵统治时期宁夏工业的兴衰历程，进行初步探讨，以期有利于宁夏近代工业史的研究。

宁夏近代工业的出现，有其具体的社会历史背景。从19世纪80年代至20世纪20年

代，英德等国商人利用买办在宁夏设立洋行，以低廉的价

① 秦孝仪主编《革命文献》，第88辑，第369页。

② 朱佑慈等译《何廉回忆录》，中国文史出版社1988年版，第236—237页。

格收购羊毛、皮货等，榨取宁夏人民的血汗，获取巨额利润。宁夏近代工业起步很晚。宁夏在晚清时期隶属于甘肃省，在左宗棠任陕甘总督以及清末新政期间，宁夏没有设立机器工厂。到1929年建省前，除在1926年由芬兰商人维利俄斯建立过一家甘草药膏厂外，宁夏仅有几家毡坊、毯坊和煤窑，日用工业品完全依赖从外省区输入。换言之，20世纪30年代以前，宁夏基本上没有近代工业，传统落后的农牧业经济仍占主导地位。同时，西北军途经宁夏所摊派的晌需军费等负担，以及连年的战乱如"河湟事变"、"孙马大战"等，均导致宁夏社会动荡、民心不安、负担日重，收入日少，"积至今日，渐有不能维持的形势"。①

从30年代初起，日本帝国主义加快侵华步伐，曾不断对包括宁夏在内的西北各省区进行侵扰。抗日战争爆发后，当地日用品主要输入渠道——津、京、晋、包运输线被日寇阻断，一时间宁夏北路（宁、包）交通梗塞，货物来源终止；② 造成物资供应紧张，百货（布匹等日用品）奇缺，价格昂贵，商人有利可图。③

1933年马鸿逵出任宁夏省政府主席，开始其对宁夏长达17年的统治。马鸿连上台后，推出一系列政治、经济、军事措施，如保甲制度、征兵扩军、经济统制政策等，而兴办工矿交通业，也是其借以增强其经济、军事实力以保住其统治地位的重要步骤。宁夏近代工业就是在上述社会历史条件下产生的。它兴办

① 范长江著《中国的西北角》，新华出版社1980年版，第185页。

② 宁夏省政府秘书处编《十年来宁夏省政述要》第五册，建设篇，宁夏省政府1942年印行，第157页。

③ 宁夏回族自治区政协文史资料研究委员会编《宁夏文史资料》合订本，第一册，宁夏人民出版社1988年版，第230页。

于30年代初，抗日战争时期有所发展，主要有交通业、轻工业、重工业。抗日战争结束后，宁夏近代工业经济转向低落。宁夏近代工业开发的兴衰状况具体如下：

马鸿逵主政宁夏伊始即着手兴办机器工厂企业。其中轻工业主要分布在面粉、制革、纺织、造纸印刷、制药业等部门：面粉业。1936年宁夏省政府筹资27000余元，开设普利机器面粉厂。该厂初属官商合办，后改为马鸿逵第11军面粉厂，下设工务、总务2科，分别管理生产和财务等。到1942年该厂有员工68人。[①] 机器设备方面，该厂有蒸汽机2台，锅炉2座，带传动磨12盘，日产面粉13000斤，专供应军队食用。[②] 1943年春，该厂因机器陈旧而停产。接着，马鸿逵又于同年8月在宁夏城南门外成立利民机器面粉公司，该公司有锅炉2座，蒸汽机2台。建厂初有工人114名，其中技工27人。[③] 日产250袋“双塔”牌面粉，除供军政机关食用外，也供商民食用。

制革业。1933年马鸿逵第15路军曾投资5万元，在宁夏城垣北关建立起富有被服厂制革组。该厂设立初期，机具设备相当简陋，生产方面以制军装、马鞍及党、政、军、学界制服为业。1940年改为第17集团军附设，“内分营业、会计、裁衣、制衣、皮件、靴鞋、漂染、制革等8组，员工70余名”。[④] 年产蓝底皮120张，羊皮140张，红底皮100张。该厂属军队企业，

① 宁夏省政府秘书处编《十年来宁夏省政述要》第五册，建设篇，宁夏省政府1942年印行，第210页。

② 宁夏省政府秘书处编《十年来宁夏省政述要》第五册，建设篇，宁夏省政府1942年印行，第198—199页。

③ 宁夏回族自治区政协文史资料研究委员会编《宁夏文史资料》第17辑，宁夏人民出版社1987年版，第66页。

④ 宁夏省政府秘书处编《十年来宁夏省政述要》第五册，建设篇，宁夏省政府1942年印行，第166页。

到抗日战争时期，由于制革化学原料缺乏等原因，业务范围较前缩小。[①]

抗战期间，纺织业在宁夏也获得较快发展。宁夏省政府先行筹资设立省立初级职业传习所，传授纺织技术，组织学员生产。该所在经营中获利颇为丰厚。接着，便成立宁达棉铁厂，生产呢料、布匹等日用品销往省内外。1940 年，宁夏省政府从所获中央建设专款中拨出 63996 元为资本，筹建起宁夏省毛织工厂。该厂设备多为木机，以手工生产为主，机器生产为辅，具体"就是工厂向数百名家庭妇女发放纺车和原料（包括羊毛或棉花），然后，她们按规定的时间向厂方送交规定数量的毛线或纱线，厂方按质与量付酬。"[②] 并在厂内制出成品。该厂 1941 年底纯盈利 34114 元。[③] 1942 年初，马鸿逵及其幕僚集股 8 万元投入宁夏省毛织工厂，并归还建厂时所用的中央建设专款，[④] 又将省立初级职业传习所与该厂合并，改称兴夏毛织公司，马自任董事长。这样，该公司实际上由所谓官办改为马鸿逵等的私人企业。1944 年，兴夏毛织公司又兼并刚关闭的商办企业大夏机器纺纱厂。[⑤] 该公司的生产工序、产品等与宁夏省毛织工厂相同。但随着几家纺织工厂的成立，对纺织女工的需要量也明显增加。为培训更多的纺织工人，并发展家庭手工纺织业，宁夏

① 宁夏省政府秘书处编《十年来宁夏省政述要》第五册，建设篇，宁夏省政府 1942 年印行，第 182 页。

② 宁夏回族自治区政协文史资料研究委员会编《宁夏文史资料》第 17 辑，宁夏人民出版社 1987 年版，第 68 页。

③ 宁夏省政府秘书处编《十年来宁夏省政述要》第五册，建设篇，宁夏省政府 1942 年印行，第 185—186 页。

④ 宁夏回族自治区政协文史资料研究委员会主编《宁夏三马》，中国文史出版社 1988 年版，第 263 页。

⑤ 大夏纺纱厂建于 1942 年，因原料不足于 1944 年关闭。该厂现存具体资料较少。

省建设厅又拨款建起省妇女纺织传习所，在省会和宁夏、宁朔、平罗、金积、中卫、灵武等县设立传习班，分期向学员传授技艺。[①] 到1942年，培训妇女达2千余人。[②] 省妇女纺织传习所设立后，又有几家商办纺织工厂开工投产，使得宁夏纺织工业的发展速度明显超过其他轻工企业。

印刷、造纸业。1933年，宁夏省政府派人购置印刷机器设备，使建省初在省垣南关设立的印刷局恢复生产。[③]“孙马大战”期间，该局被迫停产。1935年，马鸿逵拨款1万元到省印刷局恢复生产，并派人从南京购置新的印刷机、铸字机、各种铅字、铜模，引进技术人员，扩展印刷业务。[④] 该局下设工务、会计、营业三股，其中工务股又分为石印、铜印、排字、装订、铸字五部。[⑤] 宁夏印刷局有员工97人，日常业务为印刷省政府、军队需用的公文纸张表册和地方报纸以及公报书籍刊物等，月盈利约2500余元。[⑥] 宁夏印刷局后来迁址到省垣北门，人员、设备较前有所减少。到1939年春，为解决地方纸张供应短缺的问题，[⑦] 宁夏省政府筹措基金2千元（不久增资2万元），利用省

---

① 宁夏省政府秘书处编《十年来宁夏省政述要》第五册，建设篇，宁夏省政府1942年印行，第211页。

② 宁夏省政府秘书处编《十年来宁夏省政述要》第五册，建设篇，宁夏省政府1942年印行，第213页。

③ 宁夏回族自治区工商业联合会工商史料委员会编《宁夏工商史料》第一辑，1984年11月印，第6页；另见《宁夏文史资料》第17辑，第106页。

④ 宁夏回族自治区政协文史资料研究委员会编《宁夏文史资料》第17辑，宁夏人民出版社1987年版，第106页。

⑤ 宁夏省政府秘书处编《十年来宁夏省政述要》第五册，建设篇，宁夏省政府1942年印行，第213页。

⑥ 宁夏省政府秘书处编《十年来宁夏省政述要》第五册，建设篇，宁夏省政府1942年印行，第199页。

⑦ 宁夏省政府秘书处编《十年来宁夏省政述要》第五册，建设篇，宁夏省政府1942年印行，第199页。

垣西塔承天寺房舍，建成宁夏造纸厂。该厂有工人 172 名,[①] 月产量达 20 余万张，品种有白麻纸、新闻纸、封套纸等，主要满足本省报社、机关、军队、学校和外省如绥西等地需要。1945 年，马鸿逵控制的富宁商行又利用旧设备和新购置的一部 12 马力蒸汽机，设立利宁造纸厂。该厂以蒸汽机为动力带动压纸碾，成为宁夏历史上第一家机器造纸厂。生产原料为宁夏所产的白麻、芦苇、马莲草、友艾草等。利宁造纸厂有工人 62 名，日产纸 40 余刀，主要供应机关报表用纸。[②]

制药业。先后设立有裕宁甘草公司、利宁甘草膏制造厂、宁夏卫生材料厂等企业。其中利宁甘草膏制造厂是 1939 年底裕宁甘草公司停产后设立的。1940 年 4 月，马鸿逵又令宁夏省银行附设的富宁商行，利用私人股金 40 万元和原裕宁甘草公司旧有设备，建成利宁甘草膏制造厂，并将地址由洪广营迁至宁夏城北郊八里桥。该厂有工人 56 名，其中童工 17 人,[③] 建成后新添置一台 2 马力直流发电机。产品为宁夏甘草熬制的“双虎”牌甘草膏，年产量达 144000 磅，主要行销西安、兰州等城市各医院药房，少量精品交重庆国民政府财政部下属外贸公司销往国外，换取外汇。太平洋战争爆发后，因市场停滞，该厂被迫停产。[④]

另外，20 世纪 30 至 40 年代设立的轻工企业还有火柴、烟

---

① 宁夏省政府秘书处编《十年来宁夏省政述要》第五册，建设篇，宁夏省政府 1942 年印行，第 200—202 页。

② 宁夏回族自治区政协文史资料研究委员会编《宁夏文史资料》第 17 辑，宁夏人民出版社 1987 年版，第 74 页。

③ 宁夏省政府秘书处编《十年来宁夏省政述要》第五册，建设篇，宁夏省政府 1942 年印行，第 215 页。

④ 宁夏回族自治区政协文史资料研究委员会编《宁夏文史资料》第 17 辑，宁夏人民出版社 1987 年版，第 73—74 页。

草、陶瓷、碾米、制糖、制砚、粉笔等工厂，但其或为半机械化生产，或为手工生产，显得相当落后。然而，从上述宁夏轻工企业的兴办情况看，抗战期间地方轻工业的兴起，固然有市场需要、当时的原料和劳动力价格低廉、轻工企业资金周转灵活的因素，但与上述企业大多属官办性质，可利用所控制的行政权力和交通运输等条件进行经营销售有很大关系。当然，尽管宁夏近代轻工业有了初步发展，但其生产发展水平极低。这具体表现在以下方面：一是上述工厂只能生产军政需用和民用的面粉、服装、棉毛纺织品、纸张、火柴等，这些均能满足战时急需使用，但产品种类有限。二是上述企业实际上不仅投资少，资金短缺，而且生产规模小，工厂工人数量少，最多的仅为600人，一般只有50—60人；尤其是机器设备缺乏，各家工厂拥有机器数量屈指可数，每家工厂大多仅有几台机器，拥有机器数量多的工厂也只有10余台，大多数工厂以手工生产为主。如纺织工厂就是主要靠家庭手工纺织半成品支持机器生产。至于动力设备，数量则更少，而且大多陈旧落后。另外，纺织业中存在不考虑市场需求量一哄而上办厂的倾向，当时的棉毛纺织工厂近10家，可见纺织业结构存在一定的问题。从轻工业的兴办水平看，仍然是相当落后的。这正如马鸿逵及其幕僚感叹的："省垣各工厂概况，已如上述，较内地各省市膛乎后矣。"[①] 可见，资金和技术设备等的缺乏，限制着地方工业的发展。20世纪30年代至40年代，宁夏省内工业生产原料如钢铁、动力燃料等也同样紧缺，机器设备维修困难，为解决这些问题和谋利起见，宁夏省政府先后办起几家重工企业，分布于电力、

① 宁夏省政府秘书处编《十年来宁夏省政述要》第五册，建设篇，宁夏省政府1942年印行，第221页。

炼铁、机器修理、化工、煤炭等部门，具体兴办情况是：

电力业方面仅有一家小型电厂。1935年10月，宁夏省银行和省商会投资10万元，在宁夏城东南隅建起宁夏电灯公司。该公司属官商合办性质，以马鸿逵为董事长，先后购置发电机、动力蒸汽机等共7台，[①] 日发电量1200多度。[②] 主要供应马鸿逵公馆及省会军政官员照明用电。由于该电厂设备陈旧，时常停产维修机器等，[③] 因而向城内工厂企业输送电力很少，当时曾时断时续向宁夏印刷厂等企业供电。

炼铁和机器修理业。1943年2月，马鸿逵及其幕僚筹集股金300万元，成立兰鑫炼铁公司，马鸿逵自任董事长。该公司下设大武口、汝箕沟等炼铁厂，有工人近300名，[④] 也曾派较多的士兵参加生产。该公司采用土法炼铁，其中大武口、汝箕沟两家炼铁厂共有土炼铁炉40座，日产量较大；铁矿石取自当时平罗县所属汝箕沟，燃料即取自马鸿逵办的德昌煤矿公司。[⑤] 该公司产品是铁锹、铁镐、撅（头）、菜刀、镰刀、军用铁锅等生产、生活用品。[⑥] 为利用铸铁材料获利，1944年马鸿逵四姨太刘慕侠等，以已停产的宁达棉铁厂铁工部为基础，筹资建起兰鑫机器厂。兰鑫机器厂除为宁夏电灯公司、造纸厂等企业维修

---

① 宁夏回族自治区政协文史资料研究委员会编《宁夏文史资料》第17辑，宁夏人民出版社1987年版，第39—44页。

② 宁夏省政府秘书处编《十年来宁夏省政述要》第五册，建设篇，宁夏省政府1942年印行，第207页。

③ 《宁夏民国日报》1941年9月28日—10月4日连载停电通知；《宁夏文史资料》第17辑，第44页。

④ 宁夏回族自治区政协文史资料研究委员会编《宁夏文史资料》第17辑，宁夏人民出版社1987年版，第39—44页。

⑤ 政协甘肃、陕西、宁夏、青海、新疆五省（区）暨西安市文史资料委员会编《西北近代工业》，甘肃人民出版社1989年版，第405页。

⑥ 《宁夏文史资料》第19辑，第9页；《西北近代工业》第405页。

小型机器外，[①] 只能生产铁锅、铁锹、火炉等铁制品，产品却销路不畅。[②]

化工业方面，先后成立有立达盐碱公司、绥宁酒精厂等企业。其中绥宁动力酒精厂于1942年由马鸿逵和傅作义各筹资40万元联合建成。[③] 厂址设在杨和堡（今宁夏永宁县境内），该厂利用简陋的设备制造酒精，以补充汽油之不足。该厂投产后，“旧出酒精三四千加仑”。[④] 产品除供恢复营运的宁夏汽车管理局使用外，[⑤] 也销往绥远省。[⑥] 煤炭业是两家由民办被马鸿逵以强行租借形式改为官办的煤窑，即德昌、德兴煤矿公司，均靠手工生产，所出煤炭靠马鸿逵部骆驼队和牛马车等运至银川，“往返需时七、八天”。[⑦] 如果将宁夏所办重工业与轻工业相比较，宁夏所办的重工业远远落在轻工业后面。据1949年年底的有关统计，在当年的工业总产值中，轻工业达1190万元，重工业仅为24万元。[⑧] 这在一定程度上也反映出宁夏近代轻、重工业结构很不平衡，重工业仅处于刚刚起步阶段。

20世纪30年代初至40年代兴办的交通邮电业、轻工业、重工业，标志着宁夏近代工业的兴起。这就结束了宁夏过去基

---

① 政协甘肃、陕西、宁夏、青海、新疆五省（区）暨西安市文史资料委员会编《西北近代工业》，甘肃人民出版社1989年版，第401页。

② 《宁夏文史资料》第17辑，第65页；《宁夏文史资料》第19辑，第9页。

③ 宁夏省政府秘书处编《十年来宁夏省政述要》第五册，建设篇，宁夏省政府1942年印行，第154页。

④ 郭荣生编《中国省银行史略》，沈云龙主编《近代中国史料丛刊》续辑，第19辑，台北，文海出版社1988年印行，第166页。

⑤ 宁夏回族自治区政协文史资料研究委员会编《宁夏文史资料》第17辑，宁夏人民出版社1987年版，第64—65页。

⑥ Topping，John Themis：“*Chinese Muslim Militarist*：*Ma - HongKui in Ningxia*，1933—1949”，The University of Michi - gan. PH. D1983. P170.

⑦ 《宁夏工商史料》第二辑，1984年11月印，第44页。

⑧ 宁夏回族自治区统计局编《宁夏回族自治区统计年鉴》，1984，第34页。

本上没有近代机器工业的历史，奠定了宁夏近代仅有的一点工业基础。随着近代机器工厂企业的创办，促使当地的社会生产力在抗战期间一度有所提高，而且促使宁夏地方出现了一批产业工人。[①] 其中包括许多妇女和少年。同时，各家工厂企业的生产，也为宁夏和周边省区军民坚持抗日战争，奠定了一些物质基础。当然，地方工矿交通业的兴办，也在一定程度上增强了马鸿逵官僚集团的经济、军事实力，从而在短期内达到其保住地盘、巩固统治地位的目的。

但是，宁夏近代工业的发展是短暂的昙花一现式的。抗日战争结束前夕，宁夏的工厂企业经营已不太景气。如宁夏汽车营运就时断时续。1939 年至 1941 年“惟因油件缺乏”，即汽油和汽车配件等来源断绝，汽车运输被迫停止。[②] 后利用绥宁动力酒精厂生产的酒精为燃料，于 1942 年恢复宁平线客运业务，但营业状况不佳。到 1943 年 11 月，马鸿逵以为汽车客运已无利可图，便下令停运，将宁夏汽车管理局解散，汽车和大部分人员归宁夏保安司令部汽车队。[③] 在汽车营运停止的同时，一些企业如宁达棉铁厂、利宁甘草膏厂、11 军面粉厂等也相继停产。这样，宁夏近代工业经济到抗战结束已走向衰微。抗战结束后，由于美国工业品对华的大量倾销，致使经销洋货的商业利润远远大于开办工厂企业，加上包括宁夏在内的全国性的物价飞涨，

---

① 宁夏近代工人队伍总数，1941 年约有 1500 人。见宁夏回族自治区档案馆编《中共宁夏党史档案资料选编》（1928—1949），1986 年印行，第 226 页。但根据《十年来宁夏省政述要》、《宁夏文史资料》第 17 辑，《宁夏工商史料》、《宁夏三马》等资料，到 1945 年初宁夏工人总人数至少应在 2000 人以上。

② 《十年来宁夏省政述要》第五册，建设篇，第 140 页；《宁夏文史资料》第 17 辑，第 103 页。

③ 宁夏回族自治区政协文史资料研究委员会编《宁夏文史资料》第 17 辑，宁夏人民出版社 1987 年版，第 103 页。

通货膨胀，马鸿逵看到生产工业品已无利可图，便又一次停办、关闭一些工厂企业，如兰鑫机器厂、兰鑫炼铁公司、鸿丰烟草公司等。于是，为宁夏地方官僚资本所垄断的工业经济，在经历兴办、初步发展的历史阶段后，又很快转向低落。到1949年解放前夕，只剩下宁夏电灯公司、兴夏毛织公司、面粉厂、宁夏印刷局等企业。

宁夏近代工业经济在抗日战争结束后急剧转向衰微，甚至宁夏近代工业的落后，虽然有一些直接原因，如美货的充斥国内市场等，但从根本上说，与马鸿逵统治时期的经济统制政策、扩军征兵等有很大的关系。抗战时期，马鸿逵推行经济统制政策，统购统销农畜产品，如通过行政权力甚至军警干预，强行压价收购农牧业产品，到外省区倒卖牟取厚利。当时羊皮的“征购价格，非常低廉，老羊皮每张二三角，二毛皮每张三角至五角。”[①] 由于强行低价购买，致使牧民被迫将羊只赶往陕、甘、绥省区放牧。另据有关材料记述，当时“马鸿逵统制宁夏土特产，主要是羊毛、羊皮、枸杞、甘草、木材、冰碱等，其中皮毛、枸杞、冰碱三项，马认为油水最大，因而抓得最紧。”[②] 这种为保住其统治地位而进行的超经济的掠夺，造成许多农牧民被迫放弃农牧业生产，从事其他职业或外出逃荒。而连年的征兵，也使广大农村丧失大量的青壮年劳动力，据史料记载，到宁夏解放前夕，全省仅有70余万人口，而马鸿逵的军队就达10万人左右。由此可想见农牧业劳动力短缺的程度。另外，30年代以前的宁夏，“向以种植、吸食大烟而闻名全国。”[③] “孙马大战”后，马鸿逵打着“禁烟”的旗号，在全省强行压价收购鸦

① 《宁夏三马》，第269、267页。

② 《宁夏三马》，第267页。

③ 马文明主编《银川文史集粹》，宁夏人民出版社1998年版，第209页。

片烟。不久，他又暗中派人大肆倒卖鸦片烟土，[1] 这对宁夏人民的毒害更为至深。可见，尽管宁夏农牧业经济在30年代以前已屡遭战乱、摊派之苦，但马鸿逵上台后仍多方搜刮敛财，这就致使农牧业生产力遭到更为严重的破坏，农牧业经济更为凋敝不堪，必然在很大程度上影响到对工业品的购买力和市场的需求。这也成为官办工厂企业纷纷停产关闭的重要原因。实际上，马鸿逵为巩固其统治地位的目的，不仅决定着宁夏近代工业的兴与衰，而且影响着宁夏近代工业水平的严重滞后和工业结构的极不平衡。

第三节　农、牧、林业开发

一、农业与垦荒

时人在关注交通、水利、工业建设的同时，也较多地将话题转向农业建设。宁夏在分省前，1926年春，甘肃省省长薛笃弼倡导甘宁等地发展农林事业。他说，民生问题至关重要，"注重农业，提倡森林，实为讲求民生之原素。""查甘省农业幼稚，作物无改进之方法，森林稀少"，气候失调，以致荒旱频仍、人民衣食维艰，"应当详审研求增加收获"，更应"积极提倡种棉"，以足民衣食；鉴于森林具天旱可蒸发水分，天雨可吸收水分，且有调节旱涝、防御风沙、制备材用之利，还可增风景之美感，亦"关于生活上农业上获益至巨"，亦当振兴林业，以救

① 马文明主编《银川文史集粹》，宁夏人民出版社1998年版，第214—215页。

济荒旱。为此，薛笃弼要求各道县对于农事试验场及苗圃，未办者应迅速筹备，已办者可妥为整理。其所采取的具体措施为：其一，各农事试验场应将农作物加以研究改良；苗圃应将最需用之苗种分布、树秧、至东西大道官树，叠经通行各该管县知事陪护、设法补栽在案；其二，在各道县之空隙区域，亦急宜劝导人民，及时补种相宜之树；其三，可将去年所颁甘肃省单行植树惩奖条例照印分发，“俾民间咸晓然于种树之且约，植棉为衣服原料之必需，更应劝告人民布种”；其四，所有主要农业，各道县及实业厅植树会应随时监督检查。[①] 薛笃弼的主张应该说是符合宁夏实际的，但当时是否落实值得怀疑。

1936 年，燕京大学李肇勋教授率团对西北农业进行考察后，对宁夏的农、牧业生产及技术开发提出非常具体的意见与实施方案。[②]

20 世 30 年代中期，国立西北农林专科学校曾制定有《甘宁青三省筹设农业试验场调查办法大纲》，该大纲有关宁夏的规定有，在宁夏设置农业试验场一所；确定由兰州至宁夏进行调查的路线；农业试验场的任务是，自然植物区域主要农产物之改良（林、农、牧）、当地特殊驰名农产物之推广，提倡适于该区域有经济价值农产物之栽培；畜牧事业之改善与发展，有销路的土法农产制造品的改进，培育保安林及经济林；该场确定区域及选址应如下列条件，即能代表大面积之气候土宜者，为农牧集中之场所，交通便利而有安全保障者，须选平坦宏大且在 1000 亩以上之地段而有开展性者，须有近水源虽遇大旱而不易

---

① ［民国］叶超编《固原县志》卷十，宁夏固原县文物工作站 1981 年印，第 32 页。

② 《边事研究》，第 3 卷第 6 期，转引自陈育宁总主编，吴忠礼、刘钦斌主编《宁夏通史》近现代卷，宁夏人民出版社 1993 年版，第 305—306 页。

枯涸［音和］之处；若为果品区域，则须大面积之倾斜地；若为畜牧改良事业，则须近树木，否则必须多量栽植；若为保安林建造，则须在适中地；若为经济林则须选择适宜之荒山荒地；此外，对设置区域之气候（含雨量、霜期、温度）、土壤、水源、农产物种类、当地市场需要情形、该区域习惯栽培农作物种类、著名农产物类别、农产出境之种类及价额、当地农作制度（播种期、施肥、中耕）、当地农民生活状况等调查项目均做出具体规定。[①] 从该项计划内容看，当时高等学校的专家已具有相当高的农业开发思想，尤其是市场意识与新产品开发意识。

宁夏自建省伊始，即在今中山公园设立“农事试验场”，锐意发展蚕桑，也种植树木，培育花卉。但因此后地方政局迭变，农业试验即行中断。

迟至1939年，宁夏地方当局利用国民政府所拨建设专款中部分资金，在宁夏城北八里桥建立宁夏农林总场，以屠义园为场长，从事农、林、牧综合经营，推广农林新技术，改良农业，向农民进行示范。约两年后，该场又与宁夏农业改进所合并，改名为八里桥林牧场，原场长也离职他去。宁夏农业改进所成立于1940年，中央大学农学院毕业的罗时宁被任命为该所所长。罗时宁对改进农业技术富有热情，上任一年曾从西北农学院延聘一批毕业生，如有学林业的谷耀宇、张守先，学园艺的安得顺、学农艺及植保的张圻、学农业经济的梅白逵。农业改进所设立后，首先将原设在中山公园内的农事试验场进行整顿，改称农业试验场，以安得顺为场长，并在该园划出试验区，种植农作物幼苗，进行科学试验；并在宁夏、宁朔、平罗、金积、

---

① 安汉等著《西北农业考察》，中国西北文献丛书编辑委员会编《中国西北文献丛书》，续编，西北史地文献卷，第八册，甘肃文化出版社1999年版，第414—415页。

中卫等七县设立农业试验场，各培育桑苗二三万株。另外，该所还举办农业技术训练班，招收农村青年 40 名半工半读，曾进行稻麦良种比较试验、引种花生、甘薯、芝麻、甜菜等外地作物，进行中美棉种选种试验等多项农作物试验活动，收到一定效果。如从 1930 年至 1940 年，农业试验场苗圃共培育桑苗 20 余万株，嫁接优良桑苗两万余株；还分别在中宁、灵武设立枸杞、园艺试验场。1941 年，宁夏灵武园艺试验场开始培育砧木，此为宁夏栽培果树之始。宁夏农业试验场还进行一些蔬菜、花卉栽培试验。如曾培育引种油菜、番茄、雪里红等，其中对番茄曾加以重点宣传、推广种植。①

鉴于宁夏人口较少荒地较多的状况，近人提出较多移民垦荒的主张。褚民谊曾提议在宁夏等省设立垦殖局，移民开发包括宁夏在内的各省区荒地。②

为配合移民开发，张人杰等提出设立农事试验场、农具制造所、农垦银行、农务局及移民招待所等机构，并预算拨给上述各部门及移民一定数额经费。③

1934 年，出于对宁夏经济开发的较多关注，安汉建议将宁夏等省区确定为第一步开垦区，而且主张“开发西北以私人团体，或公共团体，或中央政府与地方政府，决定某垦区先行开发，须组织调查团，先赴垦区详密调查，绘具图说，以作开发张本。惟调查团之人选，甚为重要，凡农业、地质、水利、工业、采矿、政治、经济、畜牧、测量、森林各专家，均须罗致，并须一本地人作向导。”另外，他还主张垦区内之设施，如农

---

① 宁夏回族自治区文史研究馆编《宁夏文史》，第二辑，1986 年印，第 189—195 页。

② 《革命文献》，第 89 辑，第 23 页。

③ 《革命文献》，第 89 辑，第 120—122 页。

舍、道路、水利之规划建设、农具、牧畜、种子、食粮，以及生活方面必须之用品，均应先行预计购备，以免垦民感受需用物资缺乏之痛苦。其他如医药、教育、娱乐设施均应予以重视。此外，垦荒经费的筹集（途径可为招股、募捐、公债、借外债等）、专门人才的罗致也至关重要。从而制定出较为详细的区域垦殖计划。①

另外，一民间组织开发西北协会则主张将宁夏河中堡确定为垦殖实验区。河中堡为宁朔及灵武二县之辖地。其地离省城仅60—70里，“地濒黄河，东西长三十里，南北宽十余里，共计面积二十万亩，均为膏腴沃壤”，可惜无渠道经过此地，无从灌水，徒令广大沃野尽成荒芜之地。因此，以宁夏河中堡为西北协会在西北的垦殖实验区。具体计划是，考虑“实行垦殖，首须开凿渠道，故开垦河中堡，第一步须开凿干渠，横贯垦区南北，渠长以五十里计，渠口筑自固城湾，自干渠再修支渠，则河中堡全区二十余万亩之地，均可借以灌水，此广漠之荒地，将成肥美之农田矣”。并提出建设农舍，确定移民，调拨修渠、移民、购置农具牲畜等所需经费的垦殖方案。② 总之，国人对宁夏移民垦殖表现出极大的关注与热情，亦反映了近人的区域拓殖或开发思想。

宁夏移民垦荒事业规模较小，而军垦一度有较好的势头。1942年9月2日，蒋中正在宁夏［今银川］谢家寨召开军事会议，会议中要求包括宁夏在内的西北军队开展畜牧与垦荒种植，

① 《革命文献》，第89辑，第450—453页。

② 《革命文献》，第89辑，第457—460页。

解决作战补给困难。[1] 对于军垦，马鸿逵、罗时宁等亦认为，“增加粮食生产，为充实抗建力量之要政”，“宁夏为一纯粹农业区，国民经济全在农产，故如何增加粮产，在本省意义，更为重大。”而本省耕地较多，劳动力却缺乏，因此有派军队开荒种地之必要。于是，在自备农具、种子等的基础上，政府组织军队进行垦殖。据统计，从1943年至1945年，共开垦出耕地达146657亩，种植有糜子、荞麦、水稻、小麦等农作物。[2] 此仅为军队参与地方建设之一例。而当时地方军队在宁夏平原垦殖、水利事业则一直具有不可或缺的作用。

设立县农会及乡农会。农会原系农民为谋农业发展，接受政府协助自动组织的农业改进团体。后经农产促进委员会的倡导，已普遍在全国各地成立。农会的设立在宁夏尤为普及，但因发展过快，致使有名无实。农会既无经济费用，又缺乏专管人员，如同虚设。甚至会员不知其为会员，职员忘其为职员者亦常有之。

表1：宁夏省各县乡农会概况表（1944年7月调查）

县别	乡镇数	乡农会总数	会员数
贺兰	10	10	8 877
永宁	14	14	8 703
宁朔	10	10	5 999
平罗	9	8	6 863
惠农	8	7	7 334
金积	8	8	5 802

① 《蒋委员长在宁夏谢家寨召开军事会报（原文如此，作者注）并致训词》，瞿韶主编《中华民国史事纪要（初稿）》（1942年7月—9月），台北，中央文物供应社1993年版，第538、542页。

② 《宁夏省农政七年》，第90—92页。

（续上表）

县别	乡镇数	乡农会总数	会员数
灵武	15	15	7 863
中卫	19	12	10 681
中宁	17	16	9 526
盐池	6	6	1 300
同心	13	7	1 473
磴口	8	5	5 190
陶乐	2	2	447
合计	139	120	80058

资料来源：董正钧：《宁夏农业经济概况》，《中农月刊》第 8 卷第 2 期，第 38 页。

表 2：宁夏省各县乡农会成立概况表（1944 年 7 月调查）

县别	成立时间	主持人	工作人员	经费
贺兰	1943 年 5 月	孙万魁	18	提取乡农会经费 20%
永宁	1943 年 5 月	纳彦珍	17	由乡农会提出部分
宁朔	1938 年 8 月	陈明华	10	由会员出或募捐
平罗	1943 年 5 月	伍克菲	12	提取乡农会经费
惠农	1943 年 5 月	季仲和	9	提取乡农会经费 20%
金积	1943 年 5 月	董英斌	7	由会员入会费及常年金补助
灵武	1940 年 10 月	周兆岐	9	同上
中卫	1943 年 6 月	王谷英	11	同上
中宁	1943 年 6 月	田得金	9	同上
盐池	1943 年 7 月	苏金澜	11	同上
同心	1943 年 6 月	丁广孝	9	同上
磴口	1943 年 6 月	魏殿魁	9	同上
陶乐	1943 年 7 月	王登朝	12	同上

资料来源：董正钧：《宁夏农业经济概况》，《中农月刊》第 8 卷第 2 期，第 39 页。

对于农业的重要性，著名经济学家、曾任农本局长的何廉在 20 世纪 40 年代初游历宁夏等地后断言，宁夏等省没有工业化的先决条件。关于开发西北，他认为，这里应该首先发展灌溉农业，没有农业提供原料、供养人民和劳动力，就没有余力进行投资，就不可能有工业。①

二、畜牧业

1934 年彭文和认为，开发西北应紧密结合当地的人文因素与自然地理环境，首先指出开发西北不要忽视了它的历史性。“谁也知道，西北的民族自古迄今，过的是游牧生活，畜牧是他们谋生的唯一技能，”我们知道，一个地方的风俗习惯，因为经过长久的朝代而存在的，想要立即改变它，是绝对不容易的。同时，彭文和强调指出：“开发西北不要违背了自然”，我国面积广大，故地势、气候多有差异。而西北纯属大陆性气候，寒暑均趋极端，雨量稀少，至戈壁一带，砂砾满地，黄尘蔽天，飓风时起，空气干燥，更出乎我们的意料之外。他认为包括宁夏在内的西北区域地形复杂，气候多变，可耕地少，自然地理特征与人文因素均适宜畜牧。另外，他还指出畜牧业的发展能够促进农业的发展，改善民众的生活等。② 彭文和的观点强调结合自然及人文环境进行农牧业生产的必要性，这也促使我们了解农牧林业对当时生态环境的破坏及彭文和观点的重要性。

曾养斋则认为，宁夏牧业之与农业实并行而不相悖，西北土地膏腴，耕作植物只须掘地、播种、除草及施肥的工作，均不费力，而收获则甚富，垦殖的人户同时可兼营牧业，西北各地所生之草，低者尺余，高者四尺，山峦环抱，是绝好的天然草场。③ 曾养斋主张包括宁夏在内的西北各省民众应充分利用有

---

① 朱佑慈等译《何廉回忆录》，中国文史出版社 1988 年版，第 236—237 页。
② 《革命文献》，第 89 辑，第 423—424 页。
③ 《革命文献》，第 88 辑，第 30—31 页。

利的自然条件，种植业与畜牧业兼营，以增加收入。曾养斋的观点对未实行半农半牧地区是较为实用的。

针对当地畜疫防治不力、畜牧生产技术落后的情形，曾任绥远省主席的李培基1934年为宁绥畜牧业建设拟定具体方案，其一，设置规模较大的牧场。西北人民多游牧生产，逐水草而居，其牧养牲畜一切听其自然，对于病症之治疗，疫疠之传染，不知预防，故大群牲畜，每遇兽疫流行，其死亡之多动辄百数。又加饲养不良，保管无方，至牲畜生殖不繁，日渐衰减。似应由政府延聘专家，在绥宁两省选择畜牧适宜地点数处设置大规模牧场，用专门人材研究牲畜疫症治疗预防方法，种植饲养之改良，使人民得入场学习，以收普遍之实效；并劝导人民合组牧场，规定保管办法，如此切实推行，畜牧事业可望日盛，此不独增加西北之财富，亦即增加国民之生计也。其二，规定奖励牧畜办法。他说："年来关于开发西北，多偏重垦地，而对牲畜事业，颇少注意，大有废牧劝垦之势；以故游牧之民，多从事垦地，饲养牲畜者，逐渐减少，毛革产量，亦随之每况愈下。查西北各省之地，多有宜牧畜而不宜耕种者，倘使改牧为农，将来之收获，实远不及牧畜获利之大。似应以政府力量，规定牧畜奖励办法，以资提倡，而图发展，并设牧业传习所，延用专家教授指导，研究配种及孳生之改良，普及牧畜之新知识，如实牧业兴盛，成效自然可期。"[①] 李培基的建议在当时是适合宁夏等省发展畜牧业的良好方案。

马鸿逵亦谈道："本省地处边陲，人烟稀少，东有黄河，中贯贺兰，水草丰茂，适宜畜牧，且以西北畜产而论，无论毛革，其品质之优美，为各地所不及，惟以疫病流行，死亡率甚大，

① 《革命文献》，第88辑，第643页。

交通不便，医药困难，影响畜牧之繁殖孳生至钜，故决心设法改进以求疾病之减少，品质益趋于优美。”1941 年，马鸿逵等还提出关于宁夏畜牧业的防疫计划，他看到“本省畜牧兽医事业，正在萌芽时期，一般农户畜户，多墨守成法，缺乏科学知识，拟派遣人员，出省考察各地畜牧情形，以资借镜，并选优秀学生，保送西北农学院或西北技专，学习畜牧兽医各科，以应急需，并拟设置畜牧人员训练班，造就畜牧人材，扩大家畜疾病防治工作，再本省牧区人民，虽以畜牧为事业，对于牧草，不知栽培，全赖天然生长之草原，以维持家畜之生命，每届冬雪草枯时期，牲畜多不得饱食，不得不藉饲料作物，此项作物之栽培亦为应注意者。”[①]

在各界人士对宁夏畜牧业表示极大关注的同时，国民政府及其相关部门对宁夏等有关省份畜牧业也予以支持。1934 年底，在国民政府向国民党四届五中全会所做行政工作报告中即指出，“现值开发西北之际，畜牧问题，极为重要，未便任何废弛”，要求重视畜牧建设。[②] 农林部曾派员对宁夏等省区畜牧及疫病情况进行考察研究。[③] 20 世纪 30 年代中期，国民政府有关部、委、署曾给予宁夏等西北省区畜牧建设以人力、物力支持。经济委员会曾设立西北畜牧改良场，计划在宁夏设立畜牧改良分场；[④] 如设于兰州的农林部西北兽疫防治处及西北羊毛改进处曾给予宁夏以较多技术及人员支持。

宁夏地方当局亦采取诸多畜牧业方面的措施。新的宁夏地方政府组建后，为增强其各方面实力，推出一系列促进畜牧业

① 《十年来宁夏省政述要》建设篇，第五册，第 341—342 页。
② 秦孝仪主编《革命文献》，第 75 辑，第 282 页。
③ 秦孝仪主编《革命文献》，第 102 辑，第 12—13 页。
④ 秦孝仪主编《革命文献》，第 90 辑，第 575—576 页。

经济恢复的政策、措施。措施之一为筹建畜牧行政管理、畜疫防治机构，配备、培训专业技术人员。1933 年新的宁夏省政府组建后，即设立省建设厅、各县建设科主管经济建设事宜。1940 年，又在省建设厅下设宁夏农业改进所，负责省农、林、牧业建设。不久，在该所基础上建立的农林处又直属宁夏省政府，专负包括畜牧业在内的农、林业建设之责，从而初步完善了农牧等业行政管理机构。同时，为保证畜牧业生产顺利进行，宁夏卫生实验处在洪广营附近成立宁夏兽疫（医）防治所，并与南京国民政府卫生署西北防疫处协商，派孟培元技士来宁夏协助开展工作。[①] 1939 年宁夏畜牧总场成立后，在该场设兽疫防治员，各县配设兽医人员分别负责场、县兽疫预防工作。后来，又将宁夏兽疫防治所改组为西北兽疫防治处第四防治队，孟培元出任队长。1941 年底，该队改组为宁夏兽医工作站。除进行畜牧机构建设外，还鉴于农牧技术人员奇缺的情况，招揽来一批技术人才，如罗时宁、谷耀宇、张守先、安得顺、张圻、梅白逵等，并安排在重要岗位，以实施和加强畜牧行政管理，进行技术革新。另外，为培训畜牧兽医等技术人员起见，宁夏地方当局还取得国民政府农林、教育等部支持，在宁夏城建立国立宁夏初级实用职业学校，设畜牧等科，开讲《兽医大意》课程，培养出一批初级兽医工作人员。[②] 黄进文、徐梦麟先后担任该校校长。

从 1943 年至 1947 年，西北兽疫防治处还从宁夏招收初、高中毕业生，参加为期 7 个半月的畜牧兽医职业培训班；宁夏农

① 宁夏省政府秘书处编《十年来宁夏省政述要》，卫生篇，第七册，第 49 页。

② 宁夏省政府秘书处编《十年来宁夏省政述要》，建设篇，第五册，第 218 页；《宁夏回族自治区畜禽疫病志》，宁夏人民出版社 1993 年版，第 27 页；中国第二历史档案馆藏国民政府教育部档案，档案号五 12674。

林处也曾与该处在银川联合举办两期兽疫防治人员短期训练班，请有关专家主讲“山羊化牛瘟病毒之原理及应用方法”和新的兽医知识等，先后有军医、西兽医、民间兽医、职业学校学生等近50人受训。[①] 通过不断的培训教育，促使当时宁夏畜牧兽医人员的业务能力有所提高。上述宁夏近代畜牧管理、畜疫防治机构的建立及技术人才的招徕、培养，使有关畜牧业生产的政策措施的制定及实施成为可能，进而在一定程度上亦促进宁夏省内畜疫防治及畜牧业经济的恢复。

措施之二为制定鼓励、保护畜牧生产的章则。省建设厅曾派部分人员调查家养牲畜数目，造册备案；并规定对每年增养马、牛、羊、猪、骆驼达到一定数额者，所养牲畜无疫病、死亡者，养优良护羊犬达到五至十头者，奖予一定数额的现金和匾牌等；后来又令各县对齿龄在二岁以上十岁以下健壮牲畜予以注册登记，禁止屠售。[②] 宁夏地方当局还曾几次下令保护耕牛等牲畜，并规定除婚丧、节假外，平时屠售牲畜必须到当地税务局取得执照并纳税，以限制、禁止屠售牲畜；[③] 另外，也曾向农牧民贷款扶持其饲养牛、马、猪、羊，还曾为无力购买者代购种畜。[④] 1946年，为鼓励当地农民牧羊之兴趣，“阐述养羊之科学知识”、“指导羊病之防治”，宣传畜牧事业及羊毛改进之意义，在宁夏中宁县组织牧民训练班，并在该县第一至五乡组织成立养羊协进会；次年又筹措奖金四万元，在该县白马、恩和举行第一至五乡400户牧民绵羊比赛会，分甲乙丙三等对获胜

① 宁夏省农林处编《宁夏省农政七年》，1946年印，第109页。

② 秦孝仪主编《革命文献》，第90辑，第72—73页。

③ 《十年来宁夏省政述要》，财政篇，第三册，第266页。

④ 甘肃省政协文史资料研究委员会编《甘肃文史资料选辑》，第16辑，甘肃人民出版社1983年版，第109页。

羊只予以奖励。[①] 这些章则的实施，既基本保持住所养各种牲畜数量，又有助于扩大畜牧业生产规模。

措施之三为改进饲养方法，改良牲畜品种。为促进饲养管理，宁夏省政府先后筹办起宁夏畜牧总场和八里桥林牧场，所建畜舍注意光线充足、通风等，以为示范；[②] 曾"编印畜牧改良浅说分发各县"，亦"利用集市庙会进行讲解"，务使家喻户晓。[③] 并要求建筑畜舍，"讲求厩舍卫生，精心养育种、幼畜"；倡导"农牧民放牧刈青，增种杂粮以补充饲料"，秋季要储备干草；也提倡在饲料中加放食盐等；[④] 还曾派人调查牧草、毒草种类，在各官办林牧场栽培优良牧草，并提倡在省内其他地区种植牧草，以恢复、保护草原。[⑤]

同时，也比较重视牲畜品种改良。宁夏畜牧总场成立之初，即从陕、甘、青、绥等省区选购一批种马、牛及数千只山、绵羊等，着手进行大牲畜品种改良试验；[⑥] 此外，当时曾将侧重点放在宁夏羊只的品种改良方面。虽然宁夏羊种以滩羊闻名于世，皮可作保暖皮衣，滩羊毛弯曲美观，适于制作地毯，但不适于为较高档次毛纺织品原料（如高级毛呢料、毛毯等）。宁夏省农林处成立后，利用甘肃科学教育馆赠"软不来"公羊5只，与

---

① 《农林部西北羊毛改进处宁夏推广站举办中宁一、二、三、四、五乡绵羊比赛会报告》（1946—1947）中国第二历史档案馆藏南京国民政府农林部西北羊毛改进处档案，档案号四一三671。

② 宁夏回族自治区文史研究馆编《宁夏文史》，第2辑，1986年印，第199页。

③ 《宁夏省农林处工作报告》（1944年），中国第二历史档案馆藏国民政府教育部档案，档案号五（1）699。

④ 宁夏省农林处编《宁夏省农政七年》，1946年印，第118页。

⑤ 宁夏省农林处编《宁夏省农政七年》，第106页。

⑥ 宁夏回族自治区文史研究馆编《宁夏文史》，第2辑，1986年印，第199页。

从本地精选的优良牝羊200只杂交，结果从1943年至1945年共培育新品种牝羊117只，并继续进行该品种羊只试验。[①] 另外，该处还与西北羊毛改进处联合，在宁夏中宁县成立宁夏羊毛改进推广站，以中卫、中宁县为改良区，以改进宁夏羊毛粗劣品质，使其成为制作精细毛纺织品的原料。[②] 1946年，鉴于陕西"同羊"体格高大，毛质较细，产毛、肉均多，有大量繁殖必要起见，宁夏推广站还引进"同羊"种羊2只，在中宁县与宁夏母滩羊6只进行杂交试验，第二年春产下6只杂种羊羔，实验获得成功。为继续进行推广试验，宁夏推广站还曾进行"同羊"夏秋精液初步保存实验。[③] 上述官办畜牧场的建立，采用资本主义生产经营方式，也利用近代医疗手段进行畜疫防治；并引进较为先进的技术与品种进行羊只品种改良等试验，也为推动宁夏畜牧业生产的改进创造了技术条件。

措施之四为组织牲畜卫生、疫病调查和防治。如果说上述措施对地方畜牧业经济具有促进作用的话，那么当时的畜疫防治则应是宁夏畜牧业经济初兴的有力保障。宁夏畜牧管理、防疫机构建立后，即联合着手进行省内牲畜疫病调查，共查出包括口蹄疫、牛瘟、牛肺疫、马鼻疽及寄生虫病等18种畜疫病；[④] 宁夏省农林处曾对阿拉善旗、永宁等县55户农牧民饲养的1万余头家畜进行卫生、疫病检查，对所发现重病畜进行隔离，对一般病畜则令农牧民带至宁夏兽医防治站或土兽医处诊疗；同

① 《宁夏省农政七年》，第118页。

② 《宁夏省农政七年》，第122页。

③ 《宁夏推广站同羊父系淤滩母羊系杂交试验第一代结果报告》（1946—1947），中国第二历史档案馆藏国民政府农林部西北羊毛改进处档案，档案号四一三671。

④ 《宁夏省农政七年》，第104页。

时，还针对上述疫病专派畜疫防治队前往各县、旗注射预防疫苗。如从1941年至1945年，共注射牛瘟疫苗7528支；注射牛出血性败血病疫苗8118支；注射骡、马、牛、羊炭疽疫苗20935支。[①] 当时还通过有关杂志或报纸较系统地介绍一些畜疫防治知识，成立临时疫病防治队等措施，来加强省内各县牲畜疫病的检查、预防、治疗。[②] 这些措施的推行，说明当时的畜疫防治，由于受医疗技术和水平等限制，虽然是以预防为主的，但它保证了近代宁夏畜牧业经济的顺利发展。

20世纪40年代，在当时采取的建立近代畜牧管理防疫机构、任用和培训科技人员、利用近代医药技术防治牲畜疫病等措施，标志着当时宁夏畜牧业经济建设开始具有一定的近代因素。这也促使一定的自然资源发挥其经济作用，并促使宁夏畜牧业经济初步兴起。

20世纪30年代初，宁夏畜牧业生产仍相当落后，还完全停留于粗放生产状态。当时宁夏行政区划包括宁夏等十余县和阿拉善、额济纳旗，畜牧区域有游牧、半农半牧区。游牧区蒙民一般不分昼夜冬夏，不论风雹雨雪，均将牛羊“皆千百成群置于旷野”，因不贮冬草，牲畜每“至冬末春初时，则死亡枕籍”。家畜也无厩舍；而牲畜的繁殖则任其自由交配，素不讲求以优良牲畜配种及改良品种。半农半牧区各县牲畜饲养的有些方法虽略为先进，但也有沿袭旧习之处。其中大牲畜厩舍多有门无窗，空气流通不畅，缺乏日光照射，甚至还与厕所相伴，致使牲畜厩舍多阴湿、秽臭，结果造成牲畜易滋生各种疾病；农民对牲畜饲料从不懂加入食盐；对饲料中夹杂土、石等物也不知

---

① 《宁夏省农政七年》，第109页。

② 《宁夏回族自治区畜禽疫病志》，宁夏人民出版社1993年版，第3页。

道清除，以致酿成牲畜因病死亡；当时也不讲求使用优良种畜交配繁殖及幼畜养护。[①]

20世纪40年代初宁夏畜牧业生产较前已有明显进展。其中，饲养管理方法已有明显改进。比如，为保持羊只数量，农牧民在饲料配给时，尤其关照交配前公羊、哺羔母羊和弱、瘦、老羊等；"关于盐份供给，普遍行之，尤以正值成长之羊特别注意，每隔相当时间，必须喂盐。"[②] 以增白羊皮毛色及增强各种牲畜的体质。至于"其固定之羊舍均设于沿山草原地带，以向阳避风地势干燥为条件"，羊圈皆以土墙围建，墙上大多压有柴草和土块；对选种和繁殖，农牧民皆"爱好品质良好之公羊作为种用"，[③] 马的品种经改良后，主要是蒙古马，也有青海马和南番马等；牛也有蒙古、陕西等品种。[④] 40年代宁夏畜牧业经济的发展不仅表现为生产方法的改进，还表现在各种牲畜头数较之前有所增加。据统计，1934年宁夏省所辖9县共有牛35503头，马25000匹，骆驼14800峰，羊478060只。[⑤] 1940年除二旗外宁夏省各县共有牛94196头，马33035匹，驴102732头，骆驼9934峰，骡8680头，猪84078头，羊559469只。[⑥] 1943年，宁夏省辖下各县已共计有牛98196头，马42033匹，驴106232头，骆驼163934峰，猪84408头，羊899469只。[⑦] 其

---

① 宁夏省农林处编《宁夏省农政七年》，第101页。

② 张载泽著《宁夏省滩羊产区访问记》，《西北畜牧》1943年第2期，第36页。

③ 张载泽著《宁夏省滩羊产区访问记》，《西北畜牧》1943年第2期，第37页。

④ 宁夏省政府秘书处编《十年来宁夏省政述要》，建设篇，第五册，第341页。

⑤ 傅作霖著《宁夏省考察记》，正中书局1934版，表四。

⑥ 《宁夏省农政七年》，第100页。

⑦ 宁夏省政府编《宁夏资源志》，1946年印，第62页。

中，羊只、马匹、骆驼等头数有明显增加。1949 年宁夏解放前夕，牲畜存栏总头数有 132 万多头。[①] 据所掌握的资料，均说明当时宁夏的畜牧业经济较前有所发展。

另外，加上如下所列 20 世纪 40 年代前期对主要畜产品数量的统计，均说明当时宁夏的畜牧业经济处于初步发展阶段。下表可以证明畜牧业生产持续的情形。

表 3：20 世纪 40 年代前期宁夏主要畜产品数量统计表

名称 / 年代	绵羊毛（斤）	山羊毛（斤）	驼毛（斤）	绵羊皮（张）	羔皮（张）	牛皮（张）	猪鬃（斤）
1940	1048584	192298	61838	150000	208000	11200	2060
1941	1207420	103450	54029	170000	204000	12340	1048
1942	1047500	119005	48700	154150	245300	12000	1754
1943	1130970	134500	42500	140321	251470	10045	1454
1944	1320570	192300	51048	158000	210400	15000	1804
1945	1150600	187055	49200	134870	275000	17000	2015

资料来源：宁夏省农林处编《宁夏省农政七年》，1946 年印，第 103 页。

三、林业

对于 20 世纪 40 年代的宁夏林业建设，学界有零星提及。相关的主要论著见陈加良等著《宁夏历史时期的森林及其变迁》，《宁夏大学学报》（自然科学版）1981 年第 1 期；胡平生著《民国时期的宁夏省（1929—1949）》，台湾学生书局 1988 年版；陈育宁总主编，吴忠礼、刘钦斌主编《宁夏通史》（近现代卷），宁夏人民出版社 1993 年版；杨新才著《宁夏农业史》，中国农业出版社 1998 年版；徐安伦、杨旭东著《宁夏经济史》，宁夏

① 宁夏农业地理编写组编《宁夏农业地理》，科学出版社 1976 年版，第 186 页。

人民出版社1998年版。但上述研究缺乏系统、具体的探讨，有待进一步研究。本文拟在运用文献及档案材料的基础上做进一步的梳理，对20世纪40年代的宁夏林业调查及建设进行较为全面而详细的探讨，以冀补充近代宁夏林业史及区域经济史研究的薄弱方面。

近人对于如何进行宁夏林业建设关注颇多。当时有论者认为宁夏应首先设立林业管理机构。1930年，国民政府建设委员会委员长张静江主张在宁夏设立林务局，接受国民政府林垦署指挥。具体措施，一为广设苗圃，可以县为单位每县至少有苗圃一所；二为奖励民有林业，即商令民有荒山遵限造林，奖励人民承领官荒造林，必要时并资助经费，制定保障法规及森林火灾保险法；三可确定种植树种。他建议宁夏等省区造林树种确定为落叶松、云杉、冷杉、胡桃马尾松；四为应调拨数万元经费设立造林试验场。此外，还可“采取保护林木的措施，如可设置森林警察局、制定实施森林法规，务使人民遵守法律不敢任意残毁”。[①] 张静江所言符合当时宁夏的实际情形，客观地讲，上述措施在当时应该是可资宁夏林业建设参考的。

次年，曾养斋对宁夏等省西北森林建设也颇有建言，曾养斋批驳了当地农民将造林不易归于天时多旱，“不易栽植，天气太寒，不易生长，常遭践踏”等看法，认为此皆似是而非之说法，不足以为造林障碍的理由。曾养斋建议在秋季植树造林，他认为“西北秋初，雨水常足，造林不妨试行秋植，苟取耐寒树种，天寒亦不足为忧，欧美各国，均以林牧相辅而行，所谓践踏自有方法可以保护”。同时他主张“应由国家设立苗圃，育成适当苗木，详细查勘荒山情形，划分牧场与林场的范围，估

① 《革命文献》，第89辑，第123—124页。

计其面积，度量其土宜，以为设施标准，为节省经费引起人民兴趣起见，不妥仿照市乡公有林的办法，订立专条，苗由官给，树由民种，官任督率指挥之责，民任经营保护之劳，有特殊成绩者，酌于奖励”，如是不出十年，宁夏等西北森林会相当可观。[①] 曾养斋在降雨量较多的秋季植树造林、建立官办苗圃、官出树苗并负责监督与民负栽种保护之责等方面的建议是有一定价值的。

蒋中正则强调，宁夏等西北各省“不知森林为农业水利一切之基本事业，培植森林，其利甚薄，且造林亦属轻而易举之事，况一省人口，自数百万以至数千万，一县人口，自数万以至数十万，如能设法统计，令国民每人每年种一树苗：则一年之间，一省可种数百万至数千万之树苗”。从而指出植树造林的具体步骤。当然，他也认为在宁夏等省“造林不难，但是保护与培养则极难，政府应严定法令，以期实行，此固非政府造林之全部计划，不过举其一端耳”。[②] 蒋中正阐述了在宁夏等省造林的必要性与可行性，实际指出宁夏等西北当局应发挥组织、监督职能，引导民众进行林业建设。

马鸿逵则认为，在宁夏造林树种之选择，固需注重其经济价值，但造林境地之适宜与否尤其重要，贺兰山造林区宜采用树种为云杉、油松、山榆、山杨、山柳等；石子原荒，以河柳、沙枣二者为宜；河滩以白榆、杨柳为宜；各县荒地，则视各地情形种植榆、柳、杨沙枣、中槐、洋槐、枫等。[③] 就理论上而言，马鸿逵的观点有一定道理。但在宁夏选择种植树种，还应从改善宁夏气候、增加降雨量等角度出发，考虑引进不落叶树

---

① 《革命文献》，第88辑，第30页。

② 《革命文献》，第88辑，第139页。

③ 《十年来宁夏省政述要》，建设篇，第五册，第320—321页。

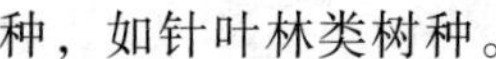

种，如针叶林类树种。

宁夏地方当局曾试图调查天然林并设法加以保护，而且该省将贺兰山林区及罗山林区作为重点。马鸿逵执政后对林业建设及森林资源给予极大的关注。从1940年起，先后组建省农业改进所、农林局、农林处实施林业管理。[1] 对于林业，“尤竭诚提倡”，加之当时宁夏的林木供应又严重依赖贺兰山林区，贺兰山林况调查也就随之展开。此次调查，从1940年9月20日开始到11月6日结束，历时40多天，调查范围，南起三关口，北迄石嘴山，行程约千余方公里，由于“贺兰山森林多存在于后山，且限于时间，故仅及后山而前山不与焉”。[2]

经过一番调查，调查队确定了贺兰山存林范围、林况及树种，贺兰山森林分布，南起三关口，北迄小松山，长约二百里，由此区域向北或南，山峦起伏，部分地段森林绝迹，“仅生长灌木杂草，或竟岩石毕露也”，其各山口之广约三十至五十里不等，树木之种类主为云杉，次之为油松，其他山杨、毛柳、刺松为数极少，可略而不计。经过40多天的调查，调查队也估计出了贺兰山森林林木蓄积量，“由标准地实测，云杉每公顷之材积为五六点九五〇九立方公尺，云杉林之总面积为五千四百公顷，故云杉林之蓄积量为三〇七五三四点八六立方公尺；油松每公顷之材积为三七点四九〇三七七二立方公尺，油松林之总面积约为九百公顷，故油松林之蓄积量约为三三七四一点三三九四八立方公尺，而贺兰山森林之总蓄积量可估计约为三四一二七六点一九九四八立方公尺”。[3]

① 宁夏省政府农林处编《宁夏省农政七年》，第2页。

② 宁夏省政府秘书处编《十年来宁夏省政述要》，建设篇，第五册，宁夏人民出版社1988年影印，第322页。

③ 《贺兰山森林调查报告》，1941年，第37页。

此次调查成绩虽不小，但“仅及后山，而前山不与焉”，故而我们从此次调查中不可得知前山林木情况，但据《宁夏省农政七年》所载，1940年林矿局组织的贺兰山天然林调查队调查，并经1945年农林部宁夏农业调查团复勘，查得贺兰山云杉林8400公顷，木材蓄积量492039.83立方米；油松1200公顷，蓄积量44988.33立方米，贺兰山林木共9600公顷，蓄积量537028.16立方米。由此，《七年》之数减去《述要》之数即应为前山森林的估计面积3300公顷，蓄积量约为195752.3立方米。

罗山林区地处同心县东北，在20世纪40年代前后已有调查。1944年8月，农林部调查团对罗山林区进行了为期两周的勘察，查得云杉林面积1000公顷，立木蓄积量3800立方米，“残余森林不及原始林百分之一”。据亲自踏勘的林学家王战1946年发表的报告称：罗山植物垂直分布带同贺兰山一样，分界极清，“惟当时灌木林带直至山麓，灌木丛生，种类繁多，大以刺栃子、笼柏木、山榆、荀子木，黄檗刺、红檗刺等为主”；中部为混交林带，主要树种云杉、油松、山杨、山柳及桦木，土层瘠薄之急峻山坡，油松、山杨各能生成片段纯林，或而为杨、柳、桦木之混交林，土层肥厚之处，云杉生长优良，与油松等混生，有恢复纯林之趋势；“上部云杉林带直至山巅，惟本带以滥伐之故，林相欠佳，仅立木新密处，枯枝落叶积厚两三寸，湿度增大、苔藓竞生，灌木杂草绝迹，深入其境，不复有荒漠之感。”罗山是宁夏中部半干旱地带的唯一林区，但由于木材任人滥伐，小者充椽，大者充檩，运至河东一带出售。[①] 此处尚有焚毁者，经历代滥伐破坏，森林面积锐减，不复有嘉靖时

① 宁夏省政府农林处编《宁夏省农政七年》，1947年印，第45页。

期的“峰峦耸翠，草木茂盛”之象。[①]

同时，时人还对额济纳旗境内弱水流域的森林分布进行调查。综上所述，据统计，分布于贺兰山、罗山、额济纳旗的剩余天然林仅为2750平方公里。[②] 各处天然林调查使得宁夏森林资源保护提上日程。

对于天然林的保护宁夏省政府已充分认识到这一点，认为“贺兰山天然林，本省材木赖之以供给，横蔽贺兰山巅，障蔽蒙古风沙，其在经济及保安方面，均显示保护工作之重要”。但是对于它的保护工作进展却极为缓慢，1942年9月省农林处成立后，“即重视是项工作，唯因经济困难，一时甚难实现”，[③] 致使该山原始森林被大量砍伐。据统计，从1937年至1942年底，共砍伐可利用椽子、桁条1051000根。[④]

直至1945年成立贺兰山林管事务所，保护工作才缓慢起步。在此之前，在贺兰山，对于伐木事业尚无组织，蒙旗政府对于该地之森林向无保护及限制办法，任意砍伐，“因而使森林破坏形成今日下部荒秃、上部生长不良之现象，此诚为一堪注意之事也，该山之伐木，例由伐木夫每人每年向旗政府交纳伐木税一元，即可全年在该山自由伐木，伐后由自行出售而无人干涉”，[⑤] 这虽有可信的一面，但对宁夏地方当局而言，不无推卸责任之嫌。据记载，在阿拉善之蒙古族较为迷信，禁止砍伐

---

① ［明］胡汝砺编、管律重修，陈明猷校勘《嘉靖宁夏新志》，宁夏史料丛刊，宁夏人民出版社1982年版，第215页。

② 梅白逵：《建国前宁夏农林工作简述》，宁夏回族自治区文史馆编《宁夏文史》第二辑，1986年印，第194—195页。梅1941年曾任宁夏农林局农业推广室主任，1942年任林业科科长。

③ 《宁夏省农政七年》，第42页

④ 宁夏省政府编《宁夏资源志》，1946年印，第111页。

⑤ 《贺兰山森林调查报告》，第39页。

树木。而当时参与砍伐者为汉民。[①] 可见，事实上宁夏地方当局对贺兰山天然林应负管理、保护不利之主要责任。由此可见，1945年成立的贺兰山森林事务所可谓是姗姗来迟，是在贺兰山天然林已遭破坏的情况下才不得已而成立的，它对于森林保护所起的作用已经是微乎其微了。宁夏地方当局把贺兰山前山林区已遭严重破坏的责任完全归咎于蒙旗政府的管理不力，有推卸责任之嫌。[②]

宁夏地方当局对森林资源的调查，旨在了解该资源蕴藏的情形，旨在将该资源纳入其控制、利用范围之内。与此同时，地方当局不仅注意宁夏平原所分布树木的保护，[③] 也高度重视植树造林，[④] 并采取一系列林业建设及森林保护的措施。

开展林业建设，实施植树造林，育苗是基础。20世纪40年代的育苗工作就方法而言，可分为以下三类：

（1）插条育苗法

1940年农林总场及其分属各场主要采用这种育苗方法，而插条育苗就方法而言，可分为以下三种：一曰锥栽，盖以铁锥穿孔，后以树栽扦插地；二曰穴栽，掘地成穴，于穴中插条，或于穴中四角插条；三曰卧栽，犁地成长条状沟濠，将树横栽埋土中者。其中以卧栽较为难活。[⑤]

---

① 叶祖灏著《宁夏纪要》，南京正伦出版社1947年版，第53页。

② 宁夏省政府编《宁夏资源志》，1946年印，第7页。

③ 《宁夏省政府工作报告》1943年7月至9月，第38—39页。该类工作报告/公报均为宁夏档案馆藏档案，以下不再逐一标出。

④ 马鸿逵著《马少云回忆录》，张玉法、张瑞德主编：中国现代自传丛书，第4辑，台北龙文出版社股份有限公司1994年初版，第157页；黄多荣：《马鸿逵时期的银川园林绿化》，银川市政协文史资料委员会编、马文明主编《银川文史集萃》，宁夏人民出版社1999年版，第175—180页。

⑤ 《宁夏省农政七年》，第39页。

（2）苗圃育苗法

苗圃育苗法其实早在 1939 年以前已经采用，只不过那时不是育苗的主要方法。1929 年宁夏省成立后，引黄灌区着手办理农场苗圃事宜，但由于建圃“所需经费概属就地自筹，无关省款”。遂导致宁夏苗圃建设未有进展；1935 年 12 月 11 日，宁夏省政府设立林矿局，下设森林股，该局在负责对贺兰山森林进行保护的同时，令引黄灌区各县农场兼办苗圃事宜；[①] 1938 年，出于供给抗战战略物资的需要，省建设厅在宁夏城西门外成立第一苗圃及渠口苗圃，从事育苗。1939 年度及以后的育苗成绩参见下表：

表 4：宁夏省 1939—1941 年来育苗数量统计表

年别 场别	1939 年秋	1940 年		1941 年春	历年 合计	主要树种
		春季	秋季			
农林总场	1040148	6896340	2431909		10368397	杨、松、桑、榆、槐、椿
云亭林场	83800	611000	3385680		4080400	杨、柳、榆、槐
各县苗圃	3177600				3177600	杨、柳
农改进所		455885			455885	杨、柳、桑、槐、梓、榆、胡、桃、沙枣、皂荚
张政桥林场			399600		399600	杨、柳、榆
林务局			430500		430500	杨、柳
农林局中山公园农场				2252235	2252235	杨、柳、桑、槐、梓、榆、胡、桃、沙枣、皂荚

① 《宁夏省政府行政报告》，1935 年 11 月至 12 月号，第 28 页。

（续上表）

年别 场别	1939年秋	1940年		1941年春	历年合计	主要树种
		春季	秋季			
农林局八里桥农场				13161248	13161248	柳、松、桑、沙枣
农林局张政桥林场				199800	199800	杨、柳
农林局新城林场				170250	170250	杨、柳
农林局云亭林场				1792840	1792840	杨、柳
合计	4301548	7963225	6557680	26753373	36456055	

材料来源：《新西北》1943年6卷1—3期合刊。甘肃省图书馆编《西北民族宗教史料文摘》，（宁夏分册），1986年印，第124—125页。张政桥林场及农林局张政桥林场为原文，估计是同一家。原作者当时写作可能将正式名词与口头术语并用。

从1940年起，宁夏开始了大规模的苗圃育苗，该方法是在“砍伐插杆”育苗方法失败后采取的，具体原因之一是每年砍伐插杆过多，母树严重受损，导致母树不断衰败、枯萎。原因之二是农民每年受到供给插杆的烦扰，也不愿多植树木，以免自己的利益受损。[①] 在这种情况下，1939年以前的育苗方法宣告失败，但是当时出于抗战的需要，宁夏遂调整了育苗方法，改为苗圃育苗，并且把育苗工作列为林业建设中心工作之一，广设苗圃，多育苗木。育苗组织管理机构除省农林处、林务局、农业改进所、农林总场、农林局外，还督促各县开展育苗工作，在以后的十几年中，各个育苗机构虽有所变更，但其中心工作未转移过。据记载，1940年农业改进所共育各种树苗48万余株，桑苗3万株。[②] 1940至1941年农林局及农林处相继成立后，

① 《宁夏省农政七年》，第39页。

② 《十年来宁夏省政述要》，建设篇，第五册，第318页。

至各县均先后竭力辅导设圃，进行育苗。其育苗方法主为扦插，亦有播种者，但为数较少。“然亦略具成效，近年农民知欲得经济及观赏价值之树种，必行播种育苗法，此种观念之养成，盖由于农林局及农林处辅导各县进行播种育苗所致也。”[①] 1941 年以前宁夏共建苗圃 572 亩，育苗 13 456 497 株，宁夏在这一时期完成了国民政府的育苗要求，这大概要归功于三点，一是宁夏作为抗战的后方，须成为重要的战略物资供给地；二是方法上的正确，宁夏实行“划分权责，以分区造林督导”的办法，由各农林处所属谢家寨农林总场、八里桥农林场、云亭林场、新城林场及中山公园负责育苗实验，进行示范；贺兰、永宁、平罗、宁朔、惠农、金积、灵武、中宁和中卫县农林场由技工进行育苗，负责为本县造林提供苗木；五大造林推广督导区造林由农林处督导兵工，加以实施；第三个原因是政策上的重视，“自二十九年起，以育苗工作列为林务中心，多设苗圃，广育苗木，并监督各县进行”。

1943 年宁夏省农林处加大了育苗工作力度，除原来的 990 亩育苗用地外，计划再增加 1100 亩，达到 2000 亩的正式苗圃用地，但计划归计划，在实际的操作过程中却是倍显困难，除在 1942 年秋季已经整理完备的谢家寨农林场上开辟苗圃 500 亩外，其余各场增辟苗圃亩数均很少，都没有达到原分配的目标。[②] 现将 1943 年农林处各场增辟苗圃数统计表和育苗统计表分列于下：

① 《宁夏省农政七年》，第 39 页。

② 《宁夏省政府工作报告》1943 年 1—3 月份，第 26 页。

表 5：1943 年农林处各场增辟苗圃数统计表

场别	原有亩数	增辟亩数	备考
谢家寨农林场	——	500	本年新设农林场
中山公园管理处	110	34	
八里桥农林场	350	120	
云亭林场	283	100	
新城林场	205	——	本场以场址狭小、土质恶劣，本年元月已裁撤
合计	948	754	

资料来源：《宁夏省政府工作报告》1943 年 1—3 月份，第 26—27 页。

从上表看，1943 年育苗还是较前有所进展。1944 年按农林行政计划，农林处直属各农林场共育苗 290 亩，各县农林场共育苗 270 亩，从计划一月份发出到三月底接到上报，农林处各场共育苗 113 亩，开辟苗圃面积比育苗面积多约 53 亩。而各县实际成绩更比计划中更差，九县共计育苗 19 亩，是计划的二十七分之一，出现这种结果的原因是劳力缺乏。① 现将本年度育苗具体情况列表如下：

表 6：1944 年宁夏省农林处直属各农林场育苗统计表

场别 / 树种	谢家寨农林场		中山公园管理处		八里桥农林场		备注
	亩数	株数	亩数	株数	亩数	株数	
梓	15	100000	——	——	——	——	播种
槭	5	100000	——	——	——	——	同上
榆	15	300000	5	100000	5	100000	
洋槐	15	1200000	——	——	8	1600000	
白杨	10	60000	5	30000	15	90000	
柳	10	60000	5	30000	10	60000	
合计	60	2900000	15	160000	38	1850000	

资料来源：《宁夏省政府工作报告》1944 年 7—9 月份，第 100 页。原表谢家寨林场育苗合计 920000 株有误。

① 《宁夏省政府工作报告》1944 年 1—3 月份，第 28 页。

表 7：各县育苗统计表

县别	育苗面积（亩）	育苗株数	备注
贺兰	10	100000	
永宁	10	100000	
宁朔	10	100000	
平罗	——	——	未据报
惠农	10	100000	
金积	10	100000	
灵武	10	100000	
中卫	10	100000	
中宁	——	——	未据报
合计	70	700000	

资料来源：《宁夏省政府工作报告》1944 年 7—9 月份，第 101 页。

1945 年农林处原定计划督导直属各场新增开辟苗圃 200 亩，各县增加 9 亩，[①] 最终的结果是各个农林场并没有完成预定的任务，只完成了 145 亩，而各县农林场不但完成原定计划，而且比计划中多出了 9 亩，具体情况见下表：

表 8：1945 年宁夏省农林处直属各农林场育苗统计表

场别	育苗亩数	育苗株数	树种
谢家寨农林总场	31	106974	白杨、柳、榆、梓、槭、洋槐、沙枣、桑
八里桥农林总场	90	226590	槭、柳、榆、椿、龙须柳
中山公园苗圃	24	121050	柳、榆
合计	145	454614	

资料来源：《宁夏省政府工作报告》1945 年 1—6 月份，第 46—47 页，宁夏回族自治区档案馆藏旧政权类档案，档案号 31/261。

① 《宁夏省政府工作报告》1945 年 1 至 6 月份，第 46 页。

表 9：各县新增苗圃统计表

县别	增开苗圃亩数	育苗株数	备注
贺兰	7	75200	本处督导进行
永宁	5	53000	同上
宁朔	8	83000	同上
平罗	10	96200	同上
惠农	6	57000	同上
金积	3	40000	同上
灵武	5	51000	同上
中卫	15	34000	同上
中宁	12	125000	同上
同心	2	20000	同上
盐池	6	58300	县政府自动进行
陶乐	2	19500	同上
磴口	7	72000	
合计	88	784200	

资料来源：《宁夏省政府工作报告》1945 年 1—6 月份，第 46—47 页，宁夏回族自治区档案馆藏旧政权类档案，档案号 31/261。

由上述诸表可见，宁夏各县连年育苗，这就为当年植树做好充分准备工作。

1946 年育苗按原计划实施，具体见下表：

表 10：1946 年农林处及各县育苗统计表

苗圃场别	亩数	株数
中正公园苗圃	40	130000
谢家寨林场苗圃	135	239460
八里桥林牧场苗圃	11	17000
各县农林场苗圃	130	1250000
合计	316	1636460

资料来源：《宁夏省政府工作报告》1946 年 1 至 6 月份，第 50—51 页，宁夏回族自治区档案馆藏旧政权类档案，档案号 31/262。

另据记载，1940 年至 1946 年宁夏的育苗情况如下：

表 11：宁夏省 1940 年至 1946 年育苗统计表

育苗场别	项目	1940 年	1941 年	1942 年	1943 年	1944 年	1945 年	1946 年
农林总场所属各场苗圃	亩数	230	——	——	——	——	——	——
	株数	3509420	——	——	——	——	——	——
林务局苗圃	亩数	27	——	——	——	——	——	——
	株数	598000	——	——	——	——	——	——
农业改进所中山公园苗圃	亩数	62	——	——	——	——	——	——
	株数	1060277	——	——	——	——	——	——
农林局中山公园苗圃	亩数	——	70	——	——	——	——	——
	株数	——	290958	——	——	——	——	——
农林局八里桥林场苗圃	亩数	——	140	——	——	——	——	——
	株数	——	2103684	——	——	——	——	——
农林局新城林场苗圃	亩数	——	58	——	——	——	——	——
	株数	——	1099500	——	——	——	——	——
农林局云亭林场苗圃	亩数	——	95	——	——	——	——	——
	株数	——	1185680	——	——	——	——	——
农林局张政堡林场苗圃	亩数	——	72	——	——	——	——	——
	株数	——	732706	——	——	——	——	——
农林处中山公园苗圃	亩数	——	——	40	10	15	24	40
	株数	——	——	1053217	27540	160000	121050	130000
农林处谢家寨农林场苗圃	亩数				422	60	31	135
	株数				330378	920000	106974	239460
农林处八里桥林牧场苗圃	亩数	——	——	102	21	38	90	2
	株数	——	——	983162	2677	410000	226974	17000
农林处云亭林场苗圃	亩数	——	——	92	5	——	——	——
	株数	——	——	834216	7850	——	——	——
各县农林场苗圃	亩数	25	20	——		70	88	130
	株数	28670	14770	——		700000	882200	1250000
总　计	亩数	344	455	234	458	183	233	307
	株数	5196367	5427298	2870595	368445	2190000	1337198	1636460

资料来源：《宁夏省农政七年》第 40—41 页。另此表所统计的数据和上表“宁夏省三年来育苗数量统计表”所统计的数据有出入，孰是孰非，有待做进一步的研究。

由上表可见，宁夏省从1940年至1946年，育苗工作也取得了一些成绩。据“统计二十九年至三十五年本省育苗共计三四一四亩，达一九九二五九七九株”。[①] 其中，1946年育苗数量明显增加。1947年除了加强农林处各场育苗外，特别是县区单位也开展了育苗工作。至6月份检查各场育苗工作，虽然未完成原育苗计划，但和往年比较起来仍有所进展，农林处直属的几个分林场就育苗150亩，[②] 其他具体情况见下表：

表12：1947年宁夏省农林处直属各农林场育苗统计表

场别	亩数	估计株数	主要树种	备注
中正示范林场	150	2 600 000	榆、柳、白杨	
八里桥林牧场	93	2 285 580	榆、槭、胡子	
中山公园苗圃	25	352 000	梓、槭、柳、白杨	
灵武园艺场	15	95 000	桃、杏、果	
合计	283	5 332 580		

资料来源：《宁夏省政府工作报告》1947年1—6月份，第94页。

该年度各县的育苗情况，据《宁夏省政府工作报告》所讲情况不一，磴口、平罗、惠农三县“报称苗圃业经勘定已开始育苗工作”，永宁、宁朔、中卫、中宁四县“仅勘定苗圃，未及时进行，准备于本年秋季扦插育苗”，其他各县“因受军事影响，迄未及遵照实施”。[③] 1948年育苗工作继续进行，“计各场共育苗290亩，计160975株，各县育苗共291亩，计11 214 025株，共计育苗11 375 000株，主为白杨及榆”。[④]

① 《宁夏省农政七年》，第39页，而《近代中国林业史》第195页统计数字为育苗面积2079亩，育苗株数18426849株。

② 《宁夏省政府工作报告》1947年1至6月份，第93页。

③ 《宁夏省政府工作报告》1947年1至6月份，第94页。

④ 《宁夏省政府工作报告》1948年1至6月份，第45页

尽管上述连年育苗亩数及株数有所不同，但差别不大。这不仅表明宁夏省苗圃建设和苗木生产已在持续进行与缓慢起步，而且为在各县植树、造林奠定了基础。

植树活动。在国民政府时期，宁夏大规模植树活动的开展如同苗圃建设一样，大致可分为两个阶段。第一阶段从 1931 年到 1939 年，第二阶段在 1939 年之后。

1. 第一阶段（1931 年至 1939 年）

1931 年 3 月 16 日至 21 日，宁夏省民政厅和建设厅举行植树宣传周，散发植树须知和植树办法，张贴植树标语，指导民众植树；[①] 6 月，建设厅向各林区委派林业专员一人，负责组织植树造林和林木管护，并令各县建立 15 亩以上的中正林一处，各乡和惠农、汉渠、唐徕和大清渠管理部门各建 3 至 4 处小林场，各渠坝两边每 2 丈植树 1 株，各县乡都要成立植树会。[②] 次年，宁夏省制定出《植树浅说》和《劝告民众书》作为植树宣传材料。[③]

1933 年马鸿逵在宁主政后，宁夏林业建设较前有所改进。1934 年，宁夏七县、六渠植树以杨、柳为主，原植树共 107085 株，实际成活 85825 株。[④] 1935 年设立宁夏林矿局，后即展开各项工作，扩充原有苗圃，在各处征集树苗，并严令各县、各渠水利委员会在干支公路沿线，在水利设施如河岸、

① 中国第二历史档案馆馆藏国民政府实业部档案 422【7】590 号，转引自杨新才《宁夏农业史》，中国农业出版社 1998 年版，第 268 页。

② 中国第二历史档案馆馆藏国民政府实业部档案 422【7】19 号，转引自杨新才《宁夏农业史》，中国农业出版社 1998 年版，第 268 页。

③ 《宁夏省政府公报》，1932 年 11 月 20 日，第 18 期，第 21 页。

④ 此统计数字原文未列，是由本文作者统计的，在此统计数字中，由于豫旺县的实际成活株数未计，本文以原株数统计之；中卫县各渠原植株数未计，本文以实际成活株数统计之。

渠堤沿线及周围实施较大规模植树造林工程。1936 年，宁夏省建设厅曾采取一些林业建设措施。据统计，1929 年至 1936 年，宁夏平原共植树 702640 株；[①] 如 1936 年已在各渠堤坝植成树木约 50 余万株。[②] 但由于“多半虚应故事，潦草塞责，初种时不解种树之技术，既种后又不加以灌溉，故每年植树虽多，而活着甚少，纵有活着又未加以裹御工作，冬季严寒多冻死，其余少数成活者，既不知矫正其材，复被偷儿滥伐，亦不能成为大树”。[③] 至 1939 年之后上述情况才有较大改观。

2. 第二阶段（1940 年至 1948 年）

1940 年，宁夏林务局及农业改进所设立，开始有专门机构负责林业管理及造林事宜。当时所植树种有小叶杨、箭杆杨、柳、榆、梓、槭、桑等树种。从 1940 年始至 1948 年，在这 9 年中宁夏的植树运动取得了一定的成效，下面从四个方面阐述：[④]

①栽植公路行道树

宁夏公路在西北公路体系中处于重要地位，沿公路两旁植树不仅可以增加木材生产，为发展交通提供木料，而且能保证路基、点缀风景。沿宁夏城至平凉（国民政府时期至甘肃省固原境内）、宁夏城至兰州公路行道植树，采取插干栽植法，选用直径 2—3 寸、长 7—8 尺的树苗栽植，由兵工负责，从 1940 年至 1946 年，共植树 1558281 株，现分列如下：

---

① 秦孝仪主编《革命文献》，第 90 辑，台北，1981 年，第 65 页。

② 秦孝仪主编《革命文献》，第 90 辑，第 60 页。

③ 《宁夏省行政报告》，1936 年 3 月至 4 月号，第 40 页。

④ 《宁夏省农政七年》，第 36—39 页。

表 13：1940 年至 1946 年宁夏公路行道植树统计表

时间	株数
1940 年	196 314
1941 年	550 000
1942 年	663 980
1943 年	72 830
1944 年	45 109
1945 年	31 604
1946 年	18 544
合计	1 578 381

资料来源：《宁夏省农政七年》，第 36 页。

②沿渠堤植树

国民政府时期宁夏沟渠纵横，如河西的汉、唐、惠、清渠，河东的汉渠及中卫、中宁境内之美利渠等，干流河渠纵横长达数千里，沿渠植树，水分充足，不仅易于成活，又可护堤，对于宁夏农田水利建设亦至关重要。渠堤植树由农业改进所负责实施，三年计植树 20 余万株，成活率在 90% 以上，[1] 详见：

1940 年	96 314
1941 年	55 000
1942 年	66 398
合　计	217 712

③辅导民众植树

由于宁夏地广人稀，劳力缺乏，地方当局认识到，“欲绿化农村，增益风景，须发动民众，普遍植树”。自 1943 年起，省政府就废止了民众强制植树办法，改而采用奖励辅导民众在乡村居室、村落周围植树，由各县政府及农林推广人员负责组织，

① 《宁夏省农政七年》，第 37 页。

规定每一壮丁每年植树一株，也可“尽量栽植，不论渠堤、路侧或屋后，凡空隙之处，均可栽植之，亦不论树种，因农家之便准备之”。并且规定了奖励的办法，“凡成活百分之九十，责由视察督导人呈报给奖，以资鼓励”。1939 年至 1944 年，共植树 859652 株。1939 年，还发动各县营造乡公有林。全省造林面积逐渐扩大。这期间还实行兵工造林，当时根据驻军情况，将全省划分为五个造林区，有兵工负责分担营造面积较大的人工林。同时，为固堤并阻挡风沙，防止渠堤坝决口，1933 年至 1946 年间，宁夏地方当局也较为重视组织沿各干、支渠堤坝植树造林。[①] 至 1941 年，共植树 956301 株，造林 39100872 株，育苗 29578843 株。[②] 据统计，1939 年至 1944 年，全省共造林 27262 亩，计 18129852 株。[③] 自 1940 年起，4 年共植 1755105 株，成活率约在 65% 以上。详细情况见下表：

表 14：1943 年至 1946 年民众植树统计表

县别	贺兰	永宁	宁朔	平罗	惠农	金积	灵武	中卫	中宁	同心	盐池	陶乐	磴口	省会	总计
1943	28000	35000	24000	23000	18000	24000	—	43000	25000	—	—	—	—	—	220000
1944	3002	4241	32720	5030	1635	3620	—	—	7952	1092	1000	1200	2500	550	50257
1945	52000	73000	42000	25000	23000	30000	18500	20000	35000	4800	3200	2800	1600	4300	335200
1946	85000	124500	115400	64000	281551	45000	157000	85300	147000	7500	10000	12000	12000	3400	1149652
合计	168002	236741	214120	117030	324186	102620	175500	148300	214952	13392	14200	16000	16100	8250	1769393

资料来源：《宁夏省农政七年》，第 37—38 页。

---

① 秦孝仪主编《革命文献》，第 90 辑，台北，1981 年，第 60 页；宁夏省农林处编《宁夏农政七年》，1946 年印，第 2 页。

② 罗时宁著《宁夏四年来造林事业概况》，《新西北月刊》，第 6 卷第 1—3 期（1943 年），甘肃省图书馆编《西北民族宗教史料文摘》，（宁夏分册），1986 年印。第 116 页。

③ 宁夏回族自治区文史研究馆编《宁夏文史》，第 2 辑，1986 年印，第 195 页。

1939年发动各乡营造乡公有林，全省造林由小片逐渐扩大。1939年—1944年植树859652株；[①] 区域分布在公路两旁、渠堤、房前屋后。

④组织机关法团植树

机关法团植树的树苗来自各苗圃，植树的目的除了绿化环境外，更是为了树立植树造林的良好社会风尚，“各机关倡导植树，以树立社会普遍植树之风尚”，自1941年至1946年，六年中机关法团共植树467708株，成活率在70%以上，详细情况如下表所列：

表15：机关法团植树统计表

时间	单位	株数
1941年	农改所	53550
1942年	农林局	63596
1943年	农林处	37500
1944年	同上	12132
1945年	同上	169500
1946年	——	131430
合计		467708

资料来源：《宁夏省农政七年》，第39页。

另据统计，至1946年上述各种形式植树活动所植树木具体统计如下：

① 梅白逵著《建国前宁夏农林工作简述》，宁夏回族自治区文史馆编《宁夏文史》第二辑，1986年印，第194—195页。梅白逵1941年曾任宁夏农林局农业推广室主任，1942年任林业科科长。

表 16：宁夏历年植树统计表（单位：株）

植树区域	合计	1939 年	1940 年	1941 年	1942 年	1943 年	1944 年	1945 年	主要树种
沿渠植树	28660	4150	24510						柳
沿公路植树	383832	36 619	96314	55000	66398	52788	45109	31604	柳
省垣各机关植树	298778			53550	63596		12132	169500	
民众植树	684686					290 000	59486	335200	
总　计	1395956	40769	120824	108550	129994	342788	116727	536304	

资料来源：宁夏省政府编《宁夏资源志》，1946 年印，第 115—116 页；秦晋著《宁夏向何处去》，1947 年印，第 58 页。

上述活动使得全省公路渠岸“已绿树成行，满目葱茏”；[①]当时全省公路 1000 余里，道路两旁树木均栽植齐全。如省南部公路道路两旁植树几无缺株，行路间真有“春风拂面柳花飞”之感。当时的宁夏除盐、同、磴、陶及蒙旗大部区域荒寂外，“贺、永、朔、平、惠、金、灵、卫、宁九县则遥瞩蔚然，绿树葱茏”。从同心县野猪沟遥望中宁，塞外江南之感油然而生。这里原生树木丛密。宁夏原生且为私人所有树木为柳、榆、中槐、胡颖子、椿、白杨、桑等数种。另在中卫、中宁时见青杨，磴口上江则有少数胡桐。各地以柳树最多，约占原生树木之 90%。“凡此树木或植渠堤，或绕屋舍，或点缀于寺庙，大多为农家私有。”[②] 灌溉区域，绿荫遍布田原，村落中白杨冲天，可谓“塞上风光，大类江南”。[③] 可见植树效果非常明显。

造林工作。宁夏造林工作在 20 世纪 30 年代初已经展开。但

① 罗家伦等著《西北建设考察团报告》，台北，国史馆编印，1968 年版，第 226 页。本材料得到国史馆卓遵宏先生的惠赠，再次敬致谢意！

② 宁夏省政府编《宁夏资源志》，1946 年印，第 114 页。

③ 叶祖灏著《宁夏纪要》，南京正伦出版社 1947 年版，第 53 页。

1933年至1934年的造林成绩相对于全国其他各省相比而言少之又少。从1939年开始，宁夏开始了较大规模的造林运动。"近年以来，建设厅定造林为中心工作之一，竭力推行，各林业机关亦均唯力奉行"，经过七八年的努力，造林运动取得了一定的收效，造林"成效渐著，于是本省林业，遂蔚为巨观矣"。[①] 这一时期宁夏造林方法可分为三类，分别为插木造林、植树造林及播种造林：

①插木造林

宁夏平原沟渠纵横，地下水位较高，土壤以沙土为主，适合杨、柳、沙枣等树种插木繁殖。宁夏冬季酷寒，插木造林多在春季进行，这符合宁夏的自然条件；插木造林不必设苗圃，花费小而且收效快。在以上条件的影响下，插木造林成为宁夏自1939年以后所采用之造林方法之一，意在便于示范，俾人民之仿效。[②] 据统计，1939年至1941年，沿公路开辟小型林场70余处，采取直接截取树干枝条插木方法，亦曾营造柳林300余万株，结果是行经宁夏城至甘肃平凉公路"小型示范林，处处可观矣"[③]。但连年的插木造林也有弊端。即采取插木造林措施，却将成树枝条过度砍伐。

②植树造林

为了改变这种现状，1940年，农业改进所调整了造林方法，改插木造林为植树造林，即先用苗圃育苗，再进行栽植。植树造林成活率较为稳定，于是各树种均依此方法造林。[④] 1940年至1941年建设厅、农业改进所为发动大规模造林运动，发动各

---

① 《十年来宁夏省政述要》，建设篇，第五册，第318--319页。

② 《十年来宁夏省政述要》，建设篇，第五册，第319页。

③ 《宁夏省农政七年》，第29页。

④ 《十年来宁夏省政述要》，建设篇，第五册，第319页。

县、各乡民众营造乡公有林，名义上是“发动”，而实际上是“强制”劳动，“以乡长兼任场长，采用强制造林办法，征工造林。”树种仍以柳为主，计1940年共造林1 701 349株，1941年5 516 220株，合计为7 217 569株。[①] 具体情况参见下表：

表17：1940—1941年宁夏省营造乡公有林统计表

县别	年度	乡林场总亩数	乡林场数	造林株数
全省	1940	6259	215	1701394
	1941	9167	249	5516220
贺兰	1940	825	11	412893
	1941	206	30	1034721
永宁	1940	——	——	——
	1941	2621	43	131055
宁朔	1940	642	23	321362
	1941	987	29	493610
平罗	1940	384	83	192346
	1941	1538	33	769110
惠农	1940	——	——	——
	1941	579	24	289553
金积	1940	247	55	123791
	1941	501	14	250500
灵武	1940	3178	21	158917
	1941	694	19	347198
中卫	1940	677	18	338914
	1941	763	34	381531
中宁	1940	306	3	153126
	1941	1244	18	622000

① 《宁夏省农政七年》，第29页。

（续上表）

县别	年度	乡林场总亩数	乡林场数	造林株数
同心	1940	——	——	——
	1941	2	1	1042
盐池	1940	——	——	——
	1941	11	1	5738
磴口	1940	——	——	——
	30	21	2	10667

资料来源：《宁夏省农政七年》，第30—31页。

当地还组织兵工分区扩大造林。兵工造林主要是营造保安林、防沙林及荒地林，由于宁夏地广人稀，劳力缺乏，再加之当时正值抗战时期，经济困难，为节省开支，兵工造林成为必不可少的选择。基于“造林事业欲求经济，且有大量劳力可资大规模之推行者，则莫善于兵工造林，不但费少效宏，且便于指挥监督”的认识。[①] 宁夏为提倡造林，1939 年曾在各县公路沿线营造具有示范性的小型林场。1940 年至 1941 年则在各县开建乡林场，并督导农民营造乡公有林，作为乡公共财产。[②] 1942 年宁夏地方当局实行分区扩大造林三年计划，并根据此计划将全省划为五大造林督导区：贺兰为第一区；永宁、宁朔为第二区；惠弄、陶乐为第三区；金积、灵武为第四区；中卫、中宁为第五区。[③] 各以所在驻军最高长官兼任推广督导员，切实负责督导士兵大规模造林；并计划在 3 年内使省内荒芜之地，完全造林。[④] 其中，1939 年至 1944 年造林 27 262 亩，18 129 852 株。

① 《宁夏省农政七年》，第 31 页。

② 宁夏省政府编《宁夏资源志》，1946 年印，第 114—115 页。

③ 《宁夏省农政七年》，第 31 页。

④ 宁夏省政府编《宁夏资源志》，1946 年印，第 114—115 页。

全部采用正三角造林法，株距2尺5寸。[1] 截至1946年，共计造林31508亩，计8239461株，以兵工工作确实，成活率均在百分之八十以上。[2] 具体造林情况如下表所示：

表18：1942年至1946年兵工分区造林统计表

造林区域	年度	亩数	株数	单位
第一区	1942	1657	861893	保安处
	1943	1243	41472	保安处
	1944	692	443266	保安处
	1945	185	147855	保安处
	1946	95	475000	保安处
	合计	3872	1969486	
第二区	1942	1327	805400	特务团
	1943	217	10596	
	1944	201	61962	
	1945	—	17800	
	1946	850	425000	
	合计	2595	1320758	
第三区	1942	1702	1047000	31师
	1943	300	200000	31师
	1944	537	162864	
	1945	75	49598	
	1946	1250	125000	
	合计	3864	1584462	

① 梅白逵：《建国前宁夏农林工作简述》，宁夏回族自治区文史馆编《宁夏文史》第二辑，1986年印，第194—195页。梅白逵1941年曾任宁夏农林局农业推广室主任，1942年任林业科科长；宁夏省政府编《宁夏资源志》，1946年印，第114—115页。

② 《宁夏省农政七年》，第31—32页。

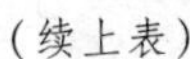

（续上表）

造林区域	年度	亩数	株数	单位
第四区	1942	2876	2274885	第9师
	1943	200	120000	
	1944	1050	667000	
	1945	——	8330	
	1946	1160	590000	
	合计	5286	3660215	
第五区	1942	862	418900	
	1943	——	——	
	1944	——	——	
	1945	50	94000	
	1946	950	390000	
	合计	1862	902900	
合计		17479	9 437 821	

资料来源：《宁夏省农政七年》第32—33页。

当地还营造中正示范林。1942年农林局成立伊始，就确定兵工分区扩大造林计划，除当年积极进行外，并于省垣南郊谢家寨辟地约二十平方里营造中正林，以纪念蒋委员长之“勋业”，并以为扩大造林示范。中正示范林由省农林处副处长罗时宁亲自设计并指挥营造，划分为带状林区、果木区、花卉试验区、苗圃区、运动场、畜牧区、柳林区及经济林区等八区，1941年至1946年中正示范林共计造林5895972株。[①]

① 《宁夏省农政七年》，第34页。

表 19：1942—1946 年中正示范林木统计表

年份＼区别		带状林木区	经济林木区	榆树区	果树区	柳林区	苗圃区	总计
历年造林株数	1942 年	—	—	—	—	3000000	—	3000000
	1943 年	16272	—	16478	4624	33781	50604	121759
	1944 年	51000	17320	—	780	—	—	69100
	1945 年	—	8180	—	180	8000	109974	126334
	1946 年	23400	—	2400	880	2351620	239460	2617760
	合　计	90672	25500	18878	6464	5393401	400038	5934953
备　注		杨树	梓椿槭		桃李杏果及葡萄		梓洋槐及椿桧及白杨	

资料来源：《宁夏省农政七年》第 34 页。

当时还沿山地试验造林。“山地造林，关系水土保持至关重大，本省贺兰山天然林，除蔽蒙古风沙，尤具保安意义，唯经历代破坏，贺兰山阳坡森林，现已摧残殆尽”，但该山地为棕色土壤，适于造林及天然林生长。[①] 正是基于上述原因，1945 年至 1946 年在贺兰山小滚钟口山地营造山地试验林，至 1946 年共造林 37400 株，成活率是 83%，[②] 具体情况如下表所示：

表 20：1945 年至 1946 年贺兰山东坡山地试验造林统计表

年别	造林地点	树种	造林株数	成活率（%）
1945年度	核桃沟西沟	榆	1300	65
		白杨	600	87
	核桃沟东沟	柳	800	85
	新龙寺	白杨	700	88
	小洞天	——	100	88
		柳	250	86
	合计		3750	82

① 宁夏省政府编《宁夏资源志》，1946 年印，第 7 页。

② 《宁夏省农政七年》，第 34—35 页。

（续上表）

年别	造林地点	树种	造林株数	成活率（%）
1946年度	守望台	柳	7500	80
	延寿寺	柳	5600	75
	大白格	榆	6050	85
	慈云别墅	榆	14500	80
	合计		33650	80
总计			37400	83

资料来源：《宁夏省农政七年》，第35—36页。

另据统计，1941年至1946年，共造林120 717亩，植树119 700 000株。①

③播种造林

"播种造林，为直接播种树木种子与造林地之造林方法也，其法简单，费用亦少，然需造林地境优良时，方易著成效。"②从1940年起，计划沿黄河滩地及戈壁荒原分别实验播种白、榆种籽，以推动造林工作。

这一时期宁夏造林区域的选择，依照宁夏的自然情形，大致可划分为以下五个区域：

1）贺兰山造林区：由于贺兰山东坡天然林已遭严重破坏，西坡保存现状较好，所以贺兰山西坡成为保护及利用的重点区域，育苗造林也就选在了西坡，并成立了贺兰山林管区，附设贺兰庙苗圃、汝箕沟苗圃，供给此地造林用苗。③该山上部土壤为棕壤，不含石灰质，呈中性反应，主为棕色，该土壤质地、反应良好，能用于造林及天然林木之繁殖。④

① 秦晋著《宁夏向何处去》，第58页。

② 《十年来宁夏省政述要》，建设篇，第五册，第319页。

③ 《十年来宁夏省政述要》，建设篇，第五册，第320页。

④ 宁夏省政府编《宁夏资源志》，1946年印，第7页。

2）戈壁荒原造林区：此区域在贺兰山至宁夏沃地的石子下缘，面积约800平方里，当时生长的原始树木很少，但地下水位高，这给在此区域造林提供了条件，这一区域造林所需苗木由新城林场供给。①

3）黄河滩地造林区：宁夏沿黄河滩地面积约200平方里，每年春秋两季，山洪暴发，汇入黄河，导致黄河水位上涨，造成河岸倒塌的严重后果，为加强巩固黄河两岸以及合理利用沿黄河两岸的荒滩地，在此地造林成为改观这一现状的首选，造林所需树苗由王红堡林场和张政桥林场供应。

4）七县荒原造林区：宁夏七县虽为农业区，但仍有30%的荒地废弃，为了充分利用宁夏（后改名贺兰县）、宁朔、平罗、金积、灵武、中卫、中宁七县的荒地，省政府农林处责令各县利用荒地造林，造林所需苗木由该县的农林场供给。② 该类区域土壤为渗育性水稻土，含盐量较低，③ 适于种植树木。

宁夏造林在这一时期不仅根据自然情形划定造林区域，也对植树种类的选择进行了区分："造林树种之选择，故需注重其经济价值，而造林境地之适宜与否尤关重要，贺兰山造林区，宜采用之树种为云杉、油松、桧、山榆、山杨、山柳等；石子荒原，以河柳、沙枣二者为宜；河滩以白榆及杨柳为宜；各县荒地，则视各地情形种植榆、柳、杨、沙枣、中槐、杨槐、枫等。"④

另外，抗战期间，宁夏在开展植树造林时，已注意到新品种的引进和试验推广。清代宁夏境内树种主要有松、柏、槐、

① 《十年来宁夏省政述要》，建设篇，第五册，第320页。

② 《十年来宁夏省政述要》，建设篇，第五册，第320页。

③ 宁夏省政府编《宁夏资源志》，1946年印，第10页。

④ 《十年来宁夏省政述要》，建设篇，第五册，第320—321页。

桦、椿、榆、柳、暖木、白杨、梧桐树，共计10种。[①] 主要有1940年于中山公园农林试验场进行柳树扦插季节试验；1941年实施榆、椿树需水量及灌溉季节观察试验；1942年，八里桥农林场进行了榆、椿树发芽试验；次年，谢家寨农林场进行了各树种耐碱性比较观察、洋槐发芽试验、胡桐扦插季节观察；1944年，农林处引进了银杏、侧柏、云杉、千头柏、圆柏、汗柳、胡须柳、垂柳、胡桃、白榆、桑树、沙梨、棠梨、珍珠梅、榆叶梅、红果李、合欢、中国槐、洋槐、臭椿、香椿、复叶槭、三角枫、五角枫、控春、连翘、紫丁香、白丁香和梓树等二十多个树种，分发各农场试种，经试验选择适宜当地风土的槭、核桃、五角枫、洋槐、胡桐和桑树七个树种，大量育苗进行推广，已注意到新品种的引进和试验推广。[②] 林业生产的科技含量有一定的提高。当然，从长远来看，宁夏的树种品种较为单一，且以阔叶林为主，并未考虑尽可能增加或扩大针叶林的数量及面积。

采取以上造林措施，其一是为满足宁夏木材使用的需要，[③] 宁夏民间向来对上述树种所产木材使用较多。如对榆木“材可作器”，为宁省家具及农田大车之原料，年消耗甚多，全靠私有原生榆树供给。[④] 对柳木“土人取红柳柔条作筐篓”，亦用作围

---

① ［清］张金城修，杨浣雨纂，陈明猷点校《乾隆宁夏府志》，上，宁夏史料丛刊，宁夏人民出版社1992年版，第113页。其中也将柽树作为树种之一，但其实为柳树之一种。其中，暖木为落叶乔木。

② 《宁夏省农政七年》，第59—60页。

③ 《宁夏省分区扩大造林三年计划》，1943年印，第5页。

④ ［清］黄恩锡编纂，郑元吉修纂，宁夏中卫县县志编纂委员会标点注释《中卫县志》，宁夏人民出版社1990年版，第116页；宁夏省政府编《宁夏资源志》，1946年印，第114页。

羊圈等;[①] 对青杨、白杨“二种木皆可作车”，桑、桦树“出北沙地，土人取以作薪”[②]。其他如贺兰山之云杉、松树砍伐利用则相当严重。砍伐季节为避免山地之积雪及树皮易于剥落，定在每年5、9两月，其中20年左右之树木多伐为椽子，50年以上者伐为桁条；据统计，从1937年到1942年，砍伐椽子、桁条共计1051000根。[③] 这些主要用于建筑房屋。但仅此远远不能满足宁夏木材使用的需要，因而植树造林显得尤为紧迫。其二是为营造保安林护岸防风,[④] 防止河岸崩塌及保护农田，亦为营造风景林以点缀风光。[⑤] 其三，这些成绩也基于地方当局对林业建设较高的认识。通过十余年的造林实践，他们感到：“一国经济，农林为本，而林业之盛衰，尤关国家之隆替。”“惟一地造林意义，与夫森林建设之难易，又以自然环境为枢纽”，换言之即自然环境为造林事业基本之依据。“综观宁夏自然环境，吾人可归纳宁夏造林意义为三点：一曰利用荒野，增加木产。二曰涵养水源，巩固河堤。三曰捍蔽风砂，保育土壤。此三者尤以后者关系为重大。故森林建设在宁夏，实不啻百年建设之大计。”但时人还认为，“宁夏造林意义虽重大，然求诸自然环境，造林事业之困难亦较多。”其一，宁夏土质恶劣，大多为石灰质冲积土，含碱较多。现时荒地虽多，但大多为碱渍之地，造林

---

① ［清］黄恩锡编纂、郑元吉修纂，宁夏中卫县县志编纂委员会标点注释《中卫县志》，宁夏人民出版社1990年版，第116页；叶祖灏著《宁夏纪要》，南京正伦出版社1947年版，第53页。

② ［清］黄恩锡编纂，郑元吉修纂，宁夏中卫县县志编纂委员会标点注释《中卫县志》，宁夏人民出版社1990年版，第116页。

③ 宁夏省政府编《宁夏资源志》，1946年印，第110—111页。

④ 《宁夏省分区扩大造林三年计划》，第5页。详见拙著《20世纪三四十年代宁夏水利建设述论》，《宁夏社会科学》2004年第6期。

⑤ 《宁夏省分区扩大造林三年计划》，第5页。

不易成活。其二，宁夏少雨多风，造林必赖灌溉，经灌溉即可成活，多风摇撼又会折坏。“保护尤为费力也。”于是，时人主张将荒山造林与测量水源结合起来。[①] 马鸿逵等对森林建设重要性的认识有一定高度，其虽然抱怨宁夏林业建设有一定难度，但其从地理环境的角度来考虑地方林业建设是有一定历史价值的，且对林业建设具有指导意义。

20 世纪 40 年代宁夏地方当局事实上采取兵工造林与民众植树、护林结合的林业建设政策、措施，这对于调节气候、涵养水源、防风固沙、保持水土以及改善人民生产、生活环境等都具有重要意义。如有益于调节某些地区的降水量。以中宁县为例，中宁县常年降水量为 222.9 毫米，抗战时期宁夏的植树造林取得一定成绩，也影响到局部地区的降水。中宁县的年降水量除个别年份外，年降水量普遍高于 222.9 毫米，1940 年中宁县的年降水量为 238.8 毫米，1941 年为 123.5 毫米，1942 年为 263.8 毫米，1943 年为 275.1 毫米，1944 年为 270.1 毫米，1945 年为 339.7 毫米。[②] 可见林业建设在一定程度上成为影响局部地区降水量增加的因素之一。造林及对天然林的保护，有助于减弱来自西伯利亚寒流的侵害及风沙的东侵，而且对改善银川平原的气候及生态条件、促进与保证农牧业生产等也有一定的积极影响。沿渠堤植树，减少了大水对河渠堤岸的冲刷，巩固了堤岸，这对于宁夏的水利建设至关重要；另外营造防风林带降低了风速，有助于保护农田及增加产量，也有益于改善农田上空及土壤的小气候，给农作物生长发育创造了条件。宁夏林业建设在国民政府时期取得了一定的成绩，对宁夏的森林植

---

① 宁夏省农林处：《宁夏省农政七年》，第 29、47 页。

② 杨新才等编《宁夏水旱自然灾害史料》，宁夏回族自治区水文总站 1987 年印，第 287—291 页。

被环境的改善也产生了一定的影响。但是纵观宁夏林业建设，事实上并未完全改变当地的生态环境。如该区域降雨量稀少、气候干燥、风沙肆虐等问题。[①] 当然，20 世纪 40 年代宁夏地方当局的林业建设政策、措施是在大量砍伐利用原始森林资源的背景下实施的，这不仅反映出人类生存与自然资源利用、保护之间的矛盾，也充分表明处理好森林资源保护与开发的关系，及保持林业建设政策的连续性、长期性及建设措施的系统性至关重要；而选择适当的植树造林区域，注意土壤、取水或地下水位的状况，充分调动、组织各方面社会力量参加植树造林，形成广种树木、植树造林、爱护树木、保护森林植被的社会风尚，则不仅是推动区域林业建设的重要保证，而且是创建区域生态文明的有效途径之一。

渔业方面，宁夏年产量在 5000 担以上，品种有鲤、鲫、白鱼、绵鱼、脚鱼等六种，以鲤鱼、鲫鱼为最多。产地在沿黄河全区各县。抗战时期各地鱼价高昂，唯独宁夏低廉。[②] 但当时所产仅供当地消费，并未制造咸鱼销往外地。

第四节　商业开发

过去学术界对宁夏商业兴衰这方面的研究较少，一方面是近代宁夏商业资料匮乏；另一方面是由于宁夏偏处西北不为学界所注意，因而仅见有著作零星提及。在这方面的前期成果有徐安伦、杨旭东著《宁夏经济史》（近代部分），宁夏人民出版

---

① 甘肃省图书馆编《西北民族宗教史料文摘》，（宁夏分册），1986 年印，第 117 页。

② 宁夏省政府编《宁夏资源志》，1946 年印，第 134 页。

社1998年版；陈育宁总主编，吴忠礼、刘钦斌主编《宁夏通史》（近现代卷），宁夏人民出版社2001年第2版。已有论著有益于对近代宁夏商业状况的初步了解，但在这些著述对近代宁夏商业的探讨有欠系统。下文拟从这方面对近代宁夏商业予以较为系统的阐述，也就教于专家、学者。

近代宁夏东部商路源于晋商。晋商开辟从晋北至归绥、包头的商路，然后向西延伸至包括宁夏在内的西北各地。

华商在宁夏的发展源于晋商。这里的“华商”主要是为了与洋行相区别，既包括民间商业资本也包括官方商业资本，既有当地商人也有外省商人。

一、民间商业资本

在近代宁夏商业舞台上，民间商业资本占有重要地位，他们一度几乎撑起了近代宁夏商业的半壁江山。这其中，来自其他省份的商业资本又占很大一部分。尤其“晋人在此经商者颇多”[①]。晋商仍是沿着其先辈开辟的东部商路之一，从天津、北京、河北北部、晋北至归绥、包头的商路办理进货业务；东部另一商路是从天津、河北、山西中部出发，经陕北进入宁夏盐池、灵州，然后向西北延伸至包括宁夏在内的西北各省区。宁夏商号主要有南、北两条进货路线。北线：由天津、北京陆运至包头，到包头后主要是以水运为主；其次是陆运。由包头逆水行舟每担（240斤为一担）“运费一两七钱白银，日行40至50里，全程约需30天左右”[②]，顺水行舟由宁夏外运土特产时

---

① 安汉：《西北垦殖论》，《西北开发史料丛编》第一辑，第236页。

② 苗子安、安仲甫、雷本夏：《宁夏八大家》，《中华文史资料文库》，第十三卷，中国文史出版社1996年版，第486页。

“每担运费一两白银，日行80里，全程约需18天”[1]。当黄河结冰时，主要是靠骆驼陆运，但因路上经常出没盗匪，故驼运不常用。

清朝末年，山西商人在今宁夏银川老城创办了八家商号，因实力雄厚被人称为“宁夏八大家”，这八大家是：[2]

商号名称		创办人
敬义泰商号	万泉县	王秉初
天成西商号	交城县	郭、丁、沈三姓
隆泰裕商号	平遥县	董姓
合盛恒商号	临晋县	荆姓
百川汇商号	平遥县	雷泽霖
广发隆货栈	与隆泰裕商号为同一店东	
福新店	平遥县	张姓
永盛福店	河津县	王姓

前五家商号经营范围大同小异，上至绸缎、下至油盐无所不包。其他三家全是批发货栈兼客商旅店。除八大家外，著名的商号还有“协力厚”、“德泰永”、“宝珍”等经营药品、照像的商号，小的商号更多。当时银川城内不仅有夜市而且形成了专门的商业街，有文化街、米粮市、菜市，今天新华街位置是当时宁夏城（今银川）最繁华的地方，是当时宁夏的商业中心，商业繁华程度盛极一时。

在近代宁夏商业史上，除著名的“八大家”外，在其他地区还有一些重要的商号。吴忠地区最有影响力的是“庆泰恒”，

① 苗子安、安仲甫、雷本夏：《宁夏八大家》，《中华文史资料文库》，第十三卷，中国文史出版社1996年版，第486页。

② 苗子安、安仲甫、雷本夏：《宁夏八大家》，《中华文史资料文库》，第十三卷，中国文史出版社1996年版，第485页，表为本人自制。

这家商号是山西李姓、杨姓合办的，运销土特产品、分号、设庄、辐射经营是它的主要经营特色和经营方式。“庆泰恒”在极盛时期“其资金达500万银元，可与宁夏八大家相抗衡”[①]。吴忠较大的商号还有“谦益店”，此店以坐商（坐地开铺面经营）为主兼行栈，同时还代住客商买卖，收取佣金。其经营范围主要有：百货、布匹、绸缎、五金交化、生产资料、日杂、山珍海味、烟酒糖茶、土产出口等。此外较大的商号还有回商“天成和”、汉商“三义公”等商号，大的商号资金有二十万以上，小的也有十多万，而一万元以下的更多。尤其在1923年京包铁路通车后，外地商人来吴忠经商的更多了，“不到十年时间，吴忠成了宁夏商业活动的中心，人称小上海，在甘、宁、青、绥、京、津一带商号中颇有名气”[②]。

除银川、吴忠、石嘴山以外其他地区的商业也有发展，比较活跃的地区有灵武、盐池、中宁、中卫等地。第一次世界大战开始后，洋行纷纷撤庄。山陕商人完全代替洋行所经营的皮毛贸易领域，华商在民初开始崛起；至1927年洋商卷土重来，华商已奠定基础，洋商已难以插足，直到抗战前夕。[③]

纵观近代宁夏商业的演变，我们可以看出“商号”是近代宁夏商业发展的主体机构。商号大体可以分为“坐商”与“行商”（搞长途运输）两种，大部分商号两者都兼。商号经营管理特点有以下几个方面：

---

① 陈晓曦著《庆泰恒商号》，《宁夏老字号》，宁夏区政协文史资料委员会编《宁夏文史资料》，第二十辑，宁夏人民出版社1997年版，第63页。

② 何兆国著《吴忠回族工商业小史》，中国人民政治协商会议宁夏回族自治区委员会文史资料研究委员会编《宁夏文史资料》第七辑，宁夏人民出版社1990年版，第156页。

③ 韩在英著《宁夏羊毛产销概况》，《中农月刊》，第6卷第5期，1945年，第61页。

其一，严格内部管理。为了在竞争中取胜，获得更好的经济效益，各商号除了增加商品的数量、种类，广设庄点以外，更在内部规章制度、店员福利、股金分配上形成了一套完整、行之有效的方法。第一，对店员严格要求、严肃店规。在军阀连年混战政局不稳的情况下，各商家悟出一条经商之道“交官穷，交客富”①，认为和气生财才是商人的正道，要求店员对顾客笑脸相迎热情服务。第二，搞好店员福利待遇。各个商号为让店员视店如家、安心在店工作，调动他们的工作积极性，都十分重视搞好店员的生活。② 第三，浓重的地域或家族观念。这种观念在商业领域内体现在商号的主要股东多为同乡、同省或来自同一家族。非同乡、同族成员绝难插手商号的管理工作。在宁夏的晋商商号甚至只招收山西人做学徒，“绝不招收宁夏当地人为徒，这些学徒都与股东、经理、掌柜等商号上层人物有亲朋关系”③。这种观念对他们自身的商业才能提出了更高的要求，因为他们任用人才是以有亲近的血缘关系为标准。他们自身的商业素质的高低直接关系到商号的兴衰。

其二，广设分支机构。商号这一商业组织形式在机构设置方面有其独特的特点。具体表现为：第一，在外广设庄点。这些商号尤其是实力雄厚的商号在原料产地、重要商业城市、销售市场、商品中转站等地设立“庄”或直接设立分号或货栈，派人驻庄。驻庄人员主要负责“调查商品信息，建立自己的信息网络，进行

① 苗子安、安仲甫、雷本夏著《宁夏八大家》，《中华文史资料文库》，第十三卷，中国文史出版社 1996 年版，第 486 页。

② 苗子安、安仲甫、雷本夏著《宁夏八大家》，《中华文史资料文库》，第十三卷，中国文史出版社 1996 年版，第 486 页。

③ 苗子安、安仲甫、雷本夏著《宁夏八大家》，《中华文史资料文库》，第十三卷，中国文史出版社 1996 年版，第 486 页。

信息反馈，分析市场行情，负责调运货物”等职责。[①] 例如，八大家中的“敬义泰”在天津设有敬盛永货栈；“合盛恒”在中卫和平罗均有分号；“三义公”在西安、兰州、平凉等地设庄点；“天成和”在归绥和包头有庄点。总的看来商号设的庄点主要集中在西北地区，对全国其他的广大地区很少能够涉足。但个别商号规模比较大，设的庄点遍布全国。吴忠的“庆泰恒”以分号、设庄、辐射经营为其经营方式，清末民初到抗战爆发前“庆泰恒”在外设的庄点有“香港、上海、西安、成都、郑州、禹州、汉口、广州、包头、兰州、固原、靖远、凉州、天津、山西等地”[②]，规模非常大，但这样规模的商号很少。

南部商路：远至湘、豫、沪、陕。商号一般在原产地驻有采购人员，将采购的物品集中运往西安，再用汽车运至平凉，从平凉再经马车或驼队运往宁夏各地。在抗日战争爆发前，北线是主要的进货渠道，南线只是起辅助作用。而且两条路线进货种类也不一样，从北线主要购进的是洋货“布匹、绸缎、各种呢、白糖、炼乳、化妆品、香皂、染料、罐头、自行车、钟表、烟草”等[③]，南线运进的主要是国货“西安的白雁塔布、四川的糖茶、河南的老粗、禹州的绸缎和兰州的水烟”等。[④] 在抗战前宁夏的土特产品外运也主要走北线，商业重镇包头是商品进出宁夏的门户。除以上两条比较重要的商业路线以外，还有

---

① 陈晓曦著《庆泰恒商号》，《宁夏老字号》，宁夏人民出版社 1997 年版，第 64 页。

② 陈晓曦著《庆泰恒商号》，《宁夏老字号》，宁夏人民出版社 1997 年版，第 64 页。

③ 苗子安、安仲甫、雷本夏著《宁夏八大家》，《中华文史资料文库》，第十三卷，中国文史出版社 1996 年版，第 486 页。

④ 牛百川著《三义公货栈》，政协宁夏回族自治区委员会文史和学习委员会编《宁夏文史资料》第十七辑，宁夏人民出版社 1987 年版，第 68 页。

两条支线，即东线和西线。东线是晋商开辟的，除晋商以外很少有商号走这条路线，这条路线是八大家从山西本省进货的路线，货物全是手工作坊和家庭手工业生产的“土布、土线、火柴、铁锅、铁铲等土货，约占全部进货的七成以上”[①]。这条路线是：“先从山西省的平遥、汾阳、离石至军渡，过黄河入陕西境内，经过吴堡西行至绥德，由此北上到米脂、榆林，再向西南行经横山、靖边、安边、定边，由定边进宁夏的盐池、横城，由横城渡黄河到银川。”[②] 另有一条路线是西线，即逆黄河而上至兰州、西宁，“经宁夏平罗、永宁、吴忠、中宁、中卫及甘肃省的兰州等地，抵达西宁府”[③]。这条路线主要是为商号收购羊毛等原料而用，宁夏商号将在此收购的羊毛等原料沿黄河水运至石嘴山等地，进行初加工然后再外运。但因洋行撤走，1929年后羊毛出口已大不如前，售价跌落，毛商受运费捐税之累，至甘宁等地运毛至津，无利可图。

宁夏全省输入货物以布匹绸缎为大宗，约200余万元，几占进口总值二分之一；纸烟茶叶杂货等次之。均由平津及晋之榆次、太谷、平遥等处购运。至于出口货物，则全省土产估计皮毛药材各占出口总值五分之二，食盐占五分之一。

1934年，全省进口货物约值423万元，出口约值228万元，总计入超约195万元，全赖特货（鸦片）输出以资抵补。按宁夏每年所产鸦片每年约值60万两，如以半数输出，按产地售价

---

① 苗子安、安仲甫、雷本夏著《宁夏八大家》，《中华文史资料文库》第十三卷中国文史出版社1996年版，第486页。

② 苗子安、安仲甫、雷本夏著《宁夏八大家》，《中华文史资料文库》第十三卷中国文史出版社，第486页。

③ 张文明口述，刘继云整理《西北第一个羊毛买办——忆祖父张嘉荣》，《宁夏老字号》，《宁夏文史资料》，第二十辑，宁夏人民出版社1997年版，第187页。

每两三角计之，则值90万元。若按市场价格计算，则所值两倍于此，宁夏贸易之能维持平衡，实全赖特货以为挹注。①

因产量充足，抗战前宁夏即成为陕西省粮食供应地区之一；抗战后，宁夏及绥远的五原、临河则成为陕西粮食的重要供应地区，估计每年约在40万石。②

至于鸦片，则质轻而价高，运费含在货价之中，仅占极小部分，虽产于僻乡，亦可远运无阻。粮食笨重而价贱，若以宁夏烟田易种稻麦，恐运至包绥，则会亏本。因而要禁绝鸦片，首先应从发展交通着手。③

表21：1934年宁夏省进出口货物价值估计表 单位：万元

进口货物	总估价	出口货物	总估价
布匹	180	羊毛	40
绸缎呢绒	20	滩羊毛	50
纸烟	60	食盐	45
茶叶	30	枸杞	40
杂货	35	甘草	30
五金	26	发菜	8
煤油	12	其他	15
糖	30		
其他	30		
进口总计	423	出口总计	228

资料来源：张其昀：《宁夏省人文地理志》，引自《资源委员会季刊》西北专号，1942年3月1日，第二卷一期，第312—313页。

① 张其昀著《宁夏省人文地理志》，引自《资源委员会季刊》西北专号，1942年3月1日，第二卷一期，第312页。

② 西安市档案局（馆）编《陕西经济十年（1931—1941）》，西安档案资料丛书，1997年印，第196页。

③ 张其昀著《宁夏省人文地理志》，引自《资源委员会季刊》西北专号，1942年3月1日，第二卷一期，第312页。

各地羊毛贸易商路：①青海各地毛市（西宁、湟源、大通、贵德、上五庄，鲁沙尔、同仁、台源）—包头—天津；②甘肃大部分毛市（拉卜楞，河州、甘州、肃州、景泰、靖远、永登、凉州、洮州）—包头—天津；③宁夏各毛市（中卫、定远营、花马池、平罗、宁安堡）—包头—天津。[①] 事实上，这些商路均途径宁夏。

各省经宁夏输出羊毛量：青海全省平常年羊毛输出为600万斤，其中用邮包寄递者120万斤。1936年西宁邮局共收羊毛包裹邮资40万元，平均羊毛每公斤收邮资3角。商人利用皮筏、骆驼运出者计30万斤；地方当局营运者计450万斤。输出最多时每年可达800万斤，输出最少时也达500万斤。

甘肃平常年羊毛输出量为700万斤。各羊毛市场聚集数量合计为1190万斤。较甘肃全省输出量超过甚多。此因各市之聚集数量，除对境外之输出量外，尚包括对其他毛市之移运量及本地销售量之故。

各毛市聚集量之多少各年有所不同，主要根据各年毛价之高低而定。甘肃邮局1936年承运羊毛邮包数量，计河州局150万斤，兰州局为200万斤，共计350万斤。宁夏羊毛输出量有限，每年不过30万斤。[②]

经营范围与方式：所有的商号不论坐商还是行商，其经营范围都大同小异。主要有：百货、布匹、绸缎、五金交化、生资日杂、烟酒糖茶等。如抗战前茶叶主要从南方运来，陆路经

---

① 张之毅著《西北羊毛调查》，《中农月刊》，第3卷第9期，1942年9月30日，第51页。

② 张之毅著《西北羊毛调查》，《中农月刊》，第3卷第9期，1942年9月30日，第51页。

由陕西西安运来，水路经过兰州沿黄河运达。[①] 大一点的商号设有自己的运输队、牧场、手工作坊、客栈，甚至还有现代化的小型工厂，尝试着把商业资本转化为工业资本。例如，吴忠的“天成和”商号于1936年联合包头的商人麻子权、陈林出资在包头兴建了一个清真肥皂厂，取名“吉庆公”“不仅生产成本低，而且符合广大回族群众的生活习惯，肥皂甚为畅销”[②]。宁夏八大家中的“敬义泰”附设敬义酱园，生产酱油、醋、酱菜、酒、糕点，形成前店后作坊的模式。大一点的商号都有自己的运输队，为的是转运及时，如“天成西”、“隆泰裕”、“天成和”、“聚源恒”等商号。没有运输队的商号要靠其他商号的驼队或靠官府的汽车及私人的马车。有的商号还涉足金融业，例如，“百川汇”“附设万元汇分号（零售为主）”[③]。“庆泰恒”商号在1939年在西安成立了“聚兴仁、合隆义、集茂忠、聚盛信4个钱庄……资金共计80万元”[④]。这些商号虽然涉足金融业，但仍是以商业为主，改变不了这些商号的性质。“庆泰恒”在西安的钱庄虽然实力比较雄厚，但与“庆泰恒”在1938—1941年极盛时期“其资金（不包括西安的四钱庄）达500万银元”相比仍是微小的一部分。[⑤] 总的来说，近代宁夏地区的商号主要业务是卖出和买进，即收购本地的大烟、枸杞、甘草、发菜等土特产品，外销至京津地区，然后贩运工业或手工业制品

---

① 倪良钧著《宁夏之茶叶》，《中农月刊》1943年，第4卷第7期，第44页。

② 李品三著《天成和商号》，《宁夏老字号》，宁夏人民出版社1997年版，第32页。

③ 苗子安、安仲甫、雷本夏著《宁夏八大家》，《中华文史资料文库》，第十三卷，中国文史出版社1996年版，第487页。

④ 陈晓曦著《庆泰恒商号》，《宁夏老字号》，宁夏人民出版社1997年版，第63页。

⑤ 同上。

回宁销售。而尤以卖出获利丰厚。本地不能消化的资源运至天津可以卖很好的价钱，获利几倍以上，许多商号就是靠经营土特产品发家的。第二，独特的经营方式。商号由于规模不同采取的经营方式也不同。晋商多为众多股东联营，宁夏八大家、“庆泰恒”、“三义公”就是采用这种方式。这些商号在成立初期就资金雄厚，多为外地商人来宁投资创办。另有一种是土生土长的本地商号，这种商号创立初期资金少、规模小，在逐步积累后发展壮大，这种商号多采取“四兼”形式，即东家、会计、采购、运输甚至销售于一身，其权力完全集中于一家之手。这种方式的好处是“使商品转运灵活，资金周转迅速”①，以“天成和”、“谦益店”、“振兴永”等商号为代表。还有一种就是夫妻小店，规模更小在数量上占绝对优势，但抵御市场风险的能力更弱。有的商号是以零售为主，有的是以批发为主。大的商号主要是以批发为主，因为这样资金周转快、风险小。

抗战爆发，日本侵占包头阻断了到天津的商路。宁夏商号在天津、包头的分号全部倒闭或是撤回。没来得及撤走的商号中的货物全部被日本人没收，各商号损失惨重。

这一时期从内蒙包头至宁夏吴忠走私盛行。吴忠回民从事驮运业者颇多。由捷路经伊克昭盟杭锦后旗及鄂托克旗边界而达包头，计程20日可至。走私者多与包头敌伪有所勾结，以现款购者甚少，以皮毛换者颇多。从包头运来之私货至吴忠堡再分发宁夏省垣，为省银行及省府所统制，1938年销售总值约五六百万元，其中一部分运往附近各县。宁省境内各县及甘青各地，1938年囤积之走私货约值2000万元。1939年由包头经绥西

① 何兆国著《吴忠回族工商业小史》，《宁夏文史资料》，第七辑，宁夏人民出版社1990年版，第156页。

及伊盟运至吴忠堡之走私货之总值计有1000万元之巨，可谓甘宁两省走私货之大本营。其中该年走私货物一部系由皮毛、枸杞售价所购，尚有一部系鸦片换来，此外约400万元则由法币支付，其余10余万元系由特务机关交包头三义栈经理何四往来运销，兼负特务使命。另据统计，宁夏省1939年资敌原料之类别与价格如下：历年积存之绒毛200万斤，值250万元；枸杞50万斤，值300万元；滩羊皮200张，值800元；牛皮1000张，值1.5万元；鸦片2万两，值30万元。[①] 主持走私者为马鸿逵之四姨太，负责经营者为财政厅长赵文府及省银行行长李凤藻，至往来运输者为吴忠堡商人马心田。[②]

二、官营资本

七七事变后，货物输出交通断绝，羊毛堆积，无法运出，毛价惨跌。1938年甘肃省政府电请贸易调整委员会疏通出口货运，并拟定代办、合办两种办法，以备选择。贸易调整委员会决定采取合办形式，并于同年2月中旬在兰州成立西北办事处，委派人员主持合办事宜。合办基金定为100万元，由贸委会担承8成，省府承担2成。起初是在甘肃省收买羊毛，并设立洗毛厂洗涤羊毛。所有收购储存、运输、销售及设厂洗毛等事项统一由贸委会西北办事处负责办理，而由省府予以保护并提供便利。西北办事处本身经费开支由贸委会担负。其他如收购、洗涤、销售羊毛所需费用则由基金拨付。1938年5月，贸委会奉命办理，对苏易货羊毛作价系按照国外市价折算，而不以收

---

① 重庆市档案馆整理《豫陕绥宁走私现状报告书》（1939年），《档案史料与研究》1995年第2期，第40—41页。

② 重庆市档案馆整理《豫陕绥宁走私现状报告书》（1939年），《档案史料与研究》1995年第2期，第44页。

购成本为依据，故颇有亏折之虞。甘肃省政府认为，此项亏损并非正常贸易损失，不同意按照比例承担，并收回已交2成基金。这样，甘青宁羊毛遂由贸委会单独收购外销。①

贸委会办理易货后，鉴于苏联需要大宗羊毛，乃呈准财政部拟定有关办法，从西北收购皮毛西运外销。从1938年开始，宁夏皮毛贸易及商业由省政府统制，直接收购后转售贸委会。②具体如下表：

表22：宁夏银行收购驼羊毛统计表

总　计	羊毛价(元)	驼毛价(元)	年　代	驼毛(斤)	羊毛斤	总　计
115544.17	113431.67	2112.50	1938年下半期	2 887.00	448 594.00	451 481.00
323112.38	70399.38	252713.00	1939年上半期	268 423.50	240 377.80	508 801.30
528497.92	281538.63	246959.29	1939年下半期	213 076.00	845 843.00	1 058 919.00
783458.38	575966.74	207491.64	1940年上半期	172 818.40	1 874 191.00	2 047 009.40
1749878.85	1040566.42	709312.43	合计	657 204.90	340 894 580	341 551 784.90

资料来源：张之毅：《西北羊毛调查》第3卷第9期，1942年9月30日，第56页。

表23：1938年至1940年贸易委员会西北办事处收购及运苏羊毛统计

时　间	收购量（市斤）	运苏量（市斤）
1938年	4 409 100	2 614 100
1939年	12 009 400	10 476 816
1940年	8 164 576	7 005 488

资料来源：张之毅：《西北羊毛调查》第3卷第9期，1942年9月30日，第51页。

宁夏的官办商业主要是指马鸿逵的“富宁公司”。“富宁公司”的前身乃是附设于宁夏银行的富宁商行。富宁商行控制了

① 张之毅著《西北羊毛调查》第3卷第9期，1942年9月30日，第56页。

② 韩在英著《宁夏羊毛产销概况》，《中农月刊》，1945年，第6卷第5期，第61页。

宁夏土特产品的收购和出口，1938 年马鸿逵在宁夏银行成立之初，以抗日救国为名用省政府主席的名义宣布对羊毛实行专买专卖，“各商号所存羊毛，均卖给银行，不得偷运天津，违者以资敌国办”[①]。实际上宁夏银行不仅控制了羊毛，而且控制了驼毛、甘草、发菜等其他宁夏土特产品的收购和出口。1939 年马鸿逵令人在宁夏银行内部设立富宁商行，账目独立，对外仍以银行的招牌进行活动。1943 年，马鸿逵以一百万元法币的私股加入富宁商行，为掩人耳目，马鸿逵在账内暗设“光明号”，专营羊毛、驼毛的收购与外贸出口。“抗战期间，宁夏银行利用马鸿逵特许的军车，将在民间低价收购的大烟土、羊毛、驼毛、甘草、发菜等土特产品运往兰州、西安等地商家销售，然后在当地大量购布匹、纸张、五金等生活必需品，再用军车运宁夏高价销售，从中牟取暴利。”[②] 富宁公司借助外部强权力量不单是强买强卖，有时甚至公开掠夺。抗日战争期间，枸杞出口大受影响，“富宁商行第一年就赔本，第二年无形中停办。但马鸿逵仍令宁夏银行出面压低价格，并由地方税局、军警限制药商采购，枸杞价格因之更为狂跌”[③]。抗战时期，宁夏商业呈衰落趋势。

抗战胜利后，宁夏东部商路逐步恢复，但商业仍以地方当局垄断为主。1946 年，宁夏所产羊毛、枸杞、煤炭、瓷器，除供应省内需要外，余额皆运销省外，唯因平绥路阻，仅由甘宁

① 刘继云整理《富宁公司内幕》，政协宁夏回族自治区委员会文史和学习委员会编《宁夏文史资料》，第十七辑，宁夏人民出版社 1987 年版，第 53 页。

② 云峰著《马鸿逵的秘密账号》，政协宁夏回族自治区委员会文史和学习委员会编《宁夏三马》，中国文史出版社 1988 年版，第 259 页。

③ 杨作荣著《垄断宁夏土特产》，政协宁夏回族自治区委员会文史和学习委员会编《宁夏三马》，中国文史出版社，第 269 页。

公路运输，运输量颇受影响，未能完全运销。[①]

1947年富宁商行改称为公开独立营业的富宁企业股份有限公司，光明号暗设于公司内。富宁公司成立了新的董事会，大体情况为：马鸿逵兼任公司和银行的董事长；公司总经理李云祥，兼任银行行长；公司协理白齐云；公司主任秘书张镇山；公司会计主任顾毓丹；公司贸易部经理田同科。此外还下设营业组、出纳组、仓库组、运输组、庶务组，组织机构相当完备。由此可见，富宁企业股份有限公司和宁夏银行是两块招牌一套人马。富宁公司除在银川活动外，还广设办事处，主要有：吴忠、中宁、中卫、定远营、陶乐、上海、西安、天津。[②]

富宁公司在1947年改组时“股金总额为30亿元法币，共分485股”，占有情况如下：马鸿逵及其家族股金为85600万元，占28.5%；军界拥有股金100157万元，占33.9%；政界拥有股金75083万元，占25.7%；商界拥有资股金28664万元，占9.55%；绅士拥有股金8360万元，占2.78%。[③] 马鸿逵及其家族、军界、政界拥有资金占87.67%，可以看出富宁公司是一个以马鸿逵为代表的宁夏官僚垄断资本组织。

富宁公司在经营过程中为掩饰其掠夺行为，使用行帮暗语代号。富宁公司为掩人耳目保守商业秘密或是为了干一些违法勾当，在与各办事处联系时使用暗语。1947年10月9日，上海办事处在给总经理的信中提到“宁沪往返电报，规定不准使用

---

① 《宁夏省政府工作报告》1946年1月至6月，第41页，宁夏回族自治区档案馆藏旧政权档案，档案号31/262。

② 刘继云整理《富宁公司内幕》，《宁夏文史资料》，第十七辑，宁夏人民出版社1987年版，第54页。

③ 刘继云整理《富宁公司内幕》，《宁夏文史资料》，第十七辑，宁夏人民出版1987年版，第55页。

密码。今后为特保机密计，羊毛即拍夏货或冬货，驼毛即拍马货，希注意自函到日即实行”。1948 年初，驻兰州办事处给总经理的信中提到“黄金依法不准买卖，今后电报中必须规定暗号，兹以镜字为其代名词”①。1947 年 7 月 3 日，马鸿逵配合胡宗南重点进攻延安，“宁夏兵团在进犯陕甘宁边区途中，大肆抢劫羊毛、甘草等物资，用军车运往银川，归光明号所有”②。

1947 年，因雨量稀少，山草枯萎，饲养羊只营养不良，倒毙甚多，羊毛产量随之减少，仅供应本省需要，未能运往省外。该年本省河路畅通，枸杞产量日渐增多，并将历年积储之枸杞由该省商人及外地商人大量采购，以船只皮筏运抵包绥，再转运平津销售，这对调剂本省经济，较上年成绩尚佳。③ 该省煤炭除供应本省需要外，仅有石嘴山、河拐子等处所产烟煤运往绥远销售。本省光华瓷厂瓷器质量俱佳，售价低廉，除供应本省需要外，也输往绥远销售。④

1948 年，宁夏地方当局继续会商有关机关办理运销，为加强运销力量，已商同合作事业管理处，将运销处组织扩大，继续办理运销事业，但因平绥、陇海两路交通不时中断，输出入物资较前减少，本期内供应军民需要，免为支持。⑤ 再者，继续输出羊毛、枸杞、煤炭、甘草、瓷器。该年羊毛、枸杞、甘草

---

① 刘继云整理《富宁公司内幕》，《宁夏文史资料》，第十七辑，宁夏人民出版社 1987 年版，第 56 页。

② 刘继云整理《富宁公司内幕》，《宁夏文史资料》，第十七辑，宁夏人民出版社 1987 年版，第 53 页。

③ 《宁夏省政府工作报告》1947 年 1 月至 6 月，第 57—58 页，宁夏回族自治区档案馆藏旧政权档案，档案号 31/263。

④ 《宁夏省政府工作报告》1947 年 1 月至 6 月，第 58 页，宁夏回族自治区档案馆藏旧政权档案，档案号 31/263。

⑤ 《宁夏省政府工作报告》1948 年 1 月至 6 月，第 42 页，宁夏回族自治区档案馆藏旧政权档案，档案号 31/264。

产量较多，由船筏运至包头，因平绥路不时中断，转运平津销售大多迟滞，运往陕甘者较少，以致销路不畅；煤炭输出数量保持常态；瓷器因资本及技术所限，与上年产量平衡，除供给本省需用外，间有输出。[①] 事实上，抗战结束后的宁夏商业并未恢复到战前水平，仍处于维持状态。国民政府时期，华商、官商先后成为近代宁夏商业兴起的主要推动力量，并对区域经济产生一定影响。

其一，商业的兴起也有益于繁荣区域经济。首先，商业的繁荣是一个地区经济繁荣的主要表现之一。清朝咸丰年间（1851—1861 年）“银川地区和吴忠地区只有一些小企业主和摊贩、小手工业者（五匠），尚没有正式的大商号”[②]，从光绪（1875—1908 年）末年起“宁夏商业有了初步的发展，并形成了银川、吴忠两个商业中心，……由于这些商户的艰苦努力，终于在民国十年（1921 年）以后出现了宁夏商业经济的第一次繁荣景象”。银川、吴忠、石嘴山是当时的商业中心。银川是省会城市，不仅人口最多，而且商业在宁夏是最发达的。银川城内有实力雄厚的“宁夏八大家”、较细的商业门类、专业化的商业街和专门的夜市，而且手工作坊发达。除有名的“八大家”外，银川有名的商号还有“德泰永”、“协力厚”，宁夏第一家照相馆、宁夏第一家商业电影放映机构。城内不光有晋商还有内蒙、河北、山东、河南等地区的商人，中小商户更多。这些私营工商业对繁荣市场、便利人民生活起了积极作用。“民国十年（1921 年）以前，银川一般百姓都穿粗布衣服，根本没有细

---

① 《宁夏省政府工作报告》1948 年 1 月至 6 月，第 42 页，宁夏回族自治区档案馆藏旧政权档案，档案号 31/264。

② 李凤藻著《解放前宁夏的商业》，政协宁夏回族自治区委员会文史和学习委员会编《宁夏文史资料》，第二十二辑，宁夏人民出版社 1987 年版，第 211 页。

布衣服，更见不到绸缎……照明用的是胡麻油灯和土蜡，又黑又脏，就连官府都是这样”，而在京包铁路通车后，“银川商人开始从天津大批贩来生活必需品，如煤油、蜡烛，改变了用胡麻油灯照明的历史”①。

吴忠大的商号甚至可以与“八大家”并驾齐驱。特别是在京包铁路通车后，吴忠的商号更多了，大的商号资金有二十万白洋以上，少的资金有十多万，一万元以下的就更多了。据当时的吴忠商务会统计，“全部商号总资金约为一百六十万银元，其中回民商号资金占70%，汉民占30%，本地占80%，外省占20%”②，吴忠因当时商业的繁荣被人称为“小上海”，有“生意兴隆通四海之势”③。

石嘴山因交通便利一度成为西北重要的羊毛集散地，其商业盛极一时。“石嘴山在宁夏北百九十里，黄河右岸舟行至包头千二百里，外国洋行多在石嘴子设立支店。”④ 洋行来到石嘴山后“遍收陕、甘、宁、青、蒙牧区皮毛，一时商家辐辏，贸易繁盛，行商络绎，船驼麕集”⑤。而在1926年洋行撤走后“石嘴山流动人口减少，一些店铺随之外迁或倒闭关门。行商多不往来，石嘴山商业逐渐冷落”⑥。可见，商业发展对一个地区经济

---

① 李凤藻著《解放前宁夏的商业》，《宁夏文史资料》，第二十二辑，宁夏人民出版社1987年版，第211页。

② 李凤藻著《天成和商号》，《宁夏文史资料》，第十七辑，宁夏人民出版社1987年版，第127页。

③ 何兆国著《吴忠回族工商业小史》，《宁夏文史资料》，第七辑，宁夏人民出版社1990年版，第156页。

④ 安汉：《西北垦殖论》，《西北开发史料丛编》，第一辑，第236页。

⑤ 刘廷栋：《外国洋行在石嘴山》，《中华文史资料文库》第十四卷，第640页。

⑥ 石嘴山市志编纂委员会编《石嘴山市志》，宁夏人民出版社2001年版，第724页。

发展影响力有多大。

其二，宁夏商业对周边地区的辐射作用。宁夏地处西北各省的交汇处，是天津进入西北贸易的重要中转站，得天独厚的地理优势是宁夏商业发展的一个重要原因。而宁夏商业的发展也影响着周边地区。洋行在石嘴山设行以后，北上内蒙，西至青海、兰州，遍设外庄大量收购羊毛。一时间，石嘴山成为西北羊毛的重要集散地。大的商号在周边地区广设庄点，他们不仅把宁夏作为他们的销售区域，更把宁夏周边地区纳入他们的销售区域。以宁夏八大家为例，八大家在清末以零销为主，民国以后以批发为主。据统计"每年运进的洋布多达 175 万匹，日光皂 50 多万箱，这些运进货物除留下 20%—30% 在本地销售外，大部分转往外地"①。可见，外销份额占八大家销售份额的绝大部分。包头、兰州、平凉、西安等地是宁夏商号设立庄点较集中的地方。尤其 1923 年京包铁路通车后，宁夏吴忠更成了西北地区一个小有名气的商业中心，在"甘、宁、青、绥、京、津一带商号中颇有名气"②。可见宁夏商业发展对周边地区有很强的辐射作用。

总之，宁夏的商业发展曾有过它的辉煌历史。商业的发展促进了社会经济的发展，改变了旧社会的面貌，商业的发展不仅便利了人民的生活，还因为通过商业的渠道把农民与市场连接在一起，使农民的产品商品化，促进了旧的自然经济的初步瓦解。商业的繁荣还造就了一批本地的商贾巨富，有些人因商致富，更多的人因此而改善了生活。近代宁夏商业的发展作用

---

① 南秀璞著《宁夏银川集市贸易及商业发展概况》，政协宁夏回族自治区委员会文史和学习委员会编《宁夏文史资料》，第二十五辑，宁夏人民出版社 2001 年版，第 126 页。

② 何兆国：《吴忠回族工商业小史》，《宁夏文史资料》，第七辑，第 161 页。

是巨大的，意义是深远的，一些富商试图把商业资本转化为工业资本，开始试办近代工业的尝试。这些尝试奠定了近代宁夏工业的基础。

第五节　财政改革

民国初年，宁夏捐税种类繁多。其中即有统捐，其乃厘金之易名，晚清咸同年间，东南多事议请抽厘以佐军饷。厘金征收原订东南事闭即止。不料时局多艰，内忧外患纷至沓来，致使厘金成为筹饷之大宗。甘肃厘金开征于同治年西北回民起义被镇压之后。其中，在宁夏郡城设总局一所，中卫、惠安堡、花马池各设分局；不久又在石嘴山、横城、吴忠堡、白土岗、银条梁等地陆续设局。但白土岗、银条梁两地收数无几，不久议裁。至光绪末年，厘金一律改为统捐，各收各解，初征百货兼收土药（鸦片），其牲畜皮毛尚归府县代征。之后，又设土药局、皮毛局、牲畜税局。后因烟禁森严，土药改为禁烟局。1914 年，以各属产驼极多，又设立驼捐局。1915 年，又于石嘴山将平罗船税提出设船关局，又分设烟酒局、宰杀税局。其宰杀税局次年停办。1921 年，因子口税漫无稽查，便在磴口设子口税局。其子口由陕北入宁夏境内者，又在吴忠堡设分卡以堵截税款。1923 年，于百货统捐内提出药材设药材局，又因茶引无商承领，专设茶捐局专征散茶。又以邮局包带货物，设包裹局。总之，统捐名目繁多，分卡林立，均由各局直接报缴甘肃省财政厅。惟驼捐由地方官征解。[①]

国民政府时期，对于财税制度变动多有主张及实践。鉴于宁夏财政拮据，高利贷盛行，民众负担沉重，近人对宁夏财税与金融问题较为关注。1941 年，关于财政收支工作马鸿逵提出自己的主张，他讲道："国家财政之度支，为一切行政之基本要政，未有财政清明之国家，而庶政不举者，亦未有财政紊乱之国家，而庶政修明者，无不致力于会计问题，其来有自矣。"南京国民政府成立后，"对于财政之整理殆已主张实行超然会计制度，……惟本省地处边陲，对此制度之实施，力求严密完整，以期发挥特有之任务，藉促进行政效力之增进"。[②] 马鸿逵认为财政收支清楚关键在会计制度之真正实施，而这需要依靠清明的政治制度；反之，腐败的政治状况难以落实良好的会计制度，财政收支必然混乱。从理论上说，马鸿逵的主张一语道破财政收支混乱的原由也为良好的财政收支制度的确立指明途径。

同时，马鸿逵还认为财政的整理还需实行审计制度，他说："今之言整顿财政者，莫不以推动审计制度为要务，而推行审计制度，又以会计制度之确立为先决条件"，[③] 他的观点不无道理。

区域财政是地方庶政之母。军人出身的王超凡深知此理，因而他及其他提议着认为，开发西北之首要问题为经费，因此必须概算筹集经济建设所需经费，如应筹划开采宁夏煤矿与铜矿、修筑铁路及公路宁包段、整理宁夏水利、改良农产及畜牧

① 马福祥主修《朔方道志》，卷九，贡赋（下），天津华泰印书馆 1926 年印，页七。

② 《十年来宁夏省政述要》，总类篇，第一册，第 126 页。

③ 《十年来宁夏省政述要》，总类篇，第一册，第 128 页。

所需经费。同时，他们还主张设立拓殖银行以筹措经费。[①]

关于如何减轻民众负担问题，1935 年，马鸿逵首先考察民众负担过重之原因，他认为主要是宁夏地方豪绅过分集中土地所致。考其原因，一为各县豪强兼并田地，每多有田无赋；狡诈土豪劣绅，往往捏报水崩、沙压、雹灾、蝗害，豁免正粮；富强剥削贫弱，购买田地往往不带粮赋，以致卖主有粮无地，买主有地无粮；二为私垦荒地，每多隐抗国课；三为学田、庙田、水手田等漫无限制，任意避免粮差；四为自清乾隆清丈后，各县粮户红册历时既久，多因死亡逃绝而错失其实数；五为“地”、“粮”既不相随，则每次按照粮银数目摊派差款时，有地无粮之富户摊款自少，有粮无地之贫户所出反多，遂益造成不均之势。因而马鸿逵主张毅然决然清丈田亩，自可豁清种种弊窦。他说，鉴诸总理“土地问题能解决，民生问题就可解决六七分一之言，认定庶政之最为重要者，首为清丈地亩。去年开始择县举办，今年继续推行。虽有无知疑猜，亦不稍假游移，此种精神，良堪赞佩。预料全省土地清丈完毕之时，亦即人民达到平均苦乐，减轻负担希望之时”。[②] 马鸿逵的观点不仅分析了宁夏民众负担较重的一些原因，也表明其主政宁夏后所面临的财政支出压力。其所言若能实现，会有助于减轻民众负担。而事实上宁夏地方当局不无打着减轻民众负担旗号，打击豪强，彻底清丈地亩，增加田赋收入的考量。

---

① 《革命文献》，第 89 辑，第 70—73 页。王超凡（1903—1965），安徽太平（今黄山市黄山区）人。黄埔军校第四期、中央训练团党政班第一期毕业。历任南京中央陆军军官学校政训处科员、中校科长，第四师政训主任、部主任，第三十二军政训处上校处长，西安绥靖公署政训处主任秘书。抗日战争爆发后，任中央军校第七分校（西安）部少将主任兼特别党部书记长，三青团陕西支团部干事长等职。1949 年到台湾。

② 陈赓雅著《西北考察记》，第 115 页。

具体财税制度变动如下：

一、地方财政体制

财政体制是确定中央与地方财政权限及收支范围的一种制度。统一财政、划定国家地方收支是政府的基本政策与改革目标。

（一）预决算制度

预决算制度是财政制度现代化的主要内容之一。民国时期，宁夏建省伊始，“庶制未立，头绪纷繁，兼以军事倥偬，地方不靖”，致使财政上无正式预算制度。自1933年马鸿逵任宁夏省政府主席后，宁夏财政开始渐入正轨，并逐步建立起预算制度。[①] 约从1936年开始，宁夏财政开始实行预决算制度。具体如下表：

表24：自治财政系统未确立前之宁夏财政预算概算比较表

年度 \ 类别	预概算数	全国各省市合计数	备注
1936年度	4 386 623	437 290 245	包括全国31个省市
1937年度	4 921 787	369 872 700	包括21省市
1938年度	2 484 340	217 424 783	该年更改会计年度制度，所列为6个月之数，包括22省市
1939年度	3 722 940	375 272 771	包括20省
1940年度	3 355 726	432 516 927	
1941年度	3 415 598	752 035 677	
1942年度	5 405 485	——	

资料来源：叶祖灏著《宁夏纪要》，第91页。

① 叶祖灏著《宁夏纪要》，第90页。

表 25：宁夏省预算占全国各省市总预算比率表

年度别	全国省市数	比率%	备注：
1936 年度	31	1.01	1. 假定全国各省市预算合计为 100
1938 年度	22	1.14	2. 全国各省市数目系指造送预算之省市单位
1940 年度	21	0.75	
1941 年度	22	0.45	

资料来源：叶祖灏：《宁夏纪要》，第 92 页。

宁夏省 1942 年、1943 年、1944 年各年度也曾编制岁入预算。起初因该省收入多已归县地方，或因机关裁并，收入无着，便呈请免予编造分配预算，但未蒙核准。国民政府曾迭令限期赶编呈核；不久复电催编造呈核，并将收入各款依法结交国库。于是，该省便将仅有之罚款、规费及公有事业等收入编造呈核，并严催收款机关速将收入各款解交国库。①

对田赋征实数额之核定。该省在 1943 年 6 月 30 日曾奉财政、粮食两部两电令，核定征实及县级公学粮额。最终核定宁夏省 1943 年度田赋征实小麦 45 万市石，县级公学粮 10 万市石，当即依照核定数量分配征收；但对奉核之县公粮 10 万市石，依照本省 1942 年度保安团队及县公教人员需粮数量，实不敷应用，故仍按照 1942 年度公教团人员需粮数量以 15 万市石征收。随后复请财粮两部查核，旋奉午篠、有储二电，准予照办在案。② 田赋征实因开征时间紧迫，一面复请财粮两部查核，一面先行按照核定数目分配，令饬各县办理。③ 1936—1940 年宁夏省税收概况列表如下。④

① 宁夏省政府秘书处编《宁夏省政府工作报告》，1943 年 4—6 月，第 10 页。
② 宁夏省政府秘书处编《宁夏省政府工作报告》，1943 年 7—9 月，第 30 页。
③ 宁夏省政府秘书处编《宁夏省政府工作报告》，1943 年 7—9 月，第 30 页。
④ 叶祖灏著《宁夏纪要》，第 96 页。

表 26：1936—1940 年宁夏省地方税捐收入预算表　　单位：元

项别	1936 年	1937 年	1938 年（半年）	1939 年	1940 年
田赋	2 331 105	1 797 895	898 947	2 157 156	2 157 156
营业税	729 213	666 402	333 200	406 244	407 733
契税	10 719	10 719	5 360	10 719	10 719
房捐	25 264	25 264	12 632	29 264	该年预算，为分列房捐、船捐数字，仅统列其他捐税科目 75 289 元
船捐	28 252	40 000	20 000	15 000	
田赋附加	——	153 492	——	——	该两项系地方收入
杂捐	——	14 004	——	——	

资料来源：叶祖灏：《宁夏纪要》，第 96—97 页。

该省县财政之基础本极薄弱，大部县收入依靠省款补助。就 1936 年度与 1937 年度全省县财政岁入预算列表如下：①

表 27：1936—1937 年宁夏全省县财政岁入预算列表

岁科收入	1936 年度	百分比	1937 年度	百分比
地方财产收入	133 102	37.1%	134 364	18.4%
补助款收入	225 327	62.9%	427 672	58.6%
自治经费收入	——	——	167 496	23.0%
共计	358 429	100.0%	729 532	100.0%

资料来源：《中华民国工商税收史料选编》第五辑，（下册），地方税及其他税捐，第 3222 页。

根据上表可见，宁夏省财政由省库补助者年在百分之六十左右。1936 年度其县款收入仅地方财产收入一项，此项收入系包括学田租、学产房租及教育基金利息三项。此种收入专为县教育经费而设，其他用途不得动支，故 1936 年度以前宁夏省各

① 《中华民国工商税收史料选编》第五辑，地方税及其他税捐（下册），第 3222 页。

县无税捐可言。至1937年度为普遍办理县乡自治及编保甲，乃有自治经费收入一项，此项收入系按田地亩数加抽捐款，亦名田亩捐，计全省十县1937年度收入预算数为167496元，占全收入百分之六十三，此可谓宁夏省县有税捐之唯一收入。1938年度以后，收入数字虽未获悉，唯其大概情形尚无改变，亦无新添之税捐。[①]

在编制岁入预算的同时，宁夏地方当局也奉行行政院电令核定，编造1944年省岁出预算。其中，普通经临各费18 546 000元，公粮支出2250万元，分配县市国税支出19 076 700元。并当即核定细数呈核。[②] 另外，还核定水利局1943年度经临各费总预算及各渠局处所普通工料费，点验杂费测量差费预算。宁省水利事业自1939年分别设立水利监察及执行委员会实施自治以来，"一切设施故见进步，"但鉴于近年以来垦殖发达，田畴激增，而以旧沟淤塞，湖沿广布，良田碱化。欲求发展垦殖，须先彻底改修排水沟道，以臻完善。于是，省府特饬水利局拟具1943年度经临各费总预算及各渠局处所普通工料费、点验杂费、测量差费预算为504510元，由会计处转呈行政院备案。[③] 可见，20世纪40年代中期宁夏地方预算不限于行政开支经费，已考虑地方经济建设。

宁省还对省会警察第三分局建设费预算予以核定。为维持地方治安并防共反共，地方当局认为，对于警察机关亟应

---

① 《中华民国工商税收史料选编》，第五辑，地方税及其他税捐（下册），第3223页。

② 宁夏省政府秘书处编《宁夏省政府工作报告》，1943年7—9月，第12—13页。.

③ 宁夏省政府秘书处编《宁夏省政府工作报告》，1943年7—9月，第28页。

健全充实。鉴于省会警察第三分局门台倒塌，不便居用，便造具预算洋1043元修缮完竣，具实呈报会计处审核；此外还对中卫、省垣学校添设劳动科学用具及临时修缮费进行预算。①

宁省还对1944年岁出预算具体加以核定。自1941年7月第三次全国财政会议决议财政改制以来，省级财政并入国家财政系统，省总预算无行取消，各省应编制岁出岁入单位概算并入国家总概算之内。宁省1944年度核定岁出预算为24030000元，连同分配县市国税支出11201700元，共计总数为35231700元。该年度遵照执行关于本省1944年度岁出单位概算，会计处于1943年7月签由省政府令饬第二级机关单位主管机构配合1944年度行政计划编制报核。②

省县经费之划拨。该省对于省县经临事业之划拨，均系遵照核定预算科目，以公库法之规定，分直拨两字拨款书，予各机关就国分库及国支库所在地点按月划拨支领，从未有迟早之误。惟因地方自治之财政困难，以省县待遇之悬殊，其生活费已另予以调整，省县平均配发，按照阶职之大小，以所得薪俸计算，从1945年1月份起，除本薪外，每月照11倍发给，长警夫役等每月各发生活费150元，嗣于3月份增加省级生活费时，又于是月份起每月平均增加7倍半。长警夫役等每月各加105元，以上乃省县经费划拨之大概情形。③

---

① 宁夏省政府秘书处编《宁夏省政府工作报告》，1943年7—9月，第28页。

② 宁夏省政府秘书处编《宁夏省政府工作报告》，1943年7—9月，第29—30页。

③ 宁夏省政府秘书处编《宁夏省政府工作报告》，1945年1—6月，第27—28页。

（二）岁入岁出

宁夏财政岁入方面，以田赋、营业税、补助款三项收入为主。岁出方面，可分为教育支出、经建支出、社会支出、保安支出、债务支出等5项。经建支出是指交通、实业等经济建设事业经费之支出。社会支出系指卫生、保育、救济、抚恤等社会行政事业经费支出。“兹将近5年来宁夏省岁入岁出各主要项目，表列如左”：①

表28：1936—1940年宁夏省岁入各主要项目统计表　单位：百元

项别 / 年份	田赋收入	营业税收入	补助款收入	备注
1936年	5314	1662	2486	假定总收入为100。
1937年	3652	1353	2254	
1938年	3619	1341	2327	
1939年	5794	1091	2216	
1940年	6518	1215	1357	

资料来源：叶祖灏：《宁夏纪要》，第92—93页。

表29：1936—1940年宁夏省岁出各重要项目统计表　单位：千元

项别 / 年份	教育支出	经建支出	社会支出	保安支出	债务支出	备注
1936年	787	60	175	1254	——	假定总岁出为100。
1937年	882	408	60	1119	——	
1938年	929	483	59	209	——	
1939年	899	621	99	1480	——	
1940年	951	691	81	1645	——	

资料来源：叶祖灏：《宁夏纪要》，第93页。

① 叶祖灏著《宁夏纪要》，第92页。

1936 年度，宁夏省岁出列为 438 万余元，其中，经建事业支出不及 1%，仅计 2 万余元。此后百分数虽年有增加，1940 年经建经费增至 23 万余元，但也仅占总岁出的 6.91%，实无裨助于推进省内经济建设事业，既不能发展经济以培养财源，财政也难脱于窘境。而其他如保安、债务支出反为地方之累。①

（三）县地方财政

1942 年度“改订财政收支系统实施纲要”之施行为我国财政史上之一大改革，对宁夏财政体制也产生直接影响。宁夏省县地方财政与省地方财政过去原混为一体，县地方财政悉由省经办。至 1941 年度，因实行收支系统办法，开始按规定严格划分省县收支，确定县地方收入，不再与省预算混淆不清。1942 年改订财政系统之后，各项县财政经费较前略有扩充。② 现将 1936 年至 1942 年宁夏省县地方财政预算及岁入岁出各主要项目分别列表如下：

表 30：1935—1941 年宁夏省县岁入各主要项目所占总岁入比率比较表

单位：元

项别 年份	岁入总计	县区数目	每县平均岁入数	
1935 年	290655	10	29066	备注：1938 年更改会计年度制度，非全年数据，故未列入
1936 年	358729	10	——	
1937 年	553540	10	55354	
1938 年	770531	11	——	
1939 年	758640	11	68967	
1940 年	1749326	11	159029	
1941 年	3856617	12	321384	

资料来源：叶祖灏著《宁夏纪要》，第 94 页。

① 叶祖灏著《宁夏纪要》，第 93 页。

② 叶祖灏著《宁夏纪要》，第 93 页。

从上表可见，各县年度岁入大体上是连年增加，1940 年明显增加，1941 年增加幅度更大，是 1935 年的 10 余倍。

表 31：1935—1941 年宁夏省县地方岁出各重要项目所占比率比较表

单位：元

项别 年份	县区数目	党政自治费支出	公安保安费支出	教育文化费支出	建设事业费支出	备注
1935 年	10	2634	1949	5416	——	1. 假定总支出为 100 2. 其他支出与预算费等项未予列入
1936 年	10	2134	2365	5343	107	
1937 年	10	——	——	——	——	
1939 年	11	6881	1028	2002	87	
1940 年	11	6805	1045	2150	——	
1941 年	11	4623	895	1231	143	

资料来源：叶祖灏著《宁夏纪要》，第 95 页。

由上表可见，宁夏各县支出中，党政与教育文化费用支出前后变化较大，其中后者总体呈下降趋势。

在国家、地方财政未作划分之前，该省年需筹措军费 260 余万元，为省库之严重负担，人民也深受其累。后经国民政府历年整理，增拨补助费 120 万元。随后即取消因供应军费举办之田赋附加 130 余万元。① 1940 年，国民政府核定该省国地税收支划分办法。从该年 4 月起军费支出由中央政府负担，地方经收之国家税款亦由中央接收。从此国民政府补助款项也有增加，由 1940 年度之 45 万余元增至 1941 年度之 139 万余元。1941 年度起，该省土地已相继清丈完毕，乃着手开征地价税。1944 年 10 月 15 日起，奉行政院令开征土地税。至此，宁夏财政基础渐臻稳固。②

① 叶祖灏著《宁夏纪要》，第 90 页。

② 叶祖灏著《宁夏纪要》，第 90 页。

二、省税收

宁夏与甘肃分治后，各项税捐仍按甘肃旧例征收。地方政府每多借口教育经费无着。实则宁夏地方历年教育经费之支出全恃学产一项之收入。“就地抽征临时税捐，中饱多于入库，病民最甚。”比如，1934 年，该省民政厅冯延铸视察中宁、中卫两县后，在省府纪念周上报告：“有某区区长，因逼收附加税，羁押 20 余人，及经亲加审讯，则所缴之款，已超过定额数倍。”冯氏因就视察所见之情形归纳为“繁”、“扰”、“累”、“害”四种（见宁夏省考察记）。税捐名目繁多，据 1934 年财政会议该省出席代表报告：“省有捐税，计有清乡费、临时维持费、善后罚款，省会警捐、卷烟特捐及船户驼户营业捐等多种；县有税捐，计有羊只捐、鸽堂捐、抬头捐、商店铺捐、牲畜捐、屠宰捐、地亩捐、烟灯捐、车驼捐、食盐驼运捐、牙行斗秤行用捐、粮食附加、粮担百五经费、地丁百五经费、粜捐、油房捐及婚书捐等多种。”会后，对于废除捐税该省当局态度十分坚决。

1935 年 1 月，首先特通令各县，将上项杂捐数十种年收约 20 万元一律废除，并严禁各县在正税之外再行摊派。其不敷之数悉由省辅助。接着是清丈土地，整理田赋、剔除陋规。1935 年后，该省田亩清丈完竣，实际耕地面积溢出，田赋收入增加 240 余万元。[①] 乃将省有杂税清乡费、善后罚款等项共约 100 余万元，全部撤废其他各税，经积极整顿，亦年有增加。计营业税年收入约 70 余万元，驼捐年收入约 7 万余元，船捐 4 万余元，房捐 25000 多元，契税 1 万余元。[②]

---

① 叶祖灏著《宁夏纪要》，第 96 页。

② 叶祖灏著《宁夏纪要》，第 96 页。

宁夏省省有税捐有田赋、契税、临时维持税（即百货税）、牲畜屠宰税、烟酒牌照税、牙行营业税、房捐（附警捐五种）、船捐、驼捐、羊捐等十种。兹稍分别言之。[①]

（一）田赋

田赋从宁夏建省伊始即已成为主要财政收入。其中，1931年田赋收入为130余万元，约占全年收入的一半。[②] 但1933年至1934年，由于军阀混战破坏生产，及大地主富豪以各种借口逃避田赋，加上贪官污吏相互勾结，从中渔利，致使田赋常年拖欠，因而田赋收入明显减少。为增加田赋收入，宁夏地方当局于1933年至1938年期间，曾三次更换财政厅长，撤换县长十多名；还曾于1935年、1938年两次清丈田亩，促使田赋收入明显增加。1940年田赋改成地价税，年收入2587255元，比1935年增加65000元。[③] 至1943年，为田赋征实，主管部门提前缮造征册及增发通知书。[④] 该省夏粮8月1日开始征收，由财政厅长及田粮处长赵文府，田粮处副处长金钟秀、副处长魏烈忠等轮赴各县巡视督导，又派出督导员5人分区轮流驻县督导，计8月份征获实物179712石358合，9月份征获263356石937合，二共征麦豆443069石295合，除盐池、同心两县因情形特殊，经电奉行政院及财政部电令将该两县额征实物6363石38升，县公粮米671石749合，全数予以豁免，并各县因灾诸案查勘属

① 《中华民国工商税收史料选编》第五辑，地方税及其他税捐（下册），第3213页。

② 梁敬錞著《宁夏輶轩录》，《东方杂志》第31卷第10号，第74—75页。

③ 甘肃省政协文史资料研究委员会编《甘肃文史资料选辑》，第16辑，甘肃人民出版社1983年版，第61—65页。

④ 宁夏省政府秘书处编《宁夏省政府工作报告》，1943年7—9月，第31页。

实，业经转报豁免夏粮2241石87升外，均于9月底如额征齐。[①] 秋粮10月1日开征，11月底清扫；1943年因奉核征额较迟，距开征之期仅有一月，缮造征册及通知书，手续繁复，各县在职及临时人员于9月底完成田赋征实。[②]

（二）烟酒牌照税

1935年1月，国民政府财政部颁布《修正烟酒营业牌照税暂行章程》12条，对华、洋烟酒营业者领取、使用牌照及纳税做出若干具体规定。[③] 宁夏省烟酒牌照税系遵照上述财政部税务署修正烟酒营业牌照税暂行章程，每年按四季征收营业牌照税，自元月1日起至3月底止为第一季，4月1日起至6月底止为第二季，7月1日起至9月底止为第三季，10月1日起至12月底止为第四季。由每季第一月之一日至十日为换领牌照时期，不得逾期。兹将宁夏省牌照税率分列如下：[④]

（甲）烟类营业牌照，按本省商户置业状况，其等级税率如下：

大宗批发烟草者为特种	每季纳税10元
开设店肆零卖烟草者为甲种	每季纳税4元
开设他种店肆兼零卖烟草者为乙种	每季纳税2元
设摊零卖烟草者为丙种	每季纳税1元
零售烟草之负贩者为丁种	每季纳税5角

① 宁夏省政府秘书处编《宁夏省政府工作报告》，1943年7—9月，第32页。合（读音，各），容量单位；粮食容器。

② 宁夏省政府秘书处编《宁夏省政府工作报告》，1943年7—9月，第31—32页。

③ 中国第二历史档案馆编《中华民国史档案资料汇编》，第五辑，第一编，财政经济（二），江苏古籍出版社1994年版，第418—420页。

④ 《中华民国工商税收史料选编》，第五辑，地方税及其他税捐（下册），第3217页。

事实上，宁夏烟类营业牌照税的征收标准乃根据该省商店营业状况并参照暂行章程所定，仍较财政部《修正烟酒营业牌照税暂行章程》所规定的纳税标准为低。如暂行章程规定，以烟草大宗批发者或零售商人为整卖，按等级征税，分为三级，分别以每季纳税100、40、20元不等，[①]但宁夏实际为每季纳税10元。

（乙）酒类营业牌照（凡已缴纳比较之烧房或商号，勿庸再领牌照），按照本省商业状况，其等级税率如下：

开设店肆贩卖一切酒类者为甲种　　每季纳税8元

他种商店兼售一切酒类者为乙种　　每季纳税4元

零售酒类之设摊者为丙种　　每季纳税2元

零售酒类之负贩者为丁种　　每季纳税5角

（丙）洋酒类营业牌照，按本省商业状况，其等级税率如下：

各零售洋酒类商店为甲种　　每季纳税5元

各酒楼旅馆及酒吧等类为乙种　　每季纳税4元

凡同时兼营酒类、烟类、洋酒类之各商店应分别领照，各按定额纳税。

宁夏酒类营业牌照税的征收标准乃根据暂行章程所定，但有所变动，并仍较财政部《修正烟酒营业牌照税暂行章程》所规定的纳税标准为低。如暂行章程规定洋酒类零售营业，各酒楼旅馆及酒吧等类为甲级，每季纳税银10元，但宁夏规定各酒楼旅馆及酒吧等类为乙种，每季纳税仅4元。再如，暂行章程规定洋酒类零售行业，各零售洋酒类商店为乙级，每季纳税5

① 中国第二历史档案馆编《中华民国史档案资料汇编》，第五辑，第一编，财政经济（二），江苏古籍出版社1994年版，第418—420页。

元；但宁夏的征收规定是，各零售洋酒类商店为甲种，每季亦纳税5元。宁夏地方的这一规定显然是针对零售商店经销洋酒是重要税源而定的。但历年税收情况则处于维持状态，计1935年为7931元，1936年度、1937年度之预算亦各为7931元，1938年度为3966元，1939年度之概算为7200元。总之年收入约在7000元左右。[①]

1941年度，该省开征营业牌照税；1942年度，复依自治财政之规定开征使用牌照税、娱乐及筵席捐。房捐与屠宰捐亦经重新整理举征，作为自治财政之收入。现将该省1940年代初举办各税概况列表如下：[②]

表32：1941—1942年宁夏省自治新税收入预算表

项别	1941年度	1942年度
营业牌照税	7200	45000
使用牌照税		140000
屠宰税		26000
房捐		42500
筵席及娱乐捐		28500

资料来源：叶祖灏著《宁夏纪要》，第97—98页。

上表所列牌照税预算数额的增加，说明地方当局预期地方企业营业家数会较上年增多。

抗战胜利后，地方当局又曾开征船驼使用牌照税。船使用牌照税之征收，该年是依照财政部新颁布使用牌照税法第五条乙项之规定征收之。计木船每艘征收8000元；木筏及牛皮筏每

① 《中华民国工商税收史料选编》第五辑，地方税及其他税捐（下册），第3218页。

② 叶祖灏著《宁夏纪要》，第97页。

只征收 8000 元。唯羊皮排每只征收 3000 元，全年只征一次。[①]驼使用牌照税之征收，该年是依照财政部新颁布使用牌照税法第五条丁项之规定按年征收。每只驼征收 8000 元，每年征收一次。至 1947 年 6 月底征收洋 9 809 450 元。[②]

（三）契税

契税，即通过查验契约在短期内获取的大宗收入。

各地在北京政府时期已经开征契税，以解决财政困厄。南京国民政府成立后，财政部也曾于 1927 年 11 月 18 日公布《验契暂行条例》、《各省验契章程》，以作为通过验契征收税额的依据。1929 年，国民政府还修订《契税暂行条例》，提高各县办理验契所提取的经征费。宁夏建省后，契税初袭甘肃旧例，办理殊欠妥善。自 1933 年省政府改组后，即拟具章程呈准施行，旋以军事影响，致告停顿。1934 年战事结束后，又以办理清丈地亩，无暇办理。至 1935 年清丈完竣，始旧令重申，催令各县按章程办契税。然以民间元气未复，人民多甘愿放弃产权，每与产业发生纠葛之时，白契不生效力，始张皇失措，要求税契。此种积弊不易而足。省政府为体念民间困穷，多未加深究。[③]

自 1937 年 1 月起，省府为整饬契税起见，并减低税率，规定卖契以契价百分之四（旧率百分之六）、典契以契价百分之二（旧率百分之三）完税；并规定自 1937 年 1 月至 6 月止一律为旧契补税期间，逾期即行处罚；规定契纸费每张五角，纳税人

① 宁夏省政府秘书处编《宁夏省政府工作报告》，1947 年 1—6 月，第 51 页。

② 宁夏省政府秘书处编《宁夏省政府工作报告》，1947 年 1—6 月，第 51 页。

③《中华民国工商税收史料选编》，第五辑，地方税及其他税捐（下册），第 3213 页。

自行完纳此项税款。此外政府不得以任何名目征收附加税款。①

至于处罚之办法：凡不动产之买主或承典人于契约成立后一月内，不依章缴税者，除纳定率之税额外，并处以应纳税额之十倍罚金。其旧契至1937年6月底仍未税者亦同。又，为防避匿报契价以图漏税者，其罚则规定如下：①匿报契价十分之二以上未满十分之三者罚以短纳税额之二倍；②匿报契价十分之三以上未满十分之四者罚以短纳税额之四倍；③匿报契价十分之四以上未满十分之五者罚以短纳税额之八倍；④匿报契价十分之五以上者，罚以短纳税额之十六倍，或以所报契价收买之。②

其历年契税税收预概算情况列如下表：

表33：　20世纪30年代中期契税征收概预算及契税正附税比较表

科目	1934年度（元）	1935年度（元）	1936年度（元）	1937年度（元）	1938年度（元）	1939年度（元）
契税	——	10470	10 470	10 470	5 235	——
契纸费	——	249	249	249	125	——
合计	——	10719	10719	10 719	5 360	9 000
契税正附税（收数）	17922	10719	10719			

附注：表列数字除1939年度系概算外，余皆系预算数。

资料来源：《中华民国工商税收史料选编》，第五辑，地方税及其他税捐（下册），第3213页；（上册），第314页。

上表仅可见部分年份预算与实收数额完全相同，1938年后有所变化。实际上宁夏契税一直并未停征。如下简表：

① 《中华民国工商税收史料选编》，第五辑，地方税及其他税捐（下册），第3213页。

② 《中华民国工商税收史料选编》，第五辑，地方税及其他税捐（下册），第3213页。

科目		1939 年度（元）	1940 年度（元）	1941 年度（元）	1942 年度（元）
契税及契纸工本费	配额	10719	10719	24000	
	实收	2500	15830	25620	285017

资料来源：《中华民国工商税收史料选编》，第五辑，地方税及其他税捐（上册），第 328—329 页。

该表统计说明，从 1941 年开始，契税征收数额较前明显增加，地方当局对其征收期望值大增，导致 1942 年预算数额有所提高，但实际征收数额相差甚大。尽管如此，1942 年契税征收数额较前还是大幅增加。1943 年后契税还有增加。据统计，1943 年实际征收数额为 937310 元，1944 年为 2157243 元，1945 年 453892 元。[①] 估计后来因手续繁杂，数额减少，地方当局向财政部请求免征，但财政部认为契税属于行为税，要求照常征收。[②] 这说明随着契税数额的连年增加，其征收引起国民政府财政部的高度重视。

（四）临时维持费及其演变

宁夏省临时维持费之开征缘于 1931 年奉财政部明令裁撤厘金。厘金的开征缘起于 19 世纪 50 年代初清廷地方官为镇压太平军筹集费用。1853 年 7 月，清廷江北大营帮办军务大臣雷以诚根据其幕僚钱江的建议，首先在扬州仙女庙一带开设厘局，向商人征收厘金。厘金为一种工商税，对坐商抽征商品交易税，称为板厘或坐厘；对行商抽征货物通过税，称为活厘或行厘。

① 《中华民国工商税收史料选编》，第五辑，地方税及其他税捐（上册），第 329 页。

② 《财政部复宁夏田赋粮食管理处 1946 年度契税不予征收电》，1946 年 1 月 23 日，《中华民国工商税收史料选编》，第五辑，地方税及其他税捐（上册），南京大学出版社 1999 年版，第 292 页。

按规定皆为值百抽一。第二年，清政府发现抽厘大可获利，便下令广泛推广。至19世纪50年代末，厘金制度几乎遍及全国，成为经常的税收制度。这样一直延续到20世纪30年代。1927年至1930年，南京国民政府曾多次发布命令要求地方各省裁撤厘金。[①] 1931年宁夏省废止厘金之后，以国民政府要求停办的特种消费税以资抵补。当时规定，该项消费税只可征收本省产品出口货物，所有进口货物持有消费税单者准予查验放行，不再征税。举办数月，收入无几，以致所有军政各费开支无法维持。乃于同年10月起改办临时维持费，借以维持军政各费。同时宁夏省于裁撤厘金之后，并依照部颁发各省征收营业税大纲及补充办法拟订宁夏省营业税征收条例。施行以来，因地方商业萧条，按照营业总额为课税标准，不但收入甚微，且边鄙商民知识浅陋，营业账簿难任公家考查。如由商家自行呈报，又多欺骗。故营业税难以顺利举办，而临时维持费相沿迄今。1934年虽经全国财政会议议决，做第三期废除临时维持费，正式改办营业税，其短收之数由国民政府每年补助军费60万元。唯此项议决案仍决而未行，中央补助费迄未拨下，故该项临时维持费一仍旧贯，[②] 以致现在暂仍照旧办理。[③]

至于其征收范围与税率之规定极为繁琐。凡各商货贩运到境销售时，一律课税。其课税种类及税率规定如次：[④]（1）绸缎

① 中国第二历史档案馆编《中华民国史档案资料汇编》，第五辑第一编，财政经济，（二），江苏古籍出版社1994年版，第286—315页。

② 《中华民国工商税收史料选编》，第五辑，地方税及其他税捐（下册），第3214页。

③ 《中华民国工商税收史料选编》，第五辑，地方税及其他税捐（下册），第3233页。

④ 《中华民国工商税收史料选编》，第五辑，地方税及其他税捐（下册），第3214页。

类上等（系指纯丝原料织成品）内计铁机缎类（八种）、木机库缎宁绸类（四种）、印度绸缎类（五种）、线春湖类（六种）、绸绫类（十一种）、华丝香云纱类（六种）、素直罗类（四种）、纺缎类（六种）、丝棉类（五种）、丝织风景字画照像类（十一种），以上十类六十六种货品，不分颜色、远近，准连皮二百四十斤为一担，每担完税六十元，不足担者以斤重多寡征之。其由邮寄者亦同。洋绸缎货类中上等（系指丝麻原料合织品冲丝麻织品以及人造丝）内计丝麻合织品类（九种）、绒织品（七种）、呢织品类（六种），以上三类二十二种货品，不分颜色、远近，准连皮二百四十斤为一担，每担完税洋三十七元五角，不足担者以斤征收。（2）冲丝麻织品类（即人造丝品）（十四种）。以上货物，不分颜色，概准连皮二百四十斤为一担，每担依前三十七元五角税率折半征收，以昭公允。国内纺织品亦同。（3）布匹类（指洋货国货棉织品与棉织合织品等）（四十四种）。以上货品，不分颜色，准连皮二百四十斤为一担，每担完税九元。（4）细杂货类内计鞋帽类（十九种）、棉毛线货类（十四种）及其杂色日用品类（三十种）。以上六十六种货品，不论远近，概准连皮二百四十斤为一担，每担八元二角五分，不足担者以斤计征。如系自行车及零件、话匣、话片、座钟、挂表、眼镜、照相材料、古玩、玉器等物，须估价按值百抽五征收。（5）化妆妆品类（二十一种），以上各种货品连皮二百四十斤为一担，每担抽十五元。（6）海味品类（二十六种），以上各种货品准连皮二百四十斤为一担，每担抽十六元五角。（7）杂货类上等（二十五种），以上各货除煤油、汽油不准征税外，其余二十四种货品，准连皮二百四十斤为一担，每担征六元。

①杂货类中上等（三十七种）。以上各货品准连皮二百四十

斤为一担，每担征三元六角。杂货类中等（十八种），每担征税三元；杂货类中下等（二十五种），每担征税一元八角；杂货类下等（二十种），每担征税一元八角。

②纸张上等（三十种），每担征税三元六角。纸张中等（十五种），每担征税三元。纸张下等（七种），每担征税一元八角，本省产者征一元二角。

③棉花类（二种），每担征税三元九角。

④磁器类上等（一种），每担征税十元五角。磁器类中等（二种），每担征税七元五角。磁器类下等（二种），每担征税一元八角。瓦货每担征税七角五分。土产磁器（二种），每担征税一元二角。

⑤土产杂货类：内计羊肠每担征税四元五角，发菜等四种每担征税二元七角，红瓜子等三种每担征税二元四角，红枣等六种每担征税一元三角五分，靖远梨每草笼征五分，冬梨每笼征二角，苇席等十一种每担征八角二分五厘。

⑥估衣类：内计绸估衣等二种每担四十二元，布估衣每担征九元。

⑦茶叶类（系按斤抽税）：内计春茶等二种每斤征二角，黄山花色茶等十九种每斤征一角，千两茶每斤征五分，大萌茶每斤征四分。

⑧药材类：内计甲等中麝香种［等］八种每斤征十二元，犀角等六种每斤征四元；乙等中十七种每斤征税八元，京广丸散膏丹等估价值百抽五征之；丙等中甘草膏每百斤征税十二元，上等厚朴二十六种每百斤征税四元五角，而冲枸杞减半，每百斤征二元二角五分；丁等中各项杂叶（二百八十五种）每百斤征税一元五角；戊等中五种每百斤征税八角。如系上列各项同货品意外之中西药品，均按估价值百抽五征之。

⑨木料类：无论松、柏、杨等木，按大小区为五等，大号（三围尺以上），每根抽七角五分，（大过四尺者照大号加征四角五分），二号（二尺五寸）每根抽五角二分五厘，三号（二尺）每根抽三角七分五厘，四号（一尺五寸）每根抽二角二分五厘，五号（一尺四寸以下）每根征三分。以上木料，如系甘肃结筏运宁者有甘肃完捐执照者以半税征之。此外，还规定各种木料每根或每付征税一角以上三元以下之税率凡十七种。此外，凡未规定名称之各项木料，仍按照就地时价值百抽五征之。[①]

⑩皮毛类：该省皮毛货物为大宗出口货物，在财政收入上占极重要位置，故对于皮毛类税率之规定亦特详。

至于历年税收情况，计 1935 年度 734406 元，1936 年度 616300 元，1937 年度 536500 元，1938 年度 268250 元（半年度）。1937 年以前，平均每年约在 60 万元左右。1939 年度为 406244 元。1941 年为 30 余万元。1941 年 4 月，国民政府改定财政收支系统，原有省财政收入概由国民政府接管，营业税也划归财政部接管。加上数额不大，1942 年起宁夏将其交出后归国民政府接管。[②]

（五）牲畜屠宰税（即牲屠营业税）

宁夏省牲畜屠宰两税，在未建省以前，即系甘肃宁夏道所属各县旧有之税，向由各县县政府征收。及 1929 年度建省之后，即收归省税。所有各县牲畜及屠宰两税均归省政府财政厅委派各县征收局就近兼办，并准在实收税款内提支百分之五作办公经费，不另支薪。嗣以各征收局兼办收数不旺，遂于 1931

① 《中华民国工商税收史料选编》，第五辑，地方税及其他税捐（下册），第 3216 页。

② 《中华民国工商税收史料选编》，第五辑，地方税及其他税捐（下册），第 3216 页；（上册），第 482—483 页。

年10月改由财政厅委派专员设局征收，以专责成而裕税收。推行至今，仍沿旧制。[①] 其税率之规定，根据1939年之修订，计牲畜税率为凡买卖骡、马、牛、驴、骆驼、猪、羊等，均按交易价格值百抽五征收。其税率之缴纳由买主负之。而屠宰税率则更以猪牛羊三种为限，计猪每头征税三角，牛每头征税一元，羊每头征税一角。其税款之缴纳由屠户负之。[②] 至于税收情况，计1935年度收48474元，1936年度104474元，1937年度27840元，1938年度（半年）58920元。历年总在10万元以上。1939年数字未详。[③] 抗战胜利后，宁夏屠宰税之征收仅分猪、牛、羊三种，其税率则遵照1946年12月财政部新颁之屠宰税法第三条规定，以屠宰肉之重量，照当地每斤市价征收5%，至1947年6月底，已征收54719993元。[④]

（六）牙行营业税

宁夏省牙行营业税，于建省之初系沿甘肃，领贴营业。唯多不遵守定章，或数户合领一贴，或因营业微小不肯领贴，这“既失权利义务之平衡，复违公家立法之初旨”。至1934年底，宁夏省仍以财政部颁发整理牙税办法拟订本省征收牙行营业税章程。按五年编审一次，自1935年1月1日起至1939年12月31日为期满，自1940年1月1日以后再重新编审，并饬以往之过载行未领贴者，均应加领合领证书者责其单独请领。其以前

① 《中华民国工商税收史料选编》，第五辑，地方税及其他税捐（下册），第3217页。

② 《中华民国工商税收史料选编》，第五辑，地方税及其他税捐（下册），第3217页。

③ 《中华民国工商税收史料选编》，第五辑，地方税及其他税捐（下册），第3217页。

④ 宁夏省政府秘书处编《宁夏省政府工作报告》，1947年1—6月，第50—51页。

之游行露天牙行一律取消，以符财政部规章，并剔除陋习。宁夏省牙行计有载（疑为裁——作者注）行、斗行、青果行、木料行、牲畜行、皮毛行等一百三十六家。其税率之规定，计分六等。分列如下：①

（甲）牙行特许营业证证费分为下列六等：

一等二百元	二等一百五十元	三等一百元
四等五十元	五等三十元	六等二十元

（乙）牙行营业税每年应纳额如下：

一等一百五十元	二等一百元	三等五十元
四等二十五元	五等十五元	六等十元

（丙）上两项税费之外，另立特等一则，不限定额，由县酌定之，唯其征费、年税合计，依佣金收入额为标准，至多不得超过百分之二十。此外，并得收贴本费一元，以为印刷之资。其收入情况，在未整理之前，每年收入甚微，不过二三百元，自整饬之后，每年已收入至四千六百元之谱。而1939年度之概算定为8000元，可见进展之速。② 至于当行营业税，宁夏省尚未经整理，每年收入不过300元。

（七）房捐（包括警捐）、禁烟登记捐、铺户捐、歌女捐、戏捐、卫生检验手续费等项警捐。

宁夏省房捐之开征系为补充警务费而设，故历年皆由警察局直接征收。此外宁夏省并准予警察局征收其他五项捐费，总称警捐，实则其主要税收仍以房捐为主。规定由警察局自征自用，如有多余仍交回省库，不足则亦由省库补助之。其税率及

---

① 《中华民国工商税收史料选编》，第五辑，地方税及其他税捐（下册），第3218页。

② 《中华民国工商税收史料选编》，第五辑，地方税及其他税捐（下册），第3218页。

税收情况如次：[①]

①房捐　宁夏省之房捐系按房屋之优劣分为甲、乙、丙三等。其每月税率如下：

甲等房捐，每间每月征收二角；

乙等房捐，每间每月征收一角；

丙等房捐，每间每月征收五分。

其税款之缴纳由住在人负之。如住在人系租赁，则房捐应由房主抑或租赁人负担，由住客双方自行商定之。其历年税收情况，计 1935 年为 265327 元，1936 年为 25264 元，1937 年之预算亦为 25264 元，1938 年度（半年度）为 13632 元。其实收数字自亦相当可观。[②]

至 1947 年，依照财政部办法征收房捐条例并参照繁盛区域，计银川市、贺兰、永宁、宁朔、平罗、惠农、金积、灵武、中卫、中宁等县域镇征收房捐，复经一再整顿，收入颇有增加。至 1947 年 6 月底，已收入房捐洋 39 570 910 元。[③]

②禁烟登记捐　此项警捐有含寓禁于征之意。其捐额计分甲、乙、丙、丁四等如下：

甲等捐，每月征收三元；

乙等捐，每月征收两元；

丙等捐，每月征收一元；

---

① 《中华民国工商税收史料选编》，第五辑，地方税及其他税捐（下册），第 3219 页。

② 《中华民国工商税收史料选编》，第五辑，地方税及其他税捐（下册），第 3219 页。

③ 宁夏省政府秘书处编《宁夏省政府工作报告》，1947 年 1—6 月，第 50—51 页。

丁等捐，每月征收六角。[①]

③铺户捐　此项警捐系依其资本之多、营业状况之盛衰，分为甲、乙、丙、丁、戊五等。其捐额规定如下：甲等警捐，凡在商会之各号，每月由商会代征汇缴之，其额数临时派定之；乙等警捐，每家每月征收一元五角；丙等警捐，每家每月征收一元；丁等警捐，每家每月征收八角；戊等警捐，每家每月征收六角。[②]

④歌女捐　此项警捐依各歌女之营业情况分为头、二、三等，由各歌女自行择定等次完纳之。其捐率如下：头等歌女，每月纳登记捐八元、娱乐捐四元；二等歌女，每月纳登记捐四元、娱乐捐一元；三等歌女，每月纳登记捐二元。

此项歌女捐之外，尚附征门捐一项。如某街门牌某号系歌女院，不论院舍之大小与内住歌女之多寡，每门每月征收门捐八元。[③]

⑤戏捐　此项警捐由于审查戏剧而起，凡经警察局认为适合检查章程者方得开演。戏捐无等次之别，仅有昼夜之分。其捐率规定如次：

甲、昼戏夜止，每天纳捐二元；乙、夜戏昼止，每天纳捐二元；丙、昼夜全演，每天纳捐三元；丁、戏捐按天征收，不演免收。[④]

---

① 《中华民国工商税收史料选编》，第五辑，地方税及其他税捐（下册），第3219页。

② 《中华民国工商税收史料选编》，第五辑，地方税及其他税捐（下册），第3219页。

③ 《中华民国工商税收史料选编》，第五辑，地方税及其他税捐（下册），第3220页。

④ 《中华民国工商税收史料选编》，第五辑，地方税及其他税捐（下册），第3220页。

⑥卫生检验手续费　此项警捐分牛、羊、猪三种。其检验手续费按牲畜种捐［类］规定费率如下：甲、宰牛一头，收检验手续费一元二角；乙、宰猪一只，收检验手续费四角；丙、宰羊一只，收检验手续费一角五分。[①]

（八）船捐

宁夏省船捐原系地方税之一种，向归灵武、平罗县经征，作为该县之警饷。自 1929 年建省之后，收该两县之船捐列入省库，由财政厅委派各征收局就近兼办，准其由收入正捐之内提支百分之二作办公经费。嗣以各局兼办收数不旺，乃于 1931 年起将全省船捐另委专员设局征收，以专责成，而裕税收。推行至今，仍沿其旧制。其最近新完之税率有如下表：

表 34：船捐征收比例列表

船别	大船税率（元）	小船税率（元）
毛筏	72	72
水烟船	600	600
杂货船	600	52
甘草船	64	60
枸杞发菜船	64	60
蒲毛船	72	60
梨船	40	38
枣船	24	20
土磁船	24	20
粮食船	24	20
盐船	24	20

① 《中华民国工商税收史料选编》，第五辑，地方税及其他税捐（下册），第 3220 页。

（续上表）

船别	大船税率（元）	小船税率（元）
石碱船	24	20
木石料船	20	16
炭船	16	12
空船	12	8

附注：本表税率依据修正征收各项税捐章程规定，并以征税一次为原则。

资料来源：宋同福著《宁夏财政之剖视》，《经济彙报》第二卷第十一期，1940年11月，第1346页。

至于船捐历年收入情况，计1935年度、1936年度各为28252元，1937年度为40000元，1938年度为20000元，1939年度数字未详从缺。①

（九）驼捐

驼捐在未建宁夏省之前，即系甘肃省宁夏道旧有之税捐。原为筹饷起见，向由各征收局所或各县县长办理。至1929年建省之后收归省有。所有驼捐由财政厅委派各县征收局兼办，并准由各局批解驼捐每百元每百里支解费洋一角五分。嗣以各征收局兼办，收数不旺，乃于1931年10月起另委专员设局征收，以至于今，仍沿旧制。②

其税率之规定依最近修订如此：驼捐以壮驼为标准，每壮驼一头正税二元，外收公费二角，以一角留局补助经费，以一角解交财厅作为印制票照费。老驼、幼驼照章减半征收，不给牌记，但老幼驼至多不得超过总数十分之一。以上老驼、幼驼每只载重以一百八十斤为限。凡过各关卡，如查无牌记之驼载

① 《中华民国工商税收史料选编》，第五辑，地方税及其他税捐（下册），第3221页。

② 《中华民国工商税收史料选编》，第五辑，地方税及其他税捐（下册），第3221页。

重逾一百八十斤者，除照章补税发牌照外，并照罚则处罚之。[①]其税收情况，计1935年度、1936年度各为67 600元，1937年度为75 000元，1938年度为37 500元。收入数字相当可观。[②]

（十）羊捐

宁夏省羊只捐原由各县政府征收，以供警察费用之开支。旧时每只有收捐一角五分者、有收二角者、亦有征收二角五分者，捐率分歧不易。至1935年经省政府委员会第七十次会议议决，自1936年1月起由县政府移交省府地方税局接办，重加整顿，所收羊只捐一律解交财政厅，各县警察费则由财政厅统支。并划一羊捐税率，规定绵羊每只一律收捐二角，山羊每只收捐一角。六个月内之羊羔概不收捐。唯六个月以上一年以内之绵羊收捐。兹将1938年度各局征收实数列表如此：[③]

表35：1938年度各局羊捐征收统计表

局别	全年征解捐款数(元)	备考
夏朔平三县羊捐局	13200.00	
金灵两县羊捐局	10000.00	
卫宁两县羊捐局	6000.00	
盐同两县羊捐	22723.00	
磴口县羊捐局	4296.20	自1938年7月始设局征收
合计	56219.2	

由上表以观，本省羊只捐收入数字，极为可观，每年实收

① 《中华民国工商税收史料选编》，第五辑，地方税及其他税捐（下册），第3221页。

② 《中华民国工商税收史料选编》，第五辑，地方税及其他税捐（下册），第3221页。

③ 《中华民国工商税收史料选编》，第五辑，地方税及其他税捐（下册），第3222页。

五万六千余元。[①]

（十一）善后罚款

自宁夏建省后，税捐均按甘肃省旧制征收，“税目繁杂，扰民最甚”。自马鸿逵1933年改组宁夏省政府后，“一面清理废除苛杂，一面清丈土地，整理田赋，举办地价税，整理合法税捐，并确立预算制度，纳财政于正轨”。[②]

宁省特税亦为大宗收入。征收机关区分为清乡费、善后罚款两项，年约收190万元。专为维持开支，财厅列入收入预算。具体如清乡费，即烟亩罚款，由财政厅令饬各县按亩征收（每亩二元五角），并以收入旺滞，作为各县长考绩之标准。各县长奉令催征不敢怠慢。如农民一时无款缴纳，即解押县城，用刑逼缴，甚至毙于杖下，情殊可悯。据财政厅所列预算清乡费共为180万元，实际只可达7.5成以上。[③]

表36：1934年宁夏各县征收清乡费一览表　　单位：元

县名	征收概数	县名	征收概数
宁朔	350000	中宁	200000
宁夏	350000	灵武	200000
平罗	350000	金积	150000
中卫	200000	磴口	约100000
总计	1900000		

资料来源：重庆市档案馆：《密呈西北各省特税内容》，《档案史料与研究》1989年第3期，第18—19页。因盐池、预旺两县地多碱质，种植者少，故未列入。

① 《中华民国工商税收史料选编》，第五辑，地方税及其他税捐（下册），第3222页。

② 叶祖灏著《宁夏纪要》，第90页。

③ 当时，曾有省府密令规定，若有抗款不缴因刑毙命者，酌给恤费30元。重庆市档案馆：《密呈西北各省特税内容》，《档案史料与研究》1989年第3期，第18页。

（十二）土地增值税与市地地价税

1944年，宁夏省推行土地税实属创举，“既无成案可循，又因各县处办理土地税人员缺乏经验”，因而宁夏省政府田粮处为推行部令计，注意培训并大胆吸纳、任用略有经验之征税人员。为防止征税计算出现差错，促使经办人员了解、熟悉征收手续，该省还在实施之初即集合各县处办理土地税人员，就有关手续与计算方法等事项予以短期训练，“以求推行顺利，而期渐收整齐划一之效，俾为土地税之前途树一巩固之基础”。土地增值税与市地地价税征收情形大略如下：

（1）土地增值税

自1944年度10月15日开征，计征稽范围有宁夏市及永宁、贺兰、宁朔、平罗、惠农、金积、灵武、中卫、中宁等9县。后因各县处办理人员程度不齐，虽经田粮处予以训练，征收迅速确实者固多，而能力欠缺迟缓表报亦复不少。故至1944年终，永宁、贺兰、金积、灵武、中宁等五县均收有相当成效，一切尚称顺利。而中卫、宁朔、平罗、惠农等四县，省处虽多次去电催促，但毫无收数呈报。鉴于边陲之地民智未开，“操之过急［则易］激起民众反感，影响现在之征收与未来之发展，故在不影响税收原则下，多方宣导，俾民众家喻户晓，完成征收工作”。计自1944年度10月15日起至年度终了止，征获累计175 872元，较规定6万元超收115872元。[①]

（2）市地地价税

宁夏省市地地价税于1943年度奉令开征，先从省垣开始试

① 《财政部董柳坡陈述宁夏省土地税征收情形致部次长等报告》1945年2月5日，《中华民国工商税收史料选编》，第五辑，地方税及其他税捐（下册），第3245页。

办。当时因各县处一切创办之手续一时赶办不及，册籍费亦无着落，故各县未能举办，仅开征省垣一处，但收数无几。1944 年度，续将各县 1943 年、1944 年应征城市地价税开始征收。[①] 至 1944 年 10 月 15 日再次奉令开征，除省垣仍照旧办理外，并同时开征永宁、贺兰、宁朔、平罗、惠农、金积、灵武、中卫、中宁等 9 县。结果 1943 年、1944 年两年度地价税，因地价税册均按照总归户办法重新编造，办理一切手续繁复异常，故各种手续办竣，时间已过大半。永宁、宁朔等县 1944 年度前均“分别扫结”；1944 年底，平罗、贺兰、中宁等县地价税仍在摊收中；在据当时预计，在限期内该 3 县当可征收完毕。“惟中卫、金积、灵武、惠农等四县因人事及环境两种困难，虽迭经省处电催限期扫结，迄今尚无收数”。后严令催收，截至 1945 年 1 月中旬，1943 年度地价税 5357 元，1944 年度地价税 88098 元。[②] 另据宁夏田赋粮食管理处处长赵文府 1945 年 10 月间致电，1944 年度市地地价税及补征 1943 年度市地地价税，均于 1945 年 8 月 10 日“清扫”，总计征起 1943 年度地价税 63391 元，1944 年度地价税 166387 元。[③]

现将自 1935 年度以后历年税捐收入对于总收入之比率列表以明之。[④]

---

① 《国民政府年鉴》，第三回，第二编第二十一章，页三。转引自胡平生著《民国时期的宁夏省（1929—1949 年）》，台北，台湾学生书局 1988 年版，第 216 页。

② 《财政部董柳坡陈述宁夏省土地税征收情形致部次长等报告》1945 年 2 月 5 日，《中华民国工商税收史料选编》第五辑，地方税及其他税捐（下册），第 3246 页。

③ 《宁夏省田赋粮食管理处代电》，1945 年 10 月 1 日，中国第二历史档案馆馆藏直接税署档案。引自《中华民国工商税收史料选编》，第五辑，地方税及其他税捐（下册），第 3245 页。

④ 《中华民国工商税收史料选编》，第五辑，地方税及其他税捐（下册），南京大学出版社 1999 年版，第 3212 页。

表 37：1935—1939 年度宁夏省税收预概算列表

年次	全年总收入（元）	税捐收入总额（元）	税收对于总收入之百分比
1935 年度	3 614 279	3 255 524	90.0%
1936 年度	4 404 623	3 192 155	72.4%
1937 年度	4 968 681	3 564 143	71.7%
1938 年度	2 518 305	1 816 036	72.1%
1939 年度	4 576 975	2 540 959	55.5%

附注：（一）1938 年度系 7 月至 12 月半年数字。（二）1939 年度为概算数。（三）其余各年度均为预算数。

资料来源：《中华民国工商税收史料选编》第五辑，地方税及其他税捐（下册），南京大学出版社 1999 年版，第 3212 页。

根据上表以观，宁夏税捐收入总额，1935 年度占全省收入 90% 之多；1936 年、1937 年、1938 年各年度，亦均在 70% 以上；1939 年度系概算数字，亦在 55% 以上。其地位之重要可以想见。① 另见实际税收数额统计。

表 38：1938 年至 1940 年度宁夏省各县地方税局实收各项税捐数目表

税局名称	税局地点	税收种类	实收税捐数目		
			1938 年上半年	1939 年	1940 年
夏朔平三县地方税局	宁夏省垣	维持费	24000	46195.50	36431.98
		牲屠税	13500	20320	21020
		羊只捐	10200	12900	13700
		船捐	1100	3080	9851
		驼捐	3420	10208	10020
		烟酒牌照	1700	3700	3400
		合计	53920	96403.50	94422.98

① 《中华民国工商税收史料选编》，第五辑，地方税及其他税捐（下册），第 3212 页。

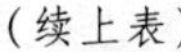

（续上表）

税局名称	税局地点	税收种类	实收税捐数目		
			1938 年上半年	1939 年	1940 年
金灵两县地方税局	灵武县吴忠堡	维持费	21600	43104.40	37711.04
		牲屠税	5400	9380	9280
		羊只捐	6800	9100	10020
		船捐	无	2900	5980
		驼捐	4300	9040	9000
		烟酒牌照	825	1800	1650
		合计	38925	75324.40	73641.04
磴口县地方税局	磴口县	维持费	3433.37	27897.75	31201.49
		牲屠税	1200	2280	2201
		羊只捐	4296.20	3866.20	3945.20
		船捐	900	1895	4444
		驼捐	2400	5538	6230
		烟酒牌照	无	无	无
		合计	12229.57	41476.95	48021.69
卫宁两县地方税局	中宁县	维持费	67415	24870.70	20361.44
		牲屠税	6200	10720	9620
		羊只捐	3300	5600	6700
		船捐	1500	3000	8000
		驼捐	2750	3069	2998
		烟酒牌照	750	1100	1500
		合计	81915	48359.70	49179.44
盐同两县地方税局	同心县	维持费	2640	19842.80	19259.83
		牲屠税	2240	5018	4303
		羊只捐	3000	22293	22308
		船捐	无	无	无
		驼捐	2541	4170	3269
		烟酒牌照	97	240	192.50
		合计	10518	51563.80	49332.33

（续上表）

税局名称	税局地点	税收种类	实收税捐数目		
			1938 年上半年	1939 年	1940 年
总计		维持费	119088.73	161911.15	144965.78
		牲屠税	28540	47718	46424
		羊只捐	27596.20	53759.20	56673.20
		船捐	3500	10875	28275
		驼捐	15411	32025	31517
		烟酒牌照	3372	6840	6742.50
		总计	197507.93	313128.35	314597.48

附记：①查本省现时正收各项税捐中累计有维持费、牲屠税、羊捐、船捐、驼捐、烟草牌照六种，除此六种税捐之外，再无其他各项税捐。②因二十八年会计年度改为历年制，故将二十七年缩短半年，以期适合定章。

资料来源：《中华民国工商税收史料选编》，第五辑，地方税及其他税捐（下册），第 3235 页。

由上表可见，从 1939 年起各县地方税捐征收数额或幅度较为稳定。其中维持费、羊捐占很大比重，其次是屠宰税。这也是当时执行一些新的地方税则的结果。总之，宁夏省税捐收入在省财政税收之地位尤为重要。

第六节 对货币、银行制度建设的思考及实践

有关民国时期宁夏金融的研究，国内外学术界未见有专题性的学术著作和学术论文。通过对现有学术专著及学术论文进行梳理分析，笔者发现有关近代以来宁夏地区金融方面的论述不够详细，对国民政府时期宁夏货币银行制度建设做系统详细研究尚属于学术界研究的空白。

现有的学术著作中，有一些章节在一定层面上涉及了近代

宁夏金融业或与之相关的金融制度，如胡平生著《民国时期的宁夏省（1929—1949）》第三章“经济建设”第一节专题论述了宁夏的金融，以时间为序介绍了宁夏建省后货币和银行的发展变化，条理清晰，思路明确，虽没有详细展开，但为本目的撰写提供了谋篇布局的借鉴。[①] 徐安伦、杨旭东著《宁夏经济史》[②] 第五章介绍了宁夏行省建立后宁夏经济的演变，针对金融业的发展变化做了概括介绍，对四行二局在宁夏的支行、分行或办事处一笔代过。陈育宁、吴忠礼、刘钦斌主编的《宁夏通史·近现代卷》中[③]对宁夏银行有所介绍。学术论文中，张致健撰写的《浅述近代宁夏地区货币演变》、[④] 胡迅雷撰写的《民国时期宁夏金融币政史略》[⑤] 都对近代以来宁夏地区金融业中的货币发展有所阐述。李云峰、赵俊撰写的《1931—1937 年间西北金融业的恢复和发展》中对宁夏省银行做了论述。[⑥] 马明亮的《二十世纪三四十年代宁夏省银行的业务经营》[⑦] 对二十世纪三四十年代宁夏省银行的设置，经营商业、放款、仓库等业务情况进行了一定研究，可谓是近年来研究宁夏省银行业务经营的后起之作。目前国外对近代宁夏金融业的研究很少，仅见有 Topping John Themis："Chinese Muslim Militarist, Ma Hongkui in Ningxia (1933—1949)"，主要介绍了马鸿逵作为穆斯林军阀在

---

① 胡平生著《民国时期的宁夏省（1929—1949）》，台湾学生书局 1988 年版。

② 徐安伦、杨旭东著《宁夏经济史》，宁夏人民出版社 1998 年版。

③ 陈育宁总主编，吴忠礼、刘钦斌主编《宁夏通史》，近现代卷，宁夏人民出版社 1993 年版。

④ 张致健著《浅述近代宁夏地区货币演变》，宁夏回族自治区文史研究馆编《宁夏文史》，第 4 辑，宁夏回族自治区文史研究馆 1989 年版，第 52 页。

⑤ 胡迅雷：《民国时期宁夏金融币政史略》，宁夏大学学报，1994 年第 4 期。

⑥ 李云峰、赵俊：《1931—1937 年间西北金融业的恢复和发展》，《民国档案》，2004 年第 1 期。

⑦ 宁夏大学历史系 2007 年学士学位论文。

宁夏的统治，对其主管的宁夏银行有部分论述。本目以中国第二历史档案馆和宁夏档案馆藏档案为可靠史料来源，来探讨民国时期的宁夏货币金融，以期对宁夏区域经济史研究有所补充，并望能对今日开发西北建设宁夏提供历史借镜。

一、北京政府时期的宁夏货币、银行

民国时期宁夏近代金融机构始于1916年。当年，蔚丰厚票号宁夏分号改组为蔚丰商业银行宁夏分行。由此即有宁夏第一家近代银行。

1925年，中国银行在宁夏设立分支机构，不久，又因种种阻碍而撤销。[①]

同年，冯玉祥部下张垣等为拨调、筹措军政机关款项方便等起见，在张家口设立西北银行总行。约1926年及1927年之交，西北银行在宁夏设立分行。1930年西北军离开后，该行即行停办。西北银行在宁夏发行钞币100余万元。该类钞币在西北其他省份虽为废纸，但在宁夏由省政府与商家继续维持，仍能照常使用。但此项纸币丝毫无准备金，其票价实难维持。该时期宁夏使用的货币除纸币外，还有制钱、银元、铜元等。1929年以前，宁夏市面流通者为现银元、铜元及平市官钱局之钱帖子。但此项钱帖子并无准备金，至1925年，西北军入甘，当时财政困难，西北军发行流通券，乃收回无准备金之钱帖子。至1927年，设西北银行宁夏支行于宁夏，又发行西北银行钞票，乃收回无准备金之流通券。1929年宁夏建省，旋西北军离开宁夏，该行倒闭。

---

① 郭荣生编《中国省银行史略》，沈云龙主编《近代中国史料丛刊》，续编，第19辑，台北文海出版社1975年版，第162页。

二、国民政府时期货币金融建设的主张及实践

（一）20世纪三四十年代区域货币金融建设的主张

鉴于金融机构较少之情状，1932年，褚民谊等主张在包括宁夏在内的西北各省应设立商业信托银行，每家银行资本应为200万元。[①]

1936年11月至1937年6月间，蒋中正曾先后致电中国农民银行徐继庄、叶琢堂总经理等，以宁夏已有中央军驻扎为由，建议在宁夏、青海两地设立中国农民银行分支机构。[②] 新式金融机构的设立与对农村金融的关注有关。为减轻民众负担，防止高利贷盘剥，筹措建设资金，尽快设立金融机构，也是近人所关注的问题。

1936年，为发展宁夏等西北各省农业经济，董汝舟主张在宁夏等省境内中心地点“广设农民银行及信用合作社，务以低利贷款于农民，但贷款时，各行或各社须精密调查农民借款之用途，使其所借款项尽用于发展农业”。董汝舟预见“此种新式金融机关成立后，一切旧式金融机关如典当钱庄等以及地主商人均将失其势力，农民亦可因此避免高利贷之剥削，而获得金融资助，以谋发展农业矣”。令人惋惜的是，“惟当新式农村金融机关设立之初，一般人民，不明其内容与所负之任务，因而疑惧其性质类似旧式典当钱庄，至借款时，宁愿忍受高利之压迫而求助于典当钱庄或商店地主商人，而不愿与银行及合作社往来，此种情形，可从前述宁夏农村借款来源百分比中见之”。

---

① 《革命文献》，第89辑，第22页。

② 中国人民银行金融研究所编《中国农民银行》，中华民国史资料丛稿，中国财政经济出版社1980年版，第55、56页。

董汝舟认为，其“解决办法，端赖农行及合作社自身能改善其组织，降低其贷款利率；同时各地方政府对于此新式农村金融机关之效用，应向人民广为宣传并予以切实之保障，俾其业务推行顺利”。董汝舟对新式农村金融机构的重要性及业务开展提出的应对策略切中当时新式农村金融的要害。

董汝舟接着讲道，今日西北诸省农业上所需改良者甚多，尤以荒地之开辟为最，若于农村金融不谋相当之调剂，一切改良工作及开发事业无法实施。最近上海金融界利用都市之过剩资金投资于西北农业，诚为极好现象。董氏强调，西北幅员虽广，地利未经开发，加之以灾祸频仍，农民困苦，筹集资金创办事业本不容易，“何如银行界鼓其勇气，斟酌地方情况，分别进行，此不特与西北农民有益，亦且解除都市资金过度膨涨之危机”。[①] 董汝舟的观点对于改善宁夏农村金融状况、促使农民免受高利贷盘剥具有重要意义。

金融是社会经济活动的源泉，与工商业密不可分，工商业有赖于金融界的扶助进而活跃资金流通，金融业有赖于工商业的发展进而推进业务。抗战前我国金融机构大多偏重于沿海沿江的东南、东北各地，四行各分支行处在上述地区的设置多考虑该地较为发达的经济、交通事业。抗战爆发后，随着国民政府的西迁，沿海各省工厂及重要物资随之内移，四行分支行处内撤者达二百余处。此时的国民政府财政部及四联总处出于适应军事交通运输需要和活跃内地金融、发展后方生产的考虑，筹划建设西北金融网，强调“凡与军事、政治、交通及货物集

---

① 《革命文献》，第 88 辑，第 267 页。董汝舟在 20 世纪 30 年代初曾多有著文关注农村问题。1939 年 7 月 7 日，增资后的中国茶叶公司成立，董汝舟任公司总务处副处长。

散有关，以及人口众多之地至少应筹设一行，以应需要”。[①] 西北各省向以远离沿海深居内地而致交通梗阻、信息闭塞，工商业发展滞缓，金融事业的发展亦远远落后。国民政府及社会有志人士建设西北、发展西北金融事业的计划付诸实行后，迅速改变了以往相对孤绝落后的状态，就西北金融业整体发展形势而言，陕西最为发达，甘肃及新疆次之，宁夏又次之，青海较为落后。

对于农村金融合作事业，1941 年马鸿逵讲道：“本省地处边陲，交通阻塞，文化落后，幸赖黄河之利，引渠灌田，农产虽丰，而生产技术墨守成法，致地未尽其利，货未畅其流，使农村经济日趋崩溃之途，再本省各种工业原料，出产颇丰，惜无资力开发，致货弃于地，诚可惜也！欲谋振兴之策与救济之道，惟有推行合作事业是赖”，其意义尤巨大且深远。他接着说：“合作事业为建设国民经济之基本工作，举凡农业，工业，商业，金融业，保险业，无一不可用合作制度经营之，诸如增加生产，调节消费，流通金融，安定民生，莫不有赖合作事业之推行。”[②] 宁夏当时也在通过合作形式进行农牧业生产，马鸿逵所言也反映当时正在展开的合作事业的作用。当然，诸多的金融建设主张还需要金融机构去实施，因而宁夏金融机构建设即提上日程。

（二）宁夏（省）银行的组建、沿革及业务经营

1931 年，宁夏省主席马鸿宾面对萧条的社会经济，开始筹设宁夏省银行以整理宁夏金融，呈准财政部改设省银行，筹

---

① 《四联总处关于完成西南西北金融网的报告（1940 年）》，重庆市档案馆、重庆市人民银行金融研究所合编《四联总处史料（上）》，档案出版社 1988 年版，第 195 页。

② 《十年来宁夏省政述要》，建设篇，第五册，第 343 页。

集三十万元为基金，“并接受西北银行之钞票三十五万元”，宁夏省银行遂于1931年1月1日正式成立。以财政厅长为监理官，资本总额定为二百万元，但到1934年底实收资本1510017.69元，未收部分是否收足不详。除省会设立总行外，1933年6月设立中卫办事处，7月设立宁朔办事处，8月设立金积办事处，1934年5月设立灵武办事处，并在省外设立归绥、天津两办事处。[①] 最初，由于宁夏省军政经费无法缩减，便通过宁夏省银行发钞解决。20世纪30年代初，宁夏城仅有一家银行。宁夏省银行成立后，除在省内外设立分支机构6处，经营输出宁夏土特产外，还发行纸币60多万元，结果宁夏金融显得更为不稳。[②]

1933年马鸿逵主政宁夏后，接管宁夏省银行，并着手整理金融，先发新钞30万元，后按五成收回旧钞票焚毁；并将新钞之所谓准备金会同商会封存于省银行库中，从此货币信用开始稳固。该行还设立仓库，以便办理抵押业务，使得商家称便。同时在各县补设分支机构，增加通汇地点，并增加低利放款，业务较前有所发展。后为抵抗孙殿英进攻宁夏，省政府财政无法应付，支出浩繁，又发行纸币240万元，连同以前所发共计305万元。[③]

抗战前宁夏地区仅存的地方银行是宁夏省银行。1938年6月1日，马鸿逵将宁夏省银行改组为官商合办的“宁夏银行”，

---

① 郭荣生著《中国省银行史略》，《近代中国史料丛刊》，续辑，第19辑，台北，文海出版社1988年版，第162页。

② 郭荣生著《中国省银行史略》，沈云龙主编《近代中国史料丛刊》，续辑，第19辑，台北，文海出版社，第162—163页。

③ 郭荣生著《中国省银行史略》，沈云龙主编《近代中国史料丛刊》，续辑，第19辑，台北，文海出版社，第163页。

由“宁夏省银行”到“宁夏银行”仅一字的变动，表明该银行的性质已经由官办改为官商合办。新成立的宁夏银行有“官股（宁夏省政府）一百万元。此款由整理此钞盈余及省银行营业盈余项下拨付；全省绅商自动入股五十万元。共计基金一百五十万元”。[①] 在《宁夏银行章程》总则中规定，该银行以调剂本省金融、发展生产事业为宗旨，是依照当时颁布的银行法令和公司法股份有限公司的规定组织。

宁夏银行成立之初便成立了股东会，设立董监事会，官股董事人由省政府指派，商股董事人由股东会议就有三百股以上之股东中选举之，并报请财政部备案；官股监察人由省政府指派，商股监察人由股东会就持有一百五十股以上之股东中选举之，并报请财政部备案。董事任期三年，监察人任期一年。官股董事监察人，得连派连任；商股董事监察人，得连选连任。[②]《宁夏银行章程》第二章第五条虽对股东有所规定：“本银行股本总额，定为法币一百五十万元，分为一十五万股，每股金额为一十元。除由省政府认入一十万股外，余金商民随意认购，但以中华民国国籍者为限。”[③] 但能够认购股本的股东非军政要员即省府委员或马鸿逵亲属（如马福寿、马如龙、马腾蛟、马鸿逵四妾刘慕侠、五妾邹德一），此外尚有部分地方著名商绅共30余人，总之全是官僚和资本家。

① 《宁夏金融史——近代史料汇编（上册）》，人民银行宁夏区分行金融研究所，1987年，第83页。

② 《第五章 董事会及监察人》第十八至二十条，引自《宁夏金融史——近代史料汇编（上册）》，人民银行宁夏区分行金融研究所，1987年，第86页。

③ 人民银行宁夏区分行金融研究所编《宁夏金融史——近代史料汇编（上册）》，1987年内部印刷，第83页。

表 39：宁夏银行董事、监事简历

职务	姓名	简历
董事长	马鸿逵	省政府主席
董事	马宣三	省政府委员、前副行长
董事	王沛	政府委员、马私人医生
董事	徐宗儒	地主绅士
董事	李凤藻	地主兼资本家
董事	李云祥	前正行长
董事	海涛	民政厅厅长
董事	徐瑞鸿	军需处副处长
董事	里鸿飞	天成西经理
董事	王学伊	隆泰峪经理
董事	田生宝	合盛恒经理
董事	谢希泰	敬义泰经理
董事	李篙如	同心峪经理
董事	何义江	地主兼资本家
董事	张子修	百川江经理
董事	王超武	资本家
董事	王含章	大地主、特务头子
监察长	赵文府	财政厅厅长兼军需处处长
监察人	张振海	马鸿逵账房管事
监察人	范有森	商店经理
监察人	乔森荣	商会会长
监察人	李　斌	绅士
监察人	蒯敦道	省政秘书长
监察人	程福刚	军法处处长特务头子
监察人	何文钦	同心长经理
监察人	周静臣	地主绅士
监察人	黄本栋	省府会计处长

资料来源：《甘肃文史资料》（第十七期），转引自《宁夏金融史——近代史料汇编（上册）》，人民银行宁夏区分行金融研究所，1987 年，第 91—93 页。

上表所列可见，宁夏银行董事长由马鸿逵自兼，显然是为高度集中银行的经营管理权力。宁夏银行总行设总经理、助理各一人，分别由前宁夏省银行正行长李云祥、马宣三担任。总行内设总务、业务、会计、仓库四科和储蓄部，各设主任一人，办事员、助理员、练习生各若干人分别办理各该科或该部事务。除省城的总行外，为了扩展银行的业务，宁夏银行经董事会决议，并呈请财政部核准，于本省境内设立分行及办事处或代理处。各分行设总经理一人，办事处设主任一人，并设办事员、助理员、练习生若干人办理各该分行、办事处事务。1941 年 6 月，为了配合推行新县制，宁夏银行撤消了吴忠堡、中宁、黄渠桥办事处，在平罗、惠农两县之适中地区黄渠桥设平惠分行；永宁、宁朔两县设永朔分行于李俊堡；中卫、中宁两县设中卫分行；金积、灵武两县在吴忠堡设金灵分行；又增设了同心、磴口、陶乐、定远营办事处，此外还有兰州、西安办事处，至此，一个以省垣总行为中心向全省辐射的金融商业网络已全面形成。

1942 年 5 月 1 日，经宁夏银行董事会决议，银行增加资本为四百万元，其中商股三百万元，官股一百万元，资本的雄厚必将大力推进业务的发展。[①] 1947 年，国民党中央颁布《省银行条例》，财政部据此撤销了宁夏银行，继而组建宁夏省银行。至此，“宁夏银行”又重新更名为“宁夏省银行”，但董监事成员几乎未变，仍由宁夏地方军政要员统领。

国民政府时期宁夏地区各银行业务经营的重点是有所差别的。作为宁夏地方银行的宁夏银行除普通存放汇兑、代理省金

---

① 郭荣生编著《中国省银行史略》，沈云龙主编《近代中国史料丛刊》，续辑，第 19 辑，文海出版社 1988 年版，第 166 页。

库等银行业务外，还统购统销宁省特产并投资经办了一些工业企业；中国农民银行宁夏支行的业务以农贷为主；中国银行宁夏办事处经营的是普通的银行业务，包括办理储蓄、汇兑及存放款；中央银行宁夏分行管理其他银行，业务以代理国库及机关存汇款为主；交通银行宁夏办事处以扶植实业为主要业务。中、中、交、农四行联合管理处宁夏支处依照《中央中国交通农民四银行联合办事处支处组织章程》的规定行使职能。宁夏（省）银行业务如下：

第一，发行省钞

宁夏在1929年建省前属于甘肃辖区，当时市面流通的货币为“银元、铜元及平市官钱局之钱帖子”，[①] 这种无准备金状态的流通造成宁夏金融一片混乱。早在1927年，冯玉祥在宁夏设立西北银行宁夏分行，曾经发行西北银行钞票收回了部分无准备金的钱帖子。但在宁夏建省之初，西宁宁海军营长马仲英统帅军队攻陷省城，并劫掠了西北银行宁夏分行库存现金，直接导致西北银行券日渐贬值，宁夏省财力空虚。随着1930年西北军撤离宁夏，西北银行钞票变成一张废纸，宁夏省经济几乎进入停滞状态。

宁夏省主席马鸿宾建立宁夏省银行后，寄希望于发行省钞来满足市场需求，解决政府财政危机。面对1929年国民政府经济委员会“地方新设银行不得发行纸币”的规定，他多次以“地处边陲，经济枯竭，无纸币集资周转”为由咨请政府变通办理宁夏纸币政策。经同意，宁夏省政府开始陆续发行省钞，“截止二十二年元月止，其发行者，计有十元、五元、一元之元票，五角、二角、一角之角票，临时维持券以及接受西北银行之旧

① 马鸿逵题《宁夏省财政概要》，1940年，第1页。

钞票等，共洋一百二十二万零四百余元”。[①] 新发行之省钞虽然不能完全实现发行初衷，但在一定程度上暂时缓解了宁夏省资金融通困难、滞后局面。

1933 年，马鸿逵主政宁夏后，鉴于市面流通货币票样杂乱，“此不仅适于奸人从中渔利之机，尤可造成金融之恐慌”，为避免造成省钞信用下降，“故欲彻底整理，必先从统一入手”。[②] 于是发行新省钞 40 万元，后又发行 30 万元，仅 1933 年共发行 105 万元。[③] 新省钞随同旧省钞以较大数量在市场上流通，并未达到预期以新收旧统一钞票的目的。1933 年 12 月至 1934 年 3 月爆发孙殿英、马鸿逵大战，巨额的军费开支直接造成负债、省钞狂增、政府财政空虚，社会经济遭到严重破坏。宁夏省银行于 1934 年再次大量发行无准备金的新省钞，“当年发行新省钞 155 万元之巨，为各年度发行之冠”。[④] 这样肆意滥发钞票必然导致物价飞涨、通货膨胀。面对金融紧缩状况，宁夏省银行拟定“凡商民借贷现款及军队汇兑，统由该行办理”。[⑤] 统一管理金融的办法对于稳定物价是有一定积极意义的，无奈各县征收税款时，对商人和农民以现洋征收而解缴省库为省钞，无形中致使现洋和省钞对比率发生很大波动，新省钞再次陷入贬值，宁夏省政府“遂于二十三年十一月，饬由财政厅规定征收省钞办法七条，通令各县政府暨各征收机关遵照办理，不得故蹈覆

① 宁夏省政府秘书处编《十年来宁夏省政述要》，财政篇，第三册，宁夏人民出版社 1988 年影印，第 277 页。

② 宁夏省政府秘书处编《十年来宁夏省政述要》，财政篇，第三册，宁夏人民出版社 1988 年影印，第 281 页。

③ 姜宏业主编《中国地方银行史》，湖南出版社 1991 年版，第 541 页。

④ 姜宏业主编《中国地方银行史》，湖南出版社 1991 年版，第 542 页。

⑤ 宁夏省政府秘书处编《十年来宁夏省政述要》，财政篇，第三册，宁夏人民出版社 1988 年影印，第 282 页。

辙，致乱金融。”即“各征收机关及征收分卡门口，一律系挂木牌，上书征收税款，一律收受宁夏省发行之省钞不收现洋等字样，永远悬挂，不准损坏……如有阳奉阴违，仍敢收现洋，查出处以枪决。”①

1938年初，宁夏省政府召集全省各界，组织成立金融委员会，经讨论决定，用禁烟委员会购存的大烟以高于原价八九倍的价格“提出八十四万四千二百余两，以法币市价变卖烟土，收回省钞三百四十八万五千四百九十元，悉数销毁”。② 同年5月，省钞全部收购结束，至此结束了民国初年以来宁夏境内货币流通的紊乱状态，宁夏开始奉行国民党中央的法币制度，统一使用法币。同年6月1日，宁夏省政府主席马鸿逵从省金库中提取一百万元作为宁夏省政府的官股资金，将原隶属于中央的“宁夏省银行”改组为官商合办的“宁夏银行”，其企业的性质决定了宁夏银行要在更大程度上扩大业务范围。截至1942年6月底，该行发行数额据推测概在一百万元至二百万元之间，1942年底，存款六百余万元，放款一百余万元，汇入汇出各七八百万元，盈余约一百七十余万元。③

第二，专营商业（垄断皮毛经营）

在宁夏银行章程第三章《营业》第九条中明确规定了该银行的营业范围：经收各种存款、各种有抵押殷实铺保之放

① 宁夏省政府秘书处编《十年来宁夏省政述要》，财政篇，第三册，宁夏人民出版社1988年影印，第282页。

② 宁夏省政府秘书处编《十年来宁夏省政述要》，财政篇，第三册，宁夏人民出版社1988年影印，第285页。

③ 郭荣生著《中国省银行史略》，《近代中国史料丛刊》，续辑，190，文海出版社1988年版，第166页。

款、各种确实期票及税票之贴现、办理国内汇兑、储蓄业务（拨定资本，设立专部办理，其章程另定之）、与其他银行订立特约事件。并规定不得经营如下各项营业：购买非营业上必需之不动产、无抵及无确实铺保之放款、以本行股票为担保之借款。①

自实行法币政策后，宁夏银行的业务由以前发行省钞及代理经营商业转变成专营商业的垄断组织，主要经营宁夏的土特产品。以低价大量收购民间的羊皮、羊毛、驼毛、大烟、枸杞、甘草等。1938年，马鸿逵以抗日救国名义将羊毛化为军用物资，实行所谓的官方专买专卖制度，由军需处统制，通过地方税局按照掌握的征款捐登记清册摊派征购，二毛皮和老羊皮每年征购1万张到2万张，前者每张2至5角，后者每张1至3角，价格十分低廉。为此，马鸿逵以宁夏省府主席名义发布训令："各商号所存羊毛均卖给银行，不得偷运包绥、天津销售，违者以资敌办"。② 借此训令，宁夏银行便垄断了宁夏的羊毛及土特产品收购，将土特产品装上马鸿逵特许的军车运往兰州、西安等地高价销售，然后再购买黄金、银元和布匹、纸烟、五金等宁夏境内短缺的商品在宁夏出售以谋取暴利。从西安、兰州到宁夏各市县，宁夏银行共设立分行及办事机构11处，北京、天津、上海、武汉、广州、包头都有专设机构，规定凡属银行经营的物资，一律

① 《宁夏金融史——近代史料汇编（上册）》，人民银行宁夏区分行金融研究所，1987年，第84页。

② 云峰著《马鸿逵的秘密账号》，宁夏回族自治区文史资料研究委员会编《宁夏三马》，中国文史出版社1988年版，第259页。

列入统收范围，按官价收购，禁止民间买卖。[①] 一系列训令的出台及宁夏银行金融网络的形成，有助于巩固马鸿逵的军政地位，进一步加强了其对宁夏所辖各县区的监督和管理，其势力范围更是扩大到省域以外。

1938 年，宁夏省政府受西北贸易委员会委托代购皮毛。当时，"凡地产皮毛区，北至阿额两旗，东至陶乐、鄂托克，南至同心、盐池，均设有收毛处，开始对毛皮进行统制收购"。[②] 1939 年，宁夏银行内部设立富宁商行掌管上述业务，营利甚丰。宁夏银行正是凭借省政府的训令并通过富宁商行，加强了对全省皮毛的统制收购，甚至猪鬃、肠衣也被列入统制范围。1942 年宁夏银行接受财政部所属"复兴商业公司"委托，收购外销物资，办理宁夏羊毛收购运销事宜，年达 200 万斤。[③] 1943 年，宁夏银行总经理李云祥，从富宁商行提出 100 万元的"酬劳金"作为马鸿逵的私股加入富宁商行，暗设代号"光明号"，账户独立，专营皮毛。1944 年 6 月，宁夏省政府规定羊毛、羊皮、羊绒统一由宁夏银行收购，并制定八条奖惩办法。

宁夏省银行与西北贸易委员会联合对宁夏土特产品低价收购、高价卖出，直接控制着区域经济，获得大量外汇，却使物价攀升，一般百姓无力购买食粮及基本生活用品。

---

① 《宁夏工商史料》（第二辑），转引自《宁夏金融史——近代史料汇编（上册）》，人民银行宁夏区分行金融研究所，1987 年版，第 122 页。

② 姜宏业主编《中国地方银行史》，湖南出版社 1991 年版，第 542 页。

③ 胡元民著《西北五省之金融业：金融实况》，《金融知识》，第二卷第四期，第 79 页。

表 40：1937—1942 年省物价变动一览表

种类		1937 年	1940 年 7 月	1941 年 3 月	1942 年
粮食 单位：斗（40 斤）	小麦	春季 4 元上下，秋季 3 元上下	每元仍可买面粉 8—9 斤	面粉涨至每元 4—5 斤	30 元
	大米	春季 6 元上下，秋季 4 元上下	5—6 元	10 元以上下	57—58 元
燃料 单位：斤	硬炭	7 月，每元可买 60—70 斤	尚可买 40—50 斤	1 月，每元只买 10 来斤	每元只能买到 7 或 8 斤
百货	较其他地方便宜，但仅布匹一项亦较七七事变前增加了数倍				

资料来源：人民银行宁夏区分行金融研究所编《宁夏金融史——汇编（上册）》，1987 年版，第 105 页。

上表可见宁夏物价上涨、货币贬值的严重程度。马鸿逵的军政势力使得他可以以宁夏银行的名义聚敛民脂民膏，老百姓所受的苦难可从现存的史料中获悉。

第三，放款（投资工业、办理农贷）

宁夏建省之初的工业基本上是小手工业作坊，有毡房、毯坊、皮坊、纸坊、粉坊、油坊、烧坊、碾坊、磨房，还有木道铺、铁匠铺、木匠铺、鞋匠铺和泥水匠等。大部分生活用品和工业产品均要仰仗外界供给。

抗战爆发后，因交通阻塞常常造成货源中断，军需品和民用品变得更加紧张。马鸿逵看到百货因稀缺而更加昂贵，商人们趁此囤积居奇时，开始兴办宁夏的近代工业。“宁夏夙因交通不便，生产落后，自廿二年起虽经提倡，努力迈进，但多偏重于都市之繁荣。抗战军兴，货运停止，无论军需及日常用品大感缺乏，本省土产亦无法运销。因应需要，而甘草膏厂、毛织厂、棉织厂、火柴厂、酒精厂、面粉厂先后创立，惟以各项事业，均需大量资金与地方金融机关之辅助，故以上各厂，有的由银行出资经办，有的部分投资并招股份，先后分别开办”。[1] 20世纪中期至40年代初期，宁夏地区创办了30多家近代工业，共有13个行业。[2]

表41：马鸿逵家族经营的工业统计表

企业名称	董事长	董事或股东	地址	创建时间	资金	产品	停产时间	解放初期名称
宁夏电灯股份有限公司	马鸿逵	刘幕侠 邹德一 马宣三 李云祥	银川	1935.10	10万元			宁夏人民发电厂
兴夏毛织股份有限公司	马鸿逵	刘幕侠 邹德一 马宣三 李云祥	银川	1942.1	13万元法币	毛纺、地毯		宁夏新华毛织厂
兰鑫炼铁股份有限公司	马鸿逵	马宣三 李云祥 李翰园	大武口汝萁沟	1943.2		铁锅、锹等	1945	
光华陶瓷股份有限公司	马鸿逵	马宣三 李云祥 马希贤 马义忠	大武口	1944.3	50万元法币	低档陶器	1949.6	宁夏新华陶瓷厂
宁夏制糖厂	马鸿逵	——	银川	1944	10万元法币	未成		
鸿丰烟草股份有限公司	刘幕侠	——	银川	1944		低档纸烟	1946	

① 《宁夏省政述要（第三册）》，转引自《宁夏金融史——近代史料汇编（上册）》，人民银行宁夏区分行金融研究所，1987年，第105页。

② 刘柏石著《宁夏银行的敛财术》，宁夏回族自治区政协文史资料研究委员会主编《宁夏三马》，中国文史出版社1988年版，第272页。

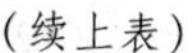

（续上表）

企业名称	董事长	董事或股东	地址	创建时间	资金	产品	停产时间	解放初期名称
光宁火柴股份有限公司	马鸿逵	马宣三 李云祥 刘幕侠 马希贤	银川	1942. 6	60 万元法币	驼牌火柴		宁夏新华火柴厂
德昌煤炭公司	马鸿逵	以马家"敦厚堂"号名义经营	磁窑堡	1943				宁夏新华第二煤矿
兰鑫机器厂	马鸿逵	刘幕侠 马希贤 李翰园 赵文府	银川	1944		制造、维修	1945	宁夏人民机器厂
利民机器面粉公司	马鸿逵	省政府与银行合办	银川	1942. 8		双塔牌面粉		宁夏人民面粉厂

资料来源：《宁夏金融史——近代史料汇编（上册）》，人民银行宁夏区分行金融研究所，1987 年，第 107 页。

如上表所列，由宁夏银行独资创办的工厂大体状况如下：

（1）甘草膏制造厂：1926 年，芬兰商人维利俄斯利用宁夏道丰富的甘草资源在宁夏县洪广营设立了甘草膏厂，产品行销国内外，年产约 100 万斤以上，获得大量利润。抗日战争爆发后，因运输困难、捐税过多等原因停产。① 1940 年由宁夏银行在宁夏城北门外八里桥创办"裕宁甘草膏制造厂"又名"裕宁甘草公司"，资本 40 万元，后因产量过低无利可图，不久停办旋改为造纸厂。

---

① 《宁夏工商史料》，（第一辑），转引自《宁夏金融史——近代史料汇编（上册）》，人民银行宁夏区分行金融研究所 1987 年印，第 110 页。

（2）光宁火柴公司：资本30万元，1942年上期开工，[①] 以军械处存储的军用物资硫磺、黄磷等爆炸物为产品原料，制成品驼牌火柴销往西安、兰州等地。

（3）大夏纺织厂1942年上期开工。[②]

由宁夏银行合资创办的工厂计有：

（1）绥宁动力酒精厂：1942年4月，宁夏银行联合绥远省银行设立，资本80万元，日出酒精三四千加仑。

（2）兴夏织呢厂：与宁夏地政局合办，宁夏银行投资30万元。

（3）宁夏电灯股份有限公司：1935年与商界合办，资金为银币十万元，由宁夏省银行与商户各投资五万元。[③] 该公司所有机械大部分都是当时国际不再流行的下线机器，其使用寿命已超过四十年，所发电除供马鸿逵公馆、省政府、军政界的大官僚和几条大街的照明以外，一般老百姓家还是点的煤油灯或麻油灯。这个公司的董事会形同虚设，一切皆由马鸿逵控制。[④]

从马鸿逵所创办的轻重工业看，大部分是半机械或手工业生产，机器设备落后陈旧，原料匮乏，工业制成品粗糙质劣，现存文史资料中记载上述工厂对待员工苛刻辱骂，像奴隶一般看待，完全没有实行资本主义的雇佣关系，其管理模式是宁夏地区特有的封建军阀统治，这必然导致如表所示的经营时间

---

① 郭荣生著《中国省银行史略》，《近代中国史料丛刊》，续辑，190，文海出版社1988年版，第166页。

② 郭荣生著《中国省银行史略》，《近代中国史料丛刊》，续辑，190，文海出版社1988年版，第166页。

③ 郭荣生著《中国省银行史略》，《近代中国史料丛刊》，续辑，190，文海出版社1988年版，第166页。

④ 《宁夏工商史料》，（第一辑），转引自《宁夏金融史——近代史料汇编（上册）》，人民银行宁夏区分行金融研究所1987年印，第111页。

短暂。

宁夏省银行在马鸿逵的控制下成为其压榨百姓的工具，但其也实施过一些惠民政策。1934年，中卫县惨遭水灾，导致农民无法生活，宁夏省银行借款1万元资助农民生产，“借款每户自一元起至多不得超过三十元以上，第二年七月为归还期限，一律不取利息；借款人如到期不能归还者应由保人完全负责，如数填缴并由县政府负责督促”。[①] 1935年初“该行以农民平日需款，概乞恳于乡村富者，利息既重，期限又短，乃呈准马主席，准由省银行于农忙时酌定办法，投放无利之农村贷款，各县农民受惠不浅”。[②] 1936年，宁夏省银行向宁夏各县“发放无息农贷五万元”。[③]

1947年4月29日，国民政府颁布《省银行条例》，规定一省只设立一个省银行，执行统一的银行法并纳入国库。财政部据此通令撤销了宁夏银行，责成宁夏省政府重新组建宁夏省银行。1947年9月19日，宁夏省银行筹备委员会成立，具体办理成立省银行与富宁商行分设事宜。重新成立的宁夏省银行于1947年10月1日正式开业，额定资本法币十亿元，国库拨付九亿元，宁夏省各自治团体加入地方公股一亿元，由筹备委员会根据国民政府颁布的《省银行条例》制定《宁夏省银行章程》并报请财政部审核批准。1948年1月，筹委会结束，同时成立了宁夏省银行董监事会，董事长为马鸿逵，副董事长赵文府，常务董事马廷秀、李云祥、马宣三；监事苏杰三、马精若，常

① 杨鸿志署检《宁夏财政年刊》，1934年，第130页。

② 郭荣生著《中国省银行史略》，《近代中国史料丛刊》，续辑，190，文海出版社1988年版，第163页。

③ 永宁县志编审委员会编《永宁县志》，宁夏人民出版社1995年版，第238页。

驻监察人王一勤，监察人王忠杰、乔月卿、李树元；总经理李云祥，副总经理马宣三、白霁云。①

富宁商行与省银行脱离，易名为富宁企业股份有限公司。宁夏省银行名义上与富宁公司分设，实际上却是两块招牌、两套账目、一套领导机构，各地银行分支行处仍以经营富宁公司垄断的省内皮毛及土副特产业务为主，由宁夏省银行通过富宁公司独断对外进出口贸易。直到1949年9月国民党政权灭亡，马鸿逵逃离宁夏，宁夏省解放，宁夏省银行由中央人民政府接管而彻底结束。虽然宁夏银行按章程规定按期召开股东会议、讨论银行业务、稽核账目、发放股息等，但一般的董监事和股东并不清楚宁夏银行真正盈利多少，真实情况只有马鸿逵、赵文府、李云祥和马宣三四人知道，“一套是给股东们看的假账，另一套是给马鸿逵看的真账”。② 马鸿逵对银行股东尚且隐瞒，可见其对宁夏省经济的独揽地位。现有的资料并不能提供宁夏银行的真实业务状况，即使是后来中央银行宁夏分行统一管理宁夏省所有银行的情况下，对宁夏银行每每以“情形特殊一切甚为秘密，故业务概况难能探悉”汇报中央银行总行。③

与富宁商行合为一体的宁夏（省）银行实际上已成为以马鸿逵军政实力为靠山、以金融资本为后盾，垄断土特产品购销、经营商业、投资工矿企业为主旨的地方金融集团。这一当时宁夏唯一的地方垄断性金融机构使民间工商业倍受摧残并逐渐衰

① 《宁夏金融史——近代史料汇编》（上册），人民银行宁夏区分行金融研究所1987年印，第138页。

② 刘柏石著《宁夏银行的敛财术》，宁夏回族自治区政协文史资料研究委员会主编《宁夏三马》，中国文史出版社1988年版，第274页。

③ 《中央银行宁夏分行函送1948年下期营业报告》，中国第二历史档案馆藏中央银行档案，档案号三九六11437。

落，民间经济的发展受到巨大阻碍，广大农民失去了基本的生活资料甚至失去了最基本的生活保障，破产农民倍数增长，民怨民哀随处可见。

但是，由宁夏银行放款创办的各种工业企业毕竟使宁夏走上了现代化发展的道路，虽然企业存在规模小、资金短缺、设备简陋、经营管理不善、技术人员匮乏等诸多不足，却仍然推动了宁夏近代交通运输业和能源业的发展，拉动了近代宁夏社会生产力，出现了一批近代产业工人，促使宁夏由传统农商业社会向近代工商业社会转型，为当时宁夏及周边省区军民抗战提供了一些必需物资。省域内宁夏银行分支行处的设置加强了省会与地方的政治经济联系，对宁夏地方经济建设也起到了不容忽视的积极作用。

（三）中国农民银行的组建及农贷等业务

中国农民银行宁夏支行创办时行址设于宁夏省城兴华街，归农民银行兰州分行领导。蒋介石于1936年11月16日首次电令中国农民银行在宁夏设立机构，“宁夏与青海两地，应由甘肃派设支行。以宁夏已有中央军队，而青海为出金之地，将来收买金子亦甚重要也。如何盼复。”① 1937年6月12日蒋介石又电催中国农民银行速设青海、宁夏分行，“青海分行应速设立，可收当地生金与现银为重要业务。但初开时，存钞最多以三十万为准，不必过多。宁夏分行亦应筹设也。”② 《中农月刊》四卷九期曾公开著文宣称：“农业金融史随政治经济演变，而进入安

① 中国人民银行金融研究所编《中国农民银行》，中国财政经济出版社1980年版，第55页。

② 中国人民银行金融研究所编《中国农民银行》，中国财政经济出版社1980年版，第56页。

内攘外时期”。[①] 宁夏近临边区，发展农业金融实际上是作为国民党政府军事上“安内”的辅助手段，所以蒋介石要亲躬此事并两次急电催办设置中国农民银行宁夏支行。蒋介石于1940年3月6日手令四联总处，对接近陕甘宁边区的地方要多放农贷，“四行农贷之省，除四川外，对于陕西与甘肃，亦应注重，尤其接近陕北共区之陕甘各省府所属各县，更应特别增款贷放，以发挥本党政治经济之能力。务令陕甘各行勿据小利，切实遵行。”[②] 1942年9月24日，《秘书处关于拟具执行蒋介石增设西北金融机构指示的意见的报告》中再次强调：“西北人口太少，内地人口太多，应由农行从速筹办西北移民垦殖贷款。”[③]

中国农民银行宁夏支行第一任经理为丁慕尧，后调中国农民银行总管理处服务。1941年5月21日，该支行原襄理兼代经理张煦接充遗缺。张煦奉农行总管理处调职离宁后，1942年2月24日，四联总处准予曾任中国农民银行西安分行文书主任、平凉办事处主任、兰州分行襄理等职的周建洪（浙江诸暨人，三十七岁，大夏大学毕业）接任。1942年9月，周建洪奉中农行令调职陕行，由曾任中国农民银行兰州分行副理的南秉方（籍贯吉林，四十三岁，美国芝加哥大学经济学硕士、本薛文尼亚大学经济学博士）继任经理。[④] 支行内设文书、营业、农贷、会计、出纳、发行六股，会计股主任分别由朱汝伦、臧亦史、吕桢担任。1948年初，中国农民银行总行检查支行时，该处人

---

① 转引自《宁夏金融志》，第2页。

② 中国人民银行金融研究所编《中国农民银行》，中国财政经济出版社1980年版，第128页。

③ 重庆市档案馆、重庆市人民银行金融研究所合编《四联总处史料（上）》，档案出版社1988年版，第200页。

④ 《宁夏支处组织及人事（1940年—1948年）》，中国第二历史档案馆藏四联总处档案，档案号五八五1559。

员连经理共有十四人，分别为经理成治田、襄理兼文书主任马映图、襄理兼营业主任牛荫周、会计主任戴丹书、出纳主任范世杰、农贷主任叚仁瑞、储蓄副主任马如顺，另有办事员二人、助员二人、雇员三人，“该处人员大都有思外调之意，推其原因，不无因当地环境特殊，较受拘束，而感有不安之态。如成经理能多注意对待同人言行公诚，或亦可克服当地之环境而使同人安于职位。”[①] 马鸿逵统治时期，对国民政府各机构驻宁人员方面控制较严，限制较多，若有不满者，或遣送出境，或逮捕关押。因此，驻宁人员多有不安情绪。

1942 年以前，中国农民银行是四行二局发放农贷之代表行，农民银行宁夏支行专办农贷，但也办理存、放、汇业务。

中国农民银行宁夏支行的资金来源为向该行办理农贷转质押及吸收存款，承做汇款，但农贷利息比较低。

第一，农贷业务

20 世纪 40 年代的宁夏农村金融是回汉聚居区域乡村经济的核心，其不仅在宁夏近代农村金融史而且在西北近代农村金融史上居于特殊地位。宁夏农村金融仅包括政府机构、银行及农村信用合作社参与的与农业生产及农产品经销等有关的资金融通活动。过去学术界曾有一些先期成果提及该问题，[②] 这不仅为下一步展开探讨提供有重要讯息及研究方法，而且为继续深入思考提供了线索。但长期以来对该问题缺乏系统研究。拙文拟

---

① 《中国农民银行宁夏支行人事检查报告（1948 年 1 月 12 日）》，中国第二历史档案馆藏中国农民银行档案，档案号三九九（4）3238。叚，为一姓。

② 主要有，君羊著《抗战时期甘宁青三省之农贷探讨》，《开发研究》1988 年第 3 期；魏永理主编《中国西北近代开发史》（甘肃人民出版社 1993 年版）；Topping，John themis：“*Chinese Muslin Militarist*：*Ma HongKui in NingXia*，1933—1949”，The university of Michigan，PH，D. 1983；徐安伦、杨旭东著《宁夏经济史》，宁夏人民出版社 1998 年版；杨新才著《宁夏农业史》，中国农业出版社 1998 年版，等。

运用各种资料，对20世纪40年代的宁夏农村金融进行初步探究，以冀补充相关研究的薄弱方面。

对宁夏农村资金融通活动，地方当局比银行业先行介入；随后是政府当局联合有关银行开展该项金融业务。宁夏最早出现银行是在20世纪20年代，先后设有蔚丰厚银行、中国银行宁夏办事处、西北银行宁夏分行等。约1931年，马鸿宾设立宁夏省银行。1933年马鸿逵任宁夏省政府主席后，于1938年改组该行为宁夏银行。但上述近代金融机构并不大经营农贷业务。20世纪40年代初，宁夏近代金融业以省垣为中心，至1943年初设有银行6家，分别为中央银行、中国银行、中国农民银行、宁夏银行及绥远银行分支机构。[①] 其中中国农民银行宁夏派出机构于1938年8月设立，并逐渐面向农业生产放款。一般由中国农民银行宁夏支行制定具体规则。而宁夏农村放贷则以各级农村信用合作社为基层借贷发放中介机构。农村合作社在国内兴起于20世纪20年代，在河北等省先后出现该类组织。30年代初期农村合作社已猛增到近一万家；西北的陕西、甘肃、青海省该时期也出现农村合作社组织，其中以甘肃居多。[②] 宁夏农村合作社组织创立较晚。1940年初地方当局才开始提倡各县乡农民组织农村合作社；5月间，在宁夏省建设厅下设合作一科，协调、管理农贷等合作业务。[③] 随后并以各级信用合作社为农贷中介机构。40年代初，地方当局组建宁夏省合作事业管理处，实

① 胡元民著《西北五省之金融业》，《金融知识》，第2卷第4期，1943年7月，第78页。

② 中央银行经济研究处编《中国农业金融概要》，中央银行丛刊，商务印书馆1936年版，第189、190—191页。

③ 宁夏省政府秘书处编《十年来宁夏省政述要》，建设篇，第五册，1943年印，宁夏人民出版社1988年版，第343页。

施对包括信用合作社在内的各种合作社的管理。1946 年 6 月以前，马继德任合作事业管理处处长。该年 7 月起，姚启圣曾担任该处处长，李春达为副处长。

在贷款实际操作方面，最初注重于平均，以社员之多寡为贷款标准，究竟业务是否需要贷款并未做详细调查；贷款发放之后，是否用于正途亦未做督导、检查，造成各社因贷款有限，用途不一，生产未能充分发展。从 1943 年开始，采取“集中重于平均”的原则，并要求农贷指导人员对于各社所定之贷款用途仔细调查，根据其实际需要准确估计所需贷款金额；贷款以后，尤其要监督其用途，绝对不准东移西用；并要根据社会环境、社内情形，仔细规划指导经营，并尤应特别注重生产技术改进，及生产成本之减低，使能够与外货竞争，挽回利权，增进民众福利，以发挥贷款之最大效能。①

至于具体贷款程序，合作社申请贷款时应须递交申请书，并说明社员贷款用途及细数表，呈交社及社员印鉴纸，业务计划书（经营信用业务之社不附），陈送县政府转陈建设厅核转农行核放。待农行审查无误后，即函复建设厅，一面填发借款核准通知书，通知各社负责人携带合作社图记及负责人名章前往该行领款。当时规定所有贺兰等七县均按上列规定办理，唯中卫、中宁县离省城较远，各社前往农行领款路途遥远，风险太大。该两县合作社申请贷款经核准后，托交宁夏省银行汇发各县政府转发各社，以防流弊。②

1942 年春季，办理信用贷款时，每贷放一社，均由建设厅及农行会同分派监放人员前往监放，每社必召集全体社员到社，

---

① 《宁夏合作事业》(3)，1943 年印，第 5—6 页。

② 《宁夏农民银行档案》杂卷，引自中国人民银行宁夏分行编《宁夏近代金融史资料》上册，第 199—200 页。

先由监放人员讲解合作社之组织要点及贷款之用途，经按贷款清册逐一发放，为恐冒领及代领起见，并限令每位社员必须带门牌，如确因故不能亲自到社时，则由合作社理监事主席认可，及代领社员之盖章，加以注明，方得核放。贷放后一月内，再由指导人员分别至各社抽查其贷款用途。[①]

至于面向农村的贷放资金的筹措，主要为20世纪30年代末40年代初进入宁夏的中国农民银行等四行二局所负责，还有宁夏省政府及各级信用合作社。关于社有资金之管理，规定每社于贷放借款时，同时将社有股金、储金及公积金收齐。另外，也间有少数职员把持社有资金作商业投机，均经指导员及视察员分别查明，予以惩处。[②] 40年代包括信用合作社概况如下表42。

表42：20世纪40年代宁夏省信用社数及社员统计表

时间	1940年	1941年	1942年	1943年	1944年5月止	1948年
信用社家数	189	110	168	250	305	602
社员数	15918	12684	16607	——	——	78935

资料来源：《宁夏合作事业》，1943年印，第14—15、20页；《宁夏省政府工作报告》第70页；《宁夏合作事业概况》1941—1944，中国第二历史档案馆藏国民政府经济部档案，档案号四34891。

从上表可见，至1948年宁夏各县信用社社员达到78935名，当时宁夏人口约70万人，去掉士兵及城镇人口约10万人，乡村农业人口约60万人，以每户5口人计算，约12万户。以每户一名加入合作社为社员，说明覆盖率约70%的农户成为农民银行的贷款对象，说明农贷收到明显成效。

① 《宁夏合作事业》(3)，1943年印，第23—24页。

② 《宁夏合作事业》(3)，1943年印，第23—24页。

表 43：1941 年宁夏省各县合作社社员分类统计表

类别	自耕农	半自耕农	半地主	佃农
百分比	76%	20%	3.5%	0.5%

资料来源：《核办宁夏省农贷》1941—1942，中国第二历史档案馆藏中国银行档案，档案号三九七 44。

由于贷款的吸引力，当时拥有一定数额耕地的农民大都加入各种合作社、保社等组织，成为农贷的对象。

中国农民银行宁夏支行办理农贷主要为四个方面，即农业生产、农业水利、农业推广和农村副业，放款份额依次递减。

宁夏自 1929 年建省后，地方金融机构虽设有西北银行（宁夏银行之前身），但其仍从事普通银行业务，并未举办农业贷款。结果农村间资金融通则依赖旧式农村金融机构，如典当、钱会等及私人借贷。此种借款利率极高，而资金供应也欠灵活，致使农村资金仍显枯涩。在此时期，实无农村金融可言。1938 年 7 月，中国农民银行在宁夏城租马宝善堂房屋多间为办公场所，[①] 组建宁夏支行，这实为宁夏有新式农村金融机构之开始。在设立伊始，该行即本其“给农民资金，复兴农村经济”之使命，着手调查农村经济情形，并以为农村投资之依据。1940 年 7 月，该行开始办理农村贷款业务。[②]

（1）农业生产贷款

早在 1935 年初，宁夏银行鉴于农民平时需款，便向乡间富者乞求高利贷，利息甚重，期限短暂，呈准宁夏地方当局并制订贷款办法，在农忙季节投放无利息之农村贷款，使得各县农

---

① 《宁夏支行业务情形》，1939—1943 年，中国第二历史档案馆藏中国农民银行档案，档案号三九九 383。

② 南秉方著《宁夏省之农业金融与农贷》，《新西北月刊》（1944 年），第七卷，第十、十一期合刊，第 35 页。

民受惠不浅。[①]

1937 年，宁夏地方当局实行扶助贫民的农贷政策。规定凡贫寒人家因食粮不足或短期失业而餐食不及者，经保甲长及同甲各户之联同证明，请由县仓管理委员借给米麦谷物，偿还时除本谷外，无需交纳息谷。但不务正业之地痞流氓则禁止贷给。对于籽种贷款，规定凡耕农之缺乏种籽者，得申请借贷，以另备藏粮食借与之。[②] 因一些地方遭雹灾、水灾，1937 年 3 月前后，省政府拨 16 万元无息农贷，在秋后收获后归还政府。[③]

1941 年 2 月间春节及回族开斋节前后，敦厚堂曾向各县贫苦农民普放贷款，各地受款民众莫不颂声载道。[④] 1941 年春耕之际，多数农民缺乏籽种，而贫苦尤甚，宁夏当局为施救济，藉免良田荒芜、民众冻饿、生产减少起见，特由敦厚堂筹拨私款 140 余万元，于 1941 年 3 月初委派办事可靠人员分赴各县，会同县乡保甲长调查种田农户，分别贫富无息借贷籽种费，并限于 10 天内发放完毕，以免贻误。此项种籽费专为借给种田农民，无田地之人不能借用，农民耕田 10 亩以内者，每亩准借 3 元；30 亩以内者，每亩准借 2 元；50 亩以内者，每亩准借 5 角；100 亩以内者，每亩准借 3 角；100 亩以上者，每亩准供 1 角。分厘均不借贷，以便核算。[⑤] 1941 年，地方当局又对各县农民

---

① 郭荣生著《中国省银行史略》，沈云龙主编《近代中国史料丛刊》，续辑，第 19 辑，台北，文海出版社 1975 年版，第 163 页。

② 《宁夏省政府二十六年度（1937 年）下半年行政计划》，《宁夏省政府二十七二十八年下半年行政计划》，1939 年，南京国民政府经济部档案，档案号四 15143。

③ 《赈务委员会办理宁夏各项赈案文件及有关文书》（1937 年 1 月—1938 年 4 月），中国第二历史档案馆藏国民政府赈济委员会档案，档案号一一六 62。

④ 《敦厚堂普放慈款——泽惠全省穷民》，《宁夏民国日报》1941 年 2 月 20 日，第 2 版。

⑤ 《十年来宁夏省政述要》，建设篇，第五册，第 299—300 页。

借贷籽种。详见表44。

表44：1941年各县春耕借贷籽种费款数目表

县别	实借户数（户）	实发款数（元）
宁夏	14660	265391
宁朔	13720	61761
平罗	16881	233670
中卫	12589	130000
中宁	10951	143582
金积	7519	210458
灵武	20295	99.63
盐池	742	19640
同心	3540	68630
磴口	799	12519
总计	101696	1145750.63

资料来源：《十年来宁夏省政述要》，建设篇，第五册，第299—300页。

宁夏全省共十三县两旗，推广农贷县分为贺兰、永宁、宁朔、平罗、惠农、金积、灵武、中卫、中宁等九县，均为黄河两岸宁夏农业经济区。由中国农民银行宁夏支行筹集资金的贷款，以各县各种合作组织为对象，按各社社员人数之多寡，及其经营业务需要资金之情形，予以核贷。其贷款用途据调查为购买籽种、农具、肥料、牲畜等。上项各县农贷开始于1940年7月，贷款对象为各合作社。

1940年宁夏久旱无雨，渠流不畅，收成减少，加上东西蒙旗邻省友军及各地慈善机构购粮甚多，以致食粮短缺，粮价飞涨，贫民生计极感困难。① 如曾拟订《宁夏省政府与中国农民银

① 《十年来宁夏省政述要》，建设篇，第五册，第299—300页。

行宁夏支行办理宁夏省农贷合约草案》(1940 年),[①] 规定金额 100 万元，社员借款额每人不得超过 60 元，贷款利率为月息 8 厘，宁夏建设厅呈准增加行政经费一厘，共为 9 厘，由各合作社临时申请贷款，转放于社员，作为农业生产之用。[②]

1941 年，宁夏省政府（甲方）与中国农民银行宁夏支行（乙方）协订订有《对宁夏省合作社贷款办法草案》15 条,[③] 其主要内容为：其一，第 1、2、13 条规定借贷款双方均须遵守该办法办理合作社贷款事宜。其二，第 3、4 条具体规定合作社借款用途、数目、期限以及续借条件。其中，合作社借款用途暂限于转放社员购买种籽、肥料、牲畜、农具及其经营农业生产之用；每合作社向乙方借款之数额以社员人数为标准，社员每人借款额最高不得超过六十元；合作社借款期限暂定为一年，如有特种用途需长期周转者，得请准酌予延长之，但可提前还款。其三，第 5 条明确合作社借款利率及计算利息方法。即合作社借款利率暂定为月息九厘，除乙方应得八厘外，余一厘充作甲方办理合作行政经费，但合作社贷款与社员利率最高不得超过月息一分二厘；[④] 借款利息按月计算，不满一月者，按日计算；借款利息自乙方付出之日起息至合作社交付还款之日止息。如不能直接领取或归还时，则乙方汇出之日至合作社汇还之日止息，均以邮戳或行庄之汇票及代收收据为凭；贷款支付汇费由乙方负担，还款汇费由合作社负担。其四，第 6 条规定合作

---

① 《宁夏农贷》1940 年，中国第二历史档案馆藏中国农民银行档案，档案号三九九 5803。该合约开宗明义，表示遵照四联总处农贷办法纲要等办理合约如下。

② 《宁夏合作事业》(1)，1941 年印，第 5—6 页。

③ 《宁夏合作事业》(2)，1942 年，中国第二历史档案馆藏实业部档案，档案号十一 367。

④ 后来，因物价上涨，利息有所提高，但一般在月息 3 分以下，仍低于抗战前。

社借款程序：合作社借款时应缮具借款申请书借款悉数表各两份，职员印鉴纸、社务概要表各一份，呈由县政府审核签注意见，转呈建设厅核办；建设厅于收到合作社借款书表后，应速予审核，如无不合时，即将原呈书表转送乙方核放；乙方接合作社之借款书表时，即应核定准拨，如认为有疑问时，并得派员调查后决定之；乙方核准合作社借款后，即填写核准通知书附空白合同收据等件，寄由县政府转知该借款社洽订借款合同；合作社接到核准通知书后，须由理监事主席经理及司库四人携带该社图戳及各人名章到县政府订立合同，由县政府加盖县印作保，并填具收据，一并送交乙方领取贷款；合作社领到借款后，应请县政府派员莅社监放（乙方遇必要时亦得派员监放），放款时填造放款清单请监放人签盖存社备查。并予放款后二日内填造放款报告书二份，呈由县政府存转建设厅转送乙方备查。其五，第 7、8 条规定合作社还款事宜，合作社借款于到期前一月由乙方通知县政府转知合作社准备筹还；合作社借款到期，应将本息如数清偿对方；乙方收到合作社还款本息，即将原借款合同发还并填发还款收据交合作社收执；乙方收付款项概以法币为准。第 9、10、11 条对延期还款及借款舞弊行为做出具体规定。其六，第 12 条规定乙方对于已贷款合作社之监督指导事宜。

另外，还订有《宁夏省政府建设厅合作人员、中国农民银行宁夏支行农贷人员分区指导联系办法》等。①

后鉴于物价上涨，乡民生活艰难，根据宁夏省建设厅的请求，经中国农民银行总处批准所拟并备案，将原规定人均贷款

① 《宁夏合作事业》（3），1943 年印，第 61—66 页。

60元增至100元。[1] 至年底，当年贷款总额有较大增加。1940年，在全省13县中仅办理7县，签订普通农贷合同300万元。[2] 1941年，又签订《宁夏省政府与中央信托局、中国银行、交通银行、中国农民银行办理宁夏省农贷合约》，[3] 1941年为1480366元；[4] 另据统计，至1941年底四行局中信局、中国、交通、中国农民银行贷款计为1842706元。还款累计1238506元，结余604200元。[5] 该年度农贷范围为9县。[6]

如在贺兰、永宁、宁朔、惠农、平罗、金积、灵武、中卫、中宁各县贷款203，250元，实际贷款1，519，000元。期限8个月或一年，利息月息9厘，借款手续，由县政府担保，建设厅函行农行贷放。用途为购买耕牛、籽种、农具等。期满以农作物变价偿还。至1941年11月18日止，中行与农

① 《中国农民银行宁夏支行致总处函》1940年12月10日，《宁夏农贷》1940年，中国第二历史档案馆藏中国农民银行档案，档案号三九九5803。

② 中国第二历史档案馆编《中华民国史档案资料汇编》，第五辑第二编，财政经济，(四)，江苏古籍出版社1997版，第55页；中国农民银行档案，档案号三九九2785。将该资料与原始档案比较，内容一致。

③ 《核办宁夏省农贷》1941—1942，中国第二历史档案馆藏中国银行档案，档案号三九七44。

④ 南秉方著《宁夏省之农业金融与农贷》，《新西北月刊》(1944年)，第七卷，第十、十一期合刊，第35页。

⑤ 《宁夏农民银行档案》杂卷，引自中国人民银行宁夏分行编《宁夏近代金融史资料》上册，第200页；《中国农民银行宁夏支行三十年度办理宁夏省农贷报告》，《核办宁夏省农贷》1941—1942，中国第二历史档案馆藏中国银行档案，档案号三九七44。

⑥ 《中国农民银行宁夏支行三十年度办理宁夏省农贷报告》，《核办宁夏省农贷》1941—1942，中国第二历史档案馆藏中国银行档案，档案号三九七44。该档案报告记载，当时因盐池、阿额两旗等地区荒凉及环境特殊等原因，暂未开展业务。南秉方记述当时扩大至13县局，据档案资料记载，他记载的实际有误。因为当时报告不可能有意隐瞒已扩大的农贷区县。见南秉方著《宁夏省之农业金融与农贷》，《新西北月刊》(1944年)，第七卷，第十、十一期合刊，第35页。

行联合办理农贷，搭放 351，217.5 元。[①] 至 1941 年 11 月 21 日，收回 261，520 元。[②] 1942 年，《宁夏省政府与中央信托局、中国银行、交通银行、中国农民银行、农本局办理宁夏省农贷合约》订立，[③] 该年宁夏全省农贷金额为 2，642，155 元；[④] 另有一说，中国农民银行宁夏支行 1942 年放款额达 460 万元。[⑤] 其中农业放款占 95%，商业放款占 5%，农贷利率月息 9 厘，商贷月息 2 分。[⑥] 至 1942 年 2 月，中国银行宁夏办事处又接农行函，商贷 10 万元，累计共贷出 189，697.5 元。[⑦] 1942 年 12 月，规定每社社员最高贷出 105 元。[⑧] 1943 年宁夏农贷金额为 7，018，846 元；[⑨] 1943 年中国农民银行宁夏支行农业信用放款为 4，491，662.22 元。另有说法是，因省内过去农贷多为以合作社为中介的农业生产贷款，但效能尚显不足，1943 年与中国农行商订农贷 1000 万元，以资扩大农贷范围。结果除 200 万元作农田水利贷款外，其余 800 万元均作农

---

① 《核办宁夏省农贷》1941—1942，中国第二历史档案馆藏中国银行档案，档案号三九七 44。

② 《核办宁夏省农贷》1941—1942，中国第二历史档案馆藏中国银行档案，档案号三九七 44。

③ 《宁夏畜牧贷款》1944 年，中国第二历史档案馆藏中国农民银行档案，档案号三九九 6113。

④ 南秉方著《宁夏省之农业金融与农贷》，《新西北月刊》（1944 年），第七卷，第十、十一期合刊，第 35 页。

⑤ 秦晋著《宁夏到何处去》，1947 年印，第 73 页。

⑥ 胡元民著《西北五省之金融业》，《金融知识》，第 2 卷第 4 期，1943 年 7 月，第 78 页。

⑦ 《核办宁夏省农贷》1941—1942，中国第二历史档案馆藏中国银行档案，档案号三九七 44。

⑧ 《宁夏合作事业考察报告》，1942 年，中国第二历史档案馆藏实业部档案，档案号十一 367。

⑨ 南秉方著《宁夏省之农业金融与农贷》，《新西北月刊》（1944 年），第七卷，第十、十一期合刊，第 35 页。

贷之用，并以合作组织为贷款对象，结果春季籽种贷款计贷出9，534，117元，超过数系省政府搭放数。[①] 另据统计，至1943年12月，宁夏13县合作贷款累计15，570，556元。[②] 另据记载，1943年3月下旬，宁夏地方当局所控制的盐池县已发放农贷。[③] 这也表明当时放款多能及时发放各县。如1943年农业生产春贷折实贷放后，小麦市价由30元一斗降至25元一斗。一般高利贷者无从施展其伎俩，无形中农民增加其收益。本年春贷因贷放适时，且系实物，因而农民称便不已。[④]

另外，1943年宁夏省垦荒专营业务及所登记之乡保社已达190余所，原分配之农业生产贷款不敷分配，宁夏省政府“拟以农业推广贷款余额转贷于农业生产”报中农行宁支行。7月8日，中农行宁支行向总管理处发函陈转此事。[⑤]

1944年6月底放款6934782元。[⑥] 1944年农业放款增至34000000元。[⑦] 1944年，宁夏省遭遇严重水灾，民房大量倒塌，人畜死伤惨重，洪水淹没田亩达二万亩之多。详见下表45。

① 宁夏省政府秘书处编印《宁夏省政府工作报告》1943年1月至3月，宁夏回族自治区档案馆藏旧政权类档案，档案号三一259，第28页。

② 《宁夏省政府工作报告》1943年9—12月，第54页。

③ 《宁夏民国日报》1943年4月4日，第2版。

④ 《中国农民银行宁夏支行三十二年度宁夏省农贷报告》，中国第二历史档案馆藏中国农民银行档案，档案号三九九3686

⑤ 《卅二年度宁夏省生产贷款》，中国第二历史档案馆藏档案，档案号三九九（4）3805。

⑥ 南秉方著《宁夏省之农业金融与农贷》，《新西北月刊》（1944年），第七卷，第十、十一期合刊，第35页。

⑦ 宁夏省政府秘书处编印《宁夏省政府工作报告》1945年1—6月，宁夏回族自治区档案馆藏旧政权类档案，档案号三一261。

表 45：1944 年宁省垣及各县倒塌民房水淹田禾死伤人畜数调查表

县别	倒塌间数	水淹亩数	死伤人数	死伤畜数
省会	1313		86	51
贺兰	1265	13960		1043
永宁		1819		
宁朔	105	373	2	2
金积	18			
灵武	145	452		
中卫	200	3734		
中宁		270		
陶乐	75			
合计	3121	20608	88	1096

资料来源：《关于湘、宁、陕、川等农合约及合作贷款与中农行总处、行政院、湘省善后救济总署粮食部、农林部、赈济委员会来往函电》，（1945 年 1 月 24 日—9 月 4 日），中国第二历史档案馆四联总处藏档案，档案号五八五 3497。

为赈灾起见，1945 年 3 月 14 日，四联总处案准中国农民银行总管理处酌办宁夏水灾县份农贷一案，饬就被灾各县酌贷生产贷款总额以不超过二百万元为限。同年 4 月 12 日，四联总处函准中国农民银行分配本年度农业生产贷款一千五百万元。由于上年天灾频仍，收成欠佳，“政府虽加筹济，但如杯水车薪收效甚微，愈以战时食粮生产关系军糈民食，而谋所以稳定农民维持农村，则就大量贷款实无其他善法。”为此宁夏省临参会电请增拨农民贷款五千万元。四联总处做出审查：“查宁省本年生产贷款核定为一千五百万元，现已全部贷放足额（截至本年五月底止，实贷余额为一千九百万余元）本并所请增拨一层，经核该省原定贷额现已贷竣，似可酌予增拨以应需要，拟予列增一千万元，连原核定额共为二千五百万元。”[①]

另据统计，至1945年，宁夏省政府与中国农民银行宁夏支行合作，办理农民生产事业贷款，6年间共计法币6，077，533，640元。[②] 1945年农贷金额较前增加。当年已与农行洽贷5000万元，尚不足分配，复与农行洽商增贷5000万元，计共贷出1亿元。[③]

1946年6月间，地方当局拟请续放农贷4千万元。[④] 同年该省与农行协定，农贷金额34，000，000元；并与农行洽贷5000万元，尚不足分配，复与农行洽商增贷5000万元，计共贷出1亿元。业照原计划比例分配贷款。[⑤]

1947年2月3日，宁夏省政府主席马鸿逵致电行政院院长宋子文及四联总处、中国农民银行：“查本省经抗战八年后农村经济沦于破产，民生疾苦达于极点，虽经去岁核准农贷一亿元分配贷放，究属杯水车薪，查年来收成欠佳，又益物价高涨，农民仍感极大痛苦，嗷嗷待哺”，宁夏为国防重镇、西北门户，农村经济急待建设，因此“本年度本省农贷拟请最低核定为廿亿元，速饬宁夏农行贷放以资春耕”。随后四联总处拟提农贷审

① 《关于湘、宁、陕、川等农合约及合作贷款与中农行总处、行政院、湘省善后救济总署粮食部、农林部、赈济委员会来往函电（1945年1月24日—9月4日）》，中国第二历史档案馆藏档案：中央银行、中国银行、交通银行、中国农民银行联合办事总处土地合作，档案号五八五3497。

② 秦晋著《宁夏到何处去》，1947年印，第73、74页。

③ 宁夏省政府秘书处编印《宁夏省政府工作报告》1945年1—6月，宁夏回族自治区档案馆藏旧政权类档案，档案号三一261。

④ 《宁夏省政府委员会第132次会议记录》，1946年6月24日，宁夏回族自治区档案馆藏旧政权类档案，档案号2—184。宁夏省政府秘书处编印《宁夏省政府工作报告》1946年1—6月，档案号31/262。

⑤ 《宁夏省政府委员会第132次会议记录》，1946年6月24日，宁夏回族自治区档案馆藏旧政权类档案，档案号2—184。宁夏省政府秘书处编印：《宁夏省政府工作报告》1946年1—6月，档案号31/262。

核委员会。[①]

1947年5月，宁夏省政府主席马鸿逵再次致电行政院院长宋子文及四联总处：以“本省本年度农贷已核定为四万二千五百万元，此项贷款按照八万五千社员平均一户可贷五千元，如斯数目对于农业生产之收效甚微”为由，特再请仍按原拟定贷款廿亿元核准饬知农行宁支行贷放。[②] 6月24日，蒋介石就“宁夏省马主席请对该省农贷仍照廿亿元核定并另增种籽贷款廿亿元，饬核办案再请核议案”电令：拟准在本年度普通农贷准备金额内增贷五亿元，连已核定之五亿零七百四十万元，共为十亿零七百四十万元。[③] 至1947年底，农业贷款已增至法币100，265，400元。[④]

该年宁夏农贷金额有所增加。因上年本省合管处与农民银行签订农贷合同为1亿元，为数太少，不敷配贷。本年报省为20亿元。经四联总处核定为10亿零740万元，计生产贷款7亿元，农村副业贷款1亿元，农产运销贷款1亿元，小型农田水利贷款8240万元，农业推广贷款2500万元，均已分别贷放。[⑤]另外，该省分属于国统区与解放区的盐池县核定小本贷款1947

① 《四联总处关于办理川、鄂、豫、宁等地农贷与农行、中行、行政院及该省府来往文电（1947年1月29日—12月31日）》，中国第二历史档案馆藏四联总处档案，档案号五八五3262。

② 《四联总处关于办理川、鄂、豫、宁等地农贷与农行、中行、行政院及该省府来往文电（1947年1月29日—12月31日）》，中国第二历史档案馆藏四联总处档案，档案号五八五3262。

③ 《四联总处关于办理川、鄂、豫、宁等地农贷与农行、中行、行政院及该省府来往文电（1947年1月29日—12月31日）》，中国第二历史档案馆藏四联总处档案，档案号五八五3262。

④ 人民银行宁夏分行金融研究所编《宁夏金融史近代史料汇编》，下册，第206页。

⑤ 《宁夏省政府工作报告》，1947年，存宁夏档案馆。

年度为1亿元，结果贷款仅贷出7385万元。借款者计贫苦农民312人，小手工业者2人，小本经济者72人，共386户，因贷款而得益者2222人；因贷款而得复工者计每年收入为2千万元；因贷款而得复商者估计每年收入为7.5亿元；因贷款而得复耕者为田地12110亩，估计每年收入4亿元。①

1947年协定农贷金额为10亿元。1948年度因物价急剧上涨，宁夏省政府拟增为639亿5千万元，计分配农业生产530亿元，农产运销10亿元，农仓20亿元，农村副业10亿元，农业推广4亿5千万元，此项贷款经四联总处核准，为农业生产贷款158亿元，副业贷款20亿元，大型水利96亿元，除大型水利经费由水利局接受办理外，其他各款均分贷各县各级合作社社员申借运用，并饬合管处派员分赴各县监放。② 详见表46。

表46：宁夏省各县1948年度第一期合作农贷额度分配表

县别	社数	社员数	农业生产贷款	植棉贷款	备注
贺兰	64	9915	2100000000	150000000	
永宁	83	10130	2200000000	150000000	
宁朔	41	6782	1390000000	100000000	
平罗	47	7466	1540000000	100000000	
惠农	51	7464	1570000000	100000000	
金积	38	5807	1100000000	50000000	
灵武	33	3895	1340000000	50000000	
中卫	94	12226	1600000000	150000000	
中宁	77	10677	1240000000	150000000	
盐池	18	1296	320000000		
同心	36	1693	400000000		

① 《宁夏农民银行三十六年度业务概况》，引自中国人民银行宁夏分行编《宁夏近代金融史资料》上册，第205页。

② 《宁夏省政府工作报告》，1948年。

（续上表）

县别	社数	社员数	农业生产贷款	植棉贷款	备注
磴口	12	1137	300000000		
陶乐	8	447	220000000		
合计	602	78935	15320000000	1000000000	共计163亿2千万元
附录	一、本省本年经四联总处核定农业生产贷款为158亿元，农村副业贷款为20亿元。 二、本表所列农业生产贷款，系根据上年各县实贷额数分配，与上年比较增成20倍。植棉贷款系根据上年各县种植亩数及本年发售棉籽数量予以分配。				

资料来源：《宁夏省1948年各县合作贷款分配数额表》1948年4月12日。宁夏回族自治区档案馆藏。

至1948年4月，宁夏省分配农业生产贷款16320000000元。[①] 如前所述，再加上实物农贷，宁夏农贷覆盖率估计已达70%左右。

实物贷款曾是农贷的方式之一。省内农户社员每年春种甚感缺乏，1943年地方当局还实施实物贷放。具体实施标准是，以50亩之农佃户社员为准，50亩以上者不贷，结果折贷籽种173748石，原额不足，又由省府搭放367258市石。[②] 另如下表：

表47：1945年度小麦贷种统计表

借种人姓名	住址	播种亩数	借种数量		贷种	到期	担保人	备注
			市斤数	折合斗数				
贺兰一乡八保合作社	贺兰县1乡8保	160	4800	320	1945.3.13	1945.9.13	贺兰县政府	借种社员4人

① 《宁夏省1948年各县合作贷款分配数额表》1948年4月12日。宁夏回族自治区档案馆藏档案。

② 宁夏省政府秘书处编印《宁夏省政府工作报告》1943年1月至3月，宁夏回族自治区档案馆藏旧政权类档案，档案号31/259。

（续上表）

借种人姓名	住址	播种亩数	借种数量		贷种	到期	担保人	备注
			市斤数	折合斗数				
贺兰七乡九保合作社	贺兰县7乡9保	160	4800	320	1945.3.13	1945.9.13	同上	贷种社员5人
贺兰七乡九保合作社	贺兰7乡9保合作社	260	7800	520	1945.3.14	1945.9.14	同上	借种社员12人
贺兰六乡三保合作社	贺兰六乡三保	293	5775	385	1945.3.25	1945.9.25	同上	借种社员3人
余子全	永宁县2乡5保8甲	37	1125	75	——	——	日恒昌记住省小南街	
范忠	永宁11乡4保6甲	15	450	30	1945.3.20	1945.9.20	盛德驻永宁新水桥	
董仁礼	永宁12乡11保	50	1500	100	1945.3.15	1945.9.15	复兴永粮店住民生街51号	
谢耀南	永宁11乡12保	15	450	30	1945.3.15	1945.9.15	同上	
勉继汉	贺兰9乡3保	20	600	40	1945.3.18	1945.9.18		
杨知人	贺兰9乡1保8甲	40	1200	80	1945.3.13	1945.9.13		
王文玉	永宁5乡4保12甲	10	300	20	1945.3.12	1945.9.12		
要焕文	贺兰9乡新桥	40	1200	80	1945.3.5	1945.9.15	吉兴泰住中山西街53号	
合计		1100	30000	2000				

资料来源：宁夏农林处编《宁夏省农政七年》，1946年，第138—139页。

1946年3月，永宁县第十乡赵天禄、朱三春等14人贷款100，000元，人均7000多元；马长有等15人贷款100，000元。当年，该乡第七保为秋粮籽种借粮14，152斗，播种14152亩。[①]

（2）农田水利与农业推广贷款

该项贷款分为小型及大型两种，小型水利贷款开始于1941年，仅贷放中宁县水车灌溉生产合作社1所，计贷款额为20，800元。[②] 1943年初，据中国农民银行总管理处致电宁夏省政府："商借该项贷款系属修浚旧有渠道与增建改进工程，期限仅为一年，经核各工程需用物料价目统计册尚属实在，且各渠受益田亩总面积共有223万余市亩，负担尤属轻微，似可准予贷款办理，俾惠农要政深达边区所商贷款二百万元，拟按九一比例由本行承贷一百八十万元。"3月2日，四联总处函达中国农民银行总管理处和行政院水利委员会"函复宁省卅二年度农田水利贷款二百万元应准照贷"。[③]

1943年，宁夏省政府（甲方）与中国农民银行（乙方）洽订《宁夏省农田水利贷款合约》，[④] 首先申明，省府与农行遵照

① 永宁县第十乡造呈三十五年度扶植自耕农及改良土地贷款花名清册，宁夏永宁县档案馆藏档案，档案号1—1—281。

② 南秉方著《宁夏省之农业金融与农贷》，《新西北月刊》（1944年），第七卷，第十、十一期合刊，第35—36页；中国第二历史档案馆编《中华民国史档案资料汇编》第五辑第二编，财政经济，（四），江苏古籍出版社1997版，第264页。

③ 《四联总处关于审批江西、宁夏、广西三省农田水利工程贷款与中农行总处、行政院水利委员会、财政部等来往文电（1943年1月18日—12月31日）》，中国第二历史档案馆藏档案：中央银行、中国银行、交通银行、中国农民银行联合办事总处农业类农田水利贷款，档案号五八五3153。

④ 《宁夏省政府（甲方）、中国农民银行（乙方）洽订宁夏省农田水利贷款合约》《宁夏省大型水贷》1943年7月，中国第二历史档案馆藏中国农民银行档案，档案号三九九6381。

行政院公布四联总处农贷办法纲要所定范围协定办理农贷合约如下：①合约规定农贷总额200万元，后改为180万元，甲方拨垫头20万元。②贷款利率为月息1分2厘；期限暂定为一年，到期由甲方将本息一次归还之。③乙方必要时可对甲方工程进行督查、稽核。④甲方须将贷款用途限于岁修及特种工程所需工料。⑤甲方对收获季节所收水利费应全数储存，乙方按月息8厘计算至相当成数时，乙方将拨账并付清利息。宁夏大型水利贷款开始于1943年度，贷款对象为省政府建设厅水利局，其用途为修浚汉延、唐徕、惠农、大清、云昌渠及经金积、灵武、中卫、中宁等县各渠，以及河西排水沟、王洪河工处工程与其他特种工程，以畅通渠水，增加流量，而利农田灌溉，该年贷款核定额为200万元；[①] 实际拨款180万元。[②] 1944年贷款额为240万元。[③]

1944年2月，鉴于宁夏省政府已归还前项贷款172万元，该年度宁省水利贷款尚未核定，而该省各渠岁修工程应在立春前购备物料以便冰解时开工，故暂照上年度贷额提前拨贷一百八十万元以争时效，以省府为对象，期限仍为一年。3月3日，四联总处函送财政部准予贷办。1944年2月，经四联总处核准，给宁夏省各渠当年岁修水利工程贷款180万元。[④] 1944年农田水

① 《宁夏省政府工作报告》1943年1月—6月，宁夏回族自治区档案馆藏旧政权类档案，档案号31/259，第30页。

② 《中国农民银行宁夏支行三十二年度宁夏省农贷报告》，中国第二历史档案馆藏中国农民银行档案，档案号三九九3686。

③ 南秉方著《宁夏省之农业金融与农贷》，《新西北月刊》（1944年），第七卷，第十、十一期合刊，第35—36页；中国第二历史档案馆编《中华民国史档案资料汇编》第五辑第二编，财政经济，（四），江苏古籍出版社1997版，第264页。

④ 中国第二历史档案馆藏四联总处档案，档案号五八五3153。

利贷款贷出 1，820，800 元。[①]

1945 年春，宁夏省政府代表马鸿逵和中农行宁支行代表南秉方在协定的《三十三年度宁省农田水利贷款合约》中规定：贷款总额定为国币二百四十万元，另由农林部拨放二成，垫头六十万元；利率定为月息二分五厘，比上年利率增长一倍多；本合约整体删除了《三十二年度宁省农田水利贷款合约》中第六条有关甲方于特种或新筑工程开始前“将测量设计图表，施工计划工程进度预算估计表送请行政院水利委员会核准后，加具工程经费详细预算书、工程处开办费及经常费预算书、施工细则、受益田亩每亩负担工费增益估计表各两份，经乙方督察工程师同意后函送乙方备查”，[②] 其余条款与上年大体相同。自黄河水利委员会与宁夏地方水利机关取得联络后，已完成初步计划，对各渠局所所需经常费和事业费做出概算，合计六百万。可支领此项水利贷款的地方水利机关包括：汉延渠局、唐涞渠局、惠农渠局、大清渠局、云昌渠局、灵武县水利局、中卫县水利局、中宁县水利局、惠民渠局、河东新开渠、磴口县水利局、河西排水事务所和王洪河工处。[③]

1945 年 4 月，按中国农民银行统筹配定，分配该年度宁夏省大型水利贷款 900 万元，小型水利贷款 240 万元。根据实际需

---

① 《宁夏省合作事业概况表》，1944 年 5 月，中国第二历史档案馆藏国民政府经济部档案，档案号四 34891

② 《四联总处关于西康、青海、宁夏、甘肃、湖北省农田水利贷款问题与行政院水利委员会、行政院秘书处、财政部、中农行总处、鄂省府来往函电（1945 年 1 月 16 日—10 月 30 日）》，中国第二历史档案馆藏档案：中央银行、中国银行、交通银行、中国农民银行联合办事总处农业类农田水利贷款，档案号五八五 3209。

③ 《四联总处关于西康、青海、宁夏、甘肃、湖北省农田水利贷款问题与行政院水利委员会、行政院秘书处、财政部、中农行总处、鄂省府来往函电（1945 年 1 月 16 日—10 月 30 日）》，中国第二历史档案馆藏档案：中央银行、中国银行、交通银行、中国农民银行联合办事总处农业类农田水利贷款，档案号五八五 3209。

要，同年5月，小型水利贷款暂不贷放。[①]

另外，该省灌溉农渠每年实行岁修及渠道工程修筑，所需工程及材料费用由农民银行贷放。1948年，贷款对象仍为宁夏水利局，施工农渠为唐徕、汉延、大清、云亭、昌润以及惠农、金积、灵武、中卫、中宁、马家滩各县乡共12渠。该项贷款系修理费用，期限为10个月，利息为2分5厘。[②]

至于农业推广贷款，1937年在该省厉行禁烟之际，为扩大种植棉花面积以替代鸦片，由省政府印发植棉须知，利用省库资金800元，从甘肃省购得上好棉籽100石，按县份大小发放试种，据统计共试种3700亩。[③] 1943年农业推广贷款分配额为50万元，贷款对象为农业改进机构，含以农业改进为目的的机构或依法登记之农场、林场等。[④] 1943年开始的该项贷款以宁夏省农林处及宁夏省合作事业管理处为对象，该处鉴于宁省植棉事业可资提倡，便在中宁县举办植棉推广试验，该处从农行借款7万元，在甘肃靖远购到驯化之脱字美棉28，000余斤，转贷宁夏合作事业管理处组织之棉花产销合作社。计共推广棉田3130亩，结果成绩颇好，每亩平均收皮花30斤，为宁夏省植棉事业打下良好的基础。至1943年6月宁夏省贷出棉籽25800斤，

---

① 《关于湘、宁、陕、川等农合约及合作贷款与中农行总处、行政院、湘省善后救济总署粮食部、农林部、赈济委员会来往函电（1945年1月24日—9月4日）》，中国第二历史档案馆藏档案：中央银行、中国银行、交通银行、中国农民银行联合办事总处土地合作，档案号五八五3497。

② 《三十六年度宁夏农贷计划》，引自中国人民银行宁夏分行编《宁夏近代金融史资料》上册，第202页。

③ 《宁夏省政府二十七二十八年下半年行政计划》1939年，中国第二历史档案馆藏南京国民政府经济部档案，档案号四15143。

④ 《宁夏省政府（甲方）、中国农民银行（乙方）办理宁夏省农贷合约草案》1942年12月，《1943年宁夏省农贷额度》，中国第二历史档案馆藏中国农民银行档案，档案号三九九5658。

在中宁县鸣沙洲、白马滩、张恩堡、恩和堡一带植棉区强制种植，棉苗长势良好。[①] 后收获9万斤棉花，价值900万元。[②]

1944年在中宁、中卫推广棉田1.1万亩，增产皮花27.5万斤。[③] 1944年继续推广种植，共计贷款20，000元。[④] 另外，该年办理农业生产贷款计600余万元，均按时发放并洽商农林处派员赴靖远采购棉籽5万石，卫宁一带当年推广植棉均已办妥。[⑤] 1944年，宁夏棉花生产贷款9万元，中宁等县棉花生产合作社年产约8千担。[⑥]

1945年4月，中国农民银行分配宁夏省该年度农业推广贷款二百万元，四联总处审查通过。并由宁夏省农林处代表马鸿逵（甲方）和中国农民银行宁夏支行代表南秉方（乙方）为办理三十四年度棉花推广事业订定《宁夏省三十四年度棉种推广贷款合同》。合同规定：乙方贷款总额以甲方本年度办理棉花推广事业购买棉籽全部资金之八成为限，定为国币四十万元；甲方应按照本年度棉花推广需要全部资金之二成自筹并应尽先拨用，于贷款收回时尽先偿还乙方贷款本息；贷款用途仅限于购买棉籽；甲方采购之棉籽其转售或转贷放农民之价格不得高于

① 《宁夏省合作事业管理处民国三十二年度四五六月贷还款统计表》，《宁夏省政府工作报告》1943年1月—6月，宁夏回族自治区档案馆藏旧政权档案，档案号31/259。

② 《宁夏省政府工作报告》，1943年12月，宁夏回族自治区档案馆藏旧政权档案，档案号31/259。

③ 《宁夏省农业推广报告表》1945年2月，中国第二历史档案馆藏中国农民银行档案，档案号三九九6790。

④ 南秉方著《宁夏省之农业金融与农贷》，《新西北月刊》（1944年），第七卷，第十、十一期合刊，第36页。

⑤ 宁夏省政府秘书处编印：《宁夏省政府工作报告》1944年7、8、9月份，宁夏回族自治区档案馆藏旧政权类档案，档案号31/260，第30页。

⑥ 《宁夏省合作事业概况表》，1944年5月，中国第二历史档案馆藏国民政府经济部档案，档案号四34891。

当地之时价，并应拟具推广棉种贷款计划作为办合同之附件；本贷款由甲方指定，以贷款购买之棉籽为担保品并由宁省政府负承还保证之责；本贷款订期一年，于民国三十四年十二月十日到期，期满即由甲方将借款本息如数清偿，但得于到期前偿还贷款之一部或全部，利随本减；甲方于贷款到期时应将本息全部清偿，如有延期情事，乙方得将延期本息按照原计利率一并加八厘计算；该贷款利率定为月息二分五厘，不足一日者按日计算，但得随四联总处新计利率改定之；甲方应绝对按原定推广计划实施，非经乙方同意，不得变更原订计划或移作别用，所有有关棉花推广经费应由甲方完全自行负担，不得在本贷款内支用；乙方得随时指派人员稽核借款用途及有关账册，甲方应予以便利；乙方如发现本贷款用途不符业务，未能按照原订计划实施等情事，得随时追还贷款之一部或全部。本合同一式四份，除甲乙双方各执一份，其余二份由甲乙双方分转省政府及农行总处备查。①

另据记载，1945 年，宁夏省农林处（甲方代表人马鸿逵）与中国农民银行宁夏支行（乙方代表人南秉方）为办理三十四年棉花推广贷款事业起见，订立贷款合同:② 该合同规定，①乙方贷款总额以甲方本年度办理棉花推广事业购买棉籽种全部资金之八成为限，定为 40 万元；②甲方应按照本年度棉花推广需要全部资金之二成同筹，并应尽先拨用，于贷款收回时尽先偿还乙方贷款

① 《关于湘、宁、陕、川等农合约及合作贷款与中农行总处、行政院、湘省善后救济总署粮食部、农林部、赈济委员会来往函电（1945 年 1 月 24 日—9 月 4 日）》，中国第二历史档案馆藏中央银行、中国银行、交通银行、中国农民银行联合办事总处档案，档案号五八五 3497。

② 《宁夏省三十四年棉种推广贷款合同》1945 年 2 月，中国第二历史档案馆藏中国农民银行档案，档案号三九九 6790。

本息；③贷款用途限于购买棉籽，乙方得随时指派人员稽核借款用途及有关账册，甲方应予以便利。乙方如发现本贷款用途不符业务，未能按照原订计划实施等情事，得随时追还贷款之一部分或全部。④甲方采购之棉籽，其转售或贷款放于农民之价格不得高于当地之时价，并应拟具棉种贷款计划作为合同之附件；⑤贷款期限1年，1945年12月30日到期，期满即由甲方将贷款本息如数偿清，但得于到期前偿还贷款之一部或全部，利随本减；⑥本贷款利率定为月息2分5厘，不足一月者按日计算，但得随四联总处新定利率改定之。⑦甲方于贷款到期，特应将本息全部清偿，如有延期情事得将延期，本息按照原定利率一并加8厘计算；⑧本合同其他未尽事宜概按照四联总处颁定之有关农贷办法办理之。⑨承还保证人宁夏省政府马鸿逵。推广区域在中宁、中卫县。[①] 1945年农业推广贷款自筹经费10万元，农行贷款40万元。购买脱字美棉20万斤；从甘肃靖远采购4万斤，棉农自有16万斤。通过合作社发放贷款。推广棉田2万亩，计划在中宁推广1.5万亩，在中卫推广5000亩。[②]

表48：1943—1946年棉籽贷款统计表（元）

年度	棉田数（市亩）	实际收获亩数	贷款数
1943	3272	——	30 000（农林部补助）
1944	11688	8000多	400 000
1945	14482	5825（因棉籽购买资金缺乏）	600 000（棉籽款）
1946	11961	——	棉籽贷款1 500 000

资料来源：《宁夏省农政七年》，1946年，第141—142页；《宁夏省农林处快邮代电》，1945年8月7日，中国第二历史档案馆藏国民政府农林部档案，档案号四三七1358。

① 《宁夏省农业推广报告表》1944—1945年，中国第二历史档案馆藏中国农民银行档案，档案号三九九6790。

② 《宁夏省农业推广报告表》1945年2月，中国第二历史档案馆藏中国农民银行档案，档案号三九九6790。

中国农民银行宁夏支行与宁夏省农林处合作在各县推广植棉，经历年试验拟继续推广。1946 年，宁夏农业推广贷款为 1 千万元；[①] 1947 年度，对于植棉拟以法币 1000 万元，贷给宁夏农林处收购棉籽十七万六千元，植棉 2 万亩。贷款期限 10 个月，月息 2 分 5 厘，并拟贷款 490 万元，用以推广优良麦种 2390 亩。[②] 1947 年 8 月应宁夏省农林处之请，举办中宁县棉田铺沙放款 1 亿元，用以改良棉田土质，增加产量。以中宁县 6、8 两个区为试办区域，集中贷放乡农会转放受益棉农，每户贷款标准为改良棉田五亩为限，期限为一年，贷放一亿元约可改良棉田一千亩。[③] 至 1948 年 4 月，宁夏省植棉贷款为 10 亿元。[④]

除重视棉花推广种植外，宁夏还注意利用贷款改良小麦、水稻品种。1944 年在宁夏省贺兰、永宁、宁朔、中宁、中卫、金积、灵武、平罗、惠农、同心、盐池、陶乐、磴口各县推广改良麦种 13，105 亩，增产 10，555 亩。[⑤] 1945 年 宁夏省在永宁、宁朔、贺兰三县推广叶升堡稻种面积 1100 亩。另推广 41058 亩；[⑥] 该年军垦面积 90，327 亩，该年推广改良小麦品种 17，165 亩。[⑦]

---

① 秦晋著《宁夏到何处去》，1947 年印，第 75 页。

② 《三十六年度宁夏农贷计划》，引自中国人民银行宁夏分行编《宁夏近代金融史资料》上册，第 203 页。

③ 《三十六年度农民银行报告》，引自中国人民银行宁夏分行编《宁夏近代金融史资料》上册，第 204 页。

④ 《宁夏省 1948 年各县合作贷款分配数额表》1948 年 4 月 12 日，宁夏回族自治区档案馆藏旧政权类档案，档案号 2—227。

⑤ 《宁夏粮增团工作报告》1944 年至 1945 年，中国第二历史档案馆藏国民政府农林部农业推广委员会档案，档案号四三七 1980。

⑥ 《宁夏粮增团工作报告》，1945 年，中国第二历史档案馆藏国民政府农林部农业推广委员会档案，档案号四三七 1507。

⑦ 《宁夏粮增团工作报告》，1945 年，中国第二历史档案馆藏国民政府农林部农业推广委员会档案，档案号四三七 1507。

1946年9月1日，在平罗、贺兰、惠农贷出姚伏堡大麦1200市担，贷种面积4000亩；在中宁、中卫县贷出王澄堡白秃头300市担，贷种面积1000亩。政府所贷籽种比一般农家麦种优异，出穗期甚为整齐，品种也较为佳良，推广面积5000亩，其总生产量21，000市担，平均每亩产420斤，每亩增产40市斤，年增产200，000斤。[①] 就目前每市担麦价10，000元，农民总计收益达210，000，000元。其大批种籽供来年推广之用。其裨益于农村诚非浅鲜也。

（3）土地改良放款

土地改良贷款包括扶植失地农民垦荒贷款及土质改良贷款等。

1942年，地方当局曾制定《宁夏省扶植自耕农及改良土地贷款暂行办法》14条。据此，该年办理垦殖生产贷款者计三社，贷款总额50，070余元，共垦殖荒地约为6300多亩。[②] 各社除生产费用外，贷款多有盈余。[③] 此项贷款属土地开垦金融贷款，为协助1943年河南省移宁难民230余户开垦之用，1944年开始贷放，核定贷额400万元，计放出360万元。[④] 1943年，宁夏省垦荒专营业务及所登记之乡保社已达190余所，原分配之农业生产贷款不敷分配，宁夏省政府“拟以农业推广贷款余额转贷

---

① 《宁夏粮增团工作报告》，1945年，中国第二历史档案馆藏国民政府农林部农业推广委员会档案，档案号四三七1507。

② 《宁夏合作事业》（3），1943年印，第22页。

③ 南秉方著《宁夏省之农业金融与农贷》，《新西北月刊》，（1944年），第七卷，第十、十一期合刊，第36页。

④ 《宁夏省之农业金融与农贷》，《新西北月刊》，引自中国人民银行宁夏分行编《宁夏近代金融史资料》上册，第204页。

于农业生产”报中农行宁支行。[①] 7月8日，中农行宁支行向总管理处发函陈转此事。1944年接受登记垦荒合作社8社，分别介绍农行贷以资金。[②] 1944年年垦荒生产贷款8万元，当年各县垦殖生产合作社年产杂粮约6千石。[③] 宁夏地政局计划实施扶植自耕农及土地垦殖贷款，后经省政府1945年3月15日第142次会议通过，[④] 决定施行。当时规定期限不超过5年，以贺兰、永宁、宁朔、平罗各县为垦殖示范区，其中扶植自耕农贷款为200万元，垦殖贷款为500万元，并与中国农民银行宁夏支行商议照办。随后，各县农民纷纷提交申请，结果贺兰县首先获得贷款100万元。[⑤] 1945年，为实行平均地权之方略，为扶植自耕农，使耕者有其田，向农行洽借扶植自耕农贷款200万元、[⑥] 土地改良贷款1000余万元。[⑦] 次年，其他各县自耕农相继洽订贷款已达100余万元；[⑧] 据1948年1月12日中国农民银行宁夏支行储蓄部活期储蓄存款检查报告，总余额中，农地改良放款1483000元，市地改良放款149800000元。[⑨] 1948年，宁夏地方

---

① 《卅二年度宁夏省生产贷款》，中国第二历史档案馆藏中国农民银行档案，档案号三九九（4）3805。

② 宁夏省政府秘书处编印《宁夏省政府工作报告》1944年7、8、9月份，宁夏回族自治区档案馆藏旧政权类档案，档案号31/260。

③ 《宁夏省合作事业概况表》1944年5月，中国第二历史档案馆藏国民政府经济部档案，档案号四34891。

④ 《宁夏省政府工作报告》1945年1月—6月，第22页。

⑤ 《宁夏省政府工作报告》1945年1月—6月，第53、68页。

⑥ 《宁夏省政府工作报告》1945年1月—6月，第45页。

⑦ 秦晋著《宁夏到何处去》，1947年印，第73页。

⑧ 《中国农民银行宁夏支行为函复合作农场已专案陈报敝总处核示希查照由至宁夏省政府函》，1948年10月27日，31日政府收到，宁夏回族自治区档案馆藏旧政权类档案，档案号2—224，第46页。

⑨ 《中国农民银行宁夏支行检查报告（1948年1月12日）》，中国第二历史档案馆藏中国农民银行档案，档案号三九九（4）3238。

当局拟利用贺兰、永宁、灵武三县荒地20万亩，组织合作农场20个，每场人员100人，以退役军人2000人充之，以增食粮生产，减轻人民负担，申请金圆券贷款50万元。“这一措施至为允当。”为中国农民银行宁夏分行批准。[①] 尽管由于物价上涨势头猛烈，货币贬值严重，当时所申请资金显然不足，但表明宁夏地方当局仍在考虑农贷问题。

（4）农村副业贷款

为协助农民利用农暇季节，鼓励农民经营各种副业（如纺织、榨油、制粉条、淘盐等业务），以增加农民收益，而调剂市场物资供需。这在抗战时期尤其重要。早在1940年，宁夏省合作事业管理机构即贷款给省内各县16家榨油生产合作社。[②] 宁夏省人民衣料素仰外省供给，但自抗战军兴以来，交通梗阻，衣料来源骤形断绝，随致发生布荒，宁省政府有鉴于此，特推广植棉以求自给自足，虽年来产量甚丰，但本省妇女不谙纺织技术亦无济于事；同时宁省盛产羊毛亦无法加工制造，故政府有推行纺织生产合作之议；又我国纺织工业每在沿海各省，抗战以来或被敌摧毁或被掠夺，各省提倡手工纺织甚嚣尘上；再“男耕女织”古有明训，宁省妇女几占全省人口半数，袖手闲散亦非善策，提倡妇女纺织实一举而数得。鉴于上述四点，宁省政府拟推行纺织生产合作事业，发动全省妇女普遍纺织。1940年10月17日，宁夏省政府函送中农行宁支行，请求在本省本年度农贷100万元内划拨20万元移作纺织生产贷款，贷予各纺织合作社用作购置机具与原料，以期救济本省布荒、发展农村副

① 《中国农民银行宁夏支行为函复合作农场已专案陈报敝总处核示希查照由至宁夏省政府函》1948年10月27日，31日政府收到，宁夏回族自治区档案馆藏旧政权类档案，档案号2—224。

② 《宁夏省政府工作报告》1940年。

业，奠定生产建设基础。[①] 据《宁夏省政府办理纺织生产贷款实施办法》规定，依法登记的纺织生产合作社或兼营纺织生产业务的信用合作社均可以申请此项贷款，申请贷款的用途仅限于购置原料机具及设备之用，借款数额视其用途及还款能力核定，借款利息及计算利息办法均依照宁夏省政府和中国农民银行宁夏支行暂订对宁夏省合作社贷款办法第五条之规定办理。

1942 年度，又贷放陶瓷生产合作社一所，贷额 1 万元。[②] 该年，宁夏合作事业管理处筹集资金，贷款给中卫县张家营水车生产合作社。过去水渠流经该县张家营一带两岸地势高低不一，致使位置较高耕地不能引水灌溉。宁夏合作事业管理处介绍贷款资金拨予该社，促其对水利灌溉设施加以整理，加长引水坝，使得水量加大，并添置水车，借助马拉高架水车引水入木槽，结果地势高处 200 余家之旱农也可灌溉。[③] 该处还扶植陶瓷生产，给中卫上下河沿陶瓷生产合作社介绍贷款，购买原料，并从甘肃靖远、平凉聘请技术娴熟之技师指导生产，[④] 这对宁夏农村副业生产起到一定的示范作用。另据记载，农行与宁夏省政府 1941 年签订合同顺延至第二年，1942 年贷出农村副业贷款 400 万元，收回额 400 万元，截至年底为止，结余 70 余万元。[⑤] 另据记载，1942 年经兰州中国农民银行与甘肃省政府签订合同，

---

① 《本处（四联总处，作者注）办理中农总行与宁夏省纺织生产贷款来往文书》，（1940 年 11 月 9 日—1941 年 10 月 1 日）中国第二历史档案馆藏四联总处档案，档案号五八五 2859。

② 南秉方著《宁夏省之农业金融与农贷》，《新西北月刊》（1944 年），第七卷，第十、十一期合刊，第 36 页。

③ 《宁夏合作事业》（三），1943 年印，第 19 页。

④ 《宁夏合作事业》（三），1943 年印，第 19—20 页。

⑤ 《四联总处 1942 年度办理农业金融报告（节录）》1943 年，中国第二历史档案馆编：《中华民国史档案资料汇编》第五辑第二编，财政经济，（四），江苏古籍出版社 1997 版，第 244 页。

确定农村副业贷款30万元；同年，经西安中国农民银行与陕西省政府签订合同，确定农村副业贷款260万元；[①] 相比之下，宁夏农村副业贷款数额高于邻省。1943年农民银行给盐池县第一乡一保合作社44名社员贷款2万2千元，期限6个月，以供该社购置捞盐工具，增加生产。[②]

《宁夏省政府办理纺织生产贷款实施办法》9条（1942年），《宁夏省政府建设厅办理纺织生产合作社机具贷款合约通则》（1942年）13条，[③] 其中涉及乡村纺织生产合作社机具贷款的内容有：其一，明确该通则的目的、所发放机具乡村社、所之范围。其中有纺织生产合作社、各级妇女纺织传习所等。其二，明确乡村社所办理机具农贷的负责机构及贷放机具数额。如规定纺织合作社请求供给机具，在各县者由各县政府统筹办理；在各级妇女纺织传习所者，由妇女纺织传习总所统筹办理。而供给各纺织合作社机具，每社员一人暂以纺线机或纺毛机一部为限。其三，对贷款归还事宜做出规定。如贷款期限最多不得超过四个月，如有特殊情形不能归还时，得请准延长之，但最长也不得超过原定期限；贷款利率定为月息八厘，但此项利息应暂拨归各纺织合作社购补损失及办公用费；各纺织合作社之

---

① 《四联总处1942年度办理农业金融报告（节录）》1943年，中国第二历史档案馆编：《中华民国史档案资料汇编》第五辑第二编，财政经济（四），江苏古籍出版社1997版，第196页。

② 《中国农民银行宁夏支行三十二年度宁夏省农贷报告》，中国第二历史档案馆藏中国农民银行档案，档案号三九九3686。据南秉方记述，1943年度，农民银行宁夏支行贷放淘盐生产合作社一所，贷额2万元。见《宁夏省之农业金融与农贷》，《新西北月刊》（1944年），第七卷，第十、十一期合刊，第36页。但与1943年该行农贷报告的记载相比，少统计2000元，南秉方虽为该行负责人，但其所记显然有欠准确。

③ 《宁夏合作事业》（2）1942年，中国第二历史档案馆藏实业部档案，档案号十一367。

纺织机具依其价格作为贷款定期归还。各统筹办理机关对于所辖纺织合作社贷款应负催款之责。其四，规定建设厅对各纺织合作社申请贷款的办理程序。即各纺织合作社申请贷款，须注明社员人数、需用机具数量及纺织生产计划呈由各统筹办理机关介绍于该厅核定之；建设厅接到前项申请书表后，应于10日内决定准驳，如有疑问时并得派员调查后决定之。建设厅核准后即通知统筹办理机关转饬申请之纺织合作社领取机具，于领取时，应与该厅签订合同，双方各执一份存查。其五，规定建设厅对于各纺织合作社得临时考核其纺织业务。据此，1943年给灵武县吴忠堡纺织生产合作社贷款6万元，期限8个月，以便该社经营纺纱、织布、栽绒、毛毯生产。① 1944年吴忠堡等纺织生产合作社年产土布约3000余匹。②

另外，为倡导经营榨油业务，合作事业管理处曾通令各县除组织榨油生产合作社外，并将以往榨油社予以扶植，乡保社分别贷款经营，计组成者9社，兼营者7社。1944年对榨油生产专营社8社均经合作管理处分别介绍农行贷以资金。③ 1944年贷放榨油合作社1所，贷额40，000元。其余各项尚在推广之中。④

当年，鉴于宁夏沿贺兰山麓贺兰、永宁、平罗、宁朔等五县各合作社多以养羊为生，合作事业管理处商准农行订定实施

① 《中国农民银行宁夏支行三十二年度宁夏省农贷报告》，中国第二历史档案馆藏中国农民银行档案，档案号三九九3686。

② 《宁夏省合作事业概况表》，1944年5月，中国第二历史档案馆藏国民政府经济部档案，档案号四34891。

③ 宁夏省政府秘书处编印《宁夏省政府工作报告》1944年7、8、9月份，宁夏回族自治区档案馆藏旧政权类档案，档案号31/260。

④ 南秉方著《宁夏省之农业金融与农贷》，《新西北月刊》（1944年），第七卷，第十、十一期合刊，第36页。

办法，拟从1943年9月份起，开始扩大贷放薪资，改良羊种，并改善社员之生活，由农行与该管理处分别派员分赴各县督导进行，发放畜牧贷款。[①] 抗战后期，曾制定《宁夏三十三年度畜牧生产贷款办法》14条。[②] 1945年，地方当局决定农贷资金集中运用。因历年农贷数额甚微，且银根紧急及农贷紧缩情况下，鉴于各社员贷款数额较小，对于生产推动力度不大，且增浪费，便决定以合作社为单位集中经营办理。于是，各县分配贷款数额，完全用做各社员耕畜贷款，事先派员调查其需要，决定其贷款数额为50万元，购到牲畜1118头；至于农产运销贷款1500万元，及农村副业贷款500万元，并逐步办妥。[③] 另据记载，1945年4月12日，四联总处决议通过宁夏省该年度农贷业务，经中国农民银行统筹配定，分配农村副业贷款200万元。5月24日，该项贷款根据实际需要调整为950万元。[④]

1946年，宁夏农村副业贷款为1200万元；截至该年底，利用耕牛贷款已购得耕牛1500余头。[⑤]

1947年度贷款额度为法币5.2亿元，主要用于畜牧、榨油及纺织等副业。[⑥] 如1947年4月，农民银行宁夏支行应宁夏省政府要求，发放银川市土地改良贷款二亿元，用于拓展马路、

① 《宁夏省政府工作报告》1943年9月—12月，第56页。

② 《宁夏畜牧贷款》1944年，中国第二历史档案馆藏中国农民银行档案，档案号三九九6113。

③ 《宁夏省政府工作报告》，1945年1月—6月，第66页。

④ 《关于湘、宁、陕、川等农合约及合作贷款与中农行总处、行政院、湘省善后救济总署粮食部、农林部、赈济委员会来往函电（1945年1月24日—9月4日）》，中国第二历史档案馆藏四联总处档案，档案号五八五3497。

⑤ 秦晋著《宁夏到何处去》，1947年印，第75页。

⑥ 《三十六年度宁夏农贷计划》，引自中国人民银行宁夏分行编《宁夏近代金融史资料》上册，第203页。

装修临街铺面、建筑房屋。[①] 1947年，农民银行宁夏支行在阿左旗定远营设农贷通讯处，专办该区境内畜牧贷款，主任为武定周。

另外，农民银行对农业放款连年增加。比如，1940年至1945年，宁夏省政府与中国农民银行宁夏支行合作，办理农民生产事业贷款，6年间共计法币6，077，533，640元。[②] 至1947年底，农业贷款已增至法币100，265，400元。[③] 据1948年1月12日中国农民银行宁夏支行农贷项目检查报告，该支行农贷总额为78596万元，其中农业生产放款金额为60896万元，占该行处全部放款的77.5%；农业水利放款金额为10000万元，占该行处全部放款的12.7%；农业推广6600万元，占该行处全部放款的8.4%；农村副业1100万元，占该行处全部放款的1.4%。[④] 上述四项构成了宁夏支行农贷的全部科目。[⑤]

1948年4月，共放出农业生产贷款212000万元，共收回2783万元，结余239314.5万元；放出农田水利贷款15亿元，共收回1亿元，结余15亿元；农业推广贷款共收回600万元，结余20040万元。本月，四行局承做汇出汇款共8689618.0040万元，汇入汇款共1338031.5937万元；四行局共收活期存款566040.127444万元，定期存款144.8965万元。公私机关服务

---

① 转引自《宁夏金融志》，第17页。

② 秦晋著《宁夏到何处去》，第73、74页。

③ 人民银行宁夏分行金融研究所编《宁夏金融史近代史料汇编》，下册，第206页。

④ 《中国农民银行宁夏支行农贷检查报告（1948年1月12日）》，中国第二历史档案馆藏中国农民银行档案，档案号三九九（4）3238。

⑤ 秦晋著《宁夏到何处去》，第73、74页。

人员汇寄家属赡养费共300万元。[①]

1949年4月20日，经国民政府贴放会卅次会议议决："在未来政府核定前，准允贷八十亿元，概以贷放实物为主，不论为贷实或折实，贷现均以收回实物为原则，分配贷额为金圆155250000元。"[②] 这是国民政府离开大陆前，最后一次批准中国农民银行宁夏支行办理农贷，因其旋即撤离大陆，笔者推测此项农贷未落实处。

此外，也有不少信用合作社利用社有存款，按实存余额配贷于贫苦社员。据记载，在平罗、惠农二县中，有些合作社能运用社有资金资助遇到紧急事件的社员，并得酌量该社员之实际需要，临时利用储蓄存款贷放。[③] 这既可使社员明了股金及储蓄之意义与合作社增加社有资金之重要，也可促使回汉乡村社会互助之风气日渐扩大。

以上为近10年间宁夏农村金融业务概况。20世纪40年代的宁夏农村金融活动，因资金有所保证等原由，使得放款得以顺利展开。至于贷款之回收，宁夏农贷均多偏重于信用，各种贷款未到期前，由指导人员按一县中各区农作栽培之分配与农村经济活跃之时期，分别指导、安排各社还款。在还款之前，由各指导员指定各社员之分担责任，限期缴集，以免风险及防止职员之舞弊等情事，结果各县90%以上之社均能按期归还。其中亦有多数提前还清本息一部或全部者。[④] 同时，多数也能

---

① 《宁夏支处1948年4月份工作报告》，中国第二历史档案馆藏中央银行、中国银行、交通银行、中国农民银行联合办事总处档案，档案号五八五2185。

② 《中央银行业务局核办中国农民银行农贷转抵押案（1949年4月）》，中国第二历史档案馆藏中央银行档案，档案号三九六2973。

③ 《宁夏合作事业》（3），1943年印，第23—24页。

④ 《宁夏合作事业》（3），1943年印，第24—25页。

提前归还。[1] 遇有灾荒，可申请延期归还。[2] 如自 1940 年 7 月份至年底止，共借款 362，340 元，共还款 116，470 元，尚结欠 245，870 元。[3] 归还借款情形甚为踊跃，足证农民信用之可靠。[4] 各县 1941 年到期还款及实际还款月份列表如下：

表 49：宁夏省各县合作贷款 1941 年度到期还款月份暨实际还款数目对照表

单位：元

期限 / 县名	到期月份及还款数目			合计	备考
	10 月份还款数	11 月份还款数	12 月份还款数		
贺兰		22695	93790	116485	11 月份 6 社、12 月份 15 社还款如上
宁朔	9180		67060	76240	10 份 3 社、12 月份 15 社还款如上
永宁		11610	161440	173050	11 月份 3 社、12 月份 22 社还款如上
平罗		5350	120930	126280	11 月份 3 社、12 月份 17 社还款如上
惠农			55830	55830	12 月份 10 社还款如上
金积	23400		135430	158830	10 月份 6 社、12 月份 21 社还款如上
灵武		19020	54320	73340	11 月份 6 社、12 月份 13 社还款如上
中卫		13330	70400	83730	11 月份 3 社、12 月份 20 社还款如上

① 《宁夏合作事业》（2），1942 年，中国第二历史档案馆藏实业部档案，档案号十一 367。

② 董正钧著《宁夏农业经济概况（下）》，《中农月刊》第 8 卷第 3 期，1947 年 3 月 31 日，第 23 页。

③ 《宁夏合作事业》（1），1941 年印，第 5—6 页。

④ 《宁夏合作事业》（1），1941 年印，第 5—6 页。

（续上表）

期限 县名	到期月份及还款数目			合计	备考
	10月份还款数	11月份还款数	12月份还款数		
中宁			78640	78640	12月份19社还款如上
应还款合计数	32580	72005	837840	942425	10月份9社、11月份21社、12月份147社，共177社还款如总数
实际还款合计数	161900	429340	438770	1030010	

资料来源：《宁夏合作事业》（2），1942年，中国第二历史档案馆藏实业部档案，档案号十一367。

表50：宁夏省1941年度各县合作社还款统计表

三十年度贷款到期总额	偿还情形				
1，232，046	提前偿还金额	届期偿还金额	逾期偿还金额	逾期未还金额	合计
	852，432	120，005	246，389	13，220	1，232，046
附注	1. 表内各项数字系四行局合计数字。 2. 各社还款逾期日数多为10余日，超过一月者仅1、2社。因正值各社还款之期，省政府开始征收国防粮与征兵事宜，致使少数还款受到影响。 3. 逾期未还之款系灵武、宁朔两县三社，所欠之余额在下年度一月底以前可分别清偿。				

资料来源：《核办宁夏省农贷》1941—1942，中国第二历史档案馆藏中国银行档案，档案号 三九七44。

如上表所列，偶尔也有少数过期之社，究其原因，乃于多数社员逃避兵役，无法收齐，致使影响其信用。① 也有推迟还款现象。具体如下：

① 《宁夏合作事业》（2），1942年，中国第二历史档案馆藏实业部档案，档案号十一367。

表 51：1940 年底止宁夏农贷统计表　　单位：元

款数 / 县别	贷款数	还款数	结欠数
宁夏	91，130	18，830	72，300
宁朔	56，020	28，880	27，140
平罗	32，210	21，520	10，690
金积	105，130	27，560	77，570
灵武	39，740	19，680	20，060
中卫	13，330		13，330

资料来源：《宁夏合作事业》（1），1941 年印，第 10 页。

如 1942 年 12 月，除其他各县当月还清外，磴口县则获准延期还款。① 至 1943 年 12 月，宁夏省所属 13 县共获贷款 15570556 元；还款 10，483，438 元，尚欠 4，754，168 元。②

表 52：1944 年中国农民银行宁夏支行回收生产贷款统计表

行处别	本年度原核定贷额	第一期（1—3 月）	第二期（4—6 月）	第三期（7—9 月）	第四期（10—12 月）	备考
夏行	6,500,000		101500	92842.5	6,012,150	第一二期之收回金额为 1943 度之生产贷款

资料来源：《宁夏农业生产贷款事项》1944 年，中国第二历史档案馆藏中国农民银行档案，档案号三九九 5794。

20 世纪 40 年代的宁夏农村金融自身存在的问题是：

---

① 《宁夏合作事业考察报告》，1942 年，中国第二历史档案馆藏实业部档案，档案号十一 367。

② 《宁夏省合作事业管理处合作贷款月报表》，1943 年 12 月，《宁夏省政府工作报告》，宁夏回族自治区档案馆藏旧政权档案，档案号 31/259。

其一，农贷数额较少。如1942年度办理贷款时，因资金短缺，未获贷款之社计有134社，未得贷款之社员计有12912人，“因之机会未得平均，致引起社员失望及社会人士之责难，诚憾事也”。①而与西北等各省相比，宁夏农贷历年总额较少，而同期甘肃农田水利贷款则额度较大。1942年经兰州中国农民银行与甘肃省政府签订合同，确定农田水利贷款400万元，并拟对农田水利贷款2780，100元；同年，经西安中国农民银行与陕西省政府签订合同，确定农田水利贷款1888000元。②1942年，西宁中国农民银行与青海省政府签订畜牧贷款合同120万元。③以下各表可见一斑。

表53：1942年西北各省贷出农贷金额统计表

省别	贷出额（千元）	百分比
陕西	82，912	13.1
甘肃	46，646	7.4
宁夏	4，142	0.6
全国	634，501	100

资料来源：《四联总处1942年度办理农业金融报告（节录）》1943年，中国第二历史档案馆编：《中华民国史档案资料汇编》第五辑第二编，财政经济（四），江苏古籍出版社1997版，第198页。

---

①《宁夏合作事业》（3）1943年印，第21页。

②《四联总处1942年度办理农业金融报告（节录）》1943年，中国第二历史档案馆编《中华民国史档案资料汇编》第五辑第二编，财政经济（四），江苏古籍出版社1997版，第196页。

③《四联总处1942年度办理农业金融报告（节录）》1943年，中国第二历史档案馆编《中华民国史档案资料汇编》第五辑第二编，财政经济（四），江苏古籍出版社1997版，第196页。

表 54：1940—1944 年各年度农贷贷出额分省统计表　单位：千元

省别、年份	1940	1941	1942	1943	1944
四川	45，686	157，526	217，120	388，324	100，1529
陕西	8，063	36，489	82，912	202，363	547，593
甘肃	12，657	44，281	46，646	139，194	319，932
宁夏	552	1，514	4，042	991	20，437
青海	—	—	—	2，000	14，720
绥远	50	1，103	1，249	2961	9，689

资料来源：《抗战以来四联总处业务统计表》（1937—1945），上海市档案馆藏四联总处档案，Q322—1—128。

从上表可见，相比较而言，四川省农贷金额最大，接下来依次是陕西、甘肃省；宁夏农贷数额在表中排在第四位，但就其本身的增长看，连年均有明显增加。下表亦可佐证。

表 55：1945—1947 年中国农民银行在西北各省农贷百分比统计

省别	1945 年底	1946 年底	1947 年 11 月
陕西	21. 14	8. 79	8. 04
甘肃	15. 61	5. 12	8. 16
青海	1. 42	0. 32	0. 67
宁夏	0. 22	0. 23	0. 24

资料来源：《财政部上海金融管理局考查中国农民银行业务报告（节录）》，1947 年 11 月 19 日，中国第二历史档案馆编《中华民国史档案资料汇编》，第五辑，第三编，财政经济（二），江苏古籍出版社 2000 版，第 962—963 页。

其二，农贷以信用放款为主，大体从 1945 年后才开始办理抵押放款。

抗战胜利前的宁夏农村金融主要由地方当局组织、担保，通过县、乡信用合作社这一中介机构发放农贷。大约抗战胜利后才开始从事抵押农贷业务。

其三，农贷区域有限，农贷目标狭窄。地域方面，宁夏农贷仅限于本行政区划之内，而甘肃、陕西农贷业务则向陕甘宁边区扩展。如1942年经兰州中国农民银行与甘肃省政府签订合同，确定边区农贷30万元；同年经西安中国农民银行与陕西省政府签订合同，确定边区农贷40万元。[①] 农贷的直接目标为注重农业食粮产量的增加，这是四联总处的农贷方针之一。这具有适应抗战需要的一面。但当时农贷期限甚短，一到收获季节，银行催还贷款甚急，政府催缴各种粮、捐，农民又手中空虚，急需将收获物变卖维持生活，结果粮食价格低落，农民并未真正有所收获。因而农贷方针也有失片面。于是，时人曾主张农贷方针应以全体农民生活之救济及农村经济之复兴为目标；应加强农产品运销处贷款及农民生活必需品供给贷款；应使得农民在农产品价格合理时再行出售，从而使得农民的生产、消费、分配问题真正得到解决，[②] 使得农民的生活渐趋向上。

其四，当时并未将农贷与农业技术改进相联系，并未深入考核农贷效果。

但无论如何，该时期宁夏农村金融业务的开展不仅是近代宁夏农村金融史上最为活跃的时期，而且产生了积极作用。

其一，20世纪40年代的宁夏农村金融活动的开展在一定程度上抑制了日益猖獗的高利贷现象，也基本确立了宁夏农村金融市场。30年代初期，宁夏农村金融中的高利贷严重状况曾是近人关注的重要问题之一。1934年中央农业实验所曾对宁夏四县农民借款来源进行调查（报告次数14次）。结果发现，当地农民几乎没有在银行、合作社、典当、钱庄借款，而向商店、

---

① 《四联总处1942年度办理农业金融报告（节录）》1943年，中国第二历史档案馆编《中华民国史档案资料汇编》第五辑第二编，财政经济（四），江苏古籍出版社1997版，第196页。

② 杨作荣著《修正农贷方针之建议》，《宁夏民国日报》，1943年10月31日，第2版。

地主、富农、商人借款百分比则分别为 21.8%、14.3%、28.6%、35.3%。[①] 且各种借款利率多在五分以上，其中三分至四分占 28.5%，四分至五分占 14.2%，五分以上竟占 57.3%，居当时参加调查的西北各省之首。[②] 由上述足见宁夏农民借贷之困难与当地农村通行高利贷利率之高。在当时宁夏捐税负担过重，水旱灾害颇多等背景下，这不仅可能使许多农民破产，更难以谈及维持农民自身生活及当地农业生产的恢复与发展。1941 年，农行宁夏支行贷款利息为月息 8 厘；[③] 20 世纪 40 年代初连续不断的农贷业务的开展，信用社贷款年息一般在 1 分 1 厘左右，[④] 势必吸引一般农民加入合作社并向农民银行借贷。1943 年，信用合作社放款月息为 1 分 3 厘。[⑤] 1944 年，私人高利贷贷款则为 7 分至 1 角不等，甚至有 2 角者，而信用社贷款年息为 2 分 5 厘，[⑥] 这无疑打击了一度猖獗的高利贷现象。如 1943 年农业生产春贷折实贷放后，小麦市价由 30 元一斗降至 25 元一斗。该项措施使得当地一般高利贷者无从施展其伎俩，无形中使农民增加其收益；1943 年春贷因贷放适时，且系实物，因而农民称便不已。[⑦]

---

① 严中平等编《中国现代经济史统计资料选辑》，科学出版社 1957 年版，第 345 页；秦孝仪主编《革命文献》，第 88 辑，台北，中央文物供应社 1981 年版，第 265—266 页。

② 秦孝仪主编《革命文献》，第 88 辑，1981 年版，第 265—266 页。

③ 《中国农民银行宁夏支行业务考查报告》，1941 年，中国第二历史档案馆藏中国农民银行档案，档案号三九九 2785。

④ 董正钧著《宁夏农业经济概况（上）》，《中农月刊》第 8 卷第 2 期，1947 年 2 月，第 45—46 页。

⑤ 《宁夏省政府通告》，《宁夏民国日报》1943 年 1 月 17 日，第 1 版。

⑥ 董正钧著《宁夏农业经济概况（上）》，《中农月刊》第 8 卷第 2 期，1947 年 2 月，第 45—46 页。

⑦ 《中国农民银行宁夏支行三十二年度宁夏省农贷报告》，中国第二历史档案馆藏中国农民银行档案，档案号三九九 3686。

同时，与20世纪30年代的宁夏农村融通资金途径单一不同的是，40年代宁夏农贷市场出现以近代专业银行为核心的多种新式农村融资渠道，各地农村经此低利资金之融通，农村金融顿形活跃，[①] 近代宁夏农村金融市场初露端倪。众所周知，抗战爆发后需要中国聚集经济力量长期进行反对日本侵华战争，而抗日金融则是战时经济的核心。抗日金融的主要内容除限制提存、管理货币以稳定币值外，还须将大部分资金投入大后方的工农业建设，以增强国家抵抗日本侵华的经济、军事实力。而宁夏地方所开展的农村金融活动种类，如农业生产贷款、农田水利贷款、农副业贷款、农业推广贷款、土地垦殖贷款，均是按照国民政府所颁布的一系列战时农村金融的方针、政策、法规来操作进行的。[②] 因而20世纪40年代前期开始的宁夏农村金融活动实际成为西北抗日金融的重要组成部分。

其二，20世纪40年代农村金融的持续开展，为种植业生产融通一定的资金，扩大了耕地面积并提高了粮食总产量，促进了宁夏农业的恢复。宁夏推行生产贷款，因行政与金融机构取得密切联系，贷放适合农业季节；[③] 合作社转放贷款时，均由各县合作指导员会同农行农贷人员莅场监视发放，务期贷款能达真正农民之手，以发挥农贷之效用。[④] 据调查，当时农贷多用于正途。具体如下表。

---

① 《宁夏合作事业》(1)，1941年印，第5—6页。

② 林和成著《民元来我国之农业金融》，朱斯煌主编《民国经济史》，1948年上海银行学会印，第110页。(元，原文如此，作者注)

③ 《宁夏合作事业》(2)，1942年，中国第二历史档案馆藏实业部档案，档案号十一367。

④ 《宁夏合作事业》(1)，1941年印，第5—6页。

表 56：1941 年度宁夏省各县合作社社员借款用途统计表

用途种类	买种籽	买牲畜	买食粮	缴公款	买饲料	买耕具	经营副业	买肥料	赎田
百分比	50%	10.9%	10%	9%	2.5%	5%	4.8%	3%	1.5%
金额	740,183	161,360	148,037	133,233	81,420	74,018	71,058	44,411	22,205

资料来源：《核办宁夏省农贷》1941—1942，中国第二历史档案馆藏中国银行档案，档案号 三九七 44；《中国农民银行宁夏支行业务考查报告》，1941 年，中国第二历史档案馆藏中国农民银行档案，档案号三九九 2785。

如 1942 年之贷款，对确能把握贷款之社员而言，虽得敬末之救助，因适其所需，基本上能用于生产之途。①

表 57：1942 年各社员信用贷款用途统计表

用途种类	籽种	耕畜	食粮	农具	肥料	家畜	赎地	租地	买布	总数
调查人数	668	289	101	39	113	40	144	85	15	1494
%	44.71	19.34	6.76	7.57	2.60	2.70	9.63	5.68	1.00	100
备考	（1）调查社数计有永宁、平罗、贺兰、宁朔、中宁等六县，每县抽查二社 （2）购置耕畜用途计包括购买牛马驴三种 （3）食粮用途中亦有借款缴国防粮者 （4）家畜用途中以购买羊马为最多，猪次之 （5）赎地贷款以永宁为最多 （6）租地贷款中包括典田									

资料来源：《宁夏合作事业》（3），1943 年印，第 22 页。

从该表可见，农贷用于生产事业比重较大，约占到 75% 左右，贷款有益于农业生产。

其中，“农贷之成效，以农田水利贷款为最著。各处大小型农田水利工程，灌溉农田，增加生产，其利甚溥。”② 这无疑会带来耕田亩数的增加。1939 年底川区 7 县耕田亩数已达 228 万

① 《宁夏合作事业》（3），1943 年印，第 21 页。

② 《四联总处 1942 年度办理农业金融报告（节录）》1943 年，中国第二历史档案馆编：《中华民国史档案资料汇编》第五辑第二编，财政经济，（四），江苏古籍出版社 1997 版，第 199 页。

余亩,[①] 1941 年为 247 万亩，而至 1946 年宁夏各灌区耕田亩数已增至 270 余万亩。[②] 农村金融业务的效果为当时社会人士所公认。1940 年至 1944 年宁夏农业生产及农田水利贷款逐年增加，对于协助农民增加食粮生产收效至钜。[③] 当时水利工程耗资巨大，一般农民一时难以承受如此沉重负担，而农田水利贷款每年可促使增产食粮 3 至 5 万石，可见该项贷款对于农业增产影响甚大。[④] 如 1940 年宁夏省粮食产量达 120 余万宁夏石，1941 年贷款发放到各乡村，其收获之效果在粮食产量方面,[⑤] 当年约增产至 180 万宁夏石（每宁夏石约 480 市斤）。[⑥] 据统计，1942 年宁夏主要粮食作物产量总计为 374 万石,[⑦] 从以下的两个统计表中也可证实。

表 58：宁夏省 1941 年至 1945 年粮食增产成效比较表　单位：市担

粮食名称	1941 年比 1940 年增产数量	1942 年比 1941 年增产数量	1943 年比 1942 年增产数量	1944 年比 1943 年增产数量	1945 年比 1944 年增产数量
大麦	44，587	30，173	33，738	345，697	351，002
小麦	18，296	38，534	866，744	872，459	893，410
稻	173，628	103，334	24，278	112，383	121，390
糯稻	1，584	846	5，513	4，921	2，939
高粱	2，138	4，356	24，394	28，639	30，327

资料来源：宁夏农林处：《宁夏省农政七年》，1946 年印，第 94—95 页。

---

① 叶祖灏著《宁夏纪要》，南京正论出版社 1947 版，第 74 页。

② 李翰园著《宁夏水利》，《新西北月刊》，第 7 卷第 10—11 期合刊（1944 年），第 73 页；《 宁夏省水利局简要工作报告（1947 年）》，宁夏档案馆馆藏档案。

③ 南秉方著《宁夏省之农业金融与农贷》，《新西北月刊》（1944 年），第七卷，第十、十一期合刊，第 36、35 页。

④ 秦晋著《宁夏到何处去》，1947 年印，第 74 页。

⑤ 《核办宁夏省农贷》1941—1942，中国第二历史档案馆藏中国银行档案，档案号三九七 44。

⑥ 《十年来宁夏省政述要》建设篇，第五册，第 299—300 页。

⑦ 叶祖灏著《宁夏纪要》，南京正论出版社 1947 版，第 53 页。

表59：宁夏省1942年至1945年督导秋粮增产统计表

年别	全省续增秋粮亩数（市亩）	增加亩数约占耕地百分比
1942年	169399	7.26
1943年	171296	7.28
1944年	174897	7.45
1945年	210823	7.97
合计	726415	7.49

资料来源：宁夏农林处：《宁夏省农政七年》，1946年印，第93页。

另外，宁夏农村曾一度出现“谷贱伤农”（布匹贵，10斗谷难换1丈布）的现象，也可反衬宁夏食粮种植的增长。[①] 棉花的种植产量增长也较为平稳。据初步统计，1939年为31万多斤，1940年则为30多万斤。[②] 1943年才开始植棉贷款，当时给在中宁鸣沙洲、张恩堡一带各社贷款7万元，但收效甚著。据宁夏农林处调查统计，试种成绩平均每亩可产皮花30斤，种植面积共3158亩，可产皮花94740斤。按1941年当年市价每斤120元计算，总值11，368，800元。再者，棉农每亩之收值3600元。若种植普通作物，每亩最多为1200元，单位之收入几增至3倍，故农民咸称种棉甚于种烟。宁夏过去种鸦片烟每亩之收入倍于种植农作物。另外，宁夏过去向不产棉，布匹棉花素仰陕豫供给，1943年集中区域栽培后，收效显著。“开棉作推广之风气，此种开导启示作用影响社会民生至钜。”[③] 同时，这不仅有益于丰富宁夏经济作物的种类，还可为宁夏纺织工业提供原料，缓解了宁夏地方布匹紧缺的状况。该时期的贷放除适

① 《宁夏合作事业考察报告》1942年，中国第二历史档案馆藏实业部档案，档案号十一367。

② 徐安伦、杨旭东：《宁夏经济史》，宁夏人民出版社1998年版，第209页。

③ 《中国农民银行宁夏支行三十二年度宁夏省农贷报告》，中国第二历史档案馆藏中国农民银行档案，档案号三九九3686。

应农业生产季节之需求外，并配合战时农业增产计划。① 可见，当时的农村金融活动无疑成为抗战时期包括农业生产在内的宁夏经济缓慢发展的重要原因。

同时，这也促进了包括畜牧业在内的农村副业的兴起。抗战时期宁夏牲畜头数较前有所增加，处于持续发展阶段。据统计，1934 年宁夏省所辖 9 县共有牛 35503 头，马 25000 匹，骆驼 14800 峰，羊 478060 只。② 1940 年除二旗外宁夏省各县共有牛 94196 头，马 33035 匹，驴 102732 头，骆驼 9934 峰，骡 8680 头，猪 84078 头，羊 559469 只。③ 1943 年，宁夏省辖下各县已共计有牛 98196 头，马 42033 匹，驴 106232 头，骆驼 163934 峰，猪 84408 头，羊 899469 只。④ 其中，羊只、马匹、骆驼等头数有明显增加。至 1945 年情况有所变化。

表 60：1945 年我国各省（宁夏）牲畜数量 单位：头

牲畜 省别	黄牛	马	驴	骡	山羊	绵羊	猪	鸡
宁夏	31000	10000	36000	5000	130000	282000	39000	188000

资料来源：《中农月刊》第 8 卷第 1 期，1947 年 1 月 31 日，第 81 页。《中农经济统计》第 7 卷第 1 期，1947 年 6 月 30 日，第 4 页。

1949 年宁夏解放前夕，牲畜存栏总头数有 132 万多头。⑤ 另外，加上如下所列 20 世纪 40 年代前期对主要畜产品数量统计，均说明当时宁夏的畜牧业经济处于初步发展阶段，而这与农村

---

① 《宁夏合作事业》（3），1943 年印，第 21 页。

② 傅作霖著《宁夏省考察记》，南京正中书局 1934 年版，表四。

③ 《宁夏省农政七年》，第 100 页。

④ 宁夏省政府编《宁夏资源志》，1946 年印，第 62 页。

⑤ 宁夏农业地理编写组编《宁夏农业地理》，科学出版社 1976 年版，第 186 页。

副业贷款的资金支持是分不开的。而提供动力的大牲畜头数的增加对农业生产的促进作用是不言而喻的。[①]

表 61：20 世纪 40 年代前期主要畜产品数量统计表

名称 年代	绵羊毛（斤）	山羊毛（斤）	驼毛（斤）	绵羊皮（张）	羔皮（张）	牛皮（张）	猪鬃（斤）
1940	1048584	192298	61838	150000	208000	11200	2060
1941	1207420	103450	54029	170000	204000	12340	1048
1942	1047500	119005	48700	154150	245300	12000	1754
1943	1130970	134500	42500	140321	251470	10045	1454
1944	1320570	192300	51048	158000	210400	15000	1804
1945	1150600	187055	49200	134870	275000	17000	2015

资料来源：宁夏省农林处编《宁夏省农政七年》，1946 年印，第 103 页。

纺织、榨油、陶瓷等生产贷款扶植及社务的开展使得局部农业生产与宁夏省农村土特产之开发及副业之提倡均有长足进展，于此亦可见合作事业之宏效；[②] 其对于乡村手工业的扶植及减轻农产品销售方面的盘剥均有相当成果。[③]

宁夏农村金融业务的开展曾多次涉及回族聚居区的宁夏贺兰县金贵等乡镇，以及平罗、灵武、永宁、金积、同心等县，乃至蒙古族聚居的阿拉善旗、额济纳旗，农贷也惠泽一般少数民族民众。又如 1945 年扶植自耕农及土地改良贷款共计 700 万元，目的即是扶植贫农生产自立，帮助其赎田购地，改良土产。结果利用这笔资金，有 50 户贫农赎回土地 1200 亩，贫农 120 户购地 300 亩；改良土质农户 360 家，农户开垦荒地 28 亩，这也是农贷的明显成效之一。[④] 当时农贷无疑有益于回族等少数民族

① 秦晋著《宁夏到何处去》，1947 年印，第 75 页。

② 《宁夏合作事业》（3），1943 年印，第 22 页。

③ 秦晋著《宁夏到何处去》，1947 年印，第 75 页。

④ 秦晋著《宁夏到何处去》，1947 年印，第 73 页。

聚居乡镇经济的恢复及民众日常生计。

其三，20世纪40年代宁夏农村金融业务的开展，有其深刻的原由。国民政府驻宁金融机构，感到宁夏处于抗战前线，受到日军侵略的威胁；回族上层人士主政的地方当局则从其主观动机而言，其考虑到宁夏政治经济实力较弱，而且感到来自为陕甘宁边区以及国民党中央政府所控制的甘肃、绥远所包围的压力，以利用开发农村金融作为增强其政治、经济、军事实力的手段之一。而这不仅有助于笼络人心及宁夏回汉乡村经济及社会的进步，而且增强了宁夏回汉聚居区域抗战的政治经济实力。

第二，普通银行业务

存款以活期存款及储蓄为主，尚有部分同业存款。1946年上期，中国农民银行宁夏支行共有存款33462103.27元，储蓄存款8821166.91元。[①] 据1948年1月12日中国农民银行宁夏支行储蓄部活期储蓄存款检查报告：员工消费社公积金户存款65577.41元，合作社福利户存款217.76元，宁夏基督教会存款1571.15元，鑫恭理发馆存款1253.61元，天主堂医院存款3394.63元，膳委会存款469.65元。甲种活期存款合计68590802.83元，其中有合盛恒、百川汇、汇源永、义聚隆、万源汇等行号的大量存款，宁夏商会、宁夏水利局、合作物品供销处、宁夏职业学校、宁夏职业学校员工生产社、德久医院、阿拉善旗区党部、兴夏毛织工厂等不同数量的存款，利率皆为5%；宁夏一等邮局存款利率8%；电信局计费户、电信局营收户

---

① 《中央银行宁夏分行1946年上期营业报告》，中国第二历史档案馆藏中央银行档案，档案号三九六13063。

存款利率24%。[①] 1948年上期，共有活期存款528731036.12元。[②]

1946年上期，汇入款项98271950.5元，汇出款项408301816.01元，益2600000元。[③] 1948年上期，汇出91375534531.84元，汇入29551625940.9元，纯损3994492341.62元。[④] 1948年下期，共有活期存款1552.62元，定期存款167元，[⑤] 1948年下期，农贷放款9781.95元。[⑥] 1948年下期，汇出汇款1371517.00元，汇入汇款694721.00元，纯损141643.17元。[⑦]

放款主要是承做商业抵押放款。1940年，申请抵押放款额度100万元，核定额度仅为20万元。是年共发放合盛恒、厚记商行、晋泰西、百川汇等18家行号抵押放款48万元，以烟叶、布匹、茶叶作抵押物，期限均为三个月，月息一分三厘。[⑧] 该行承做抵押放款，一般贷款额与抵押品价值为二分之一左右，尚要提供可靠保证人。如合盛恒号经营烟叶布匹，开业已54年，资本70余万元，1940年盈利20万元，以价值五六万元的100箱烟叶作抵押，申请贷款3万元，保证人为长生涌号，该号资

---

① 《中国农民银行宁夏支行检查报告（1948年1月12日）》，中国第二历史档案馆藏中国农民银行档案，档案号三九九（4）3238。

② 《中央银行兰州、西宁、宁夏、酒泉、迪化等分行营业报告（1948、8—11）》，中国第二历史档案馆藏中央银行档案，档案号三九六13389。

③ 《中央银行宁夏分行1946年上期营业报告》，中国第二历史档案馆藏中央银行档案，档案号三九六13063。

④ 《中央银行兰州、西宁、宁夏、酒泉、迪化等分行营业报告（1948、8—11）》，中国第二历史档案馆藏中央银行档案，档案号三九六13389。

⑤ 《中央银行宁夏分行函送1948年下期营业报告》，中国第二历史档案馆藏中央银行档案，档案号三九六11437。

⑥ 《中央银行宁夏分行函送1948年下期营业报告》，中国第二历史档案馆藏中央银行档案，档案号三九六11437。

⑦ 《中央银行宁夏分行函送1948年下期营业报告》，中国第二历史档案馆藏中央银行档案，档案号三九六11437。

⑧ 文中得到贷款的合盛恒、百川汇为当时宁夏晋商8家大商号中的两家。

产32万余元。[①] 1942年开始，中国农民银行总管理处批准宁夏支行每月可承做贴现20万元，期限最长为1个月，月息1分4厘。[②] 1948年上期，放款27273395000元（农贷专业放款利率均为月息7分）。[③]

（四）中国银行宁夏办事处的成立及普通业务

1939年10月15日，中国银行宁夏办事处创建于银川南大街，归中国银行兰州分行管辖。中国银行宁夏办事处职员多系中国银行天津分行所调，首任主任为洪家寅，下设会计、营业、出纳、文书四系，营业系长李纲，因掌握的档案资料有限，其它系长尚未查明。办事处设电台一部，与西安、兰州、青海、武威、酒泉、张掖、岷县等地通报。[④] 1946年主任洪家寅因吸食鸦片，并涉嫌与私商经营生意，被兰州分行察觉，立即将其调离，遗缺改由曾任中国银行兰州办事处主任和西宁办事处主任的张荫淦（江苏省江阴县人，三十二岁，光华大学毕业）继任。[⑤]

20世纪30年代中国银行与宁夏的业务关系早于该行在宁的重新组建。1936年9月22日，财政部训令中国银行总管理处，鉴于宁夏省政府主席马鸿逵函称"宁夏拟以盐税协款每月六万元向中中交三行抵借一百万元以资推行法币，结束省钞。"案准中国银行可即赴宁设立分行以调济金融，令中中交三行商同借

① 转引自《宁夏金融志》，第15页。

② 转引自《宁夏金融志》，第127页。

③ 《中央银行兰州、西宁、宁夏、酒泉、迪化等分行营业报告（1948、8—11）》，中国第二历史档案馆藏中央银行档案，档案号三九六13389。

④ 转引自《宁夏金融志》，第116页。

⑤ 《张荫淦继任宁夏中国银行支处委员（1946年）》，中国第二历史档案馆藏四联总处档案，档案号五八五1559。

款，并由该分行协款赴宁会同省府结束省钞。同年，宁夏省政府因整理金融收回省钞向中国银行借款法币二百万元，订定借款合同。因此时中国银行宁夏办事处尚未成立，故合同第二款规定："俟乙方之宁夏办事处成立后由甲方按照实际需要分批开具印领，向乙方宁夏办事处支取，所有甲方收回之省钞并应随时送交乙方之宁夏办事处销毁封存，一面分别陈报财政部备案。"合同规定：借款利率为月息九厘，每六个月计算一次；借款定期二年四个月；由甲方指定以中央补助宁夏省之盐税（每年约计七十万元）、卷烟统税（每年约计十二万元），废除苛捐杂税（每年约计二十万元）作为归还本借款本息之基金。[①] 这是中国银行宁夏办事处成立以前该行与宁夏地方政府的第一次接触，通过借款整顿了原宁夏省金融混乱的局面，为推行法币奠定基础。

中国银行宁夏办事处的业务从 1939 年 10 月成立到 1940 年为初创阶段。中国银行本是指定经营外汇的专业银行。抗战爆发后建立的中国银行宁夏办事处单纯经营普通银行业务，与一般商业银行毫无二致。遇有国外华侨汇款，则由兰州分行国外部折算成法币，转汇中国银行宁夏办事处解付。[②] 办理储蓄、汇兑及存放款方面，"最近放款额为九十五万六千元，其中商业放款占百分之九十，工业放款占百分之十，利率由月息一分二厘至一分五厘"。[③] 经营普通银行业务方面，均以讲求经济实效为主旨，存放款利差一般在两倍以上，放款以抵押为主，抵押金

① 《宁夏盐税协款抵借款（总行业务部 1936 年）》，中国第二历史档案馆藏交通银行档案，档案号三九八 11462。

② 转引自《宁夏金融志》，第 116 页。

③ 胡元民：《西北五省之金融业：金融实况》，《金融知识》，第二卷第四期，第 79 页。

额仅为货值三四成，并设专人检验。汇出款汇率虽有规定，但仍看本行头寸松紧、联行间利息负担状况上下浮动。放款以商户和小手工业及小商贩为对象，存款以揽收储蓄为主。承做汇款及吸收存款是该行资金的主要来源。①

1940年底，存款320户，余额36000元，活期存款利率为周息8厘；抵押放款41户，余额62000元，放款利率为月息3分，当年纯益23000元。1942年到1943年宁夏市面比较稳定，商人亦可辗转到天津、河南进货。此两年，汇出款和抵押贷款均有所增。1944年底，存款350户，余额94000元，利率仍为周息11厘；抵押放款52户，余额127000元，利率为月息9厘，当年纯益41000元。②

1945年抗战胜利后，宁夏市面经济骤变，歇业商家随之增加，各商号库存商品不足偿还银行货款和商号间的互相拆借，市场一片混乱。中国银行宁夏办事处与贷款商号协商，将到期贷款延期三个月，利息增加一分二厘。当年10月份以后，市场物价开始回升。秋雨过大，影响秋收，物价跳涨导致通货膨胀急剧发展，宁夏与华北、东北的交通时断时续，与归绥、包头、陕豫间交通又未畅通，市面的萧条使得该行的业务也受到顿挫。③

截至1946年上期，该行存款31 220 000元，储蓄存款6 838 000元，汇入款项455 350 000元，汇出款项1 221 390 000元，亏4 200 000元。活期存款利率为周息8厘。放款业务已经停做。汇率与以前无甚变动，重庆5‰，西安、兰州、成都、平凉均为8‰，陕坝10‰，迪化100‰，哈密90‰，其余各地

① 转引自《宁夏金融志》，第116页。

② 转引自《宁夏金融志》，第116页。

③ 转引自《宁夏金融志》，第116页。

20‰，京滬、平津各地 20‰。[①]

1947 年，存款户减至 280 户，存款余额 54000 元；抵押放款 26 户，贷款余额 10 万元，利息浮至月息 10 分。资金来源减少，而放款又要支撑局面，便依靠向联行借用，利率高于一般存款，纯益大为减少。[②]

1948 年上期，中国银行宁夏办事处共有活期存款 929442691.30 元，定期存款 37592.00 元，放款 1000000000.00 元，汇出 82806363200.00 元，汇入 15031879993.77 元，纯益 230000000.00 元。活期存款利率自周息 1 分 2 厘增至 8 分，定期存款利率自月息 3 分 2 厘增至 12 分。奉令停做所有放款。汇率与前期无多大变动。[③] 同年下期，因实行新的货币政策，业务收缩，该办事处营业总额为 20143 767.00 元，活期存款 147197.73 元，定期存款 102 元，汇出存款 1765391.70 元，汇入存款 428520.13 元，纯益 13756.43 元。活期存款利率自月息 8 分降至月息 2 分，定期存款利率自月息 15 分降至 5 分。本期因币制改革关系，汇款汇率变动甚大。[④] 自币制改革后，该行将放款完全收回，于是大量承做汇款，汇费收入甚巨，又吸收存款调往他业，故联行息收入亦多，本年度尚有盈余。1948 年起，该行业务日益不振。各地中国银行头寸均形短绌，中国银行总行规定，联行间不再垫付周转资金。[⑤] 进入 1949 年，中国银行

① 《中央银行宁夏分行 1946 年上期营业报告》，中国第二历史档案馆藏中央银行档案，档案号三九六 13063。

② 转引自《宁夏金融志》，第 116 页。

③ 《中央银行兰州、西宁、宁夏、酒泉、迪化等分行营业报告（1948、8—11)》，中国第二历史档案馆藏档案，档案号三九六 13389。

④ 《中央银行宁夏分行函送 1948 年下期营业报告》，中国第二历史档案馆藏档案，全宗号三九六，案卷号 11437。

⑤ 转引自《宁夏金融志》，第 116 页。

宁夏办事处的业务已陷于停顿状态，直到宁夏全境解放后被接管。[①]

（五）中央银行宁夏分行的成立及业务

1940 年 7 月 1 日中央银行宁夏分行在宁夏城成立，中央银行宁夏分行原系央行绥远省陕坝办事处，因当地接近沦陷区，遂内迁宁夏升级为三等分行。[②] 首任经理田乔龄，1946 年田乔龄病故后，冯之梧、胥熠继任，后公推程家鹏为经理。[③] 中央银行宁夏分行设文书、会计、国库、出纳等五股，并设电台一部。

中央银行宁夏分行纯为国家银行，其业务方针与其他各国家行局库、商业行庄和省市银行大不相同，因受国民政府委托，负有调剂国家金融、管制银行业务、推行金融政策、配合政府法令等责任。"业务以代理国库及机关存汇款为主"，[④] 此外还发行货币、代理中央信托局业务。具体如下：

第一，中央银行宁夏分行主要是实施对宁夏省其他银行的统一管理：

其一，收存各行庄存款准备金：

按照规定，其他国家行局头寸必须集中当地央行，宁夏其他国家行局、地方银行、商业银行均须根据其存款，按 10% 的

---

① 转引自《宁夏金融志》，第 116 页。

② 转引自《宁夏金融志》，第 127 页。

③ 因未见中央银行宁夏分行人事变动专项档案，见《中央银行宁夏分行 1946 年上期营业报告》（中国第二历史档案馆藏中央银行档案，档案号三九六 13063）和《宁夏西宁支处 1946 年会议记录》，中国第二历史档案馆藏四联总处档案，档案号五八五 2147。

④ 胡元民：《西北五省之金融业：金融实况》，《金融知识》，第二卷第四期，第 78 页。

比例向中央银行宁夏分行缴纳存款准备金，利率按月浮动。[①]

1941年，中国银行宁夏办事处、中国农民银行宁夏支行均能按照财政部命令按比率缴纳存款准备金，宁夏银行缴纳36.9万元，绥远省银行宁夏办事处缴2.7万元。[②] 宁夏商业行庄有大同银行宁夏分行、中国通商银行宁夏支行、绥远省银行宁夏办事处及宁夏省银行等4家，至1946年绥行因不吸收存款故不缴纳准备金，其他国家行局及大同、通商、宁夏省银行（截至1946年上期）三行均能按期填送表报，依限调整，此项业务推行比较顺利，其中以通商银行每月缴存最多，大同银行则稍次。后宁夏省银行因情形特殊难以控制，根本不予缴纳存款准备金。[③] 实际上政策并未完全执行，各行局虽有富余头寸，但想方设法逃避向央行集中头寸，虽然“暗查明洽亦难收相当成效”。[④]

其二，办理票据交换：

1944年9月1日，中央银行宁夏分行办理票据收解业务，参加交换的有中国、交通、农民三行及邮汇局。1945年上期，交换票据1569张，总金额514323.6万元，总差额347127.8万元。[⑤] 据1946年上期中央银行宁夏分行营业报告，该行办理票据交换总额629953257.42元，总差额541724584.46元，交换张数共587张，较前有长足进步。[⑥] 1948年度未发生票据收解事

---

① 转引自《宁夏金融志》，第127页。

② 转引自《宁夏金融志》，第127页。

③ 《中央银行宁夏分行1946年上期营业报告》，中国第二历史档案馆藏中央银行档案，档案号三九六13063。

④ 转引自《宁夏金融志》，第128页。

⑤ 转引自《宁夏金融志》，第128页。

⑥ 《中央银行宁夏分行1946年上期营业报告》，中国第二历史档案馆藏中央银行档案，档案号三九六13063。

务，因“宁夏偏在西北，文化落后，工商不振，一般票据使用均不习惯，且以市区不大，各同业相距甚近，故均换成本行支票，直接进账。”①

其三，管制利率：

宁夏无银钱公会，各行局均各视自己的头寸与联行资金占用状况，肆意变动汇率、利率，因此一般利率无固定标准，虽然四联总处宁夏支处曾有过统一规定，但中央银行宁夏分行的管制仍存在很大困难。因宁夏地处西北边陲，一切工商业均属落后，平时一般利率较内地其他各大都市低小，且自 1948 年币制改革后，利率降低幅度更大。为避免以后各行庄非法提高利率导致金融市面发生巨变，中央银行宁夏分行屡次报请国民政府“饬令当地迅即成立银钱公会，议定各项利率，再由本行审核公告，共同遵行并应定严惩条例以利市面而便管制”。② 但实际上此议并未落实。

其四，检查省地银行及商业行庄：

宁夏银行因受马鸿逵军政势力把持，业务经营情况不详，其他商业行庄属兰州区，每年普查均由兰州分行执行。据所见档案材料显示，抗战时期四联总处、中央银行曾数次派员检查农贷等专案事项。

对国家银行及地方、商业银行实施管理，这表明中央银行宁夏分行在落实总行赋予的“管理的银行”之职责。

---

① 综合《中央银行兰州、西宁、宁夏、酒泉、迪化等分行营业报告（1948、8—11）》，中国第二历史档案馆藏中央银行档案，档案号三九六 13389。《中央银行宁夏分行函送 1948 年下期营业报告》，中国第二历史档案馆藏中央银行档案，档案号三九六 11437。

② 《中央银行宁夏分行函送 1948 年下期营业报告》，中国第二历史档案馆藏中央银行档案，档案号三九六 11437。

第二，独占货币发行

自法币改革后，中国农民银行、中国银行、央行相继来宁设行，均办理发行业务，法币在宁夏流通开来。1942年底以后，中央银行开始独占发行，央行宁夏分行则承担法币在宁夏的发行。

抗战胜利后，宁夏一跃成为边防重镇，一切军政饷糈支付浩繁，“兼之剿匪军事进行方炽，以致法币票面日益加大，币值无形贬低，故本期发行面额大，版别多，种类多，至八月份发行额已达最高峰，前发行小额法币、关金不为社会欢迎而发生充折行方”。1946年上期，当地流通的货币均系法币、关金及该行少量的定额本票三种，因物价飞涨，1000元、2000元法币及50、100元关金最普遍，50、100、500元法币及10元、20元关金均为找零之用。[①] 因此该行货币发行量激增。1948上期，当地货币流通仅法币一种，“按目前发行趋势，万元面额中券及2万元券市面上确有充折不需用之演变，最适宜者为10万元以上各券”。[②] 1948年7月18日，中央银行宁夏分行发行关金1万元、2.5万元、5万元及25万元计4种面额的大钞。1948年8月19日，国民政府公布改革币制发行金圆券，限期收兑法币、关金并收兑金银币及美钞等。由于时间紧迫，“所以出纳部分各员工责任更形加重，人手大有不敷应付之趋势，蒙准增加雇员数名，重行调整各负专责，以免紊乱，赖各员工颇能各守岗位，早到晚退及至连夜苦干，确实负责，工作效率颇有进展”。这可见在宁夏发行金圆券之一斑。“金

① 《中央银行宁夏分行1946年上期营业报告》，中国第二历史档案馆藏中央银行档案，档案号三九六13063。

② 《中央银行兰州、西宁、宁夏、酒泉、迪化等分行营业报告（1948、8—11)》，中国第二历史档案馆藏中央银行档案，档案号三九六13389。

圆券初发行时，元角券缺乏应付亦感困难，所有收兑法币关金工作，除远道偏僻地区者外，幸能如期收回。"① 另据记载，1948 年 8 月 20 日，中央银行宁夏分行发行金圆本位币及辅币，本币分 1 元、5 元、10 元、50 元、100 元；辅币分 1 角、2 角、半元及 1 分、5 分、10 分。8 月 22 日，银川市各国家行局开始按中央银行公告收兑法币。8 月 23 日，中央银行宁夏分行开始收兑金银及外币，其与金元券的兑换率为：黄金 1:200，白银 1:3，银元 1:2，美元 1:4。9 月 3 日，中央银行宁夏分行委托中国、交通、农民三行代兑金银及外币。② "为顾今法币信用计，颁令票面小额市面不需要者陆续收兑销毁，当即转饬员工星夜赶办收兑工作而专责成，但因法币流行已达十余年之久，奈其数目不大而其面值颇小，张数特多，虽员工各尽最大努力而仍未能短期收回，时有挤兑发生，只得竭尽心力应付，侥幸尚未发生意外。"③

发行金圆券时，银川曾掀起黄金风波。中央银行总行拨付中行宁夏分行黄金 4000 两作为发行基金，这批黄金曾在中行内部出售，马鸿逵得知后，令军法处查封了中行金库，并传讯了中行经理程家鹏。④

---

① 《中央银行宁夏分行函送 1948 年下期营业报告》，中国第二历史档案馆藏中央银行档案，档案号三九六 11437。

② 转引自《宁夏金融志》，第 18 页。

③ 同①。

④ 转引自《宁夏金融志》，第 18 页。

表 62：中央银行宁夏分行历年发行法币状况表　　单位：元

年度	上下期	本期发行总数	本期收回总数	本期净发行或收回总数	历年累计发行总数	历年累计收回总数
1940 年	上	200000. 00	——	200000. 00	——	——
	下	750000. 00	451000. 00	299000. 00	950000. 00	451000. 00
1941 年	上	3354000. 00	520000. 00	2834000. 00	4304000. 00	971000. 00
	下	10022000. 00	2800000. 00	7222000. 00	14326000. 00	3771000. 00
1942 年	上	12300000. 00	1400000. 00	10900000. 00	26626000. 00	5171000. 00
	下	17810000. 00	500000. 00	17310000. 00	44436000. 00	5671000. 00
1943 年	上	43959000. 00	30300000. 00	13659000. 00	88395000. 00	35971000. 00
	下	31555000. 00	35270000. 00	(收)3715000. 00	119950000. 00	71241000. 00
1944 年	上	71255000. 00	44400000. 00	26855000. 00	191205000. 00	115641000. 00
	下	77550000. 00	80700000. 00	(收)3150000. 00	268755000. 00	196341000. 00
1945 年	上	175600000. 00	268200000. 00	(收)92600000. 00	444355000. 00	464541000. 00
	下	757790000. 00	40000000. 00	717790000. 00	1202145000. 00	504541000. 00
1946 年	上	3773700000. 00	322000000. 00	3451700000. 00	4975845000. 00	826541000. 00
	下	5985900. 00	2300000000. 00	3685900000. 00	10961745000. 00	3126541000. 00
1947 年	上	9300000000. 00	1605667000. 00	7694333000. 00	20261745000. 00	4732208000. 00
	下	52217000000. 00	5840022000. 00	46376978000. 00	72478745000. 00	10572230000. 00
1948 年	上	494820000000. 00	20341350000. 00	474478650000. 00	567298745000. 00	30913580000. 00

资料来源：《中央银行宁夏分行函送 1948 年下期营业报告》，中国第二历史档案馆藏中央银行档案，档案号三九六 11437。

从 1942 年底起，中央银行独占发行，才真正成为“发行的银行”。从上表看，中央银行宁夏分行历年发行在 40 年代五分之三的年份未能收回。其中无疑有些客观原因，如其他银行领券期限未到或同业质押透支未能按时收回。充足的货币在市场流通，虽说有助于调剂市面，促进社会生产发展，但货币的发行数量依据是社会经济发展的需要。币值的稳定又与社会的安定及区域经济的发展紧密相联系。而从抗战结束后，连年发行未能收回的巨额累积，加上后来货币发行并未顾及这些因素，最后致使央行的“发行的银行”之职能并未真正实现，最终成为导致物价上涨与通货膨胀的重要原因。

第三，代理国库

中央银行宁夏分行自成立起，就努力倡导推行公库制度，但因宁夏地处边陲，观念较为落后，推行公库较为曲折。经过多年努力，才大体得到地方当局及社会人士的认可，奠定公库基础。截至1946年，“一切均入正轨，收入经纳国库、支出依法支领已成习惯，军政机关之汇款转库”，除当局机关及本省军款以特殊情形尚未转入外，其余各机关尚未有逃避库款者，“惟由其他各行局汇来之军政款转库者仍无一笔，此点似应严加改进以利库政”。[①]

据统计，1946年上期经付库款计2 449 568 327.25元，其中普通经费存款872 606 828.97元、特种基金存款（仅有省府善后救济基金一户）14543000元，均较上期有所增长，捐献款项2000元。经付债券本息158 816.80元，较上期174 285.30元减少15 468.70元。1946年上期经收库款（除银行垫款外）计纯收入185 383 767.96元。[②]

1948年上期，公库制度大体与上期无异，盐税未能按期由纳税人直接缴库，直接税缴库期与查定期相隔恒在数月或半年，与规定不合，转移库款多属兰州第八补给区，转汇自办理以来尚无困难，除前方部队款核付较宽外，其他后方军事机关支取手续亦渐上正轨，较上期有进步。本期岁入总额52 556 923 795.2元，较前减少25 179 757 770.66元；本期岁出总额

① 《中央银行宁夏分行1946年上期营业报告》，中国第二历史档案馆藏中央银行档案，档案号三九六13063。

② 《中央银行宁夏分行1946年上期营业报告》，中国第二历史档案馆藏中央银行档案，档案号三九六13063。

304 071 393 033.00 元，较前增长 274 848 137 637.41 元。[①]

1948 年下期，公库制度本期以盐直两税主管易人，税款缴库期较之上期均有进步。本期提前清偿法币公债总额为 673.84 元，岁出总额为 5 417 464.89 元。[②]

表 63：中央银行宁夏分行公库各项存款余额比较表

科目	1948 年上期	1948 年下期
普通经费存款	65145894986.70	296335.88
特种基金存款	52798295943.00	738506.12
合计	117944190929.70	1034842.00

资料来源：根据《中央银行兰州、西宁、宁夏、酒泉、迪化等分行营业报告（1948、8—11）》（中国第二历史档案馆藏中央银行档案，档案号三九六 13389）和《中央银行宁夏分行函送 1948 年下期营业报告》（中国第二历史档案馆藏中央银行档案，档案号三九六 11437）整理制作而成。

上表所列 1948 年上、下期存款数额明显不同，这与 1948 年下半年以金圆券代替法币有关。

表 64：中央银行宁夏分行公库存款转移总额表

科目	1948 年上期	1948 年下期
转出总额	114484797.00	63761.00
转入总额	681208084416.39	18632882.06

资料来源：根据《中央银行兰州、西宁、宁夏、酒泉、迪化等分行营业报告（1948、8—11）》（中国第二历史档案馆藏中央银行档案，档案号三九六 13389）和《中央银行宁夏分行函送 1948 年下期营业报告》（中国第二历史档案馆藏中央银行档案，档案号三九六 11437）整理制作而成。

---

① 《中央银行兰州、西宁、宁夏、酒泉、迪化等分行营业报告（1948、8—11）》，中国第二历史档案馆藏中央银行档案，档案号三九六 13389。

② 《中央银行宁夏分行函送 1948 年下期营业报告》，中国第二历史档案馆藏中央银行档案，档案号三九六 11437。

表65：经收库款增减表

报告年度	比上期有所增加的科目	比上期有所减少的科目
1946年上期	所得税、非常时期过分利得税、营业税、印花税、货物税、契税、盐税、罚款及赔偿收入、财产孳息收入、银行垫借款、收回各年度岁出款	食盐战时附税、矿税、契税及地价税、遗产税、田赋
1948年上期	所得税、遗产税、暂收款、印花税、矿税、货物税、契税、地价税及土地增值税、罚款及赔偿收入、国有财产孳息收入、收回各年度岁出款、其他收入	捐献及赠与收入、银行垫借款、盐税、非常时期过分利得税

资料来源：根据《中央银行宁夏分行1946年上期营业报告》（中国第二历史档案馆藏中央银行档案，档案号三九六13063）和《中央银行兰州、西宁、宁夏、酒泉、迪化等分行营业报告（1948、8—11）》（中国第二历史档案馆藏中央银行档案，档案号三九六13389）整理制作而成。

上表所列1948年盐税等为经收减少科目，据史料记载，纳税人未能按期缴纳为原因之一。①

表66：经付库款增减表

报告年度	比上期有所增加的科目	比上期有所减少的科目
1946年上期	县市建设支出、分配县市国税支出、高级公粮支出、省市支出、补助支出、公务员退休及抚恤支出、社会部主管、司法行政部主管、粮食部主管、教育部主管、财政部主管	紧急命令拨付款、赈济委员会主管、卫生署主管

资料来源：《中央银行宁夏分行1946年上期营业报告》，中国第二历史档案馆藏中央银行档案，档案号三九六13063。

其中上表所列表明教育支出增加，这与该年宁夏地方中等教育建设较前加强有关。如1946年曾从国民政府得到拨款300

① 《中央银行兰州、西宁、宁夏、酒泉、迪化等分行营业报告》，（1948、8—11）1948年上期，中国第二历史档案馆藏中央银行档案，档案号三九六13389。

万元，筹捐2400万元。[①]

经理国库标志着中央银行成为“政府的银行”，这不仅可沟通地方财政与区域金融的联系，使得地方政府财源与银行机构资金来源相连接，保证财政收入的有效集中保管和央行调剂金融、辅助财政的作用，而且促使中央银行宁夏分行掌握各机关闲散资金，调剂市面盈虚，为推行政府财政金融政策，为央行开展贴放、转抵押等业务提供充足周转资金，建立起一个有力而较为强大的区域资金协调机制。

第四，代理信托业务：

中央银行代理信托业务，从现有史料看开始于1945年。团体分红储款为发售存单之收入，自1947年11月开始办理至1948年2月止，减少2500000.00元，皆为到期取回之本金，2月以后因购储下降以致发售无多。[②] 至1948年5月各地物价上涨风日剧，商民趋向抢购物资，以致物价波动较大，且以大钞之发行亦连带发生影响，加之其他商业行庄之利率较高，由过去月利贷款改为日折贷款，商人更感便利而本处之往来又见锐减。

1948年信托业务仍很清淡。自8月下旬使用金圆券后，在9月上旬稍见活动，每月平均存款数字均在三千元左右，后因银币出现，市场握有金圆券者均争相购存银元，于是存款数字又形下降，商品交易亦以银币为准。在11月中旬，本处奉令撤销乃通告各储户提清余存各款，至12月底止，已大部提清。[③]

---

① 《宁夏省政府工作报告》（1946年1—6月份），中国第二历史档案馆藏国民政府教育部档案，档案号五699（1）。

② 《中央银行兰州、西宁、宁夏、酒泉、迪化等分行营业报告（1948.8—11）》，中国第二历史档案馆藏中央银行档案，全宗号三九六，案卷号13389。

③ 《中央银行宁夏分行函送1948年下期营业报告》，中国第二历史档案馆藏中央银行档案，全宗号三九六，案卷号11437。

表 67：中央信托局宁夏代理处业务概况

科目	1945 年下	1946 年上	1947 年下	1948 年上
活期储蓄	52311123.26	37583041.45	3492956.65	25850200.47
甲种储券	1539090.00	1570540.00		
乙种储券	535125.66	611954.86		
甲种储金	10518.10	17149.43	19292.78	20062.41
乙种储金	28818.66	32699.14	5039.36	5126.94
美金储券	1400.00	1400.00		
乡镇储券	55000.00	55000.00		
团体分红储款			8400000.00	5900000.00
合　计	54481075.68	39871784.88	11917288.79	31775389.82

资料来源：根据《中央银行宁夏分行 1946 年上期营业报告》，中国第二历史档案馆藏中央银行档案，档案号三九六 13063；《中央银行兰州、西宁、宁夏、酒泉、迪化等分行营业报告（1948、8—11）》，中国第二历史档案馆藏中央银行档案，档案号三九六 13389 和《中央银行宁夏分行函送 1948 年下期营业报告》，中国第二历史档案馆藏中央银行档案，档案号三九六 11437）整理制作而成。

上表可见，中央信托局宁夏代理处也办理推销储蓄券业务，这有助于吸收当时宁夏社会的游资，减缓宁夏物价上涨的剧烈程度。

第五，经营普通银行存、放、汇业务：

①存款方面

1945 年以前，该行所作存款有活期存款及同业存款两种，尚有部分暂时存款。活期存款包括中央、地方及军事在宁机关存款以及商号、个人存款，同业存款包括中交农三行、省县银行、商业银行和银行存款准备金。

1946 年上期，活期存款总额 1 104 532 529.16 元，较前期 164 829 878.34 元上涨 939 602 650.82 元（其中军事机关活存较前增加，中央、地方机关及商号个人活存均较前减少）。暂存总额 35 299 800 元，较前期 2 101 885.50 元上涨 33 197 914.50 元。同业存款总额 1 260 857 341.03 元，较前期 387 139 678.77 元上涨 873 717 662. 26 元，此项存款包括银行存款准备金 258 701 733. 32 元，较前期 40 962 729. 86 元上涨 217 739 003. 46 元（活期存款及同业存款利率仍为周息 8 厘，银行存款准备金仍为 2 分）。本票总额 57 500 000 元，较前期 64 500 000 元减少 7000000 元。

1948 年上期，因物价激涨，军费薪饷上涨，公教人员待遇每月调整指数上涨，通货膨胀社会需用筹码增大，各种存款均较上期增长。据 1948 年 6 月 30 日核算：资产合计 225121262520. 36 元，纯损 3789640510. 64 元，法币总数 9009084 591. 00 元，美金总金额 600000. 00 元，纯金总数 15 399 614. 90 元，现金合计 9 025 084 205. 90 元，同业质押透支（农行）10 000 000 000. 00 元，同业质押放款（农行）18 542 000 000. 00 元，应收利息 711 904 666. 67 元，器具及设备余额 2417125559. 19 元，联行往来 999 086 458 877. 14 元，暂付款 4 266 864 030. 26 元，预付费用 931 863 357. 78 元，公库存款 117 944 190 929. 70 元，各项费用 6 181 763 558. 39 元。①

表 68：1948 年上期存款明细表

种类 数额	定期存款	暂记收款	同业存款	存款准备金	本票
本期最高额	48081665392. 53	12972449000. 00	68600869300. 71	2732935892. 10	230000. 00
本期最低额	355128266. 68	610000. 00	3652429156. 61	438262115. 19	230000. 00
决算日余额	36551690959. 80	696017183. 82	24700429969. 97	2190425297. 07	230000. 00

① 《中央银行宁夏分行 1948 年上期营业报告》，中国第二历史档案馆藏中央银行档案，档案号三九六（2）3239。

（续上表）

种类 数额	定期存款	暂记收款	同业存款	存款准备金	本票
上期余额	394538249.67	23627489.64	5264978770.61	438282115.19	230000.00
增减幅度	增 36157152710.13	增 672389674.18	增 19435451199.36	增 1752143181.88	0
备注	共57户，其中军事机关28户，地方机关12户，中央机关14户，商号及个人3户，均为周息1分2厘		共8户，均为本埠，利率均为周息1分2厘，唯自6月起，国家行局为月息8分，其他省市及商行庄仍为周息1分2厘	共3户，大同、中国通商银行均为周息5分	因停发，从前所发未收回

资料来源：《中央银行兰州、西宁、宁夏、酒泉、迪化等分行营业报告(1948.8—11)》，中国第二历史档案馆藏中央银行档案，档案号三九六13389。

从上表可见，中央银行经营驻宁各军政机构定期存款业务，有经理国库的职能；以较低利率吸收保管同业存款，反映出中央银行宁夏分行与其他银行的业务联系；提取、保管存款准备金，成为实现中央银行成为“银行的银行”之主要工具之一，也是保护宁夏银行机构安全及区域金融市场稳定的有力工具之一。

另外，1948年下期，中央银行宁夏分行因奉令办理存兑金银业务，故有特种定期存款95户，除内有1户系宁夏指挥所外，其余94户均系个人姓名，共计金圆603455.00元，定期一年利息均为周息2分。活期存款共27户，计军事机关12户，中央机关5户，地方机关4户，个人6户，均为月息12分，本期最高额为3453075.86元，最低额为16102.22元，决算日余额为1210737.76元。暂计收款本期最高额632688.52元，最低额为0.20元，决算日余额163055.49元。同业存款共8户，均为本埠同业，利率均为月息12分，本期最高额为2078614.79元，最低额为35023.85元，决算日余额为2078614.79元。存款准备金共3户，计大同及中国通商银行二行，利率为月息15分，本期最高额为38671.86元，最低额为1231.47元，决算日余额为38671.86元。本票本期最高额及最低额并决算日余额均为0.23元，此乃过去所发之本票，币制改革后未再发行，亦无收回也。[①] 各科目原币余额：金圆7751082.21元，纯金47037两，银币358.50元，白银1631.27两；现金：金圆总数143423.81元；活存质押透支：中央银行宁夏分行员工消费合作社（不计息）金圆82620元。[②]

②放款方面

1946年，因各行局头寸均较宽裕，无放款。1948年上期，同业质押放款共3笔，法币185.42亿元，利率月息1分8厘及4分5厘，本期决算日余额185.42亿元，较前4.5亿元增长180.92亿元。同业质押透支共4笔，均为月息4分，本期决算日余额100亿元，较前增长100亿元。[③] 同年下期，无直接放款，同业质押放款共6笔，计金圆13020.67元，原为月息4分5厘，币制改革后减为月息3分，本期决算日余额为13020.67元。[④] 上述放款均系中国农民银行宁夏支行农业贷款向该行办理转质押及按月向该行透支，均系四联总处核准专案并奉总行函

① 《中央银行宁夏分行函送1948年下期营业报告》，中国第二历史档案馆藏中央银行档案，档案号三九六11437。

② 《中央银行宁夏分行1948年上期营业报告》，中国第二历史档案馆藏中央银行档案，档案号三九六（2）3239。

③ 《中央银行兰州、西宁、宁夏、酒泉、迪化等分行营业报告（1948.8—11）》，中国第二历史档案馆藏中央银行档案，档案号13389。

④ 《中央银行宁夏分行函送1948年下期营业报告》，中国第二历史档案馆藏中央银行档案，档案号11437。

电办理。“至其他放款及拆款等币制改革后，均奉令停止办理，各同业虽有请求办理拆款者，但以本行业务方针不同，为配合国家金融政策及推行政府经济法令并鉴地方环境均未允做。”①

③汇款方面

1940 年上期，央行汇入汇款 2833.76 万元，汇出款 12 437.06 万元。1942 年上期，汇入汇款 963.17 万元（均系由内地汇入），汇出汇款 472.93 万元（均系汇往内地）。1945 年上期，汇入款 2.8933 亿元。其中，汇入地点重庆占半数，西安、兰州、陕坝次之，其余有南郑、天水、宝鸡、平凉、凤翔等；汇出款 3.631 亿元。而汇出地点以重庆 2.3737 万元约占汇款三分之二，兰州、西安、平凉次之，余有陕坝、宝鸡、长武、邻县、凤翔、天水、武威、酒泉、南郑、成都、贵阳、昆明。② 抗战时期三年的汇兑业务可见宁夏与重庆及西北各地经济联系十分密切。

抗战胜利后汇兑业务明显增加。1946 年上期汇款较前期均有极大进步，其中：

1）汇出总额 2 362 006 182.93 元，较前期 58 520 363.29 元，增长 2 303 485 819.64 元（按性质划分，其中同业汇出 1 291 400 000 元占首位，商业汇出 721 650 900 元居次，军款汇出 80 800 477.17 元、政款汇出 18 584 894.83 元、个人汇出 249 569 910.93 元，较前期均有增长；按地点划分，重庆汇出 34 221 706.39 元，内地汇出 2 327 784 476.54 元），汇出款汇率为西安、兰州、平凉 5‰，重庆、成都 8‰，其余 40‰。

2）汇入总额 5 736 256 551.14 元，较前期总额 1 256 154 867.98 元，增长 4 480 101 683.16 元。

---

① 《中央银行兰州、西宁、宁夏、酒泉、迪化等分行营业报告（1948.8—11）》，中国第二历史档案馆藏中央银行档案，档案号 13389。

② 转引自《宁夏金融志》，第 128 页。

表69：1946年上期汇入款分析表

划分依据	科目	本期金额	上期金额	增减金额
按性质划分	军款	5076947519.08	860853268.69	增4216094250.39
	政款	525361766.88	210190358.12	增315171408.76
	商业	62320000	19055800.00	增43264200.00
	同业	50000000	137000000.00	减87000000.00
	个人	21627265.18	29055441.17	减7428175.99
按地点划分	内地	5 678 387 283.25	882243499.70	增4796143783.55
	重庆	57869267.89	373911368.28	减316042100.39

资料来源：《中央银行宁夏分行1946年上期营业报告》，中国第二历史档案馆藏中央银行档案，档案号13063。

从上表可见1946年汇入款项数额排序，上期是军款、政款、同业、个人；下期是军款、政款、商业款项。这种排序也符合当时宁夏各社会阶层运用资金的需要程度。1948年，汇款汇出地区兰州最多，西安、重庆、成都等地次之，其余甚微；汇入地区以兰州、京滬最多，归绥、西安、平津次之，其余甚微。1948年汇入款项来自平津相对较少，与当时局势变化有关。1949年上期汇入款5801809.16万元（汇入地点以兰州、京、沪为最，广州、西安次之），汇出款87932.62万元。

表70：1948年汇款明细表

时间 / 科目	1948年上期	1948年下期	备注
汇出汇款	413693699613.99	9377736.48	汇率由平均为约15‰减少为10‰，均为同业汇出最多
汇入汇款	701715085770.12	1971720.78	上期军饷汇入最多，下期同业汇入最多

资料来源：《中央银行兰州、西宁、宁夏、酒泉、迪化等分行营业报告（1948.8—11）》，中国第二历史档案馆馆藏档案，档案号三九六13389。《中央银行宁夏分行函送1948年下期营业报告》，中国第二历史档案馆馆藏档案，档案号三九六11437。

表 71：1948 年中央银行宁夏分行资产负债平衡表

资产	1948 年 6 月 30 日决算日金额	1948 年 12 月 31 日决算日金额
现金	9025084205.90	218514.86
同业质押透支	10000000000.00	
活存质押透支		82620.00
同业质押放款	18542000000.00	13020.67
应收利息	711904666.67	1056.23
房地产及器具	2417125559.19	
器具及设备	2442278518.70	11408.90
减：备抵器具及设备折旧	25152959.51	8.38
联行往来	179226420700.56	7338330.50
其他资产	5198727388.04	86131.05
暂记付款	4266864030.26	65391.36
预付费用	931863357.78	20739.69
银行存款准备金	2190425297.07	38671.86
同业存款	24700429969.97	2078614.79
活期存款	36551690959.80	1210737.76
公库存款	117944190929.70	1034842.00
本票	230000.00	0.23
应付款项	43038278180.00	2621696.70
特种定期存款		603455.00
暂记收款	696017183.82	163055.49
合计	457908683906.97	15588295.47

资料来源：《中央银行宁夏分行 1948 年上期营业报告》，中国第二历史档案馆藏中央银行档案，档案号三九六（2）3239。

下表所列反映抗战胜利后中央银行宁夏分行经营的损益情形：

表 72：损益明细表 单位：元

	科目	1946 年上期	1947 年下期	1948 年上期	1948 年下期
收益	联行息	109798924.60		取消	
	押放息				2448.94
	放款息		35730000.00	1345234666.67	
	经收公债手续费		285.68	未收	0.01
	经收税款手续费	2.08	1393.22	31808.80	3.21
	代收款项		0	18000000.00	821.20
	代理信托局业务手续费	196994.98	156610.08	273792.52	13.95
	汇费	11111292.51	196379656.64	3492069167.12	37071.47
	杂项收入	0.14	1000000.00	0	6.26
	合 计	121107214.31	233267945.62	4855609435.11	40365.04
损失	存款利息	30163584.62	53336224.22	558526590.56	活存利息：147091.74
					定存利息：2882.56
	存款准备金				2826.60
	同业利息	39280921.56	210785817.55	1695855150.26	72177.96
	各项费用	25748608.15	907359666.17	6181763558.39	184668.85
	四联支处经费	380108.33	10017022.68	47162663.64	338.62
	器具及设备折旧		24091389.80	24091389.80（因规定每年下期一次折旧）	
	提存奖金		198554812.00	本期无，规定每年下期一次提存	66374.13
	提存年金		78408370.32		55047.25
	提存福利金津贴		441336387.17		152623.09
	杂项支出	2740996	93072584.44	161941982.90	29844.79
	合计	98314218.66	2016962274.35	8669341335.55	713875.59

（续上表）

	科目	1946 年上期	1947 年下期	1948 年上期	1948 年下期
损益		本期纯益 22792995.65 元，较上期纯损 10961214.45 元，有很大进步	本期纯损 1783694328.93 元	本期纯损 378964051 0.64 元，较上期增计损 2005946181.71 元。系各项费用增长，利息支出增长，虽汇费及利息收入增长，兼之联行利息取消	本期纯损 673512.55 元，其主要原因仍系各项费用及利息支出、各项提存之支出为数甚巨，虽有汇费及利息收入之收益，然不及纯损科目增加之巨

资料来源：根据《中央银行宁夏分行 1946 年上期营业报告》（中国第二历史档案馆藏中央银行档案，档案号三九六 13063）、《中央银行兰州、西宁、宁夏、酒泉、迪化等分行营业报告（1948、8—11）》（中国第二历史档案馆藏中央银行档案，档案号三九六 13389）和《中央银行宁夏分行函送 1948 年下期营业报告》（中国第二历史档案馆藏中央银行档案，档案号三九六 11437）整理制作而成。

（六）交通银行宁夏办事处的建立及业务

“交行是因赎回京汉铁路路权和邮传部拟办一家专业银行而创立的，但也是清末政治暗潮中争夺经济地盘的产物。”① 1907 年，清政府邮传部以“轮、路、电、邮四者互为交通，而必资银行为之枢纽，即中央银行划一全法币制，得铁路、车站、电报、邮政各局所为之经理汇兑储金，使法币推行内地，而乡曲沿用生银之习亦可渐次改良。交通银行之设，外足以收各国银行之利权，内足以厚中央银行之势力，是轮、路、电、邮实受交通利便之益，而交通利便固不仅轮、路、电、邮实受其益已

① 交通银行总行、中国第二历史档案馆编《交通银行史料第一卷：1907—1949（上册）》，中国金融出版社 1995 年版，第 6 页。

也”。[①] 奏请设立交通银行，纯用商业银行性质为股份有限公司，资本为五百万两，官股四成，商股六成，总行设北京。1914 年有分行 25 个，遍设于国内各大都会及香港、新加坡两地。[②]

宁夏交通银行以其专业而论系以扶植实业为专责。“交通银行对于西北新设行处业务方针，建议：西北经济生活，偏于商业行为，与其他各地情形不同。故推进之始，因势利导，当以先从繁荣当地市面，促进贸易入手。属于军民日用必需品之贸易购销事业，并拟酌量贷款协助一节，不无见地。似应予以原则上之指示，以便策划进行。……查交通银行建议西北边区新设行处放款业务应予酌量放宽一节，原则可行。”[③]

1936 年 10 月，宁夏省政府主席马鸿逵为调剂本省金融、收回省钞、推行法币，曾致函交通银行总行并中央银行和中国银行借款一百万元，以本省盐税协款每月六万元为抵押，交由该三行支领偿清为止。此项借款得到国民政府财政部的批准，交通银行虽尚未在宁夏设立办事处，但已先期为宁夏省地方金融做出了贡献。

1943 年 7 月 20 日，交通银行宁夏办事处在宁夏省垣设立。首任经理王玉书，后王玉书与交通银行甘肃省分行副经理耸显任对调。第二任经理为荣正吾。

1943 年 7 月，交通银行宁夏办事处推销“特种有奖储蓄券”。1944 年，举办工厂添购机器基金存款。[④] 该行从本身的经

---

① 交通银行总行、中国第二历史档案馆编《交通银行史料第一卷：1907—1949（上册）》，中国金融出版社 1995 年版，第 7—8 页。

② 魏永理著《中国现代经济史纲》，甘肃人民出版社 1983 年版，第 442 页。

③ 《四联总处就增设西北机构致六行局函》1943 年 3 月 1 日，重庆市档案馆、重庆市人民银行金融研究所合编《四联总处史料（上）》，档案出版社 1988 年版，第 205 页。

④ 转引自《宁夏金融志》，第 16 页。

济效益考虑，在1943年9月1日，向上级行所提交的营业计划中声称："惟自各行专业化后，我行扶植实业专责，各方期望殷切不言而喻。本省工业方面当局倡导推行不遗余力，雍行成立后，将来需要各方扶助之处，固不能不略事点缀，勉力以赴，而为顾及收益与当地商界取得联系，以吸收存、汇业务起见，酌做商业票据贴现、买汇等业务，实为本身营养之要素。"①

该行资金来源为承做汇款及吸收存款、汇费及联行息收入。1946年上期，交通银行宁夏办事处共有活期存款260506549.69元，定期存款474000元，汇入款项955691884.63元，汇出款项1224665523.51元。活期存款利率为周息8厘，定期存款利率为1分2厘至1分5厘。汇率与上期无大变动，重庆5‰，西安、兰州、成都、平凉均为8‰，陕坝10‰，迪化100‰，哈密90‰，其余各地20‰，京沪、平津各地20‰。②

1948年上期，交通银行宁夏办事处共有活期存款5220278046.55元，放款1000000000.00元，汇出144565837575.82元，汇入29004248227.45元，亏1782212588.03元。活存利率自上期周息1分2厘增至8分，奉令停做所有放款。汇率方面：京沪、平津、成都、昆明、太原、洛阳、开封及东北均为24‰，西安、重庆均为15‰，兰州为6‰，归绥为30‰，迪化为100‰，哈密为90‰，广州为80‰。③ 因该行开支浩大，故本期亏损甚巨。

1948年下期，交通银行宁夏支行营业总额23534483.65元，

---

① 转引自《宁夏金融志》，第131页。

② 《中央银行宁夏分行1946年上期营业报告》，中国第二历史档案馆藏中央银行档案，档案号三九六13063。

③ 《中央银行兰州、西宁、宁夏、酒泉、迪化等分行营业报告》，1948年8—11月，中国第二历史档案馆藏中央银行档案，档案号三九六13389。

共有活期存款 59655.10 元（活期存款利率自月息八分降至月息二分），定期存款及放款均无，汇出汇款 2207608.00 元，汇入汇款 385314.00 元，纯益 3399.62 元。[①]

（七）四联总处宁夏支处

“卢沟桥事变”发生后，中国金融开始步入战时阶段。1937 年 8 月 15 日，国民政府实施《非常时期安定金融办法》，1939 年 8 月，由中央、中国、交通、农民四行在上海组成“四行联合办事处”。是年 9 月 8 日，国民政府又公布了《战时健全中央金融机构法纲要》，并改组了“四联总处”，蒋介石兼任总处理事会主席。1939 年，中央信托局和邮政汇业局亦归“四联总处”管理。总处之下，各省市亦设立分支机构，以协调当地四行两局的行动，从而抑制其他商业行庄、地方银行及市场私人间的金融活动。

1940 年 8 月 1 日，中、中、交、农四行联合管理处宁夏支处成立，办公地址设于中央银行宁夏分行内。“宁夏支处八月一日电，已于本日成立，并由陇分处备案。”[②] 该支处成立伊始，因交通银行及中央信托局在宁夏尚未建立机构，所以只有中央、中国、农民三行参加。同年，交通银行、中信局陆续参加，1944 年又增加了邮政储金汇业局兰州分局宁夏办事处。1947 年 5 月 29 日，四联总处秘书处函达邮汇总局宁夏支处，准予宁夏邮局退出四联支处。

四联总处宁夏支处的人员构成遵照 1939 年 11 月 28 日第

① 《中央银行宁夏分行函送 1948 年下期营业报告》，中国第二历史档案馆藏中央银行档案，档案号三九六 11437。

② 《中央、中国、交通、农民银行联合办事总处：第四二次理事会报告事项之十五（1940 年 8 月 15 日）》，中国第二历史档案馆藏四联总处档案，档案号五八五 1559。

十次理事会通过的《中央中国交通农民四银行联合办事处支处组织章程》第五条“本支处委员会由中、中、交、农四行各派代表一人或二人组织之。其一人须为各行主管人，另一人得由各行重要职员担任，并由委员互推一人为主任，陈报分处外，并转呈总处核派之”和第六条“本支处设文书、业务、会计、调查四组”的规定,[①]“推举央行经理田乔龄，办事员薛鸿远，中行经理洪家寅，营业系长李纲，农行经理丁慕尧，会计主任朱汝伦等为委员会委员，并以田乔龄为主任委员，薛鸿远兼领文书组长，洪家寅兼领业务组长，朱汝伦兼领会计组长，李纲兼领调查组长。”[②] 1943 年，遵照《三十二年度储蓄业务计划纲要》第四项的规定，并经该年四联宁夏支处第一次委员会会议通过，宁夏支处增设储蓄组，由南秉方兼任该组组长。[③]

1944 年经过召开委员会议讨论改组事宜，推选洪家寅为业务组长、戴丹书为会计组长、邵光涛为调查组长、南秉方为储蓄组长，其文书组长一缺因原任薛洪远患病不能兼顾，推萧祖荫暂代。1945 年，原办事员张乃湘为文书，郝增良为会计，另荐邮汇局会计卢忠椽兼任。[④] 迄止 1946 年，支处委员因人事调动有所变迁，但主任委员一直由田乔龄担任，后田乔龄因患脑溢血病逝，暂由该支处各委员轮流主持处务；后经该处第六

---

① 重庆市档案馆、重庆市人民银行金融研究所合编《四联总处史料（上）》，档案出版社 1988 年版，第 125 页。

② 《中中交农联合办事总处陇分处总字第 334 号函（1940 年 8 月 19 日）》，中国第二历史档案馆藏四联总处档案，档案号五八五 1559。

③ 《宁夏四联支处设立储蓄组接收劝储分会的呈文》，中国第二历史档案馆藏四联总处档案，档案号五八五案卷号 1559。

④ 《四联总处宁夏酒泉等 15 支处会计人员任免（1944 年 8 月至 1945 年 7 月）》，中国第二历史档案馆藏四联总处档案，档案号五八五 2273。

次委员会议决议公推国行经理程家鹏为该处主任委员，总处1947年2月18日联一第21号电“准予照办”。[①]

四联总处宁夏支处的职责，根据1939年11月28日第十次理事会通过的《中央中国交通农民四银行联合办事处支处组织章程》第三条有关支处职能的规定，中、中、交、农四行联合管理处宁夏支处应办理总处交办事项；办理联合贴放、投资、汇兑事项；办理发行、储蓄及收兑金银事项；办理金融经济之调查事项等其他关于金融事项。[②] 四联总处每分配宁夏四行二局的任务，一般是由总处一方面通知各该行局的领导行、局即总行局，一方面下达宁夏支处分摊以及需要共同承担的任务。中、中、交、农四联总处宁夏支处协调四行二局工作，促进联合行动。支处费用由各行局分摊，每星期六召开例会一次。各行局每到月终，均须将当月存放款利率及汇率呈报四联宁夏支处，如有过高或过低现象，须在例会中讨论公决，以求彼此步调一致，当然，四行二局虽有一致决议，但实际上金融市场的存放利率尚不完全受其制约。

另外，四联总处在抗战时期也是农贷最高审核机构。如1940年11月26日，四联总处收到中国农民银行总处函称：“为宁夏省政府请纺织生产贷款，已准在该省农贷一百万元内划拨廿万元贷放……查此项贷款首在发展农村副业，裨益抗建，所送计划为甚要。”[③] 1941年1月28日，四联总处收到中

---

① 《程家鹏为宁夏支处主任委员（1947年）》，中国第二历史档案馆藏四联总处档案，档案号五八五1559。

② 重庆市档案馆、重庆市人民银行金融研究所合编《四联总处史料（上）》，档案出版社1988年版，第125页。

③ 《四联总处办理中农交行与宁夏省纺织生产贷款来往文书（1940年12月9日至1941年10月1日）》，中国第二历史档案馆藏四联总处档案，档案号五八五2859。

国农民银行总管理处陈送的宁夏省政府办理纺织生产贷款实施办法，经查核尚无不周，准予按此办法实施。同年3月16日，经总处核准，四联总处宁夏支处允准中国农民银行宁夏支行在该年度宁夏省100万元农贷指标内拨出20万元用于纺织生产贷款。

再如，1942年4月，受四联总处宁夏支处代管的绥远省银行特种存款准备金由宁夏四联支处处理；普遍存款准备金向中央银行宁夏分行缴存，并向其报送定期业务报表。[①]

另据1947年10月份宁夏支处工作报告，该月份各行局均未办理贴放业务。农贷方面，该月份共放出农业生产贷款17187万元，共收回90.8万元，结余67544.32万元；该月份共放出农业推广贷款4000万元，共收回441.63522万元，结余6600万元；该月份共放出农村副业贷款700万元，共收回65万元，结余1822万元。汇兑存款方面，该月份五行局承做汇出汇款共1622365.038957万元，汇入汇款共2725929.369213万元；该月份五行局共收活期存款271496.955683万元，定期存款22.89万元。关于公私机关服务人员之汇寄家属赡养费共120万元。[②]

中央、中国、交通、农民四行分支行处在宁夏的设立均有其深刻的政治、经济背景。国家资本银行在宁夏的建立，旨在执行国民政府颁布的一系列金融政策、法令、办法，以强化其对宁夏地方银行及商业银行的控制。但是唯一的地方银行宁夏银行却凭借兼省主席、董事长于一身的马鸿逵的军政势力，使得业务经营完全不受中央银行管制，其所处的特殊地位无疑也在一定程度上削弱了四大银行对宁夏金融的管理。统受国家领

① 转引自《宁夏金融志》，第15页。

② 《宁夏支处1947年10月份工作报告》，中国第二历史档案馆藏四联总处档案，档案号五八五2185。

导的四大银行也不受宁夏地方军政当局制约，保持着业务经营上的独立性。国民政府时期宁夏货币银行制度建设，反映了区域金融制度建设的现代化历程，同时又呈现自己的地方特色。抗日战争爆发后至新中国成立前，宁夏银行业家数的增加无疑为区域经济建设中的资金融通做出了一定贡献。

第三章　政治制度的调整及民族关系的思考

良好的政治环境是区域开发之基本前提。因而如何进行本区域政治建设成为近人关注之重大问题。

一、任用人才与政风转变

开发机构筹建与人才引进为时人讨论问题之一。1935 年，王超凡等指出："开发西北之前提，为健全开发西北机关之组织。" 王超凡等还提出，"政府应极力搜罗关于矿业、工业、交通、水利等专门人才，组织各种专门委员会，研讨设计，而后款不虚糜，事有成效。"① 这一建议颇有道理，区域开发先应建立相应之机关，以起规划组织作用。而具体规划设计亦需要人才。当时各项建设急需人才，尤其需要专门人才。而采取怎样的人才政策则至关重要。

至于如何选拔、任用人才，马鸿逵主张用人必须依照规定标准执行，他讲道，其一，"嗣后各机关用人，非曾致力国家，积有劳绩，或具专门学识，特有才干者，不准录用；即各机关现任公务员，如系忠实耐劳，思想超异，办事素有条理，而有

① 《革命文献》第 89 辑，第 70、73 页。

相当成绩者，应准呈报本府，存记擢用。”至于培训人才，马鸿逵强调对于新来投效“或在需求人员，愿在行政机关服务者，应先保送行政人员训练所，……总之本省今后任用公务人员，非以前者之标准，即经后者之训练，除此而外，不准轻予任用。”① 他论及公务人员之选拔、录用应遵循一定标准加以考核，同时应重视人员培训等重要问题。

在政治风气的转变方面，为保证为政清明，20 世纪 20 年代后期，甘肃省政府主席刘郁芬主张杜绝官场钻营现象。刘郁芬讲道：“近顷以来，奔竞之风未息，请托之事盛行。”而“国家设官，所以任职贤否，攸关政治隆污，若非拔取真才，何以企臻郅治。”刘郁芬的主张，反映出当时甘肃、宁夏官场风气的恶劣，也从理论上指出人才任用对于政治清明的重要意义。鉴于此，刘郁芬主张“亟应严加取缔，以资整顿，嗣后上级机关，对下级机关，或平行机关，均不得以私人名义互相推荐，违者分别惩处。”② 刘郁芬的主张不无道理。但实际上，当时刘郁芬任甘肃省主席后，首先考虑巩固其在省内的统治，因而他转变政风的主张只是一面打击对其不忠诚者的一面旗帜。这期间刘郁芬任用人员首先考虑的是能否支持其对甘肃的统治。

马鸿逵则主张应严防左右习近把持朦蔽。他认为，“为官吏者，宅心正大，持身廉谨，非不称一时铮佼，往往无好成绩，自堕身名，盖左右习近误之也。诚以左右习近，日在主管长官之侧，朝夕于斯，主管长官性情好恶，及举动从违，无不知之深而见之切，最易揣摩心理，盗窃权柄”，使其长官受蒙蔽而不之觉，“手段固有多端，而不外乎谗谄、逢迎、把持、蒙蔽四

① 《十年来宁夏省政述要》，总类篇，第一册，第 110—111 页。

② ［民国］叶超编《固原县志》，卷十，艺文志，宁夏固原县文物工作站 1981 年印，第 33 页。

者。”并强调指出：“以上四种，出于左右习近，即在主管长官，不知不觉之中，足以败坏好官之声誉而有余，妨碍政治之进行而可畏，古人以此引为深戒，我辈对此务要严防，勿任此谗谄、逢迎、把持、蒙蔽之人，幸进干政，滥用误事，庶政治有清明之望，寅僚无尸位之讥。”事实上，马鸿逵的主张不仅反映其1933年以后主政宁夏的感受，也说明他在尽力防止其属下妨碍他高度集权。另外，他还主张严禁馈送礼物，互相检举纠正弊害；革除贪婪勿罹重典，禁用离职人员，严加管教以免溺职，打破官场恶习消除衙署积弊。当然，马鸿逵的这些主张是有益于提高政治效率、改进政治风气的。

马鸿逵最后强调：“尚望各级官吏，激发天良，痛改前非，整躬率物，励己正人，打破官场恶习，消除衙署积弊，严管左右习近，屏绝土豪劣绅，使吏胥不敢滋扰，奸宄难售其伎，以收政通人和，官清民安之实效，嗣后尚有职员差役，以及妻孥亲族，假名招摇，欺诈诓骗情事，一经查实，除本人依法惩办外，并予该管主官以连坐处分，言出法随，决不姑宽，其各凛遵！”[①] 从理论上言，马鸿逵的主张有助于防止其下属为政腐败。但事实上马氏对自身则是我行我素。

在如何提高行政效率方面，马鸿逵认为，“行政中影响最捷者，厥为公文程序。倘使处理得当，手续简便，自能应因咸宜。指臂灵活，否则工作迟钝，捍格窒碍，势必影响行政效率之增进。故本省首当注重于此，缜密改善，吻合法理，以为办事之准则。”马鸿逵实际主张简化公文及行政审批程序。其当时在宁夏实行的合署办公应该是这一主张的体现。当时合署办公，每日上午上班时间，各厅、局、处负责人聚集一堂，向其请示工

① 《十年来宁夏省政述要》，总类篇，第111—116页。

作事宜。在当时的国内不失为一种富有特色的做法。这使得宁夏行政一定程度上提高了效率，也有一定的政务公开程度。马鸿逵认为较为重要的还有行政管理，其“关系全般政治措行之枢纽”，“其表现于事功者，精神集中，政令统一，使各项行政，得以步骤一致，协调前进，无复往日之分歧矛盾现象，此实为最大之收获。”为提高行政效率，他注意到“过去各官署，祗注重政务之推行，而忽略事务之改进，此为极大错误”，因而强调“盖执简始足驭繁，合炉斯能共冶，行政机关，事务与政务二者，相辅而行，关系密切，事务为内行工作，政务为外行工作，处理有一不当，足以影响整个行政机关之行政效果，”因而首为调整省政机关，“次为严密行政管理，改善公文处理程序，再次为厉行人事管理，及公务员之生活纪律等，均属内行工作”。“而吏治之整饬，工作之考核，行政之视察，干部之训练，及行政诉愿等，均属外行工作，权责分明，兼容并顾。”他还感叹道：“惟我国历来法制，对于权责问题，大都偏重横的方面，倘将各级人员间，无论纵的责任，横的责任，明确划分，祥诸条教，使权有专署，责有专归，职员有一定地位，服务有一定标准，层次井然，则事自易举，而效亦宏”，故制度为一切施政之矩约，“举办各种事业之标准。”“今欲纳政治于规道，必先需要法律化之制度，及行政三联制之实行，使各项行政计划执行考核三方面互相联系，合而为一，俾得振纲契领，循名核实，以期通力合作，推行尽利，而促政治建设只进步。”马鸿逵最后强调：“特此剀切诰诫，尚望各级官吏，激发天良，痛改前非。”①马鸿逵所言对消除当时积弊、提高行政效率有积极作用，并对今人亦有借鉴、启示。但其宗旨在于集权，加强对各级机关人

① 《十年来宁夏省政述要》，总类篇，弁言，第1—2页。

员之控制。国民政府时期宁夏地方当局对内部官员控制较严，对贪污腐败官吏也予严惩。马鸿逵后来在宁夏行政部门采取合署办公行政办法，应该属于其上述建言之落实。但马鸿逵行政多习惯于长官意志，习惯于一言堂，很少有民主作风，上述言论在一定意义上可为其思想之反映。

至于用人，宁夏地方当局虽招揽有各种建设人才，但在使用方面多未安排在重要岗位。据记载，当时马鸿逵任用带兵军官的条件是甘、马、回、河，即所用者多来自甘肃、姓马、回民或来自其家乡甘肃河州；地方官员的任用实际也以此为标准，多用其亲信、故旧，秉承其意志者。

此外，时人曾认为宁夏养兵过多，主张减少兵员，减轻民众负担。该议在当时很难实行。至1949年，宁夏人口约75万左右，而马鸿逵的军队约在10万人以上。“征兵成为宁夏人民最大的灾难。”[①] 此举致使农村劳动力急剧减少，民众负担反而加重。

二、严禁鸦片的主张

鸦片自近代以来一直成为深藏包括宁夏在内的西北政治、社会的一大毒瘤。鸦片在宁夏自20世纪20年代开禁以来，禁烟问题颇受各方面人士关注。1934年，有论者指出，包括宁夏在内的西北当今急务“首在禁烟”。而“此所谓禁，非禁人民”，关键“乃禁官吏，尤其禁军人。凡以鸦片筹款之任何方法，必须先自取消！”然后一面禁民再种烟，一面则军队必须缩小。“此外仍须责成各省府彻底改革财政组织，对于一切税收之方法及用人，必须改良，一面必须依法实际取消厘金性质之非法收

① 《宁夏通史》，近现代卷，第129页。

税，以便利土货之出口。”[①] 这一观点具有一定眼光，采取各种措施彻底禁烟实乃关系到宁夏等各省社会生产力恢复、发展等的大问题。

1934 年 11 月，蒋中正认为，“惟甘肃、宁夏两省鸦片，尚未着手禁种，不能不谓为政治上之污点，已令照陕西办法，限期禁绝。”并强调指出，“鸦片与烈性毒品，除少数地方已渐告禁绝外，其余犹未扫除，此乃我国家民族唯一之大患。”[②] 蒋介石还曾当面要求马鸿逵禁烟。蒋氏所见可视为塞源之一途径，使得马鸿逵不得不考虑禁烟问题。

马鸿逵这时亦附和道，要使宁夏社会进步，要使宁夏军政事业进步，非禁烟不可。他认为，“如果公务人员不能禁绝烟癖，整个的禁烟计划都无法实行，”这样，宁夏的一切建设，即永没有成功的希望。……古人说得好，“其身正，不令而行，其身不正，虽令不从”，公务人员如果没有精神、没有健全身心，如何能表率一般民众呢？所以我们要抱定决心，首先必须促使公务人员彻底戒除这种嗜好。而尤要公务人员抱定决心，用斩钢截铁的精神去切实奉行，并倡导民众，使一般的人都有奉行的决心，都有奉行的精神，共同努力，消灭祸根。这里只是强调禁烟的重要性，对于下一步实施具有动员意义。

对于如何禁烟，马鸿逵认为首先应考虑宁夏的特殊情形，即宁夏除回教同胞不吸鸦片外，所有汉民同胞的老幼男女，除很少部分以外，可以说都有烟瘾，甚至小孩子在胎里就有了烟瘾，生下地来，尚不会吃食东西，就先得给他喷烟，所以每年所产的数目大多销于省内，倘突然根本禁绝，许多人将要因烟

① 《革命文献》，第 88 辑，第 105 页。

② 《革命文献》，第 88 辑，第 136—138 页。

饿死。因此，在宁夏要禁绝鸦片，必须制定逐步进行的计划，以便在一定时期内根本禁绝。马鸿逵说，我们的计划是“第一步严禁吸食，极力减少烟民，第二步严禁贩运，使毒品无法流动；第三步是严禁种烟，使烟毒绝种。”马鸿逵主张的办法一是先要杜绝毒品的销路，即先要严禁吸食毒品的人。吸食的人如果日渐减少，本省的销路也就随着闭塞，销路既然闭塞，种烟的人出省销售利润不高，在本省销售没有那么方便，自然就不愿种了。等到第一步法有相当成效，第二步为严禁贩运，外省的毒品不准进省，本省的毒品不准运出，这样吸食的人既已减少，毒品的数量又无由增多，将会收到进一步的效果。“如民国四五年的时候，甘肃实行禁烟，那时宁夏尚未分省，当然也就禁烟，可是本省虽然禁烟，周围的省份如新疆、陕西等省，都在种烟，因此烟价涨到几十元上，但是烟价虽然涨到那样贵，因为有瘾的人太多，就是当田卖地，仍然还要吸食；到了现在，吸食的人比从前更不知增加八倍十倍了，要是马上就要禁绝，比那时就要难多了，所以我们虽然知道禁烟为目前的急务，但须有一种计划。”①

马鸿逵的禁烟计划与蒋中正的要求有所不同，说明当时禁烟是否有统一步骤亦值得怀疑。实际上，马鸿逵当时打着禁烟旗号大发横财。其具体做法是，先采取宣传教育之法，名义上禁止吸烟；第二步禁止贩运与种植，查禁并没收所贩鸦片；第三步，独占所收购及没收烟土后，进行贩卖，高价出售，牟取

① 《革命文献》，第88辑，第112—113页。

暴利。[①] 至1949年，在宁夏鸦片问题并没有最终得以解决。

三、对处理民族关系的思考及实践

民国伊始，宁夏遇到的民族问题首先是满营的安置。随着清王朝的倾覆，驻防满营旗民如何安置成为历史遗留给宁夏的重要问题。民国初年，宁夏护军使及甘肃省、北京政府均建议将宁夏满人化旗为民，以维其生计。1915年甘肃省当局向北京政府递呈，表示已拨发10万块银元交马福祥带回，并主张尽数提用宁夏土药罚款，再向商号息借部分款项，筹足20万块银元发给驻防宁夏旗人，助其维持生计，以换得收回旗营枪械。次年，宁夏护军使马福祥、满营代表前宁夏将军常连等共同商讨达成协议：即满营全部武器一律上缴，官兵全部解散，发放生活费，化旗为民。结果，交出旧式炮54门，新式马步枪2000余支（其中毛瑟枪900支），战马数千匹，以及全部弹药、军需等。同时，由马福祥与道尹派员监发银元，大小弁兵接后“同声感激”。[②] 当时被解散的官兵共2200余人，老弱妇孺2400余人，其中除少数孤寡酌情稍做救济外，其余仅拨给湛恩渠附近

---

① 银川市政协文史资料委员会编、马文明主编《银川文史集萃》，宁夏人民出版社1999年版，第209—215页；宁夏银川市政协文史资料研究委员会编《银川文史资料》，第3辑，1986年印，第172—173页；另据重庆档案馆编《档案与史料研究》1989年第2期所公布档案记录，据抗战期间国民政府行政院院长官邸秘书处（孔系）所收集情报称，“马鸿逵主席割据一方，拥兵自肥……除收买全省鸦片一举外，复大批走私，以宁夏出产之皮毛、枸杞、鸦片等，每年换回价值千万之私货”。

② 《甘肃省筹防宁夏旗民生计款项及收回旗营枪械具报电文》（1915年），中国第二历史档案馆藏北洋政府陆军部档案一〇一一3595。另外，学界有论者认为当时没给旗兵发放银两，违反历史事实。见宁夏回族自治区文史研究馆编《宁夏文史》，第一辑。

部分荒地，供其开荒谋生。[①] 满营的解散客观上有助于消除民族隔阂；同时，宁夏满汉民族关系相对较为平稳，并无民族歧视或仇杀。

但民国时期回汉民族关系更涉及宁夏社会之安定。宁夏建省后，由于地方当局推行错误的民族政策，加上地方叛乱、战争后的种种传言，致使回汉民族关系骤然紧张起来。吉鸿昌主持宁夏军政期间，认为回汉民族之间本无仇恨，主张尊重回族的民族习惯，提出“回汉团结是久安之本”、“回汉一家，不分彼此”的口号，认为西北地大物博，“又有勤劳勇敢的回汉族人民，只要我们各民族团结起来，大西北就能富裕起来，我们中华民族就能富强起来。”吉鸿昌当时在宁夏不仅对民族问题多有建言，还体察民情，与回汉民众接触联系，为促进民族团结做出许多积极努力。[②]

1934 年，针对历史上形成的回汉纠纷问题，马鸿逵讲道，“中国的人民（回族），因信仰自由，信仰了回教”，但“仍然还是中华民族”，“无所谓回，无所谓汉，同是被人欺凌的弱小民族，只有团结救国，抵御外侮，并无所谓回汉的隔阂。”[③] 马鸿逵的观点有片面之处。从民族之含义而言，回汉民族是有所区别的。但他希望能够在挽救中华民族危亡之大前提下，纠正民族问题上的错误认识，消除回、汉民族之间长期形成的隔阂，团结一致，共同反对外国侵略，在当时是有积极意义的。

1937 年孙瀚文对民族问题的考察则更为具体。他讲道，历史上的回汉民族之关系，虽历代更替，亦颇能维系民族之感情，

---

① 宁夏回族自治区文史研究馆编《宁夏文史》，第一辑，1985 年印，第 13 页。

② 宁夏回族自治区文史研究馆编《宁夏文史》，第四辑，1985 年内部印刷，第 114—121 页。

③ 《革命文献》，第 88 辑，第 111 页。

后来之所以彼此隔阂者，“满清分化离间之政策所致耳。有清一代对异民族畛域观念之深刻，已如上述，回汉民族，均为被统治阶级，虽为人离间利用，亦均不自觉悟，以致造成回汉间悲惨之结果。”孙瀚文所言显然主张回汉民族应吸取历史教训，以民族大义为重，翻然醒悟，加强团结，共赴国难。“今日回汉同胞，实应互相明了过去之事实，觉悟以往之误会，而恢复保持回汉间历史上之亲密关系。兹者强敌肆虐，全国抗战已起，已是国家民族生死之最后关头，尤当精诚团结，共赴国难，根据国家民族生存之共同利益，谋整个国家民族之出路，若是，则我中华民族之复兴，即可指日而待也。”① 孙瀚文所言有一定的背景，当时回汉族间的民族隔阂仍然存在，宁夏回族新式教育仍属初创，国民政府及回族军阀控制下的宁夏及邻近省份回族民众经济负担并未减轻。因而宁夏甚至整个西北回汉民族问题并不容乐观。另一方面，随着抗战形势的严峻及新式教育、文化的推进，乃至宁夏回族对国家民族认同观念的逐步增强，宁夏回汉民族关系的融洽会提上日程。这正如20世纪30年代中期宁夏高等法院院长苏连元认为的，“欲去回汉间隔阂，唯一办法，即普及教育，以药治彼此偏激之民性，并提高全民文化程度，则情感当日趋融洽矣。”② 该观点指出近代文化教育在消除回汉民族误解、隔阂，促进民族团结等方面的重要作用。

① 孙瀚文著《论抗战期之西北回汉问题》，甘肃省图书馆编《西北民族宗教史料文摘》，宁夏分册，1986年内部印刷，第72页。

② 陈赓雅著《西北视察记》，第139页。

第四章　教育思想与教育建设

第一节　兴办新式教育的主张

俗语曰：为政在于得人。地方各项建设与人才的关系不容忽视。而教育在人才培养中能够发挥独特作用。近人对此也多有思想主张。1926 年，国民军途径宁夏入甘期间，冯玉祥主张在发展甘肃教育方面，“指定全省牲畜税及纸烟捐作为教育专款……通令各县以庙产作为教育经费”，实行“回汉教育平等，凡回教教民聚集县份，设立回教教育促进会，以求回民知识之急进。”①

蒋中正认为，宁夏等省教育的振兴“固有待于政府之提倡与鼓励，然而今日救国根本，首在于智识分子之负责尽责，教育家必具‘虽无文王犹兴’之气概，则教育乃有进步，而救国方有基础。”蒋中正强调指出：“教育一项，实为今日救国唯一之要务，”而包括宁夏在内的西北各省却不加注意，更未积极推行，“反不如各种物质建设之普及与发展，此实为今日地方政治

① 李泰棻著《国民军史稿》，1930 年印，第 450—451 页。

本末倒置之不良现象，甚望各省当局，有以急起直追而力图改进者也。”而“为教师者，言语举动，不仅为青年之师表，尤当树社会之楷模，当本其教育救国之重大责任，以自强自立日新又新之精神，教导国民，感化社会，转移风气，并于课余之暇，为社会教育，稍尽其导师之义务，无论识字运动，卫生运动，……均应热心有恒，以参加之。则以一化十，以十化百，风气所播，与扫除文盲，提高文化，必能有极大极速之效力。”① 蒋中正所言不仅对当时即使对现在也有启发意义。实际上，经济建设的根本在人才，而人才的培养则靠教育，技术人才、管理人才的培养更要靠高等教育。

除关注宁夏教育中存在各种现象及教师教育的作用外，如何注重初等教育亦是时人探究的方面之一。刘守中等认为，“(1) 为树立普及教育之基础，应使义务教育及民族教育皆以小学为中心，求质与量之逐渐改进；(2) 西北儿童小学毕业后，多数无力升学，为使其适应实际生活与社会环境打成一片起见，应特别注重劳作教育，于小学内多设职业课程，注重生产实用，就地取材，就地工作，俾学校生活与社会生活相衔接”②；此可谓宁夏教育建设的具体方针之一。刘守中所言初等教育以小学为中心，意在减少文盲；注重实用教育，则试初步将教育与生产结合。言者认为，发展初等教育是宁夏教育建设的第一步骤。

甘肃学院的朱铭心则认为，关于宁夏教育，就初等教育而言，应“注重小学教育，尤其是乡村小学教育。”具体办法是，一为增加宁夏现有小学经费，每年每校应为一千或一千五百元，使其都能建成完全小学，并改进内容，提高教员待遇，变为较

① 《革命文献》，第 88 辑，第 138—139 页。

② 《革命文献》，第 89 辑，第 36 页。

好的完全小学。二为分期于若干年内，变更私塾为单级初小，并大量的添设单级初小，经常费每年每校一百六十五元。其乡校数目，……宁夏应为两千所。三为在宁夏未设小学的城镇，至少须先添设小学一所，由初级而高级。四为宁夏的小学，应考虑其区域民族文化的特殊情况，适当变更教材及教学法，以求适应，但必须不违背现行教育宗旨。五为是宁夏现应至少速筹设模范小学一所，经费请求管理中英庚款董事会补助，每年经常费五万元，教职员须以受过专门以上师范教育者充之，地址宜在省会。六为用社会教育的方法，务使学龄儿童家长，能使子女弟妹来学，同时施行儿童本位之教育，使儿童乐于从学，尤其是女孩子，应特别劝解其家长，使能向学。七为在县立小学中，斟酌地方需要，暂设职业班。其理由是：现在小学，多在城镇，且为数亦颇可观，1934 年宁夏城镇有一百七十九所小学。[①] 朱铭心所言主旨亦在加强小学尤其乡村小学教育，意在增加乡村儿童入学人数；其关于儿童教育方法与职业教育之言论则反映一定的活动课程论观点。

近人对宁夏在如何进行教育建设做出一系列较为有益的理论探索。而由包括国民政府的中央与地方官员在内的各界人士对宁夏初中等教育建设颇有建言、设想与计划，亦可见国民政府时期一些重要教育思想之影响。易辞言之，上述主张在一定程度上反映了该历史时期流行的，并在国民政府及地方当局上层官员中具有一定影响的一些教育思想，1929 年，国民党第三次全国代表大会通过的教育宗旨为“根据三民主义，以充实人民生活、扶植社会生存、发展国民生计、延续民族生命为目的，务期民族独立，民权普遍，民生发展，以促进世界大同。”1931

① 《革命文献》，第 89 辑，第 479 页。

年9月，国民党中央执行委员会则通过《三民主义教育实施原则》，其中涉及初等教育、中等教育、师范教育、社会教育等方面；次年12月，又公布《小学法》、《中学法》、《师范学校法》、《职业学校法》等，明确各级学校学制，并对如何兴办上述各级各类学校做出具体规定。[①]

1935年11月，戴愧生等在国民党中央四届六中全会上提出《促进西北教育案》，在历陈包括宁夏在内的西北各省教育落后状况后，主张在该区域发展初等教育、职业教育、民族教育，该提案得到通过。[②] 同时，该历史时期，学界许多人士如黄炎培、胡适、梁漱溟等均提出各种教育主张，并对当时教育行政等方面产生一定影响。如主张将包括小学教育在内的学校教育与社会及成人教育结合起来，则在一定意义上成为梁漱溟主张的学校教育与社会教育两者必须“融合归一”等思想之反映；而主张发展职业教育，有关中小学学制之规定，加强实践课程，则是黄炎培职业教育思想及胡适、陶行知等教育思想不同程度之反映，如据有关档案史料，中华职业教育社应邀曾派人抵达宁夏筹办职业学校。

实际上，上述各方面所言主观动机亦有所不同，但据所见史料（包括高等教育、社会教育），上述思想主张均成为当时宁夏教育建设的指导思想，进而也或多或少影响到宁夏地方当局的教育行政决策。省内外人士均拟以中小学教育建设作为推进宁夏教育之突破点。近人试图以此为中心，不仅促使宁夏教育结构逐步趋于完善，初步形成一定的教育结构体系；更旨在既促使宁夏青少年等摆脱愚昧、落后状况，学习、接受科学文化

---

① 中国第二历史档案馆编《中华民国史档案资料汇编》，第五辑，第一编，教育（一），第5、538、412—417页。

② 秦孝仪主编《革命文献》，第89辑，第36—38页。

知识，又设法促使新的工农业生产设备与技术在宁夏经济建设中逐步得以应用，进而促使包括青少年在内的宁夏民众消除贫困，学会、掌握新的生产技能，以便维持正常生活。如上所述，该历史时期近人的许多建言得到不同程度的落实，大体上推动着宁夏教育系统的运转。当然，由于各种原因，从总体而言，国民政府时期中国人关于宁夏教育建设的思想主张落实较少，因而上述思想主张所具有的历史作用是有限的。探究原委，一方面由于该历史时期多年内战及日寇侵华，致使宁夏一度缺乏发展教育的环境；另一方面，因师资奇缺、教育经费较少，及宁夏地方当局仅从维护其统治地位的动机出发来对待宁夏教育发展，旧的文化习俗等原因。总之，上述原因最终导致宁夏教育波动较大，摇摆不定，进展缓慢。①

究其原因，秦晋认为：宁夏教育，“不如其他工作之积极而全力以赴。其原因，一方在当局对教育之问题，一方在主持教育之人，一更再更，一换再换，即以教育厅长一席，五年以来，据统计平均每年约易一人；教育之所以不十分发达之原由，（然现在情形，较十年前进步约在百分之二十五以上）一方因由主持人之兴趣问题，一方地方蔽塞，人民思想守旧亦为最大原因之一，记者旅行各县，参观各县小学，发现各校学生人数，以一二三年级为最多，四年级陡减至三分之一以上。而五六年级竟减至十分之七以上，甚至有若干学校，得高小毕业者每年不过一二人。普通一般人之习惯，多不允女子上学，而尤以教胞为尤甚，以为读书乃为‘书学’，传统思想，以‘书学教人跪拜习俗’务为‘反教’为‘服汉’，近来情形，虽已进步，此种观念，虽已消除殆尽，但整个边胞‘不读书也吃饭’之印象，乃

① 《马少云回忆录》，台北1994年版，第148页。

流毒甚深。"[①] 秦晋所言发人深思，但仅反映宁夏教育滞后的部分原因。

1934年，有论者主张，应使宁夏教育经费占省全部岁出20%，至少也得占14%。因宁夏等西北各省贫瘠，"不能自己改进教育，为教育平均发展计，为国防计，教部均应补助经费，使之改进。而况教部补助事，已有成例（教部去年曾补助皖省1200000元，闽省1440000元，河北1200000元，天津市720000元，北平市300000元，京市89400元。），故主张教部补助。"该论者还指出："庚子赔款，西北民众，均曾分担。但退还庚款，去年以前，并未用到西北分文（除了送几位清华学生而外）。即就去年论，庚款补助文化事业共二百二十三万有奇，但拨给西北者，仅两万而已（青海一万，宁夏一万），殊显太少，"故主张分配给宁夏8万元。[②]

次年2月，宁夏省第二次省政会议期间，马鸿逵与会议代表认为普及平民教育不容稍缓，共同主张电请拨发庚款，以作发展文化事业之用，爰以第三次会议议决分电国民政府及中英庚款董事委员会拨给，以作发展文化事业之用。[③]

据记载，1937年度，宁夏等四省获教育补助费20万元；宁夏助产学校获建设设备费1万元；1944年，庚款管理委员会再次决定拨款1万元给宁夏助产学校。[④]

关于国民政府时期的宁夏教育经费问题，记者秦晋在谈到宁夏教育滞后的原由时认为，现宁夏无高等教育可言，中等教育：

---

① 秦晋著《宁夏向何处去》，第76页。

② 秦孝仪主编《革命文献》，第89辑，第486—487页。

③ 中国第二历史档案馆藏南京国民政府档案，档案号一1588。

④ 《中华民国外交史料——中英庚款史料汇编》，下册，台北，国史馆1993年印行，第29、260页。

仅省立中学三处，私立中学一处，国立师范一处，省立师范三处，国省立职校各一处，统计尚不及江南省份之一县。全省中学生人数合共一千一百九十六人。内中女生一百五十人，计不及他处普通中学两校之人。最近五年中等学校教育经费计为:①

(年度)	(中学)	(师范)	(职校)	(合计)
1944 年	391245 元	514825 元	71040 元	977110 元
1945 年	1031000 元	1016000 元	384000 元	2431000 元
1946 年	1031000 元	1016000 元	434000 元	2481000 元

由此可以探索宁省中等教育之概况。秦晋一语道破宁夏教育滞后之重要原因。

据统计，1931 年至 1940 年间宁夏教育文化及行政、军费如下:②

年度	教育文化费/元	省支军费/元	行政费/元
1931 年	95660	1990829	237090
1932 年	74052	2698750	259523
1933 年	89533		229077
1934 年	135513	2571762	282942
1935 年	213310	1277629	351554
1936 年	232560		396393
1937 年	200070		339548
1938 年	100651		189871
1939 年	103125	3019472	256330
1940 年	140615	1196403	168558

从上述数据统计，也可证实秦晋所提出观点。

① 秦晋著《宁夏向何处去》，第 76 页。

② 引自胡平生著《民国时期的宁夏省》(1929—1949)，台湾学生书局 1988 年版，第 207—208 页。

第二节　宁夏教育建设

一、初等及少数民族教育

宁夏儿童入学率极低，一直成为宁夏教育之严重问题。刘守中、朱铭心等提出的加强宁夏小学教育的主张、建言亦是宁夏地方当局所考虑的问题。1935年8月，"宁夏省开始推行义务教育，遵照中央规定，在第一期内，分年推设短期小学，普通小学"。[①] 经过数年摸索，为提高少年儿童入学率，除继续开办普通小学外，1939年5月，宁夏省教育厅草拟《宁夏省义务教育实施暂行办法》，并呈报重庆国民政府教育部照准指饬修正备案，拟增加小学家数。该办法称："本办法除部颁实施义务教育办法大纲及实施细则规定外，"兹参照地方情形订定之。该办法明确规定，"本省学龄儿童除入普通小学者外，按期一律施以短期小学教育。"且"所有短期小学教育概不收费"。至于"短期小学学生课本，均由本厅供给"。该暂行办法规定，"本省义务教育经费，由中央义教补助费项下，动支之。"另外，该办法还对实施义务教育的各级主管机关及职责、师资、教学设备与校舍等做出若干规定。[②] 就《宁夏省义务教育实施暂行办法》的内容而言，与其说乃含推动义务教育之义，不如说实为增加短期小学数目之法。在该办法获准实施后，宁夏省即在秋季着手增

① 《第二次中国教育年鉴》，第239页。引自胡平生著《民国时期的宁夏省》(1929—1949)，台湾学生书局1988年版，第416页。

② 《宁夏省义务教育实施暂行办法》，中国第二历史档案馆藏南京国民政府教育部档，档案号五10342。

建短期小学，扩大招生人数。当时宁夏小学学制，初小四年制，完小为六年制。据统计，“至1933年，马鸿逵任宁夏省政府主席时，全省共有小学一百八十九所，三百八十八个班，学生九千二百二十人。”[①] 1935年，国民党教育部拨发了一项‘义务教育经费’，督促宁夏办义务教育。于是全省又创立短期小学六十四所，同时在银川创办‘模范小学’一所（后改为实验小学）。这时，连同普通小学，全省共有小学二百五十四所，在校学生约两万余人。[②]

1936年，“计有完小五十所，初小二一五所，短小十四所，合计二七九所，学级四九六个，教职员五九八人，学生一八四四二人，毕业生一八七三人”。1937年，“全省有完小四十二所，初小一六九所，合计二一二所，学级三八四个，教职员四五三人，学生一三六一二人，毕业生一六〇三人”。[③] 1938年，“全省计有完小四十三所，初小一七七所，短小五十二所，合计二七二所，学级五二一个，教职员四五三人，学生一八八二六人，毕业生二〇二三人”。[④] 1939年度第一学期，“计全省有完小四十四所，初小一八五所，短小一一八所，合计三四八所，学级五九七个，教职员五七四人，学生二五三一八人”；第二学期，“计全省完小四十六所，初小一九〇所，短小二四六所，合计四八二所，学级七八九个，教职员八一一人，学生三四六二

---

① 席怀瑜、梁碧梧著《解放前的宁夏教育》，宁夏区政协文史资料委员会编《宁夏文史资料》，第十九辑，宁夏人民出版社1990年版，第204—205页。

② 宁夏区政协文史资料委员会编《宁夏文史资料》，第十九辑，第204—205页。

③ 宁夏省教育厅编《宁夏教育概况》，宁夏印刷局，1940年7月，第47—48页附统计表。转引自胡平生著《民国时期的宁夏省》（1929—1949），第419页。

④ 宁夏省教育厅编《宁夏教育概况》，第47—48页附统计表。转引自胡平生著《民国时期的宁夏省》（1929—1949），第419页。

四人”。短期小学的增设促使儿童入学人数一度有明显增加。[①]

从1941年起，宁夏小学教育实施国民政府教育部新近颁布之“国民教育五年计划”以期普及初等教育。为此，宁夏省教育厅则拟订“宁夏省实施国民教育分年计划”。[②]“计从民国二十九年八月起至三十一年七月止，为实施国民教育第一期，自民国三十一年八月至三十三年七月止为第二期，自民国三十三年八月起至三十四年七月止为第三期。”该计划的制定，旨在从中央政府取得更多教育经费，增加小学设校数量，并将小学教育与民众教育相结合，以提高宁夏儿童入学率，增加民众识字人数。据统计，“二十九年度第一学期，宁夏全省有中心学校四十九所，国民学校三八七所，学级八四九个，教职员六〇六人，学生三八一四一人。”“三十一年度，全省设有中心学校七十二所，国民学校三一一所，合计三八三所，学级八五八个，学生三四八二一人。”1947年，“全省计有中心学校八十五所，国民学校三五七所，在学儿童三万九千四百余人，约占学龄儿童总数百分之四十五左右。”[③]

如何进行回族等少数民族教育亦是近人所论及之问题。其中，近人根据回族文化教育基础差等情形，认为回族教育之侧重点是小学教育。如著名大阿訇虎嵩山主张回族儿童应学习汉语，学习科学文化知识。他认为，经堂教育仅教回族孩子读阿拉伯文经书，不讲授汉文与科学知识，将导致回民在社会上难

① 宁夏省教育厅编《宁夏教育概况》，第47—48页附统计表。转引自胡平生著《民国时期的宁夏省》（1929—1949），第416页。

② 宁夏省教育厅编《宁夏教育概况》，宁夏印刷局，1940年7月，第79—80、45页。

③ 《十年来宁夏省政述要》，教育篇，第四册，第133—135页。引自胡平生著《民国时期的宁夏省》（1929—1949），台湾学生书局1988年版，第420—422页。

以进取，回族难以兴旺发达，回汉民族之间的思想难以沟通，民族偏见与隔阂也不易消除。[①] 刘守中等认为，“兴办西北教育，于一般教育外，关于民族教育问题应有甚详甚确之规划，盖西北各省民族最称复杂，蒙、藏、回民僻处边陲，文化阻滞，彼此以信仰、言、文、风习之不同，隔阂日渐严重，此后欲谋互相团结巩固边防，非先由教育入手不可”，他是说由于历史渊源，各民族文化习俗大为不同，从而强调了教育的重要性。另外，他提出“于察、绥、宁、青、新、康等，有增设蒙、藏、回小学以树立蒙、藏、回地方教育之基础”，并以设法筹集充足之教育经费为保障。[②]

该提议虽得以通过，很难说在省政府负责人更迭频繁的宁夏很快得到落实执行。至 1936 年，宁夏省教育厅才先后“在平罗县北长渠，金积镇岔渠桥，灵武县崇兴寨，设三级回民小学三处”。后来，前两校改为县属小学，崇兴寨小学停办。[③]

据统计，1939 年，在宁夏约新设立回民小学 24 校。“至二十九年八月，均分别改为中心学校及国民学校。”[④]

此外，为扩充回民教育规模，1937 年马鸿逵向国民政府行政院提议应特别注意宁夏等省区回民教育，主张按国民政府教育法令在清真寺附设学校，建议由地方教育行政机关补助相关

① 陈育宁总主编，吴忠礼、刘钦斌主编《宁夏通史》（近现代卷），第 299 页。

② 《革命文献》，第 89 辑，第 37 页。

③ 《宁夏省政府行政报告》（1936 年 6 月），中国第二历史档案馆藏国民政府财政部档案，档案号三（8）12525。

④ 《十年来宁夏省政述要》，教育篇，第四册，第 128—129 页。

经费。[①] 此议虽形成决定，但据现有史料看来不甚明确，似乎欲在清真寺附设学校，对回族少年儿童加强科学文化教育。且该议亦难落实，回民教育最终没有多少成绩。据统计，至 1949 年 9 月，37 万回族人口中，仅有在校小学生 1000 余名，文盲占 90%以上。[②] 如果说近人所注重初等教育之发展途径讨论，旨在奠定宁夏教育基石的话，那么，其关于如何发展宁夏中等教育之探索，则是探求如何传授科学文化知识，怎样促使人们掌握、增加劳动技能。而时人所论中等教育则包括普通中学教育、职业教育、师范教育。建省前，宁夏仅有中等学校 4 所。1933 年，根据国民政府教育部有关规章，原宁夏省立第一中学改称为宁夏省立宁夏中学；原宁夏省立第一师范学校改名为宁夏省立宁夏简易师范学校；校址设于中卫的原宁夏省第二中学改称为宁夏省立中卫初级中学（该校 1937 年改组为宁夏省立中卫简易师范学校）。原宁夏省立第一女子师范学校改组为宁夏省立女子中学。新的宁夏省政府组建后，在宁夏城东大寺创设中阿学校，讲授中文；后附设初小、初中共 3 班；1937 年该校改称宁夏省立云亭师范学校（马鸿逵父福祥字云亭）。

二、中等教育

根据所见史料，从 20 世纪 30 年代中期起，宁夏省政府对包括中等教育在内的宁夏教育年年制定有计划，撰写工作报告，并呈送国民政府教育等部门备案、审核。如 1936 年曾制定有行政计划（教育部分），该计划除对职业教育设想较多外，关于普

① 《内政、蒙藏、教育各部会审议马鸿逵提议注意回民教育及变更绥宁甘三省省区一案有关文书》，中国第二历史档案馆藏国民政府教育部档案，档案号五（2）958。

② 陈育宁总主编，吴忠礼、刘钦斌主编《宁夏通史》，近现代卷，第 302 页。

通教育、师范教育亦做颇具体规定。[1] 1937 年亦制定有行政计划（教育部分）。[2] 而在 1938 年下半年宁夏省政府有关计划中则提出，“中等教育依民一八教育部颁布之改进中等教育计划，中央法令及地方情形改进之”，并拟“厘订有关中等学校校长教职员服务之规程”；“厘订有关中等学校设备之规程”；“实行中等学校学生体育之检查”；“提高学生程度，使与国内大学衔接。”还具体计划“完成宁夏省立中学校，使成完全中学，高中班添招女生，男女生以分班为原则。”在“宁夏省立女子中学校，暂设初级中学班”。[3]

现在看来，该计划存在某些问题。但就是这样的计划，在当时日机轰炸宁夏城，当年底校址在这里的省立宁夏中学、省立宁夏简易师范学校与省立中卫简易师范学校经合并、分设变故，更“由于马鸿逵不断征兵，以上三校够条件当兵的学生都被征走，所以到毕业时，各班学生都特别少”等情况下，[4] 亦基本难以实现。1941 年，宁夏省教育厅为与国民教育施政计划相衔接，训练建设人才，适应地方实际情形，又向国民政府教育部呈报《宁夏省中等教育五年建设计划》（1942—1947），旨在求得宁夏教育质量并重、均衡发展。这个旨在加强宁夏中等教育的五年计划的主要内容是，增设新校，增加班级、扩大招生，如曾计划设立大坝职业学校；修缮、兴建各类中等或师范学校

① 《宁夏省政府 1936 年度行政计划》，中国第二历史档案馆藏国民政府实业部档案，档案号四二二（1）2056。

② 《宁夏省政府 1937 年度行政计划》，中国第二历史档案馆藏国民政府全国经济委员会和行政院全国经济委员会档案，档案号四四 617。

③ 《宁夏省 1938、1939 年行政计划》，中国第二历史档案馆藏国民政府行政院档案，档案号二（1）4730。“民一八”指 1929 年。

④ 席怀瑜、梁碧梧著《解放前的宁夏教育》，宁夏区政协文史资料委员会编《宁夏文史资料》，第十九辑，第 207 页。

校舍，添置、充实设备；预算每年所需经费；举办福利事业，设法改善教师待遇，如拟给教师加发生活补助费与食粮，给予来自外省教员旅费补助，面向教员设立边疆奖励金与优秀教师奖励金，实行教师修［原文如此——笔者注］假进修研究著作奖助、年功加俸及养老补助金等办法。该计划送达教育部后，除认为在第四学区应更多增设学校外，基本获得通过。①

上述五年计划得到不同程度的落实。如除在高、初中及师范学校增加班级，扩大招生外，于1941年由马书城（马福祥夫人）“捐资创办私立贺兰中学于永宁县属之王太堡镇”；② 1945年十一月，呈报国民政府教育部核备，将宁夏省立惠农初级中学迁址，并更名为省立平罗初级中学；1946年，曾向各中学校分配教学设备；为修缮省立宁夏中学、宁夏师范学校、宁夏女子简易师范学校校舍筹集资金，从国民政府得到拨款三百万元，筹捐二千四百万元。③ 但省立宁夏中学、宁夏师范学校、宁夏女子简易师范学校校舍一直未能得以修复。“后因校舍倒塌”，省立宁夏中学、宁夏师范学校师生于1948年先后被迫搬迁到“原十五路军教导团旧址”。④ 1947年，宁夏省政府又确定新的教育目标。马鸿逵在当年宁夏省政府教育行政报告中提出，宁夏目前的中等教育目标是：（1）创设工作与调整计划并行；（2）劝募基金充实设备与学校师资同筹；（3）专科教育与国民教育并行；另外，还指出当年教育工作的具体原则如下：“（1）遵照国

① 《宁夏省中等教育五年建设计划》（1942—1947），中国第二历史档案馆藏国民政府教育部档案，档案号五9031。

② 叶祖灏著《宁夏纪要》，第102页。

③ 《宁夏省政府工作报告》（1946年1—6月份），中国第二历史档案馆藏国民政府教育部档案，档案号五699（1）。

④ 席怀瑜、梁碧梧著《解放前的宁夏教育》，宁夏区政协文史资料委员会编《宁夏文史资料》，第十九辑，第207—208页。

民政府的规定发展职校，培养建设人才，以充实国防力量，奠定地方自治基础；（2）先求质的改进，次图量的发展；（3）发动地方力量，广募教育经费，并根据需要缓急，核实支配；（4）国民教育，则重于儿童及成人教育之彻底完成，以及各级国民学校之切实整理与充实；（5）中等教育，则侧重于质的改善，尤注重科学教育之实施；（6）职业教育，侧重于建教合一之原则，以谋内容设备充实与发展。”① 但由于各种原因，除1947年8月，设立有私立明正女子中学、省立宁夏女子初级中学外，②这时的许多设想大都难以实现。就学制而言，当时宁夏完全中学学制为六年，初级中学学制为三年。到1949年9月，宁夏仅有完全中学2所，即宁夏省立宁夏中学、私立贺兰中学。设有初级中学6所，乃是宁夏女子初级中学、中卫初级中学、平罗初级中学（原惠农初级中学）、私立明正女子初级中学、中宁初级中学等。其中，“高中共有五班（宁中三班，贺中二班），学生约一百二十人左右；初中共有二十八班，学生约八百五十人左右。”③

若如上所言，兴办中小学校是为解决宁夏人“愚”的问题，即传授科学文化知识，提高宁夏民众的文化素质，那么，创办职业教育场所，则是设法促使宁夏民众摆脱“穷”的状况，促使当地民众学习科学生产技术，学会或掌握新的生产技能，维持日常生计。1933年新的宁夏省政府组建后，即采纳有关建议，

---

① 马鸿逵编纂《宁夏省政府教育行政报告》，1947年，第2页。（存宁夏区档案馆）。

② 《宁夏省中等教育五年建设计划》（1942—1947），中国第二历史档案馆藏国民政府教育部档案，档案号五9031。

③ 徐世雄著《建国前宁夏教育史略》，宁夏文史研究馆编《宁夏文史》，第二辑，1986年7月印，第35页。

于1935年设立宁夏省助产职业学校。1936年曾制定有教育行政计划，该计划对发展职业教育、创设职业学校设想较多。具体言之，先拟“创设农工职业学校”，计划“由教育厅组设筹备委员会，负责勘定地址建筑校舍，并筹备招生等事宜”。该校学科专业暂定为农艺科，“牧畜科，及漂染科，毛织科”。同时在“各校增加生产教育课程”。如可落实“小学农事劳作训练之实施”；设立训练职业技能之场所，即“筹办本省各学校农业试验场”；“充实小学教师轮流讲习所与师范学校农事教学及实习设备”；在“师范学校附办农业补习班”。①

上述计划有关内容曾逐步得以落实。如设立农工职业学校，宁夏省政府于1936年11月先行开办“宁夏省立初级职业传习所”，招收学生学习毛纺、织布等初级技术。1940年3月，国民政府教育部与宁夏省政府筹办设立“宁夏省立初级实用职业学校”于宁夏城北郊，该校成立时招收学生145人，先后开设纺织、金木、农艺、化工、畜牧等科；该校1941年改为国立宁夏初级实用职业学校。②

直到宁夏解放为止，宁夏共设有“职业学校三所，即国立宁夏实用学校（应为国立宁夏实用职业学校——笔者注）、宁夏农业学校、宁夏助产学校。三校共有十班，学生三百人左右。”③

三、师范及高等教育

若欲促使宁夏初、中等教育较前有所发展的话，那么，师

① 《宁夏省政府1936年度行政计划》，中国第二历史档案馆藏国民政府实业部档案，档案号四二二（1）2056。

② 《十年来宁夏省政述要》，教育篇，第四册，第94—96页。

③ 徐世雄著《建国前宁夏教育史略》，宁夏文史研究馆编《宁夏文史》，第二辑，第35页。

范教育则是宁夏初等及普通中学教育、职业教育的重要保障之一。为发展中小学教育，近人即将关注点更多地放在如何解决师资紧缺方面。1934 年，蒋中正讲道，宁夏等西北各省“应迅速设立师范学校，并就现有各地中学积极改进，附设简易师范科，以宏师资青年之精神与体力”。①

1940 年 7 月，宁夏省教育厅有关人士提出，“本省之高等教育，在未能筹设专门教育以上学校以前，应尽量考选学生，赴省外升学，以应本省各种事业之急需，并广培中学师范职业各校师资，而树立初基。中等教育，除中学外，更应致力于小学师资之培养，初级生产技术人员之造就，由扩充师范学校职业学校以救贫愚”。②

1944 年师范教育建设颇有新意，曾“推行三十三年师范教育运动周”、“举行师范教育讨论会”；“以‘如何推进师范教育’为题，提出较详尽的宁省师范教育改进意见；”“举行中小学校教员座谈会”，探究如何进行宁夏教育建设；“举行师范生论文竞赛”；亦举行大会，组织师范生进行从教宣誓典礼，并“对清寒优秀师范生予以奖励”。③

而设法发展宁夏师范教育则会解决当地师资短缺燃眉之急。为此，宁夏省教育厅于 1945 年初又拟订出《宁夏省推进师范教育实施要点》，其所定 1945、1946 两年工作要点如下：“提高师范学校教员待遇”。规定“师范学校教员薪给应比照中学教员待遇提高百分之二十五，每年拟具预算呈请省政府配拨。”“增设

---

① 秦孝仪主编《革命文献》，第 88 辑，第 138—139 页。

② 宁夏省教育厅编《宁夏教育概况》，宁夏印刷局，1940 年 7 月，第 79—80 页。

③ 罗慕颐著《宁夏省督学视察教育报告及改进意见》，中国第二历史档案馆藏国民政府教育部档案，档案号五 1511。

校班”，即开办“国民教育师资短期训练班”，“于第四学区（金积灵武盐池三县属之）设立简易师范学校（招收一年级学生一班或二班）”，在“省立宁夏师范学校及中卫简易师范学校增招一年级新生各一班”，另在“宁夏中学至宁夏师范内附设一年制简易师范科”。要求“各县保送优秀毕业生升学师范”；设法“改善师范生待遇”，计划1945年起允“师范生除保证金外，免缴学费、宿费及图书、体育、医药、卫生、讲义等杂费”；“师范生膳食（包括主食费副食费）全部由学校供给，主食费依照规定拨发公粮；师范生所有各科教科书由学校供给”；师范生外出之参观费依照规定由学校供给；“新生到校及毕业生经分派服务者按程发给或补助旅费”。从1946年起，规定新入学师范生“每三年每生由学校供给棉制服一套或由校酌予补助”；另外，“劳作、美术、理化、生物等科实习材料费由学校供给酌予补助”。[①] 有关计划或规定或多或少得到落实。当年有四名国民学校女教师分娩享有六周假期，“薪补费照发”。[②] 上述其他措施亦得到不同程度的落实。

至于宁夏师范学校之学制及生源，大体上“普师（中师）学习期限为三年，简师为四年”。“普师考生为初中毕业生和小学教师，简师考生为高小毕业生或具有同等学历者。”[③] 直到1949年9月，宁夏设有“普师一所，简师五所：即宁夏师范、平罗简师、国立绥宁师范、吴忠简师、宁夏女子简易师范、中

---

① 《宁夏省中等教育五年建设计划》（1942—1947），中国第二历史档案馆藏国民政府教育部档案，档案号五9031。

② 《宁夏省政府工作报告》（1946年1—6月份），中国第二历史档案馆藏国民政府教育部档案，档案号五699（1）。

③ 席怀瑜、梁碧梧著《解放前的宁夏教育》，宁夏区政协文史资料委员会编《宁夏文史资料》，第十九辑，第218页。

卫简师。中师共有三班，初师共有二十一班，学生约有七百三十人左右。”到宁夏解放前夕，中等学校“总计十七所，共六十七个班，学生二千人左右”。[①]

宁夏自建省起，高等教育主要依靠向国内外输送“留学生”为本省培养高层次人才。当时曾做出一些规定，通过公费补助形式，每年确定数名至十余名不等名额，选送部分宁夏籍高中毕业生进入国内高等师范和农工医科院校学习，但当时高中毕业生数量较少，加输送名额较少，因而所培养的大学毕业生数量有限。另外，当时也有人士主张在宁夏设立包括大学在内的高等学校。如20世纪30年代初，宋子文曾主张将一些高等学校迁入宁夏，如可将医科大学迁至宁夏，为当地培养医疗人员与技术人才。宋子文的建议应该说是切实可行的，但可惜未被采纳。

1942年，宁夏省政府制定有工作计划，仍拟在高等教育方面采取以下做法：一为增加省费补助生名额，二为提高省费补助生补助费。[②]

1947年，马鸿逵又提出宁夏高等教育应“侧重于中等教育师资及各项专门建设人才之培养”，[③] 从而再次明确了宁夏输送高中毕业生进入高等学校之原则，但宁夏高等教育没有大的进展。

---

① 徐世雄著《建国前宁夏教育史略》，宁夏文史研究馆编《宁夏文史》，第二辑，第35页。

② 《宁夏省政府三十一年度（1942）工作计划》，中国第二历史档案馆藏南京国民政府档案，档案号十一（2）1926。

③ 马鸿逵编《宁夏省政府教育行政报告》，1947年，第2页（存宁夏区档案馆）。

第三节　对回族教育的思想主张及实践

一、北京政府时期的回族教育

进入民国时期，地方民间人士或官员较为重视回族教育。1913年2月，前清举人、固原回族知名人士张缵绪获县政府批准，将原回族义学改为固原清真第一高等小学校，自任校长。张缵绪，字禹川，回族，原籍甘肃省清水县张家川人，年幼因家乡遭灾随父母逃荒至固原县，入私塾就学7年。失学后边自学边自谋生计。后家道宽裕，自办私塾教授回族学生，并倡议捐资助学。[①] 该高等小学校建成后有简易教室两座，宿舍3间，学校门房及灶房5间。学校招收固原、海原、西吉县回族子弟入学，开设汉文等新课程，聘请教师，改进教学方法。至1915年已毕业回族学生5届100多人，被回族民众称为“洋学堂”。该校后改称“同仁小学”。1921年，张禹川又冲破重重阻力，筹设固原同仁女子小学，首任校长为回族妇女苏彩凤。为招收学生，张禹川还劝导回民送女童入学，并带头将自己女儿、儿媳送到学校读书。由于他的努力，不仅使回族女孩入学人数有所增加，而且在固原开了新式学校招收女生之先河。该校学生毕业后，有考入甘肃、宁夏各中学或师范学校者，有留校任教

---

① 马辰著《回族学者张缵绪先生事略》，政协宁夏回族自治区委员会文史和学习委员会编《宁夏文史资料》，存稿选编之一，第二十五辑，宁夏人民出版社2001年版，第253—254页。

者，有在固原甚至海原各乡村回族小学从事教学者。[①]

1917年，宁夏护军使马福祥倡设“蒙回教育劝导所”，派员下乡，督促回族聚居区开办小学，也鼓励蒙回子弟入学。第二年，宁夏平罗县宝丰镇回族乡绅马义龙决定出资兴办一所两级制初级小学，并将校址选在该镇附近的龙王庙，并亲自背上庙内泥龙王扔入附近水渠中。该校聘请甘肃第八师范毕业生李冲和为校长。该校创办后，招聘新学教师及旧学造诣较深的教师任教，招收宁夏北部地区回汉子弟入学。该校校长在教学中锐意革新，既重视学生的道德教育，又注重算术、自然、史地、英语、劳作等新式课程的教学。马义龙搬掉龙王办学校在当地引起较大震动。[②] 次年，马福祥曾以私人名义投资兴办回民小学。如在宁夏、镇戎等县增设清真小学10余所；在中卫县要山堡创办清真小学1所。[③] 据统计，马福祥在宁期间兴办有招收回族子弟的清真高、初级小学68所。[④] 另在1918年设立私立蒙回师范学校，校址在宁夏城护军使署前，建有教室6座、图书室5间、礼堂一座，教员与学生宿舍以及储藏室等共50余间。次年开学，设高小3班、初小4班，招收回、汉、蒙族子弟入学，其中蒙族学生较少。1921年起，增设师范班，学制两年，有回、汉、满族学生64名；所开课程除一般师范学校所开的国语、外

---

① 宁夏区政协文史资料研究委员会编《宁夏回族与伊斯兰教》，《宁夏文史资料》，第18辑，宁夏人民出版社1987年版，第188—190页。一说张禹川曾送孙女到校读书，他生于1879年，1933年送孙女读书，不大可信。

② 贾祝九著《回绅马义龙搬掉龙王办学校》，宁夏回族自治区文史馆编《宁夏文史》，第十辑，1992年印，第253—254页。

③ 和龚著《马福祥年谱概略》，宁夏区政协文史资料研究委员会编：《宁夏文史资料》，第十一期，1982年印，第45—46页。

④ ［日］支那省别全誌刊行会编纂《新修支那省别全誌》第7卷，甘肃省、宁夏省，东亚同文会发行，1943年12月，第174页。

语、历史、地理、算学外，每周开阿拉伯语文、蒙古语文各两节。教学书籍及服装均由学校发给，起初甚至每月发给津贴5块银元，后改为一元多。该校于1929年因马仲英扰宁而停办。[①]北京政府时期，宁夏回族教育虽有新的变化，回族聚居的各县乡多设立初等小学，[②]但仍以经堂教育为主，回族普通教育相当落后。

二、国民政府时期回族教育的思想主张

至国民政府时期，近人论及回族普通教育问题的必要性及重要性。针对回族教育，蒋中正曾强调指出："教育一项，实为今日救国唯一之要务"，而包括宁夏在内的西北各省却不加注意，更未积极推行，"反不如各种物质建设之普及与发展，此实为今日地方政治本末倒置之不良现象，甚望各省当局，有以急起直追而力图改进者也。"蒋中正所言不仅对当时即使对现在也有启发意义。实际上，民族经济建设的根本在人才，而人才的培养则靠民族教育。蒋中正还认为，包括宁夏回族在内的西北各省教育的振兴"固有待于政府之提倡与鼓励，然而今日救国根本，首在于智识分子之负责尽责，教育家必具'虽无文王犹兴'之气概，则教育乃有进步，而救国方有基础。"[③]这里实际涉及回族教育师资的关键作用。

---

① 宁夏回族自治区文史馆编《宁夏文史》，第二辑，1986年印，第31页；和龚：《马福祥年谱概略》，宁夏区政协文史资料研究委员会编《宁夏文史资料》，第十一期，1982年印，第46页。

② 张光壁著《民国时期的贺兰县文教事业》，政协宁夏回族自治区委员会文史和学习委员会编：《宁夏文史资料》，存稿选编之二，第二十六辑，宁夏人民出版社2002年版，第181—182页。从中可见回族聚居的贺兰县在1928年以前，尽管校舍简陋，但各乡已有小学。这应该是宁夏各县回族聚居区设立小学的真实写照。

③ 秦孝仪主编《革命文献》，第88辑，第138—139页。

刘守中等认为，“关于民族教育问题应有甚详甚确之规划，盖西北各省民族最称复杂，蒙、藏、回民僻处边陲，文化阻滞，彼此以信仰、言、文、风习之不同隔阂之来动形严重，此后欲谋互相团结巩固边防，非先由教育入手不可”，刘守中是从各民族文化、习俗因历史原因不同的角度、从民族团结巩固国防的高度来强调民族教育的重要意义。如何注重民族初等教育亦是时人探究的方面之一。刘守中还提议，“于察、绥、宁、青、新、康等，有增设蒙、藏、回小学以树立蒙、藏、回地方教育之基础”，并以设法筹集充足之教育经费作为保障。[①] 该提议虽得以通过，很难说在省政府负责人更迭频繁的宁夏很快得到落实执行。刘守中等还强调，为奠定普及教育之基础，“应使义务教育及民族教育皆以小学为中心，求质与量之逐渐改进”。[②] 此可谓宁夏回族教育建设的具体方针之一。

近人不仅从发展回族文化的角度亦从民族关系方面来认识回族教育问题的必要性及重要性。如马鸿逵曾注意到，“宁夏地处边陲，回民知识蔽塞，兼宥念经不念书之传统谬见，致使事事落伍，一蹶不振。挽救之道，当以兴办学校教育为着”。[③] 至于教育与民族关系之间的联系，1934 年马鸿逵认为，可以说这个问题是西北最大的问题，也可以说是西北最大的耻辱。究其原由，是“有不明白的阿衡（訇），因为认错了教理，以致常有残杀外教同胞的思想”。“我们知道在穆圣人的时代，正值宗教战争时期，所有一切的敌对精神，都是对当时的敌教而讲，并不是对中国同胞讲的，若拿战时的作为尽用于平时，绝对不可

① 《革命文献》，第 89 辑，第 37 页。

② 《十年来宁夏省政述要》，教育篇，第四册，第 133—135 页。引自胡平生著《民国时期的宁夏省》（1929—1949），台湾学生书局 1988 年版，第 420—422 页。

③ 宁夏省政府秘书处编《十年来宁夏省政述要》，教育篇，第四册，第 62 页。

行的。”再者，“不明白的阿衡们，只学了穆圣的战时行为，他们把穆圣的真教理真精神，像博爱平等自由等等都没有讲出来，中国社会并不知道这种好处”。有些阿衡不愿回教青年认识中国文字，似乎有意愚蒙回教青年；他们既然讲错了道理，又使外界的知识无从灌入教民脑内，于是好多人的思想都跟着被误导，所以无形中在回汉同胞之间划一道鸿沟，感情老是不能融洽。加以一般私心自用的人从中挑拨，想拿回汉问题要挟中央，为自己升官发财。① 马鸿逵的观点不无道理，他讲出了回族经堂教育所导致的狭隘的民族主义思想是导致回汉民族矛盾的原因之一。刚上任一年的省主席马鸿逵针对宁夏等西北省份回汉纠纷，认为欲解决该问题“盼望中央提倡西北回民教育，并予以实际之援助，我们回教的同胞们，对以上的错误，要负起责任来改正，以不失汉回同胞感情为目的”。② 从而不仅指出回族具有学习科学文化之责，更强调教育在促进宁夏回汉民族关系融洽等方面具有不可或缺的作用。

至于对当时宁夏教育各种情形近人关注较多，对其中存在的诸多问题予以揭露。如指出宁夏儿童入学率较低，成人文盲相当多，亦探究其原由。1935 年戴愧生等在一份报告中指出：宁夏等西北各省失学儿童几［疑缺乎——笔者注］占百分之九十以上，“成年失学者尤遍地皆是，实为社会之一种大损失，国家之一种隐忧”，而现有小学每校，学生不过二三十名，“其内容之简陋可知，学生因教管不善成绩甚差”，而且“西北儿童小学毕业后，多数无力升学”，③ 而回族儿童入学率更低。

① 秦孝仪主编《革命文献》，第 88 辑，第 108 页。

② 秦孝仪主编《革命文献》，第 88 辑，第 108 页；宁夏省政府秘书处编《十年来宁夏省政述要》，教育篇，第四册，第 2—3 页。

③ 秦孝仪主编《革命文献》，第 89 辑，第 36—38 页。

马鹤天看到教育在普及文化知识等方面所能够发挥的作用，他讲道，宁夏等西北各省民族复杂，“言文各异，文化幼稚，教育毫无。因之一切落伍，且与汉族往往发生隔阂，甚至与地方政府冲突，酿成惨案”，“今欲开发西北，须先免除隔阂，求各民族之智识增进，文化平等，则教育尤为必要”。[①] 马鹤天实际指出教育在提高包括宁夏在内的西北少数民族文化素质，与汉族友好相处，维护社会安定等方面具有不可忽缺的作用。

由于教育能够在人才培养中发挥独特作用，因此近人对如何进行回族教育多有思想主张。1926 年，国民军途径宁夏入甘期间，冯玉祥主张在发展回族教育方面，除设法筹措教育经费外，应实行“回汉教育平等，凡回教教民聚集县份，设立回教教育促进会，以求回民知识之急进”。[②] 冯玉祥所言“平等”二字实际在一定程度上涉及回族教育的本质问题。

具体如何进行回族教育亦是近人进一步论及之问题。其中，近人根据回族文化教育基础差等情形，认为回族教育之侧重点是小学教育。如著名大阿訇虎嵩山即主张回族儿童应学习汉语，学习科学文化知识。他认为，经堂教育仅教回族孩子读阿拉伯文经书，不讲授汉文与科学知识，将导致回民在社会上难以进取，回族难以兴旺发达，回、汉民族之间的思想难以沟通，民族偏见与隔阂也不易消除。[③]

对于回族普通教育，约在 20 世纪 40 年代初马福龙曾主张恢复 1940 年停办的云亭师范学校，以解决各乡小学毕业生升学问题。马福龙曾向任省政府主席的马鸿逵提出该建议，马当时表

---

① 秦孝仪主编《革命文献》，第 89 辑，第 155 页。

② 宁夏省教育厅编《宁夏教育概况》，转引自胡平生著《民国时期的宁夏省（1929—1949）》，第 419 页。

③ 陈育宁总主编，吴忠礼、刘钦斌主编《宁夏通史》，近现代卷，第 299 页。

示将自己捐资设立的贺兰中学交地方回族人士办理。但马福龙认为，应将云亭师范学校与贺兰中学同时兴办；并强调为培养回民教育的师资，不能不设立一所回族师范学校；马福龙还要求地方人士认真兴办贺兰中学，可在该校加授阿拉伯语，毕业生可考取北京大学东语系或“国立东方语专”。为此，他认为设立师范学校非常必要。[①] 另外，鉴于过去回族教育未能普及，回汉民族之间存在一定隔膜，有热心人士强调，应在回族民众中倡导读书、求学。[②] 对于宁夏回族普通初等教育，有关人士较为关心。如李梅即主张改进回族私立小学，采用劝导方式，将回民在清真寺内附设之各私立小学改为国民小学，对于原有宗教课程酌量减少。[③]

近人关于宁夏回族教育的思想主张引起国民政府及地方当局的关注。1937 年马鸿逵向国民政府行政院提议应特别注意宁夏等省区回民教育，主张按国民政府教育法令在清真寺附设学校，建议由地方教育行政机关补助相关经费。[④] 此议似乎欲在清真寺附设学校，以便既符合回族习惯，能够学习阿文，又可对回族青少年进行科学文化教育。1938 年，宁夏省政府又明确对于回族普通教育，暂以建立小学及师范为主。[⑤] 对回族教育宁夏

① 马福龙著《对宁夏回教事业的期望》，甘肃省图书馆编《西北民族宗教史料文摘》（宁夏分册），1986 印，第 233 页。当时有任大阿訇的马福龙与为小学教师的马福龙，此文作者身份有待核实。

② 《未来的回族教育》，《宁夏民国日报》1940 年 11 月 29 日，第 2 版。

③ 李梅著《战时宁夏的教育》，《西北论衡》，1941 年，第 9 卷第 10 期，第 65 页。

④ 《内政、蒙藏、教育各部会审议马鸿逵提议注意回民教育及变更绥宁甘三省省区一案有关文书》，中国第二历史档案馆藏国民政府教育部档案，档案号五（2）958。

⑤ 《回民教育》，《宁夏省政府二十七年下半年行政计划》，中国第二历史档案馆藏国民政府经济部档案，档案号四 15143。

地方当局几乎年年制定计划。如1947年，宁夏省政府又确定新的教育目标。马鸿逵在当年宁夏省政府教育行政报告中提出，宁夏目前的中等教育目标是：（1）创设工作与调整计划并行；（2）劝募基金充实设备与学校师资同筹；（3）专科教育与国民教育并行；另外，还指出当年教育工作的具体原则如下："（1）遵照国民政府的规定发展职校，培养建设人才，以充实国防力量，奠定地方自治基础；（2）先求质的改进，次图量的发展；（3）发动地方力量，广募教育经费，并根据需要缓急，核实支配；（4）国民教育，则重于儿童及成人教育之彻底完成，以及各级国民学校之切实整理与充实；（5）中等教育，则侧重于质的改善，尤注重科学教育之实施。"① 上述思想主张曾得到不同程度的尝试及实践。

三、回族初等教育的实践

从20世纪30年代初期开始，国民政府及甘宁地方当局即着手加强回族初等教育。据记载，1935年，国民政府教育部拨兴办边疆教育款项3万元，在固原、化平县（今为宁夏泾源县）等七个回族聚居区建立小学，招收回族子弟入学。在固原各校学制为四二制（初小4年，高小2年）；在课程设置上，初小开设修身、国文、算数、手工、图画、唱歌、体操各课。高小增开中国历史、地理等，并加授阿文课。② 1935年至1936年，回族人士张逢泰曾在化平县各乡村先后创办回族小学16所，短期

---

① 马鸿逵编《宁夏省政府教育行政报告》，1947年，第2页（存宁夏区档案馆）。

② 李燕青著《抗日战争时期甘肃回民教育及其历史地位》，山东省民族事务委员会编《中国回族教育史论集》，山东大学出版社1991年版，第206页。

义务小学16所，招收适龄学童入学。[①]

在原有回族小学的基础上，1936年，宁夏省教育厅先后“在平罗县北长渠，金积镇岔渠桥，灵武县崇兴寨，设三级回民小学三处”。后来，前两校改为县属小学，崇兴寨小学停办。[②]同年，教育厅还在宁夏县金贵乡、宁朔县纳家户、灵武县吴忠堡设立乡村教育实验区，划定该三区小学为各该区实验小学，属宁夏回族重点小学性质。[③] 同时，对于回民义务教育，宁夏地方当局以教坊一处或数处，设立一所短期小学或数家短期小学。并先在金积、灵武、平罗设立回民小学。于回民小学内附设短期小学班。[④] 1938年，原云亭师范附属小学改称宁夏省立云亭小学。所招学生中回族占95%，共有学生180名。课程完全按照国民政府教育部要求设置。云亭小学的建立对于继续兴办宁夏回族小学教育事业具有示范意义。随后，时任宁夏教育厅厅长的时子周教授曾在省垣东大清真寺召集清真寺教长、回民乡绅，召开规模宏大的研讨大会，总结该校办学经验，讨论如何兴办回族教育。这次会议后，宁夏全省掀起大办回族教育的

① 张逢泰（1883—1946），字子平，回族，泾源县黄化乡人，曾就读于该县归儒书院，为该县教育界著名人士。清末即在该县担任劝学所所长，先后创办回族小学堂6所。1926年任该县教育局长。李子杰著《致力于回族教育的儒士张逢泰》，政协宁夏回族自治区委员会文史和学习委员会编《宁夏文史资料》，存稿选编之一，第二十五辑，宁夏人民出版社2001年版，第267—269页。

② 《宁夏省政府行政报告》（1936年6月），中国第二历史档案馆藏国民政府财政部档案，档案号三（8）12525。

③ 宁夏省政府秘书处编《十年来宁夏省政述要》，教育篇，第四册，宁夏省政府1942年印，第97页。

④ 《回民教育》，《宁夏省政府二十七年下半年行政计划》，中国第二历史档案馆藏国民政府经济部档案，档案号四15143。

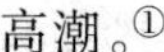

高潮。[①]

1938年10月间，宁夏省政府曾派边疆教育指导员金玉书前往各县回族聚居区考察。[②]后根据其报告情形，从1939年开始，设立回民小学8所，下半年又设5所，共计13所、22级。其中，灵武县旱元设三学级初小1所，聘教职员4人，招收男女学生125人。另在金积县秦霸关，灵武县下桥、左营、吴忠堡等处，平罗县石嘴山，磴口县各设两学级制初小1所，每校设教职员2人，学生均在90人以上。在回族居住较为集中的同心县韦州设立两学级女子初小1所，学生40余人。并在金积县何家巷道及马家高庄、灵武县右营及吴南乡、平罗县通伏各设单级初小1所。以上五校学生人数均在40人左右。另据统计，1939年，在宁夏全省约新设立回民小学24校。“至二十九年八月，均分别改为中心学校及国民学校。”[③] 1941年，宁夏边疆教育补助费为36000元，边地青年奖学金18000元，共计54000元。[④]

另外，1939年甘肃地方当局在海原、固原等各县回族聚居区设立回民普通小学23所；另有朱子桥等热心人士赞助，在海原、固原、隆德、化平等县各设回族职工学校一所，不收学费，供给衣食住宿，教授生产技术，利用当地出产之羊毛、棉花，制造成品。回族职业教育的兴办受到当时人士的好评。同时，

---

① 金玉书著《宁夏省立云亭小学——银川市第一所回民小学》，银川市政协文史资料委员会编，马文明主编《银川文史集粹》，宁夏人民出版社1998年版，第299—300页。

② 《宁夏民国日报》，1938年10月22日，第2版。

③ 《十年来宁夏省政述要》，教育篇，第四册，第128—129页。

④ 罗慕颐撰《宁夏省督学视察教育总报告》，1941年，中国第二历史档案馆藏国民政府教育部档案，档案号五1511。

马鸿逵也曾自捐巨款，在海固各县设回族小学 3 所。[①] 据统计，1939 年，化平县（今宁夏泾源县，当时隶属甘肃省）已有完全小学 1 所、初等小学 22 所、短期小学 16 所。1944 年，甘肃省教育厅又在西吉、化平等县设省立中心小学。[②]

抗战胜利后，宁夏地方当局又通过云亭教育文化基金会主持兴办各云亭小学。从 1945 年起，宁夏全省共筹设云亭小学 13 所，具体如下表。所招收均为回、汉族学生，其中汉族学生占全校学生总人数的五分之一至五分之三不等。[③] 具体见下表：

表 73：云亭教育文化基金会主持兴办各云亭小学概况表

校名	地址	校长或主持人	教员数	学级数	学生数	每月经费(元)	成立年月
同心县云亭小学	县城	金致三	11	8	——	9380	1945 年 8 月
灵武县吴忠堡云亭小学	吴忠堡	丁生荃	17	12	——	14940	同上
金积县板桥云亭小学	板桥	满宝珎	8	6	——	7040	同上
金积县鸿乐府云亭小学	鸿乐府	马权	8	6	——	7040	同上
惠农县宝丰云亭小学	宝丰	李长福	8	6	——	7040	同上
惠农县高庄云亭小学	高庄	马英廷	8	6	——	7040	同上

① 王月波著《加强团结与回民教育》,《新西北月刊》, 1939 年第 2 卷第 1 期，第 59 页。

② 李燕青著《抗日战争时期甘肃回民教育及其历史地位》，山东省民族事务委员会编《中国回族教育史论集》，山东大学出版社 1991 年版，第 206 页。

③ 马万钧著《昔日宁夏回族教育》，政协宁夏回族自治区委员会文史和学习委员会编《宁夏文史资料》，存稿选编之一，第二十五辑，宁夏人民出版社 2001 年版，第 264 页。

（续上表）

校名	地址	校长或主持人	教员数	学级数	学生数	每月经费（元）	成立年月
平罗县通伏云亭小学	通伏堡	谢天智	8	6	——	7040	1946 年 8 月
平罗县渠口云亭小学	渠口堡	金廷长	8	6	——	7040	1945 年 8 月
永宁县新城云亭小学	新城	马生贵	8	6	208	7040	同上
永宁县通贵云亭小学	通贵堡	马彦祯	8	6	225	7040	同上
永宁县纳加户云亭小学	纳加户	谢存韫	17	12	307	14940	同上
贺兰县立冈云亭小学	立冈堡	马福龙	8	6	200	7040	同上
银川市云亭小学	东大寺	马衡甫	14	10	247	11790	同上

资料来源：胡平生著《民国时期的宁夏省（1929—1949）》，台湾学生书局 1988 年版，第 425—426 页。

据统计，同年宁夏回汉入学儿童已达 24821 人，大约占学龄儿童总数的 40% 左右。[①] 但与临近省份相比，1941 年宁夏回族初等教育发展势头较好。如据记载，至 1941 年，小学在校儿童较十年前增长较快，其中宁夏较 1932 年增加 4.2 倍，甘肃为 3.2 倍，青海为 1.3 倍。[②] 值得注意的是，当时除在回族小学读书外，许多回族少年儿童也在省垣及各县所办普通小学就读。1947 年，因所需费用支绌，宁夏地方当局决定将全省私立云亭

---

① 《宁夏省督学视察教育报告及改进意见》1941—1947 年，中国第二历史档案馆藏国民政府教育部档案，档案号五 1511。当时教育部派督学李循和、叶桐等到宁夏视察教育状况；《十年来宁夏省政述要》，教育篇，第四册，第 38 页。

② 《甘宁青三省国民教育师资及其他地理背景考察报告》1943 年，中国第二历史档案馆藏国民政府教育部档案，档案号五 10839。

小学改为省办小学，属国民政府边疆小学性质，并事先呈请教育部核发。同时决定对各级边疆教育小学及伊斯兰教研究会班会之师资，比照同等学校师资加以检定，并拟加强其对于边疆教育之认识及国家观念或意识，以提高师资素质。[①] 对于回民初等教育，宁夏地方教育当局力求使县立小学及各乡小学（穆斯林区内加以补助、辅导），力求促使教学设备完善，利用寒假举办回民教育工作人员训练班，召集各地教职员施以短期的军事政治以及宗教训练，这些有助于提高工作效率。[②] 据统计，1947年“全省计有中心学校八十五所，国民学校三五七所，在学儿童三万九千四百余人，约占学龄儿童总数百分之四十五左右”。[③]

当时教学方法多为注入式。宁夏地方当局曾对回族普通教育质量进行检查，如对各县回族普通教育及成人教育的监督、检查，[④] 如宁夏省边疆教育巡回工作团曾对宁夏各县乡回族小学状况进行视察，也发现该类学校存在教学设施缺乏，所聘个别教师资历不够，学校名称不符合标准等问题，并提出改进意见。[⑤] 虽存在一些问题，但回族普通小学的开办及在清真寺附设小学，开设国文及时事等课，效果良好。据记载，这类学校“学生精神甚为活泼，询以国家大事，多能争先答复，与寺内专

---

① 《1947年度宁夏省教育工作计划及预算》，中国第二历史档案馆藏国民政府教育部档案，档案号五1512。

② 马福龙著《对宁夏回教事业的期望》，引自甘肃省图书馆编《西北民族宗教史料文摘》（宁夏分册），1986年印，第233页。

③ 引自胡平生著《民国时期的宁夏省》（1929—1949），台湾学生书局1988年版，第420—422页。

④ 《宁夏民国日报》，1938年10月22日，第2版；《宁夏民国日报》，1938年11月7日，第2版。

⑤ 《宁夏省党部报送边疆教育巡回工作团组织大纲与工作报告等呈及有关文件》（1939年12月—1940年5月），中国第二历史档案馆编《中华民国史档案资料汇编》，第5辑，第二编，教育（二），江苏古籍出版社1997年版，第184—185页。

门读经回胞儿童比较，显有霄壤之别。”[①] 上述情况表明宁夏回族初等教育的进步。除将侧重点放在回族初等小学外，当时也注意回族中等学校的创办。

四、兴办回族中等教育

1932年马鸿宾任宁夏省主席期间，即设立“中阿大学校”，选派年龄较大的失学阿訇入校学习中文及阿文，开设各种基础课程，并对伊斯兰教文化及教义进行初步研究，旨在为回族培养兼通中阿文的阿訇与教长。[②] 1933年宁夏省政府重组后，为招收回族同胞，进一步培养回族伊斯兰文化教育及初等小学师资，马鸿逵捐资在宁夏城东大寺扩充“中阿大学校”，改组为“省立中阿学校”。[③] 所开课程除讲授中文外，还开设阿拉伯文，并翻译伊斯兰教经典等，这是一所具有宗教性质的初等学校；[④] 该校曾附设初小、初中共3班。其中，设立四二制小学2班，三三制初级中学1班，学生共计180名。[⑤] 次年，该校为宁夏省政府教育厅接管，经费由中央边疆教育经费项目支付。校名改

---

① 《宁夏省党部报送边疆教育巡回工作团组织大纲与工作报告等呈及有关文件》（1939年12月—1940年5月），中国第二历史档案馆编《中华民国史档案资料汇编》，第5辑，第二编，教育（二），第184页。

② 马万钧著《昔日宁夏回族教育》，政协宁夏回族自治区委员会文史和学习委员会编《宁夏文史资料》，存稿选编之一，第二十五辑，宁夏人民出版社2001年版，第261页。

③ 叶祖灏著《宁夏纪要》，第105页；［日］支那省别全誌刊行会编纂《新修支那省别全誌》，第7卷，甘肃省、宁夏省，东亚同文会发行，1943年12月，第174页。

④ 叶祖灏著《宁夏纪要》，第105—106页。

⑤ ［日］支那省别全誌刊行会编纂《新修支那省别全誌》第7卷，甘肃省、宁夏省，东亚同文会发行，1943年12月，第174页。

为宁夏回民师范学校。分为师范、小学两部。[①] 1937 年为纪念马云亭，复改为云亭师范学校，学生编为三级教学，是年冬季，复行停止，并入宁夏中学及宁夏师范学校。[②]

至 1940 年秋，为解决回族上层人物子弟升学问题，培养回教青年及扶植贫寒回族子弟读书，马鸿逵捐资设立私立贺兰初级中学于望洪堡，学校建有校舍 120 间。[③] 第一年开学即招收初中一年级班 30 余人。[④] 学校教室宽敞，图书及设施充实，学生伙食费一度免收，待遇优厚。[⑤] 第一任校长宁夏宁朔籍大学毕业生张天吾上任后，比较重视选聘优秀教师，对学生的学业及生活管理都很重视。这一时期是贺兰中学的黄金时代。当时学校根据不同班级的教学要求，开设国文、数学、物理、化学、公民、图画、音乐、体育、英语等课。此外，每周增加一节习字课，一节军训课。授课大都采用讲授式教学方法。其中，国文

① 金玉书著《宁夏省立云亭小学——银川市第一所回民小学》，银川市政协文史资料委员会编，马文明主编《银川文史集粹》，宁夏人民出版社 1998 年版，第 298 页。

② 《十年来宁夏省政述要》，教育篇，第四册，第 215—216 页。

③ 关于建校时间，还有回忆为 1939 年 8 月或 1941 年；另一说由马书城（马福祥夫人）“捐资创办私立贺兰中学于永宁县属之王太堡镇”。见叶祖灏著《宁夏纪要》，第 102 页。另外，据时任教导主任的李雨村回忆，当时兴建贺兰中学校舍，曾强迫附近居民将房屋无偿迁移；占用农民田地，并强征附近居民树木等为建筑校舍用料，搞得“怨声载道，鸡犬不宁”。说明当时马家虽捐资助学，但地方当局对民众捐资活动缺乏宣传、组织，说明宁夏地方当局工作方法简单、粗暴。李雨村著《回忆我在贺兰中学时期的见闻》，宁夏区政协文史资料研究委员会编《宁夏文史资料》，第八期，1981 年 2 月，第 60、58—59 页。

④ 吴克勤著《解放前的宁夏贺兰中学》，宁夏区政协文史资料研究委员会编《宁夏文史资料》，第 19 辑，宁夏人民出版社 1990 年版，第 230 页。

⑤ 罗慕颐著《宁夏省督学视察教育总报告》1941 年，中国第二历史档案馆藏国民政府教育部档案，档案号五 1511。据记载，1944 年迁址后，对学生仅管吃住及课本费。吴克勤著《解放前的宁夏贺兰中学》，宁夏区政协文史资料研究委员会编《宁夏文史资料》，第 19 辑，宁夏人民出版社 1990 年版，第 231 页。

教学强调背诵，古典文学比重较大。英语课除要求熟记单词外，还注重口语练习。但理化课由于没有仪器，仅限于课堂讲授，无法做实验。①

新设贺兰中学的校级领导后来又被更换。张天吾之后是久在政界供职、办事较认真的王金饶。② 据记载，其上任后努力兴办，颇有成绩。如所聘教师学历较高。他曾在添置理化仪器、图书等方面做过一些工作。另外，王金饶对书法特别喜爱，曾亲自登台讲授书法课，并指点学生学习各名家墨迹，苦练毛笔字。据说他所指导的学生书法功底大都较好。③ 当时教员膳食也由学校供应，实得月薪600元，高于其他学校。该校设立初期，改变创办初旨，只招收官兵子弟，后逐渐宽松，只要考试及格即可入学。1941年，共有初中一年级学生1班，小学部2班，学生共120人；教职员共16人。④

---

① 吴克勤著《解放前的宁夏贺兰中学》，宁夏区政协文史资料研究委员会编《宁夏文史资料》，第19辑，宁夏人民出版社1990年版，第233页。

② 王金饶，朝阳大学法律系毕业，曾任宁夏同心县县长，并被马鸿逵授予少将参议。一说其善于奉迎上级，且官瘾较大，1947年因未争得宁夏省教育厅长而情绪低落，且因贪污为学生告发而被免职。靳振安著《马鸿逵创建的私立贺兰中学》，银川市政协文史资料委员会编，马文明主编《银川文史集粹》，宁夏人民出版社1998年版，第156页；吴克勤著《解放前的宁夏贺兰中学》，宁夏区政协文史资料研究委员会编《宁夏文史资料》，第19辑，宁夏人民出版社1990年版，第23页。但靳振安所记王金饶1947年辞职似有误，档案材料记载1946年王金饶已不在任，是年马秉彝为第三任校长。《宁夏省各中等学校员生各项表册》1946—1949，中国第二历史档案馆藏国民政府教育部档案，档案号五9032。

③ 吴克勤著《解放前的宁夏贺兰中学》，宁夏区政协文史资料研究委员会编《宁夏文史资料》，第19辑，宁夏人民出版社1990年版，第234页。

④ 罗慕颐撰《宁夏省督学视察教育总报告》1941年，中国第二历史档案馆藏国民政府教育部档案，档案号五1511。靳振安著《马鸿逵创建的私立贺兰中学》，银川市政协文史资料委员会编，马文明主编《银川文史集粹》，第153页。

1944年后半年，贺兰中学迁至省垣南门外陈家寨，[①] 重建校舍，校长仍为王金饶。该校迁址后，设高中1班，原该校第二届初中毕业生大多数升入高中继续学习；初中两级各1班；学生全部公费，供应膳食、服装及军毯、教科书；[②] 但学生须缴纳讲义费150元。学校图书室藏有万有文库一集，初中教学仪器一套，标本模型数十种，体育器械设备齐全。课程设置除照标准安排外，多加军训6小时。

当时教育部视察宁夏教育督学发现该校教学存在问题后，要求及时加以纠正。必须改进之处是，所设课程中《博物》分为动、植物两课，不符合课程编制计划；理化教学仪器缺乏；对学生采取军事化管理。[③] 实际上，宁夏地方当局所派的后三任校长均为控制学校师生，除来自政界的王金饶外，后上任的马秉彝原为第十七集团军教导团团长，行伍出身，完全不懂如何办教育，讲话粗野，办事拖泥带水，以致影响学生生活、休息；且贪污腐化，一度酿成学潮。如得知马校长每月贪污学生面粉200斤菜、金若干供其私人享用，全校哗然，马上召开学生自治大会，并提出必须保证学生生活，不得贪污克扣学生伙食费用；减轻军训强度，缩短每次讲话时间等要求，并设法将该书面意见转交宁夏地方最高当局。获此消息后，马鸿逵亲自到校召开

---

① 大体即现在宁夏医学院所在地。靳振安著《马鸿逵创建的私立贺兰中学》，银川市政协文史资料委员会编，马文明主编《银川文史集粹》，宁夏人民出版社1998年版，第153页。

② 另有时人回忆说1944年后尽管吃住及课本费用。吴克勤著《解放前的宁夏贺兰中学》，宁夏区政协文史资料研究委员会编《宁夏文史资料》，第19辑，第230—231页。

③ 罗慕颐撰《宁夏省督学视察教育总报告》1941年，中国第二历史档案馆藏国民政府教育部档案，档案号五1511。该校在1944年迁址后已添置教学仪器，可视为遵循教育部督学意见之改进。

学生大会，当众训斥马秉彝并将其免职，并鼓励学生努力读书。最后一任为原宁夏实验小学校长王丙田，实际身份为中统特务。再如对学生管理由几名军官负责，每天早操实行军训，学生需要卧倒、跪下，活动幅度较大；对违反校规学生在早操或早晚点名时分当众严加体罚。据说马鸿逵还亲自过问学生管理。曾发给其所派校、尉级军训教官每人一个一米长的大木板，专供体罚所谓违规学生之用。教官们对待学生较为粗暴，学生对此十分畏惧。①

1947 年，因物价上涨，经费支绌，加上计划扩大规模，以招收蒙回族及各族清寒青年，宁夏省政府决定将私立贺兰中学改为省立性质。且将原有基金作为充实教学设备，补贴贫寒回族子弟及修缮校舍之用，其他经常费及员工生活各费列入预算，呈请国民政府教育部按月核拨。并决定每周加授蒙文及阿拉伯文两小时，以符合学生实际生活需要。②

表 74：贺兰中学 1940—1949 年招生及学生人数统计表

年份	所开招小学、初中班级及人数		所开招高中班级及人数		当年学生总人数	备注
	班级	大约人数	班级	大约人数		
1940	1	41				
1941	各 1	80				其中小学为六年级
1942	——	——	——	——	——	

① 靳振安著《马鸿逵创建的私立贺兰中学》，银川市政协文史资料委员会编，马文明主编《银川文史集粹》，宁夏人民出版社 1998 年版，第 154—156 页；吴克勤著《解放前的宁夏贺兰中学》，宁夏区政协文史资料研究委员会编《宁夏文史资料》，第 19 辑，宁夏人民出版社 1990 年版，第 233 页。

② 《宁夏省教育措施报告书及工作计划预算书》1946 年—1947 年，中国第二历史档案馆藏国民政府教育部档案，档案号五 1512；明如著《宁夏边疆教育概况》，《新宁夏》1947 年，第 2、3 期合刊，第 21 页。

（续上表）

年份	所开招小学、初中班级及人数		所开招高中班级及人数		当年学生总人数	备注
	班级	大约人数	班级	大约人数		
1943	1	40	·			
1944			1	30		
1945	2	80	1	40		
1946	2		1		350	
1947	4		1		220	毕业一高中班
1948	4		1		600	毕业一高中班
1949					400	毕业一高中班
合计	1940—1949 年共招收 17 班，高中毕业生 120 名，初中毕业生约 400 名。 中途辍学 100 人。 在校学生 400 名。					

资料来源：吴克勤著《解放前的宁夏贺兰中学》，宁夏区政协文史资料研究委员会编《宁夏文史资料》，第 19 辑，宁夏人民出版社 1990 年版，第 230—231 页。

从该表可见，该校学生人数相对较少，但该校的设立还是对吸纳回汉族儿童、少年入学发挥相当重要的作用。

表 75：私立贺兰中学校三十五年度第一学期教职员清册

姓名	年龄	性别	籍贯	讲授学科	毕业学校
马秉毅	42	男	甘肃宁定县	校长	甘肃省立第一中学
王亚孚	39	男	河北曲阳县	英文	国立北京大学
陈春冈	54	男	浙江嵊县	数学、化学	国立北京师范大学
杨文川	53	男	甘肃甘谷县	国文	甘肃文高学校
杨东泽	55	男	山西省安邑县	地理	国立北京大学
李贵荣	26	男	宁夏省中卫县	数理化	国立西北农学院
赵晓华	35	男	河北省宛平县	音乐、公民、历史	北平大学
张善源	26	男	宁夏省银川市	体育	国立西北师范学院
马春远	23	男	甘肃临夏县	英文	国立中央大学
何其正	29	男	宁夏省中卫县	历史、公民	国立西北师范学院
丁鹤杰	29	男	宁夏省银川市	生物、生理	国立西北大学

（续上表）

姓名	年龄	性别	籍贯	讲授学科	毕业学校
谢庭湘	37	男	甘肃省甘谷县	国文	国学研究所
程赓善	35	男	江苏省南进县	美术	昌明艺术专科学校
冯晋泽	25	男	宁夏省银川市	公民	国立中央大学
李树荣	28	男	宁夏省中卫县	代数、数学	国立西北农学院
张思睿	35	男	甘肃省永靖县	国文	甘肃省立第一中学、西训团
郭宝鼎	23	男	宁夏省金积县	物理	西北工学院
杜赓畅	34	男	山东省齐河县	训育员	
邱维烈	26	男	甘肃省宁县	教辅人员	
赵魁岩		男	河北省任邱县	教辅人员	
尹华甫		男	江西省宁冈县	教辅人员	
马兴旺	62	男	甘肃临夏县	教辅人员	
胡殿卿		男	山东省泰安县	教辅人员	
吴锡龄	39	男	安徽省定远县	教辅人员	

资料来源：《宁夏省督学视察教育报告及改进意见》1941—1947 年，中国第二历史档案馆藏国民政府教育部档案，档案号五 1511。

从上表可见，性别比例方面全部为男性教师，省籍来源以外地为主可谓来自五湖四海，年龄方面以年轻教师较多，学历方面绝大多数是接受过高等教育，其中数名还是高等师范教育出身。因而当时认为学校所聘教师素质较高，如毕业于北京师范大学的理化教师陈春冈原为省立宁夏中学教师，在宁任教 30 年。他授课相当精辟，能由浅入深，剖析相当明确，深受学生欢迎。北京大学毕业生王亚孚担任英语教师，其精通 6 国文字，博学多才，尤熟悉英语文法，注重学生听、说、写、读训练，教学效果极佳。如 1944 年春，学校组织过一次文艺节目，完全采用英语歌唱、对话等形式，初中一、二年级学生能够运用英语表演节目。另据回忆，国文教师杨文川讲解古文相当透彻，批改作文认真细致，严格要求学生，偶尔打骂同学，但教学效果甚好，为该校出类拔萃的优秀教师。教员执教认真严格，亦注重对学生的知识传授及能力的培养；加上大多数学生刻苦读书，勤奋努力，学习风气浓厚，学校在教学方面也曾取得过较好的成绩。当时凡出省报考大学的学生多被录取。宁夏解放后，该校毕业的大多数学生因文化程度较高，还参加各项工作。[①] 应该说，贺兰中学的创办，有助于众多回汉贫苦子弟入学读书，且对于宁夏回族中等教育有所贡献。详见前附表 74 宁夏贺兰中学招生人数统计（1940—1949）[②]。该校解放后并入宁夏中学。当时贺兰中学兴办近 10 年，培养出不少回族青年，但也有时人认为存在因统一考试，致使回族初中学生难以考入高中部的问题。宁夏地方当局除组织兴办回族中等学校外，也采取相关措施以重视回族教师的培训，如 1944 年曾举行包括回族教师在内的“中小学教员座谈会”，研讨教学问题及如何搞好宁夏教育建设。[③] 1940 年冬由国民政府教育部筹办的绥宁师范学校设置在宁夏省惠农县黄渠桥，除蒙族生源外，以宁夏籍回汉学生居多。所开设课程除语文、历史、地理、数学、物理、化学、动物、植物、体育、音乐、绘画等外，还设教育行政、教材教法、教育心理学等师范专业课程。学校经费每年由教育部拨给，学生膳食、住宿、教科书等费用均由校方

---

① 靳振安著《马鸿逵创建的私立贺兰中学》，银川市政协文史资料委员会编，马文明主编《银川文史集粹》，宁夏人民出版社 1998 年版，第 154—156 页；马英亮 20 世纪 80 年代曾任银川市市长、宁夏回族自治区政府主席等职。

② 吴克勤著《解放前的宁夏贺兰中学》，宁夏区政协文史资料研究委员会编《宁夏文史资料》第 19 辑，宁夏人民出版社 1990 年版，第 230—231、238 页；宁夏省政府秘书处编《十年来宁夏省政述要》，教育篇，第四册，宁夏省政府 1942 年印，第 90 页。

③ 《宁夏省督学视察教育报告及改进意见》1941—1947 年，中国第二历史档案馆藏国民政府教育部档案，档案号五 1511。

供应。[1] 绥宁师范学校还曾为学生编写乡土教材，即刘继志、孔宪珂合编，边振方校订的《绥远宁夏两省乡土地理》，其主要内容为绪论（地理位置）、绥宁两省的沿革、绥宁两省之地形等。[2] 除专门设立贺兰中学外，为发展教育以便招收回汉学生入学，宁夏地方当局曾详为计划。如将1936年改设的宁夏省立女子中学仍暂设初级中学班。[3] 1941年，宁夏省教育厅为与国民教育施政计划相衔接，训练建设人才，适应地方实际情形，又向国民政府教育部呈报《宁夏省中等教育五年建设计划》（1942—1947），旨在求得宁夏教育质量并重、均衡发展。这个旨在加强宁夏中等教育的五年计划的主要内容除主要负责普通中等教育外，对少数民族教育，则规定面向教员设立边疆奖励金与优秀教师奖励金，实行教师修［原文如此——作者注］假进修研究著作奖助、年功加俸及养老补助金等办法。该计划送达教育部后，除认为在第四学区（回族聚居区金积、灵武等县）应更多增设学校外，基本获得通过。[4]

当时回族小学生除升入贺兰中学读书外，亦有在其家庭所在地就近进入初级中学就学者。当时建立的普通中等学校还有1945年11月经宁夏地方当局呈报国民政府教育部核备，并由宁夏省立惠农初级中学迁址、更名的省立平罗初级中学；另有省

---

① 雷润霖著《忆国立绥宁师范学校》，宁夏文史研究馆编《宁夏文史》，第14辑，1998年印，第188—189页。

② 刘继志、孔宪珂合编，边振方校订《绥远宁夏两省乡土地理》国立绥宁师范学校编印，约1942年后。中国第二历史档案馆藏国民政府教育部档案，档案号五13024。

③ 《宁夏省1938、1939年行政计划》，中国第二历史档案馆藏国民政府行政院档案，档案号二（1）4730。

④ 《宁夏省中等教育五年建设计划》（1942—1947），中国第二历史档案馆藏国民政府教育部档案，档案号五9031。

立宁夏中学、宁夏师范学校、宁夏女子简易师范学校。这些学校的校舍在抗战后均设法筹集资金加以修缮。当时曾从国民政府得到拨款300万元，筹捐2400万元。[①] 当时的宁夏完全中学学制为六年，初级中学学制为三年。到1949年9月，宁夏仅有完全中学2所，即宁夏省立宁夏中学、私立贺兰中学。设有初级中学6所，乃是宁夏女子初级中学、中卫初级中学、平罗初级中学（原惠农初级中学）、私立明正女子初级中学、中宁初级中学等。其中，“高中共有五班（宁中三班，贺中二班），学生约一百二十人左右；初中共有二十八班，学生约八百五十人左右。”[②]

五、兴办回族成人教育

除关注回族中等教育外，宁夏地方当局也注意加强回族成人教育。1938年，宁夏省政府决定以部颁《宁夏省推进蒙回教育办法》规定办理，并由本府回民教育辅导员联络各教坊教长以促进回民教育。对于回族社会教育，以举办回教教长战时教育问题讨论会方式进行，可以一教坊或联合数教坊设立民众学校一所，并设立回民职业补习学校一所。以上均附设于清真寺或公共场所。[③] 为加强省内回胞战时教育起见，宁夏省教育厅曾组织回教教长战时教育讨论会，举办两期，第一期为1938年8月11日至19日，参加教长80余人，第二期9月16日至10月1

---

① 《宁夏省政府工作报告》（1946年1—6月份），中国第二历史档案馆藏国民政府教育部档案，档案号五699（1）。

② 徐世雄著《建国前宁夏教育史略》，宁夏文史研究馆编《宁夏文史》，第2辑，1986年印，第35页。

③ 《回民教育》，《宁夏省政府二十七年下半年行政计划》，中国第二历史档案馆藏国民政府经济部档案，档案号四15143。

日，参加教长70余人，会议议程分讲话、讨论两项；讲话科目为党义、精神谈话、抗战建国纲领、战时教育、公民常识、军事常识、战时国民经济建设、新生活运动、世界大势等；讨论项目为教义与三民主义联系问题，回民互助问题、回民抗战问题、回民战时教育问题、回民生计问题与生活问题等。[①] 后来，为促进回民教育，又于1939年1月组织回教教长成立回教教育辅导委员会，以现任教长及阿訇为会员，在省垣设总会，各县设分会，专门负责指导回教教育。但至1940年，因经费关系停办。[②] 尽管如此，但该委员会原在各清真寺所设立之回民小学亦为数不少。[③]

1939年，国民政府做出决议，要求寺院应附设民众学校或半日学校，并利用讲经时间做识字运动及精神讲话，对于阿文学校应令每日增加国语一小时，常识及算术每日各半小时。[④] 1939年秋，宁夏地方当局又在灵武县吴忠堡中大寺设立中阿师范学校，聘请大阿訇虎嵩山为校长，以教导员张竹等2人为中文教员，李诚忠、王彦孝、杨克明为阿文教员。[⑤] 随后，为培养较高层回族成人教育师资，1940年初成立为宁夏地方当局所控制的中国回教协会宁夏分会，着手在省垣及各县兴办中阿师范学校，筹集回族教育基金45万元。其中，马鸿逵捐洋5万元，

---

① 《宁夏省教育概况》，1940年9月，中国第二历史档案馆藏国民政府教育部档案，档案号五701；《边疆教育》，《十年来宁夏省政述要》，教育篇，第四册，第215—216页。

② 《边疆教育》，《十年来宁夏省政述要》，教育篇，第四册，第215—216页。

③ 叶祖灏著《宁夏纪要》，第106页。

④ 《第三次全国教育会议关于推进边疆教育方案的决议案》，中国第二历史档案馆编《中华民国史档案资料汇编》，第5辑，第二编，教育（二），江苏古籍出版社1997年版，第124—125页。

⑤ 马万钧著《昔日宁夏回族教育》，政协宁夏回族自治区委员会文史和学习委员会编《宁夏文史资料》，存稿选编之一，第二十五辑，第262页。

第17集团军捐洋5万元，省政府出资洋13万元，回族民间人士捐助资金22万元。资金备齐后，又聘请品学兼优的阿訇为校长，订定各种规程，编定课程标准。所招学生分为高、初两级，修业3年；其中初级学员3年后可择优升入高级中阿师范学校。高级中阿师范学校在省垣及河东各设1所，初级学校分设各县，共20处。其中，1940年7月，在省垣东大寺设立宁夏高级中阿师范学校。其中，中文教员为马毓乾、张守真、马启明；阿文教师为马振东、李盛华、马宗骥。从该年8月起，国民政府教育部每月补助资金4000元。高级中阿师范学校学员毕业后，可从事回族教育工作，或受聘为清真寺开学阿訇。1941年秋，根据陈立夫的提议，宁夏地方当局将该类学校由中阿学校改称“宁夏阿訇教义国文讲习所”，仍分高、初两级。[①] 讲习所仍附设于原清真寺，并制订《宁夏省阿訇教义国文讲习所董事会简章》。生源标准，初级班为年龄在15至20岁的国民学校或回族初级小学以上毕业生及粗通阿文者。高级班学员年龄在18岁至40岁，须为回族中心小学、高级小学毕业生或初级讲习所毕业生及对阿拉伯文素有研究者。[②] 至于所设课程，高级讲习所中文、阿文等课目见下表。[③] 以下表中周学时均为中文课程学时数。

---

① 马万钧著《昔日宁夏回族教育》，政协宁夏回族自治区委员会文史和学习委员会编《宁夏文史资料》，存稿选编之一，第二十五辑，第262—263页；宁夏省政府秘书处编《十年来宁夏省政述要》，附录篇，第八册，第62—64页。

② 宁夏省政府秘书处编《十年来宁夏省政述要》，附录篇，第八册，第62—66、69页。

③ 宁夏省政府秘书处编《十年来宁夏省政述要》，附录篇，第八册，第67页。

表 76：初级讲习所中文、阿文等课目表

中文课程名称	周课时数	阿、伊文课程名称
公民	1	阿文
国文	6	古兰
算学	3	圣谕
历史	2	教律
地理	2	哲学
自然科学	2	古兰注解
常识		教史
教育心理学		教律原理
教育理论		伊文
论理学		古兰注解
生理卫生		
教学法		
实习		

资料来源：宁夏省政府秘书处编《十年来宁夏省政述要》，附录篇，第八册，第 67 页。

表 77：初级讲习所中文、阿文等课目及课时表①

中文课程名称	周课时数	阿、伊文课程名称
公民	2	阿文
国文	12	古兰
算学	4	圣谕
自然	2	教律
社会	2	教史

① 宁夏省政府秘书处编《十年来宁夏省政述要》，附录篇，第八册，第 68 页。

表 78：宁夏省设初、高级教义国文讲习所一览表①

地点	级别	地点	级别	地点	级别
马家塘	初级	乐利堡	初级		
同心县城	初级	韦州	初级	王家团庄	初级
吴南乡	初级				
郭家桥	初级	早元	初级	吴家大庄	初级
灵武县崇兴寨	初级	台子	初级	海子	初级
金积县鸿乐府	初级	板桥	初级	马家高庄	初级
宝丰	初级	通伏堡	初级		
平罗县黄渠桥	初级	南长渠	初级	石嘴山	初级
宁朔县纳家户	初级				
宁夏县新水桥	初级	保家户	初级	清水堡	初级
省垣	高级	河东	高级		

至 1947 年，宁夏在回族成人教育方面仍做如下工作：即在清真寺继续鼓励举办阿訇补习所，共补足经费 450 万元。具体开设班次及经费分配情况如下：②

表 79：宁夏各清真寺学校开设班次及经费分配情况表

20 所学校名称	班数	分配额（元）
银川市东大寺学校	2	36 万
西大寺学校	1	18 万
贺兰县清水保清真寺学校	1	18 万
保家户清真寺学校	1	18 万
永宁县望远桥清真寺学校	1	18 万
纳家户清真寺学校	1	18 万
平罗县清真寺学校	1	18 万

① 宁夏省政府秘书处编《十年来宁夏省政述要》，附录篇，第八册，第 95 页。

② 《宁夏省 1947 年教育行政实施情况及工作检讨报告》，中国第二历史档案馆藏国民政府教育部档案，档案号五 703。其中，所言盐池县韦州应该为同心县韦州，表中所列估计因边区的关系，将该地暂托宁夏省政府在惠安堡设立的盐池县管理。

（续上表）

渠口清真寺学校	1	18 万
20 所学校名称	班数	分配额（元）
惠农县县城清真寺学校	1	18 万
马家高庄清真寺学校	1	18 万
黄渠桥清真寺学校	2	36 万
灵武县吴忠堡清真寺学校	2	36 万
吴南乡清真寺学校	1	18 万
吴西乡清真寺学校	1	18 万
台子清真寺学校	1	18 万
下桥清真寺学校	1	18 万
林家滩清真寺学校	1	18 万
盐池县韦州清真寺学校	2	36 万
同心县城清真寺学校	1	18 万
王家团庄清真寺学校	1	18 万
合计	24 班	432 万

从 1939 年 12 月间，宁夏省党部制定《宁夏省边疆教育巡回工作团三个月工作计划》，协同省教育厅组织宁夏省边疆教育巡回工作团分赴省内各县及定远营、陶乐滩等地，以边疆调查设计、播放教育电影、宣传演讲为工作方式宣传抗战建国，进行边疆成人基础教育，唤起民众民族意识，增强抗战力量。① 1940 年，宁夏省政府继续组织边疆教育巡回工作团展开宣传教育。该年曾组织边疆教育巡回工作周，从本年 7 月份起，增加人员、经费，巡回宣讲于宁夏、平罗、金积、同心、盐池等县

① 《宁夏省党部报送边疆教育巡回工作团组织大纲与工作报告等呈及有关文件》（1939 年 12 月—1940 年 5 月），中国第二历史档案馆编《中华民国史档案资料汇编》，第 5 辑，第二编，教育（二），江苏古籍出版社 1997 年版，第 177—178 页；张兆焕著《一年来之宁夏教育》，《新西北月刊》，1941 年，第 4 卷，第 2—3 期合刊，第 60 页。

回族聚居区域，及中卫、中宁、磴口、陶乐设治局、阿拉善等县旗，到达地点达145处，受教育者达198670余人。该团返回后，还提出改进民生及边疆教育意见。[①]

同时，地方当局还推进回族识字教育。1931年，宁夏设有民众学校十所，教员十人，受教育学生930人；识字班3处，教员3人，受教育学生160人。1934年，设立实施社会教育识字运动办事处，由省垣依次推及各县各乡村，普设识字班，其中城镇班内回汉男女学员均有，毕业学生5000多人。其中回族识字班多附设在清真寺内，学员从儿童到成人，年龄大约从6岁到55岁不等。开班第一讲首先明确识字与国家、民族及抗战的关系，强调识字的必要性。所用教材为《识字课本》，印有孙中山、蒋中正、马鸿逵等人头像，内容采用民众喜爱的顺口溜方式编成。如识字课本开头有“来来来，快识字，不识字，是个大傻子”等句。所教汉字多为个人姓名、日常生活用字。还采用连环画等生动活泼的教材以适应儿童需要，并加强教学的形象性。[②] 经过考试合格的学员可得到一支铅笔和一个笔记本。

但总体而言，回民教育进展不大。据统计，至1949年9月，37万回族人口中，仅有在校小学生1000余名，文盲占90%以上。[③] 再如，至1949年，陕甘宁青四省所设立回民中学，甘肃有3所，陕西1所，宁夏1所，青海1所。秦晋注意到，在宁夏普通民众之习惯，“多不允女子上学，而尤以教胞为尤甚，以为读书乃为‘书学’，传统思想，以‘书学教人跪拜习俗务’为‘反教’为‘服汉’，近来情形，虽已进步，此种观念，虽已消

① 《宁夏省政府二十九年度行政报告》，中国第二历史档案馆藏国民政府经济部档案，档案号四15533。

② 笔者所做《近代宁夏回族教育访谈录》，2004年8月7日、9日上午。

③ 陈育宁总主编，吴忠礼、刘钦斌主编《宁夏通史》，近现代卷，第302页。

除殆尽，但整个边胞‘不读书也吃饭’之印象，乃流毒甚深。”所言发人深思，反映出宁夏回族教育滞后的部分原因。[①]

至1948年，宁夏全省有省立中学10所，私立1所，介寿图书馆、民众教育馆各1所，省立图书馆1所，国立绥宁师范学校1所，实用职业学校1所，国立中心学校3所，省立中心学校52所，国民学校146所。[②]

另外，下层回族民众生活困难，无力供养子女入学读书也是原因之一。时人即认为，“回胞太穷，没有钱送子弟求学，儿童到了学龄，就得从事生产，帮助家庭，”以维持生计。“所以一般人不能够而且不情愿资送子弟求学。”[③] 而就读的回族学生学龄偏高，[④] 也表明一般贫苦回族民众无力按时送适龄子弟入学。实质上，回族民众因贫穷无力子女读书，反映了回族在经济、文化教育乃至政治上的不平等。笔者在做有关国民政府时期宁夏回族教育访谈时，一位年近9旬接受过小学教育的回族老人痛苦地回忆当时宁夏回族民众生活的困难，及一般回族子弟与官宦回族子弟入学标准的不平等。他的谈话令人深思。

这正如当时人士对于回族教育的思想主张及实践之不同看法。自1938年起，隶属于甘肃的西海固地区先后爆发三次回民起义，这引起中共中央对包括宁夏在内的西北回族问题的进一步关注与研究。中共首先从批判大汉族主义着手来看待当时宁夏回族教育思想主张及实践。1940年，中共西北工作委员会认

---

① 秦晋著《宁夏向何处去》，1947年印，第76页。

② 《中央银行兰州、西宁、宁夏、酒泉、迪化等分行营业报告》，（1948、8—11）1948年上期，中国第二历史档案馆藏中央银行档案，档案号三九六13389。

③ 王月波著《加强团结与回民教育》，《新西北月刊》1939年，第二卷第1期，第58页。

④ 金玉书著《宁夏省立云亭小学——银川市第一所回民小学》，银川市政协文史资料委员会编，马文明主编《银川文史集粹》，第300页。

为，国民党大汉族主义的表现之一是，断言“回族已经汉化，回族就是回教徒，因此回族不是一个民族，因此回族所需要的不是民族平等，而是教育，是要用教育来解除回族的宗教迷信，来提高回族的文化知识。”这就是其大汉族主义的理论与政策。中共进一步尖锐地指出，上述仅仅是国民党对回族政策的表面，还不是它的实质，“国民党政府对待回族，没有在政治上、经济上、文化教育上实行民族平等的原则，没有减轻过去北洋军阀当权时代的压迫、剥削，同时还尽量维持回族内部一切落后的和黑暗的势力，利用回族上层封建分子以巩固对整个回族的统治。”① 中共西北工作委员会的看法虽不无政治意义，但也十分深刻，明确指出了包括宁夏在内的近代中国回族教育发展的根本前提。当时包括许多就读的宁夏中学生多次掀起学潮，甚至在1933年前后及1947年后发展到反对宁夏地方当局的斗争，均表明广大宁夏回族学生亦已认识到，宁夏回族教育现代化的根本问题是回族在政治、经济上的完全解放。② 只有这样，回族教育才能取得快速发展。

综上所述，本目主要是探讨近代宁夏回族教育思想主张与实践本身，在晚清时期及北京政府时期，宁夏回族普通教育已逐渐从传统教育向近代教育过渡，但其中新的进步因素仍不大明显。至国民政府时期，对宁夏回族教育，近人无论是从认识方面还是从实践方面，均较前有明显的不同。当时的各界人士就宁夏回族教育的必要性及紧迫性，宁夏回族教育的发展策略，如何兴办该项教育事业，如回族教育师资，经堂教育向近代教育的进一步转变，提高回族儿童入学率，回族小学生升学及回

---

① 中共宁夏回族自治区委员会、中共固原地区委员会党史研究室编《海固回民起义与回民骑兵团》，宁夏人民出版社，1991年6月第1版，第64—65页。

② 笔者所做《近代宁夏回族教育访谈录》，2004年8月7日、9日上午。

族教育结构等问题，进行较为具体的探讨。各界人士关于发展宁夏回族教育的思想主张具有至关重要的意义，成为国民政府及地方当局兴办宁夏回族教育事业的理论依据。并在实践中得到不同程度的落实，也产生了积极的影响。

近代宁夏回族教育思想主张及实践的特点是，侧重小学教育，同时注意中等教育、师范教育及成人教育，也注重民族特色，将宗教教育与文化教育相结合。宁夏回族教育思想主张及实践当时即引起人们的关注与思考。如对利用回族宗教教育设施进行初等、中等及成人教育的做法，有人指出，过去不曾利用回教固有的清真寺和教长（大阿訇）来发展教育，使一般回族同胞无形中失掉教育机会。“因为清真寺是回胞经常聚集的地方，而阿訇则最接近回胞，最能影响回胞，最受回胞尊崇。如果藉以发展回胞教育，一定能够事半功倍。”于是，“可仿照宁夏省回教教长战时教育问题讨论会的方法，给每个阿訇，以充分的政治、经济、军事、科学的知识，使他们彻底明瞭抗战建国与回教、与国家，教内与教外之重要关系，”再去教育回族民众，必收宏效。[①] 因此，有人士曾撰文主张回族宗教教育与回族国民教育应该相辅相成、齐头并进。“若今后对西北穆斯林单独兴办宗教教育，则不但与国家无益，且对西北整个穆斯林之前途上亦大有莫大之危害；同样的若单独兴办国民教育，则直接受惯了宗教教育熏陶的西北穆斯林，定会因各方之不习惯而起许多不可思疑的阻挠与麻烦。”[②] 实际上，回族成人教育也收到一定成效。据《宁夏述要》记载，当时曾有人士对一般回族民

① 王月波著《加强团结与回民教育》，《新西北月刊》，1939年，第二卷第1期，第58—59页。

② 英夫著《谈西北穆斯林固有的宗教教育》，《突崛》，1942年，第8卷，第11—12合期，第12页。

众进行调查，回族村民曾慷慨陈词，对国家、民族的前途十分关心，具有较高的认识深度。这也表明对回族的教育收到一定效果。

在近代尤其是国民政府时期的宁夏回族教育思想主张与实践中，其办学、教学思想，对回族阿訇及回族教员的聘请，尽量符合回回民族心理。如开设阿文、古兰经等课程。针对回族人口文化素质较低，普通初等教育师资缺乏，回汉民族文化心理隔阂等情况，积极兴办回族普通小学教育及回族成人教育，减少回族文盲人数。无论思想主张的内容方面，还是在兴办回族教育过程中所形成的教育结构本身，包括回族小学教育、中学教育、成人教育均已具有不同程度的进步。其中，就课程设置所反映的教学思想而言，如果说宁夏回族初等、中等教育强调的是学生掌握学科知识的系统性的话，那么回族成人教育则注重实用性、常识性。这也反映出宁夏回族教育水平也较前有所提高。近代宁夏回族教育使得回族初步完成从经堂教育向近代教育的过渡，并成为宁夏近代教育不可缺少的组成部分。同时，近代尤其是国民政府时期的宁夏回族教育的兴办，对于增长广大回族民众的科学文化知识，开拓视野乃至消除回汉民族的隔阂，融洽回汉民族关系以及增强民族团结也产生了积极影响。

第五章　思想、文化建设

在思想文化建设方面，近人认为第一步骤是，设法促使时人对包括宁夏在内的西北各种情形之了解、研究及必要之宣传工作。1932年，何应钦认为，“关于开发西北，尚有先决问题，一是集中人力进行探讨、研究，应集中全国聪明才智之士，从事对包括宁夏在内的西北及一切边疆问题之探讨与考察，一方面在扩张职业教育纲领之下，尽量将西北历史的地理的现实情况，及开发西北之意义与方法，选入教材。”① 就区域开发须先摸清本区域之情况而言，何应钦的观点是不无道理的。

同年，陈果夫则主张应较全面调查宁夏等省区情形。他讲道：“我曾拟有一份考察团的章程，…… 内容就是在国民党中央工作人员中，挑选100人，分十组，每组十人，分赴西北考察，考察之区域先定宁夏等三省，以三省划分十区，每区以一组赴之。我们把那边的人民生活状况、政治之设施、地方之出产、教育情形及程度、人民之思想言论、矿产农业工业与金融之流通，以及交通风俗，都考察清楚了，我们就可以宣传到一般有资本有才力的人，到那边去如何开发，注意的人多了，不患没有资本和人才。同时一般西北民众经过我们一番宣传，也

① 《革命文献》，第88辑，第35页。

可以了解而自动做一部分工作。”陈果夫提出应有一定针对性地倡导包括宁夏在内的西北开发，以吸引投资与建设人才，既要重视依靠外省区的资金与人才，又须注意发挥本区域民众力量的观点，实际涉及区域开发之策略性问题。[①]

至于如何弘扬包括宁夏在内的西北人民优秀文化传统，以促进本区域开发，蒋中正感叹道：“此行浏览古代胜迹颇多，其关系历史文化民族精神之雕刻建筑等等，美不胜收；足征吾先民创造文化力量之伟大，实足以使为之子孙者，感慨奋发，而求所以自立之道。”[②] 蒋中正关注在区域开发中，如何利用已有之文化资源，加强对外宣传，发扬中华民族优秀文化传统，增强民族自信心，搞好区域建设。

近人对如何为宁夏区域开发作舆论准备有所建言，而宁夏地方当局对此仅略做配合，即支持时人对宁夏的考察与宣传，如傅作霖、陈赓雅、高良佐、范长江、罗家伦、秦晋，等等，很少主动积极进行对外宣传，加上其他原因，如内部控制较紧等，致使国内对宁夏建设不甚了解。与此同时，宁夏地方当局对宁夏内部思想文化建设亦有自己的主张与实践。其中一为图书馆建设，图书馆是宁夏较早设立的文化宣传服务机构。1916年，马福祥曾在宁夏捐资创办过一所图书馆。此后，西北军将领刘郁芬、吉鸿昌等均在宁夏建立过小型图书馆，如兰江图书馆等。[③] 1935年4月，宁夏省立图书馆成立，馆址设于宁夏城之玉皇阁，有图书7000余册。

1936年，宁夏省政府计划加强图书馆工作。具体拟改善省立图书馆工作，改进民众阅报室工作；拟从速设立公共阅报牌，

① 《革命文献》，第88辑第44页。

② 《革命文献》，第88辑第139页。

③ 《宁夏通史》，近现代卷，第309—310页。

创办巡回文库及流动书车。[1] 至1937年，社会教育部分之主要设施除民众学校外，尚有识字运动、民众教育馆、民众图书馆［1930年设］，民众阅报处及通俗讲演所（1930年有之）等，此等组织设施较简，但收效至宏，该省应即统筹办理，逐步推广，至于民众学校校址自以附设在小学或其他社教机关之内为宜，尤应利用农隙多办民办夜校，俾一般成年失学者均有补受教育之机会。[2] 国民政府时期，宁夏省社会教育之推行，曾于1942年度订定“宁夏省社会教育五年计划（1942—1946学年度）”，该计划拟在五年内分期设置省立科学馆、体育馆、社会教育工作团、教育电影院及电化教育巡回施教队各一所，县立民教馆图书馆13所，并逐步予以充实，而且以在各县至少需设有规模完备之社会教育中心机关一所为原则。该计划具体在图书馆方面，除第一、第三、第五年度另有安排外，拟在第二年度分设中卫、平罗、金积三县县立图书馆三所，及贺兰、永宁、惠农、灵武、中宁、宁朔、同心等七县县立图书阅览室七所；第四年度拟充实县立图书馆、室。[3] 显然，该计划旨在初步建立宁夏包括成人教育在内的社会文化教育系统。

该计划自1942年度开始实施，至1946年6月止，设立社会及民众教育机关近20所。其中，建立图书馆4所、图书阅览室7所。1943年后，宁夏省教育厅鉴于全省13县均未设图书馆，一般民众常感无书可读之苦，特在宁夏贺兰、宁朔、同心、惠

---

① 《宁夏省政府1936年度行政计划》，中国第二历史档案馆藏南京国民政府实业部档案，档案号四二二（1）2056。

② 《宁夏省政府1937年度行政计划》，中国第二历史档案馆藏国民政府全国经济委员会和行政院全国经济委员会档案，档案号四四617。

③ 《粤、桂、贵、陕、宁、青、绥及辽宁八省社会教育实施概况报告》，中国第二历史档案馆藏南京国民政府教育部档案，档案号五（2）874。

农、金积、中卫、中宁、平罗、永宁、灵武等十县各设图书阅览室一所，室内设主任一人，由各县中心小学校长兼任，另设管理员一人，随后曾拨发经费及图书，开馆供读者阅览。[①]

再者，1945 年至 1946 年间，除充实省立图书馆、统一向各县图书馆分发书刊外，曾开设为期 5 个月之会计补习班二期，培训学员 66 名，工作颇有成效；还根据当地实际需要，在宁夏省立实验民教馆设立英语补习学校两期，一期六个月，招收学员 36 人，毕业 21 人，效果尚佳；并利用 100 所学校设备、人员兴办社会教育；还曾举办社会教育人员训练班，以培训图书管理、电教、民教人员，提高其能力。[②] 此外，还有 1931 年成立馆址在宁夏中卫的济苍图书馆，原属中卫县政府，至 1946 年前后归并于中卫应理小学，有藏书 3000 册。[③] 1947 年，为给蒋中正祝贺 60 寿辰，又建成“介寿图书馆”，向读者开放。[④]

二为民众教育馆。1935 年 1 月起，根据宁夏省政府关于《各县民众教育馆暂行规章草案》，首先在宁夏、宁朔、平罗、金积、灵武、中卫、中宁七县各设民教馆一所，有县教育局负责管理。[⑤] 社会教育方面，计划扩充各县民教馆与民众学校，改进民众阅报室工作；拟从速设立省垣民众教育馆、成立公共讲演团。[⑥]

---

① 胡平生著《民国时期的宁夏省（1929—1949）》，第 434 页。

② 《粤、桂、贵、陕、宁、青、绥及辽宁八省社会教育实施概况报告》，中国第二历史档案馆藏南京国民政府教育部档案，档案号五（2）874。

③ 叶祖灏著《宁夏纪要》，第 103 页。

④ 《宁夏通史》，近现代卷，第 310 页。

⑤ 《宁夏省政府公报》1936 年 1 月，第 59，60，61，62 合期，引自《宁夏通史》近现代卷，第 311 页。

⑥ 《宁夏省政府 1936 年度行政计划》，中国第二历史档案馆藏南京国民政府实业部档案，档案号四二二（1）2056。

抗战前夕，宁夏省教育厅除已设立有上述七县民教馆外，还于1936年11月在省垣成立宁夏省立民众教育馆，设址于中山市场，刘健真担任馆长，下设总务、教导、健康、研究四部，各部设主任、干事各一人。宁夏省、县民教馆自成立起开展工作不久，因人力财力缺乏，于1937年初停办。[①] 该馆在1940年9月复馆，并迁往宁夏师范学校附小旧址，改称为省立省垣民众教育馆，内设机构未变，还在四部下设立图书阅览室、阅报室、游艺室、放映室、展览室、施诊室和茶社。并经常组织各种文化娱乐活动，如专题展览、球类棋类比赛、表演节目等等。该馆还订有各种报纸，如中央日报、大公报、时事新闻、宁夏民国日报等十多种报纸供读者阅览。[②]

国民政府时期，宁夏省社会教育之推行，曾于1942年度订定“宁夏省社会教育五年计划（1942—1946学年度）”，该计划拟在五年内分期设置省立科学馆、体育馆、社会教育工作团、教育电影院及电化教育巡回施教队各一所，县立民教馆图书馆13所，并逐步予以充实，而且以在各县至少需设有规模完备之社会教育中心机关一所为原则。该计划具体规定，除第二、四年度另有任务外，第一、二、四年度设置省立社会教育巡回工作团一所，其中包括语文、剧乐、电教三大任务，须经常赴省属各县巡回施教；第三年度计划将省立社会教育机关分别予以充实，改省立省垣民教馆为省立实验民教馆，增设无线电收音机关；第五年度拟增设县立民教馆十所。显然，该计划旨在初步建立宁夏包括成人教育在内的社会文化教育系统。

该计划自1942年度开始实施，至1946年6月止，设立社会

---

① 胡平生著《民国时期的宁夏省（1929—1949）》，第430页。

② 《宁夏通史》，近现代卷，第311页。

及民众教育机关近20所。其中，建立民教馆2所、社会教育工作团1所、图书阅览室7所、无线电收音机关3所。上述机构有职员4人，其中技术人员11人（含图书馆、电化教育辅导处有关人员）。再者，1945年至1946年间，除充实省立实验民教馆及图书馆，曾开设为期5个月之会计补习班二期，培训学员66名，工作颇有成效；还曾与1946年派省立社会教育巡回工作团团长王慰诚赴兰州，聘请艺术专家三人来宁服务，充实社会教育团工作；还根据当地实际需要，在宁夏省立实验民教馆设立英语补习学校两期，一期六个月，招收学员36人，毕业21人，效果尚佳；并利用100所学校设备、人员兴办社会教育；还曾举办社会教育人员训练班，以培训图书管理、电教、民教人员，提高其能力。

还曾督导各级学校办理社会教育。鉴于本省各级学校办理社会教育者计100校以上，且有一定成绩，本年度再厘定办理社教要点，令各校切实推行，并派视导员每月视导一次，随时分别予以奖惩。①

三为电影放映、收音机——电化教育，宁夏原仅有一家电影院，所拥有影片教育价值不大，且于1934年已停止放映。1936年8月，国民政府教育部公布实施电影教育办法，规定各省应在全境划定电影教育巡回施教区，实施电影教育。次年，宁夏省划出2个施教区，国民政府教育部还送给宁夏放映机及发电机各两件，教育影片四部。机器与影片运抵宁夏后，由当年参加过国民政府教育部开办的电化教育人员训练班结业的2名宁夏籍人员携赴省垣各中小学校、民众教育馆及各县乡轮流

① 《粤、桂、贵、陕、宁、青、绥及辽宁八省社会教育实施概况报告》，中国第二历史档案馆藏南京国民政府教育部档案，档案号五（2）874。

放映，但之后因经费短缺，复停止工作。1940年起，宁夏电影放映又重新恢复。[①] 至1942年5月，全国青年会军人服务部抵宁夏放映“保家乡”，观众极多。

国民政府时期，宁夏省社会教育之推行，曾于1942年度订定“宁夏省社会教育五年计划（1942—1946学年度）”，该计划具体规定，拟在第一年度设置省立社会教育巡回工作团一所，其中包括语文、剧乐、电教三大任务，须经常赴省属各县巡回施教；第二年度计设省电化教育辅导处一所，专门办理全省电化教育事宜。第三年度将省立社会教育机关分别予以充实，增设无线电收音机关；第四年度拟增设电化教育施教队一队；第五年度拟增设省立教育电影院各一所。显然，该计划旨在初步建立宁夏包括成人教育在内的社会文化教育系统。

该计划自1942年度开始实施，至1946年6月止，设立社会及民众教育机关近20所。其中，建立电化教育辅导处1所、无线电收音机关3所。上述机构有职员4人，其中技术人员11人（上述14人包括图书馆、民教馆技术人员）。具体如1943年10月，宁夏电化教育服务处成立，专司本省电化教育技术指导及器材装修之责。次年春，该处又改组为电化教育辅导处，下设机构除原有之电影、播音组外，并增设总务组；还增加辅导人员2人。[②] 曾于1946年呈准由教育部为宁夏电化教育辅导处拨发经费10万元，购置一批电教器材，拨发事业费60万元，由该处保管并添置其他设备；还根据当地实际需要，还曾举办社会教育人员训练班，以培训图书管理、电教、民教人员，提高其

① 胡平生著《民国时期的宁夏省（1929—1949）》，第436页。

② 胡平生著《民国时期的宁夏省（1929—1949）》，第437页。

能力。[①] 至1942年5月，全国青年会军人服务部抵宁夏放映“保家乡”，观众极多。

1943年成立的宁夏社会教育巡回工作团电化教育队曾巡回进行电影放映。据回忆从1937年至1949年，该队与民众教育馆等先后在宁夏巡回放映的影片有《饮水卫生》、《飞来火》、《沙漠大捷》、《圆塞气球》、《特种混合队》、《炸广州》、《绥西抗战》、《保卫国土》（四集）、《侦察大王》（三集）、《委员长五十寿辰》，苏联片《伯爵夫人》、美国片《苏美英中四国首脑会议》和《米老鼠》等故事片、纪录片、美术片，共有40多部。[②] 上述影片的放映，虽说是为国民政府及宁夏地方当局的宣传策略服务的，但也在宣传各族人民的抗日战争，向宁夏各族人民传播科学文化知识，及丰富民众业余生活等方面也是具有积极作用的。

1946年，共有教育影片27部，直流收音机31架，工作一度颇有成效，后因电料器材颇为缺乏，电化教育被迫停顿。[③] 以前实际均是用无声放映机放映。1948年9月，宁夏地方当局又派员从北平购回一台旧式有声放映机，经过安装试映后，约仅放映近半年时间。[④] 成人教育、职业教育活动能够在促进经济恢复、发展及社会稳定与进步方面发挥重要作用。国民政府时期，宁夏省社会教育之推行，曾于1942年度订定“宁夏省社会教育五年计划（1942—1946学年度）”，该计划拟在五年内分期设置省立科学馆、体育馆、社会教育工作团、教育电影院及电化教

① 《粤、桂、贵、陕、宁、青、绥及辽宁八省社会教育实施概况报告》，中国第二历史档案馆藏南京国民政府教育部档案，档案号五（2）874。

② 李庆跃著《宁夏电影史话》，宁夏人民出版社1995年版，第5—6页。

③ 叶祖灏著《宁夏纪要》，第103页。

④ 李庆跃著《宁夏电影史话》，宁夏人民出版社1995年版，第8—9页。

育巡回施教队各一所，县立民教馆图书馆13所，并逐步予以充实，而且以在各县至少需设有规模完备之社会教育中心机关一所为原则。该计划具体规定，拟在第一年度设置省立社会教育巡回工作团一所，其中包括语文、剧乐、电教三大任务，须经常赴省属各县巡回施教；第二年度计设省电化教育辅导处一所，专门办理全省电化教育事宜，并分设中卫、平罗、金积三县县立图书馆三所，及贺兰、永宁、惠农、灵武、中宁、宁朔、同心等七县县立图书阅览室七所；第三年度将省立社会教育机关分别予以充实，改省立省垣民教馆为省立实验民教馆，增设无线电收音机关；第四年度拟增设省立科学馆一所、电化教育施教队一队、并充实县立图书馆、室；第五年度拟增设省立体育馆及省立教育电影院各一所、县立民教馆十所。显然，该计划旨在初步建立宁夏包括成人教育在内的社会文化教育系统。

该计划自1942年度开始实施，至1946年6月止，设立社会及民众教育机关近20所。其中，建立图书馆4所、民教馆2所、社会教育工作团1所、电化教育辅导处1所、图书阅览室7所、无线电收音机关3所。上述机构有职员4人，其中技术人员11人。再者，1945年至1946年间，除充实省立实验民教馆及图书馆、统一向各县图书馆分发书刊外，曾开设为期5个月之会计补习班二期，培训学员66名，工作颇有成效；还曾与1946年派省立社会教育巡回工作团团长王慰诚赴兰州，聘请艺术专家三人来宁服务，充实社会教育团工作，成绩较为明显；呈准由教育部为宁夏电化教育辅导处拨发经费10万元，购置一批电教器材，拨发事业费60万元，由该处保管并添置其他设备；还根据当地实际需要，在宁夏省立实验民教馆设立英语补习学校两期，一期六个月，招收学员36人，毕业21人，效果尚佳；并利用100所学校设备、人员兴办社会教育；还曾举办社会教育人员训练班，以培训图书管理、电教、民教人员，提高其能力。

还曾督导各级学校办理社会教育。鉴于本省各级学校办理社会教育者计100校以上，且有一定成绩，本年度再厘定办理社教要点，令各校切实推行，并派视导员每月视导一次，随时分别予以奖惩。[1]

四为为推进识字教育，1931年，宁夏设有民众学校十所，教员十人，受教育学生930人。识字班3处，教员3人，受教育学生160人。1934年，设立实施社会教育识字运动办事处，由省垣依次推及各县各乡村，普设识字班，毕业学生5000多人。毕业各生不仅得有普通常识，且能写作短浅书信小文，成绩颇佳。1938年5月，又将识字班改归义务教育委员会主办，经费由中央补助义教费项下开支。即有32班，学生6000多人。1939年春，改归省党部社会服务处办理，共设有室内识字班31所，露天识字班163所，共有学生15000多人。

至于宁夏文艺体育事业，如音乐、体育、戏剧设施与活动等，本文不再赘述。

国民政府时期宁夏地方当局在社会教育名义下进行思想文化建设，具有一定积极意义。当时文化宣传教育事业的客观作用，其一，摆脱不良生活习气，如吸食鸦片、赌博等等恶习。其二，能够促使民众学习科学文化，增长知识、见识，增进身体健康，树立正确的思想观念，有助于提高民众素质，形成良好生活方式及社会风气，以促进社会稳定与进步。

---

① 《粤、桂、贵、陕、宁、青、绥及辽宁八省社会教育实施概况报告》，中国第二历史档案馆藏南京国民政府教育部档案，档案号五（2）874。

第六章　开发宁夏思想及实践的历史作用及启示

第一节　近代开发宁夏思想的历史作用

近人关于宁夏开发问题的思考对当时宁夏各方面建设、开发方案及计划的产生具有一定的促进作用。

如，时人参与讨论者从专家、学者、教师、记者、中下级军官、地方官员到省政府主席以及中央政府各部门官员，乃至最高领导人。其中大多曾来到宁夏实地考察，或与地方官员接触讨论，或直接建言，提出宁夏开发、治理的诸多建言。易辞言之，近人正是在首先初步了解宁夏省情的基础上，提出一系列有关宁夏开发的思想主张。不少思考、建言甚至引起地方官员的共鸣，从而对开发宁夏的规划、计划的制定产生直接影响。

开发宁夏的思想在宁夏近代开发史及西北开发史上具有理论指导意义。

近人关于宁夏开发问题的思考已成为国民政府时期宁夏开发实践的理论依据之一，且推动了当时的开发实践。

近人对宁夏开发的思考及探索在中国现代经济开发史上具

有较为显著的地位。近代中国各历史时期宁夏开发的动机或背景，除为当时的统治者服务外，具体如下：一为宁夏乃新建省份，经济文化比较落后，但自然资源较为丰富，可利用宁夏较为丰富的自然资源摆脱经济制约因素，进行基本设施建设，兴办近代机器工业，恢复发展农林牧业，促进本区域经济恢复及社会发展，平衡宁夏与沿海省份之差距。其二，近代西北战事连年不断，为防范农民起义，防止外敌对西北的侵略；尤其是1931年“九一八”事变的爆发，伪满洲国的建立，日本帝国主义侵华步伐的加快，严重威胁着中国北部边疆安全及中华民族的生存，当时晚清及民国政府均需要从战略上考虑加强国防，巩固包括宁夏在内的西北边疆。对宁夏开发的思考及探索更具有反对日本侵华的内涵，如蒋中正在讲到包括宁夏在内的西北开发问题时，即要求该区域做好抗日准备。这可谓国民政府时期国人对宁夏开发探索之重要价值所在。其三，国民政府有关政策、决议的推动作用。如，1932年12月，国民党四届三中全会上，郭愧生等人提出“开发西北案”。1933年，国民党中央政治会议召开343次会议，通过“开发西北案”，这意味着国民党中央做出开发包括宁夏在内的西北各省的决议。同年，国民政府行政院发布有关上述提案的训令。国民党及其政府的有关决议引起当时社会各界的较多关注，关于宁夏等西北的开发应运而生。因此，如果说晚清等时期人们有关宁夏的开发成为宁夏近代开发开端的话，那么，国民政府时期宁夏开发问题的诸多实践则促进了宁夏近代开发的初步形成。因为国民政府时期宁夏开发的思考及主张，不仅涉及对宁夏自然资源状况及交通、水利、林牧业、财税金融等要素的考察，更是从自然与经济地理学、森林生态学、森林气象学等近代科学理论及近代交通、农业、财税、金融建设的角度，从政治、民族、教育、思想文化等角度，对当时宁夏如何实现现代化进行全方位的、较为深入的探讨，从而在宁夏近代开发史上具有重要的理论指导意义。近人关于宁夏开发诸多问题的讨论也引起清政府、国民政府及宁夏地方当局不同程度的关注、重视，不同程度地借鉴、采纳时人的主张、建言，从而推动了宁夏的开发实践。而近人关于宁夏开发的许多思考，不仅成为该历史时期宁夏开发初步理论架构所考虑的问题，更成为宁夏开发实践必须注意改进的问题。如宁夏地方当局曾一直组织在各主支干公路沿线、河渠堤岸、平原灌区农田埂界等处植树造林，进行林业建设，以求既保护基础设施，又可逐步改善宁夏的生态环境。又如，20 世纪 30—40 年代宁夏的交通、水利、农业、工矿业、财政金融等建设也是以此为依据的。国民政府、宁夏地方当局在进行宁夏经济建设时，亦不同程度地考虑宁夏自然地理环境及所蕴藏资源物产进行工矿商、农林牧等业建设，促使当地的交通、农业（包括水利林业等）、财政金融等经济环境有所改善，进而对宁夏社会经济的恢复与初兴产生过一定的促进作用。应该说，近人关于宁夏开发问题的探讨，不仅为当时本区域开发做了较充分的舆论准备，还推动国民政府、地方当局采取有助于经济恢复发展与社会进步的方针政策，以促使区域开发环境有所转变，更对该时期经济建设产生一定的推动作用。从中可见近代国人关于宁夏开发思想的重要历史作用。

第二节　近代宁夏开发实践的历史作用与启示

我们首先要考察近人开发宁夏实践的历史作用。

一、历史作用

其一，开发、治理促进了区域经济、教育的现代化。

民国时期尤其是国民政府时期，新的经济管理机构如邮电局、财政厅、建设厅的设立，农牧业管理机构的设立，区域经济制度如交通邮电、水利、林牧业、财政、金融制度作为近代区域经济的推动力，这不仅标志着区域交通、财政金融制度等经济制度的初步确立，而且在一定程度上带来宁夏经济的现代化。首先，新式邮电业实行的是中央设总局统辖、地方设管理局分辖、各省设局管理的三级管理体制，不仅可以保证各省局与地方政府的联系，实现因地制宜，而且决策权力的高度集中于中央，使邮电业在战事频繁之际“不受外力的干扰，能维持高度的纪律”，[1] 促进行业的有序发展。这一管理体制的效用在抗日战争中得到了全面的体现。1937 年“七七事变”之后，绥西、包头相继沦陷，宁夏成为连接前线与后方的重要区域之一。为缓解战时军政机关云集所造成的通讯压力，奉上级管理机关的指示，宁夏邮局采取了包括增设常规及临时办事机构、增加普通和临时工作人员、延长工作时间等在内的一系列措施，不断完善组织机构建设；同时，宁夏邮局还扩大服务功能，改进邮路与电报、电话线路，开通委办汽车邮路，恢复黄河水运邮路，增设无线电台与线路，以适应战时通讯需求。在上级部门的领导下，宁夏邮局根据实际需求采取了一系列相对应的措施，支持了战时军政通讯，同时使宁夏邮电业得到了相对较快的发展。1933 年，直属于宁夏省政府的宁夏省电话局成立；1935 年，宁夏二等邮局升级为一等乙级邮局；1942 年，宁夏三等电

① 《中国近代邮电史》，第 99 页。

报局升级为贺兰二等电报局；1946年，宁夏一等乙级邮局升级为一等甲级邮局。这些不仅是宁夏邮电组织机构不断完善的体现，而且是国家对宁夏邮电业在抗战中所作贡献的一种承认。这种贡献，甚至博得了马鸿逵的嘉奖。1941年12月18日，马鸿逵向宁夏电报局、宁夏邮政局和欧亚航空公司三家单位发放奖金，奖励其工作人员与宁夏军政机关人员的相处融洽和工作的尽职尽责。① 马鸿逵此次发放奖金的对象，在宁夏的中央机关中仅此三家，显示出其对中央驻宁交通通讯机关工作的满意。抗战时期，宁夏省邮电业的这种相对完善且快速的发展，与其所采取的合理的管理体制是密不可分的。

再如建立起新的财政税收征管机构，初步建立起现代财政预算、收支制度，使得区域财政预算、收支在国民政府的推动及地方当局的配合下逐渐趋于初步正常化，从中不仅可见宁夏地方当局在财政税收分配中的主体地位，而且反映出地方当局区域经济治理观念的变化。这不仅是区域经济现代化的主要内容之一，而且是区域经济体制变迁的主要内容之一。逐步形成新的税收征管制度。过去宁夏实行包税制，造成财政收入税款一部分落入商人、官僚、军阀囊中，地方当局征收管理税款的权力受到严重损害。新的税收征管制度建立，由地方当局直接设立税务机构征收税款，新制度下的税款征收成为区域财政收入的主要来源，即来自农业、商业的收入成为宁夏财政支出的主要来源。这是宁夏建省后区域财政税收相当明显的变化。国民政府时期出现的新式银行体系标志着宁夏近代金融制度的建立。如上所述，如果说北京政府时期宁夏银行制度处于萌芽阶

① 《宁夏省电报局第五八四七号代电》1941年12月18日，《省电信局关于年度考核、奖金、人事调动的清册、电文》1937年12月至1946年2月，宁夏档案馆藏民国甘宁青邮电管理局档案，档案号民3—64，第31、32页。

段，那么，国民政府时期宁夏银行体系的建立和发展演变则反映了区域金融制度的现代化历程，同时又呈现自己的地方特色。抗日战争爆发后至新中国成立前，宁夏银行业的变迁无疑是在曲折中进步。法币制度的推行，地方及国家银行各项业务规模的逐年扩大，中央银行及四联总处宁夏分支机构的设立及对银行业务的管理，促使宁夏银行体系初步形成及近代金融制度的确立。在教育方面，宁夏教育厅作为地方教育行政机构，在国民政府及地方当局支持下，初步筹建起包括初等教育、中等教育、职业教育、社会（成人）教育在内的新式教育体系；初等及中等教育教学内容也发生根本变化；加上不少从东部高等院校毕业并接受资产阶级思想教育的新的师资队伍的形成及教育观念的变化，均成为宁夏教育现代化的重要内容。

其二，促进了社会生产的改进、区域经济结构的调整，有益于抗战及民众生计。

宁夏开发尤其是国民政府时期宁夏的开发治理产生了新的经济因素。如近代工业、近代财政、金融体制的产生，农业的技术改良、运用近代技术兴修水利。尤其是新的银行制度成为区域经济社会变迁的主要推动力之一。中央、中国、交通、农民四行分支行处在宁夏的设立，为宁夏银行提供资金支持，为宁夏近代工业资金融通做出了一定贡献。

由宁夏银行放款创办的各种工业企业毕竟使宁夏走上了现代化发展的道路，虽然企业存在规模小、资金短缺、设备简陋、经营管理不善、技术人员匮乏等诸多不足，却仍然推动了宁夏近代交通运输业和工业的发展，推动了近代宁夏社会生产的进步。尤其是20世纪40年代宁夏农贷业务的开展，在一定程度上抑制了日益猖獗的高利贷现象，也基本确立了宁夏新式农贷市场。30年代初期，宁夏农村金融中的高利贷严重状况曾是近人关注的重要问题之一。1934年中央农业实验所曾对宁夏四县农民借款来源进行调查（报告次数14次）。结果发现，当地农民几乎没有在银行、合作社、典当、钱庄借款，而向商店、地主、富农、商人借款百分比则分别为21.8%、14.3%、28.6%、35.3%。[①] 且各种借款利率多在五分以上，其中三分至四分占28.5%，四分至五分占14.2%，五分以上竟占57.3%，居当时参加调查西北各省之首。[②] 由上述足见宁夏农民借贷之困难与当地农村通行高利贷利率之高。在当时宁夏捐税负担过重，水旱灾害颇多等背景下，这不仅可能使许多农民破产，更难以谈及维持农民自身生活及当地农业生产的恢复与发展。1941年，农行宁夏支行贷款利息为月息8厘；[③] 20世纪40年代初连续不断的农贷业务的开展，信用社贷款年息一般在1分1厘左右，[④] 势必吸引一般农民加入合作社并向农民银行借贷。1943年，信用合作社放款月息为1分3厘。[⑤] 1944年，私人高利贷贷款则为7分至1角不等，甚至有2角者，而信用社贷款年息为2分5厘，[⑥] 这无疑打击了一度猖獗的高利贷现象。如1943年农业生产春贷折实贷放后，小麦市价由30元一斗降至25元一斗。该项措施使得当地一般高利贷者无从施展其伎俩，无形中农民增加

① 严中平等编《中国现代经济史统计资料选辑》，科学出版社1957年版，第345页；秦孝仪主编《革命文献》，第88辑，台北，中央文物供应社1981年版，第265—266页。

② 秦孝仪主编《革命文献》，第88辑，1981年版，第265—266页。

③ 《中国农民银行宁夏支行业务考查报告》，1941年，中国第二历史档案馆藏中国农民银行档案，档案号399/2785。

④ 董正钧：《宁夏农业经济概况（上）》，《中农月刊》第8卷第2期，1947年2月，第45—46页。

⑤ 《宁夏省政府通告》，《宁夏民国日报》，1943年1月17日，第1版。

⑥ 董正钧：《宁夏农业经济概况（上）》，《中农月刊》第8卷第2期，1947年2月，第45—46页。

其收益；1943 年春贷因贷放适时，且系实物，因而农民称便不已。[①]

同时，与 30 年代的宁夏农村融通资金途径单一不同的是，40 年代宁夏农贷市场出现以近代专业银行为核心的多种新式农村融资渠道，各地农村经此低利资金之融通，农村金融顿形活跃。[②] 近代宁夏农贷市场初露端倪。众所周知，抗战爆发后需要中国聚集经济力量长期进行反对日本侵华战争，而抗日金融则是战时经济的核心。抗日金融的主要内容除限制提存、管理货币以稳定币值外，还须将大部分资金投入大后方的工农业建设，以增强国家抵抗日本侵华的经济、军事实力。而宁夏地方所开展的农村金融活动种类，如农业生产贷款、农田水利贷款、农副业贷款、农业推广贷款、土地垦殖贷款均是按照国民政府所颁布的一系列战时农村金融的方针、政策、法规来操作进行的。[③] 因而 40 年代前期开始的宁夏农贷活动实际成为西北抗日金融的重要组成部分。农业生产的保障为当时宁夏及周边省区军民抗战提供了一些必需物资。

20 世纪 40 年代农贷的持续开展，为种植业生产融通一定的资金，有益于扩大耕地面积并提高粮食总产量，促进了宁夏农业的恢复。宁夏推行生产贷款，因行政与金融机构取得密切联系，贷放适合农业季节；[④] 合作社转放贷款时，均由各县合作指导员会同农行农贷人员莅场监视发放，务期贷款能达真正农民

① 《中国农民银行宁夏支行三十二年度宁夏省农贷报告》，中国第二历史档案馆藏中国农民银行档案，档案号 399/3686。

② 《宁夏合作事业》（1）1941 年印，第 5—6 页。

③ 林和成：《民元来我国之农业金融》，朱斯煌：《民国经济史》，1948 年上海银行学会印，第 110 页。

④ 《宁夏合作事业》（2）1942 年，中国第二历史档案馆南京国民政府藏实业部档案，档案号十一 367。

之手，以发挥农贷之效用。[①] 其中，“农贷之成效，以农田水利贷款为最大。各处大小型农田水利工程，灌溉农田，增加生产，其利甚溥。”[②] 这无疑会带来耕田亩数的增加。1939 年底川区 7 县耕田亩数已达 228 万余亩，[③] 1941 年为 247 万亩，而至 1946 年宁夏各灌区耕田亩数已增至 270 余万亩。[④] 农村金融业务的效果为当时社会人士所公认。1940 年至 1944 年宁夏农业生产及农田水利贷款逐年增加，对于协助农民增加食粮生产收效至钜。[⑤] 当时水利工程耗资巨大，一般农民一时难以承受如此沉重负担，而农田水利贷款每年可促使增产食粮 3 至 5 万石，可见该项贷款对于农业增产影响甚大。[⑥] 如 1940 年宁夏省粮食产量达 120 余万宁夏石，1941 年贷款发放到各乡村，其收获之效果在粮食产量方面，[⑦] 当年约增产至 180 万宁夏石（每宁夏石约 480 市斤）。[⑧] 据统计，1942 年宁夏主要粮食作物产量总计为 374 万石。[⑨] 这从以下的两个统计表中也可证实。

另外，宁夏农村曾一度出现“谷贱伤农”（布匹贵，10 斗

---

① 《宁夏合作事业》（1）1941 年印，第 5—6 页。

② 《四联总处 1942 年度办理农业金融报告（节录）》1943 年，中国第二历史档案馆编《中华民国史档案资料汇编》，第五辑，第二编，财政经济，（四），江苏古籍出版社 1997 版，第 199 页。

③ 叶祖灏编《宁夏纪要》，南京正论出版社 1947 版，第 74 页。

④ 李翰园：《宁夏水利》，《新西北月刊》，第 7 卷第 10—11 期合刊（1944 年），第 73 页；《宁夏省水利局简要工作报告（1947 年）》，宁夏档案馆藏档案。

⑤ 南秉方：《宁夏省之农业金融与农贷》，《新西北月刊》（1944 年），第七卷，第十、十一期合刊，第 36、35 页。

⑥ 秦晋著《宁夏到何处去》，1947 年印，第 74 页。

⑦ 《核办宁夏省农贷》1941—1942，中国第二历史档案馆藏中国银行档案，档案号 397/44。

⑧ 《十年来宁夏省政述要》，建设篇，第五册，第 299—300 页。

⑨ 叶祖灏：《宁夏纪要》，南京正论出版社 1947 版，第 53 页。

谷难换 1 丈布）的现象，也可反衬宁夏食粮种植的增长。[①] 棉花的种植产量增长也较为平稳。据初步统计，1939 年为 31 万多斤，1940 年则为 30 多万斤。[②] 1943 年才开始植棉贷款，当时给在中宁鸣沙洲、张恩堡一带各社贷款 7 万元，但收效甚大。据宁夏农林处调查统计，试种成绩平均每亩可产皮花 30 斤，种植面积共 3158 亩，可产皮花 94740 斤。按 1941 年当年市价每斤 120 元计算，总值 11，368，800 元。再者，棉农每亩之收值 3600 元。若种植普通作物，每亩最多为 1200 元，单位之收入几增至 3 倍，故农民咸称种棉甚于种烟。宁夏过去种鸦片烟每亩之收入倍于种植农作物。另外，宁夏过去向不产棉，布匹棉花素仰陕豫供给，1943 年集中区域栽培后，收效显著："开棉作推广之风气，此种开导启示作用影响社会民生至钜。"[③] 同时，这不仅有益于丰富宁夏经济作物的种类，还可为宁夏纺织工业提供原料，缓解了宁夏地方布匹紧缺的状况。该时期的贷放除适应农业生产季节之需求外，并配合战时农业增产计划。[④] 可见，当时的农村金融活动无疑成为抗战时期包括农业生产在内的宁夏经济缓慢发展的重要原因。从区域变迁方面揭示出现代经济与传统经济之间不可或缺的密切联系，揭示出近代中国传统与现代之间关系的一个侧面。

同时，这也有益于促进包括畜牧业在内的农村副业的兴起。

抗战时期宁夏牲畜头数较前有所增加，处于持续发展阶段。

---

① 《宁夏合作事业考察报告》1942 年，中国第二历史档案馆藏南京国民政府实业部档案，档案号十一 367。

② 徐安伦、杨旭东：《宁夏经济史》，宁夏人民出版社 1998 年版，第 209 页。

③ 《中国农民银行宁夏支行三十二年度宁夏省农贷报告》，中国第二历史档案馆藏中国农民银行档案，档案号三九九 3686。

④ 《宁夏合作事业》（3），1943 年印，第 21 页。

据统计，1934 年宁夏省所辖 9 县共有牛 35503 头，马 25000 匹，骆驼 14800 峰，羊 478060。[①] 1949 年宁夏解放前夕，牲畜存栏总头数有 132 万多头。[②] 另外，加上以上所列 20 世纪 40 年代前期对主要畜产品数量统计，均说明当时宁夏的畜牧业经济处于初步发展阶段，而这与农村副业贷款的资金支持是分不开的。而提供动力的大牲畜头数的增加对农业生产的促进作用是不言而喻的。[③]

纺织、榨油、陶瓷等生产贷款扶植及社务的开展使得局部农业生产与宁夏省农村土特产之开发及副业之提倡均有长足进展，于此亦可见合作事业之宏效；[④] 其对于乡村手工业的扶植及减轻农产品销售方面的盘剥均有相当成果。[⑤]

宁夏农村金融业务的开展曾多次涉及回族聚居区的宁夏贺兰县金贵等乡镇，以及平罗、灵武、永宁、金积、同心等县，乃至蒙古族聚居的阿拉善旗、额济纳旗，农贷也惠泽一般少数民族民众。又如 1945 年扶植自耕农及土地改良贷款共计 700 万元，目的即是扶植贫农生产自立，帮助其赎田购地，改良土产。结果利用这笔资金，有 50 户贫农赎回土地 1200 亩，贫农 120 户购地 300 亩；改良土质农户 360 家，农户开垦荒地 28 亩，这也是农贷的明显成效之一。[⑥] 当时农贷无疑有益于回族等少数民族聚居乡镇经济的恢复及民众日常生计。

20 世纪三四十年代宁夏经济结构中出现具有现代意义的交通、邮电、工业、商业、畜牧业、农业、金融业，建立起新的

---

① 傅作霖：《宁夏省考察记》，南京，正中书局 1934 年版，表四。

② 宁夏农业地理编写组编《宁夏农业地理》，科学出版社 1976 年版，第 186 页。

③ 秦晋著《宁夏到何处去》，1947 年印，第 75 页。

④ 《宁夏合作事业》（3），1943 年印，第 22 页。

⑤ 秦晋著《宁夏到何处去》，1947 年印，第 75 页。

⑥ 秦晋著《宁夏到何处去》，1947 年印，第 73 页。

区域财政经济制度，经济结构较20年代发生很大变化。

其三，宁夏新的交通邮电、财政税收制度的形成及商业开发，促使区域社会发生变化。之一是财政支出主要对象是军队、行政开支，这使得宁夏社会阶层中军人、职员、教师、学生人数明显增加。宁夏社会阶层出现人数较前明显增加的军人、职员等新的社会阶层；出现了一批近代产业工人；出现了商会、信用合作社、农会等社会团体或经济组织，促使宁夏由传统农业社会向近代工商业社会缓慢转型。同时，宁夏财政一部分用于教育建设，这使得财政经费支持成为区域普通教育规模较前扩大的重要原因之一。这也是近代宁夏教育及社会生活发生变化的表现。但在新的税收制度之外的临时摊派、强行收购影响到区域商品市场与农村集贸市场的正常运转，也成为民国时期尤其是国民政府时期宁夏民间商业、农牧业逐步衰败的关键原因之一。这些均成为新的财税制度下的宁夏社会变化的重要表现。总的来说，国民政府时期宁夏省邮电业在管理体制、内部机构设置、人事管理制度、邮电线路及业务等方面均得到较之建省之前更快的发展，初步实现了行业现代化。尤其值得一提的是，在宁夏省邮电行业发展过程中逐渐显现的现代因素，对国民政府时期宁夏的政治、经济、文化以及人民思想观念的改变，具有开启现代社会风气的意义。如前所述，宁夏邮局的代发报刊，加快了宁夏的文化传播速度，一定程度上改变了宁夏闭塞、落后的局面。对于环境较为闭塞的宁夏，不能不说是一个具有积极影响的变化。

其四，开发宁夏的实践促使中央与地方联系更加紧密。

宁夏建省前，中央政府与宁夏联系主要靠甘肃地方当局，与宁夏地方的直接联系相对较少。宁夏建省尤其是国民政府时期，经济开发、教育文化建设、政治活动等成为中央与宁夏联系的纽带。比如，地方财政、金融制度的建立及实施，从1938年中国农民银行的设立及其他国家银行相继在宁设行，一直到1949年，通过财政、金融制度建设及诸多具体事务，使得国民政府与宁夏地方当局的关系经历了一个冲突、磨合、双方逐渐适应的过程，最终使得地方当局逐渐依赖国民政府的财政金融支持来开展地方事务，从而使得在宁夏近代历史上中央与地方的关系保持空前的紧密。上世纪40年代宁夏农村金融业务的开展有其深刻的原由。《中农月刊》四卷九期曾公开著文宣称：农业金融是随政治经济演变，而进入安内攘外时期。[①] 宁夏近临边区，发展农业金融实际上是作为国民党政权军事上“安内”的辅助手段，所以蒋介石要亲躬此事并两次急电催办设置中国农民银行宁夏支行。国民政府驻宁金融机构感到宁夏处于抗战前线，受到日军侵略的威胁；回族上层人士主政的地方当局则从其主观动机而言，考虑到宁夏政治经济实力较弱，而且感到来自为陕甘宁边区以及国民政府所控制的甘肃、绥远所包围的压力，以利用开发农村金融作为增强其政治、经济、军事实力的手段之一。而这不仅有助于笼络人心及宁夏回汉乡村经济及社会的进步，而且增强了宁夏回汉聚居区域抗战的政治经济实力。

这种通过财政金融建立的联系使得国民政府对宁夏情形逐渐了解。这事实上有助于增强地方军阀的经济实力，巩固了政治统治，也确立起国民政府对宁夏地方较前控制更为加强；使得地方军阀政治地位逐步巩固，客观上有益于宁夏区域开发、治理观念的进步与历史演变，从区域变迁方面揭示出现代经济与传统经济之间的不可或缺的密切联系，揭示出近代中国传统与现代之间关系的一个侧面。

---

① 转引自《宁夏金融志》，第2页。

二、启示

1. 区域开发需要良好的政治环境

应摆正政府的位置，明确开发动机。清代及国民政府时期的宁夏开发，当政者开发、治理区域的动机仅是维护其在本区域的统治，从集团本身利益出发，加强对宁夏的政治、经济控制，并非从根本上为民众利益或建设、发展地方各项事业服务。这样，开发、治理效果虽有但并不明显。因而从根本上说，近代宁夏开发缺乏良好的政治环境。因此，摆正开发、建设者的位置，明确建设一方、造福百姓，促进教育、文化及社会发展的目标至关重要。

2. 思想文化、教育、科技方面的借鉴作用

思想、观念有待进一步更新。首先应具有借鉴国内外先进管理经验、制度的意识，可采取派出去或请进来等办法，学习、运用国内外先进的企业管理制度、经验或先进技术设备。应不断增强开放意识、现代意识，养成扎实、敬业的工作作风，对现代宁夏的开发至关重要。正当竞争、积极向上、奋发进取的思想观念也亟待提倡。在开放意识方面，各级部门、各个行业领域、各级领导干部应改变封闭、保守、狭隘不合作的工作作风，保持对本区域、国内外开放并积极寻求合作的心态，树立谦逊、宽容、积极向上的工作作风。

现代意识应包括生存环境意识、人与人之间的互帮互敬意识、荣辱意识等。比如，国民政府时期宁夏对树木的保护曾落实到家庭、个人、单位，无论如何，损坏树木须追究责任。而在此之前的晚清时期，据说左宗棠曾将破坏树木的牲畜砍头。上述均说明近人保护环境意识之贫乏，素质不高。虽说宁夏人

口整体素质是晚清、民国时期所不能比拟的，而在跨世纪的现代宁夏，人口素质也存在参差不齐的问题，现代意识不强。比如，像如下“保护”树木者大有人在，据报道不仅有居民用肥皂水浇树，更有使用废汽油、废柴油浇树者。可见现代宁夏部分城市居民生态环境意识及个人素质之差。

思想、观念的普遍更新乃至区域的发展要靠人口整体素质的提高，而这又要靠教育、科技的发展。比如，近人关于自然环境中的有利与制约因素、基础设施、农林牧业、工业、财政金融、政治与民族关系、文化教育、思想观念、陋习状况考察及各种相应的思想主张建言的提出，首先应该促使我们认识到近代宁夏经济与社会滞后的原因，虽说较为丰富的自然资源等是近代宁夏经济与社会发展的有利条件，但总体来说，当时宁夏内在的制约因素较多，如经济方面，恶劣的自然环境、落后的交通与水利设施、财政困难，近代金融设施较少，经济结构较为单一、科技含量较低，政治状况不佳，文化教育滞后，均成为宁夏经济与社会停滞的原因，而教育、文化、思想观念则为主要原因。尽管近人提出若干建议，并通过诸多开发实践促使上述状况有所改观，但宁夏社会发育较弱，地方经济发展缓慢。因此，我们应该充分认识到，上述诸项因素均是影响宁夏经济与社会发展的重要因素。其中教育文化、思想观念、人口的整体素质及奋发进取精神，科学技术人才及科技含量，与宁夏社会、经济发展关系甚巨。研究历史问题，某种意义上是在研究现实问题。建国以来，宁夏社会与经济发展异常迅速，交通、水利等设施的配备是近代所难以比拟的。在中国共产党的领导下，实行人民民主制度，教育文化科技事业不断发展，思想观念大为改观，人民生活不断提高。但是，随着经济开发力度的加大，近代遗留下来的生态环境问题又趋于恶化；而同东南地区相比，资金较为缺乏，部分交通设施仍较落后，产业结构单一化；更为严重的是，教育、科技经费较少且水平较低，政治改革与思想观念滞后，宁夏近代社会发育欠成熟，因而致使现代宁夏社会、经济发展落后于西北及东南各省。因此，当前宁夏加强生态环境建设、教育科技文化建设、转变思想观念刻不容缓。现代宁夏经济（科技教育）、政治（法治与德治及民族问题）、教育文化思想观念方面之重要性与任务。历史证明，教育、科技、思想文化是影响人类社会发展极其重要的条件，其对人类社会的发展具有反作用，即具有巨大的推动作用或严重的阻碍作用。这正如秦晋所说："教育乃宁夏一切建设、行政、经济推进之关键所系"，"而一般思想蔽塞，欲推进教育工作，困难实多，然此最足以证明宁夏教育工作""乃当前之急切需要，如忽略此点，将来宁夏一切，决无基础。"[①] 虽然近人所言乃当时之事，如今宁夏教育事业已有迅猛发展，但秦晋所言阐明教育在社会与经济发展中的基础、根本作用是值得我们深思的。事实已经证明，教育能够在培养高素质人才方面产生重大作用，能够在保障社会良性运行、经济顺利发展方面发挥重大作用。

教育、科技的发展及思想、观念的更新越来越直接地成为第一生产力或至关重要的生产力。加强教育文化科技工作有助于推动宁夏现代社会的发育趋于更加成熟。社会发育成熟的基本条件主要包括社会的文化水准、社会劳动力的受教育水平以及科技发展程度。现代宁夏社会发育也不大成熟，成人教育、职业教育有待加强。现代宁夏教育更侧重于实践能力的培养，并力求与生产紧密结合，力求面向应用。中小学教师业务、职

① 秦晋著《宁夏到何处去》，第78页。

业道德等方面培训各应经常化、制度化，大学教师的进修也不容忽视。而这一切均需要巨额教育经费。近代宁夏在教育经费方面已有教训。据报道，现在宁夏教育经费预算百分比与国家教育法规定百分比标准差距较大。除经济原因外，也说明当今在教育经费认识上也有严重偏差。实际上，教育科技文化不应列入社会消费的范围，而应列入社会支出的范围。在市场经济条件下，为各种劳动力再生产服务的劳动应当算做生产劳动。教育就是一种为劳动能力本身生产、训练、发展、维持、再生产的生产性劳动。教育在提高包括基本劳动素质在内的全体国民素质、促进社会与经济发展及中华民族伟大复兴等方面能够发挥极其重大重要的作用。宁夏教育、科研经费的短缺，教育、科技的落后，已成为宁夏社会、经济发展的严重障碍，在这方面已有深刻的历史教训。希望当前能够吸取历史与现实的教训，设法解决教育经费短缺问题，促使教育、科技发展走上正常轨道。

近人提倡社会教育，实际表明大众文化在促使人们摆脱不良生活习气如吸毒、赌博等等，在养成积极向上的生活方式、提高各界民众整体素质等方面，能够发挥极其有效的作用。由此目前更应重视农村文化宣传教育，以逐步转变农村社会风气；应重视对那些在物质方面先富起来的人们的教育，逐步促使他们具有更加健康的精神世界。

3. 经济方面的借鉴作用

首先，应重视关于区域开发经济问题的理论探索与舆论宣传，注意各方面综合因素在区域开发中所能发挥的重要作用，发挥本区域优势，尽可能转变不利因素为有利条件，最终创造良好的经济开发环境，并变资源优势为产业与技术优势，促进宁夏经济与社会同步发展。

其次，应该更多地考虑紧密结合本省区自然地理特征，改善生态环境，坚持可持续发展战略。生态环境条件是社会运行的另一个基础条件。众所周知，人类与其生存的环境协调发展同样是社会良性运行的必要条件。因此，必须研究人类与其生存环境协调发展的种种问题。特别应探讨并尽可能保持人类与自然环境的协调。要实现这种协调，就必须科学地、合理地利用资源。

事实证明，区域经济开发应借鉴近人思考问题的角度，首先必须保持清醒的头脑与长远的眼光，必须充分考虑包括地理环境在内的区情，在保持宁夏生态系统良性循环的基础上，以合理利用自然资源，必须坚持可持续发展战略。联系现代宁夏生态环境严重恶化的沉痛教训，更应积极响应党中央西部要实行退耕还林、种草种树的伟大号召，加强保护及改善宁夏生态环境，逐渐形成宁夏生态系统的良性循环，这已成为当前宁夏经济建设应切实考虑的紧迫战略问题，并应采取更多的行之有效的具体措施。

宁夏森林草原植被生态环境的保护与改善已刻不容缓。现代宁夏生态环境已相当脆弱。宁夏特殊的地形造成当时的气候特点，而长期干旱多风的气候又造成稀疏的植被与有机质较少的土壤。同时，脆弱的生态环境也是人类不顾独特的自然地域特征过度开发的结果。近代宁夏地方当局发展农林畜牧业，其所推行的有关畜牧业的政策措施很难说考虑到适度利用地理条件，考虑到脆弱的生态系统与长远经济开发之间的关系。值得注意的是，包括民国时期在内的历史时期，超负荷的放牧，过度地砍伐森林树木，据沙俄来华旅行家所见，清同光年间有一年约有万余人在贺兰山中砍伐树木。人类以牺牲生态环境为代价的过度开发已大大改变了宁夏的地理环境，已严重影响着宁夏森林生态系统的良性循环。历史证明，区域经济开发必须首先考虑包括地理环境在内的省情区情，必须保持清醒的头脑与长远的眼光，以合理利用自然资源，必须坚持可持续发展战略。联系现代宁夏生态环境严重恶化所带来的沉痛教训，积极响应党中央西部要实行退耕还林、种草种树的伟大号召，保护与改善宁夏草原生态环境，逐渐形成宁夏生态系统的良性循环，已成为当前宁夏经济建设应切实考虑的紧迫战略问题。为此，首先应在宁夏钙土分布区大力种草种树，形成大面积的防风林带与优良草场，并严密加以保护，以逐步调节气候，改良土壤，以切实有利于保护现有草原和全区生态环境，并逐步实现地方农牧业的可持续发展。

在具体做法方面，除目前在一些县市所采取的禁牧、退耕还林等措施外，应加强植树造林建设，大力种草种树，千方百计扩大森林、草原植被面积。可采纳近人的一些主张，设法筹集建设资金，培育树苗，调集草籽，利用每年秋季雨水增多之时机，在盐、同、灵县市及固原市等戈壁、荒漠地带试验种草、植树；待成功后，来年再大面积推广。林业、园林、市政等部门应充分发挥监督管理职能，积极进行树木林草保护的宣传教育，并制定有关法规，严格执法，切实保护各大山区天然林、宁夏城乡已有森林草原植被免遭破坏，以促进宁夏生态环境的逐渐好转，以最终创造良好的生存环境。

其三，工农业生产应吸取近代宁夏经济开发思想及实践方面的经验教训，不仅应考虑市场需要，还应考虑充分发挥科学技术的作用，产品开发更应考虑增加其技术含量和附加值，重视产品的深加工等。宁夏人民赖以生存的自然地理环境中既包括有利因素也存在制约因素。宁夏具有较丰富的自然资源，但近代宁夏经济中，以传统农业占很大比重，与工业所占比重相比，仍表明近代宁夏是经济结构单一的省份，根本谈不上产业结构的总体实力。包括民国时期在内的关于近代宁夏创办机器工业的思想主张及实践表明，虽然当时的产品层次及技术含量较低，但近人实际已注意到经济开发中产品加工工业的创办及设法增加产品的附加值，以增加新兴产业的效益。可惜的是，这些产品的技术含量及附加值较低。20 世纪 30—40 年代的宁夏省政府在经营过程中或多或少考虑到市场需求。如当时曾注意根据省内外市场需求，一面开拓宁夏畜产品省外销售市场，一面初步进行畜产品的技术开发，并获取了巨额的利润。但总体来说，近代宁夏畜牧业经营虽考虑到市场的需求，仍属开发自然资源，贩卖原材料，很难说是充分利用新技术来进行产品的深加工。而现代宁夏经济开发中一些做法也更发人深思。据了解，宁夏南部山区一家牛肉生产厂家曾与国内一大城市的一家公司签订购买生牛肉合同。但有趣的是，该大城市则向宁夏银川市出售熟牛肉深加工产品。可见，资源开发已对宁夏颇有讽刺意义。客观地讲，宁夏现代经济开发思想主张及其实践均属依托当地资源进行开发的思想与实践，在当时的历史条件下，上述思想具有先进和进步的的一面，至少是符合当时宁夏省情的。但也有问题的另一面。从根本上说，近代以来的资源开发已使宁夏在对外经济贸易中处于不利地位，经济利益在交换中大量丧失；资源开发已使本区域基本形成依赖资源的、单一的、缺乏竞争力的产业结构。长期以来，资源开发模式加上地域等原因更使人们的经营观念及思维方式趋于僵化、保守。而要实现社会及经济的良性运行或发展，必须依靠社会生产力的巨大进步。

鉴于上述情况，现代宁夏工农业的生产和经营更应遵照科学技术是第一生产力的论断，着眼于新产品的技术开发与市场需求，并在扩大生产的同时注意新产品的广告宣传及新市场的开拓，更可在引进高新技术、先进的管理模式乃至资金、人才的基础上创办深加工产品工厂，以增强宁夏产业的总体实力，增加资本积累。如林业科研机构可在一些县市禁牧之际，引进或开发高产草种，试种、推广，或兴办青草加工厂；平原地区可利用干稻草、麦草、秸秆原料兴办干草加工或高蛋白饲料加工厂，这样既可利用川区过剩草料，也可解决禁牧县市畜牧业草料紧张问题，更可使川、山区人民均获得一定收益。

此外，基础设施如山区、偏远乡镇村庄交通、水利、通讯建设均有待进一步加强。

4. 舆论宣传与开发理论研究

近年来，宁夏在宣传报道宁夏区情方面做了许多工作，增进了国内外对宁夏的了解，扩大了宁夏在国内外的影响力。为此，宣传思想战线首先应高度重视就宁夏各方面工作向国内外宣传报道，争取扩大外界对宁夏的了解。如对宁夏历史文物、名胜古迹及自然地理特征（如气候等）的报道宣传，以及对宁夏适合观光、避暑、度假旅游等的宣传报道；还可进行各种招商引资广告宣传；在旅游季节组织各项大型活动，邀请国内外有关团体、专家、著名人士参加。近年来，宁夏一些高校、研究机构、政府部门组织的学术活动或讲座，旅游部门组织的各种竞赛活动等，均举办得比较成功，应再接再厉，在宣传、研究宁夏区域开发方面取得更大的成绩。

同时，还应组织成立省区级研究机构，联系、延聘区内外专家学者研究宁夏开发的各种问题，已取得突破性进展，以真正实现“西部大开发，宁夏要争先”的伟大战略，促进现代宁夏经济与社会的迅猛发展。

参考文献

一、未刊档案史料与已刊档案史料

（一）未刊档案史料

1. 中国第一历史档案馆藏军机处档案，全宗号03

2. 中国第一历史档案馆藏农工商部档案，全宗号20

3. 中国第二历史档案馆藏国民政府行政院档案，全宗号二

4. 中国第二历史档案馆藏国民政府财政部档案，全宗号三

5. 中国第二历史档案馆藏南京国民政府经济部档案，全宗号四

6. 中国第二历史档案馆藏南京国民政府教育部档案，全宗号五

7. 中国第二历史档案馆藏国民政府赈济委员会档案，全宗号六

8. 中国第二历史档案馆藏南京国民政府实业部档案，全宗号十一

9. 中国第二历史档案馆藏南京国民政府内政部档案，全宗号十二

10. 中国第二历史档案馆藏国民政府全国经济委员会和行政院全国经济委员会档案，全宗号四四

11. 中国第二历史档案馆藏南京国民政府农林部西北羊毛改进处档案，档案号四一三

12. 中国第二历史档案馆藏国民政府实业部档案，全宗号四二二

13. 中国第二历史档案馆藏国民政府农林部农业推广委员会档案，全宗号四三七

14. 中国第二历史档案馆藏北洋政府陆军部档案，全宗号一〇一一 3595

15. 中国第二历史档案馆藏中央银行档案，全宗号三九六

16. 中国第二历史档案馆藏交通银行档案，全宗号三九八

17. 中国第二历史档案馆藏中国农民银行档案，全宗号三九九

18. 中国第二历史档案馆藏中国银行档案，全宗号三九七

19. 中国第二历史档案馆藏四联总处档案，全宗号五八五

20. 宁夏档案馆藏宁夏省政府档案，全宗号 2、3

21. 宁夏永宁县档案馆藏档案，全宗号 1

22. 甘肃省档案馆藏档案，全宗号 20

（二）已刊档案

1. 中国第二历史档案馆编《中华民国史档案资料汇编》，第五辑，第一编，财政经济（二）、（七），江苏古籍出版社 1994 年版；

2. 中国第二历史档案馆编《中华民国史档案资料汇编》，第五辑，第一编，教育（一）、（二），江苏古籍出版社 1994 年版；

3. 中国第二历史档案馆编《中华民国史档案资料汇编》第五辑第一编，“财政经济”（九），江苏古籍出版社 1994 年版；

4. 中国第二历史档案馆编《中华民国史档案资料汇编》，

第五辑，第二编，财政经济（三）、（四）、（八）、（十），教育（一）、（二），江苏古籍出版社 1997 年版；

5. 中国第二历史档案馆编《中华民国史档案资料汇编》，第五辑，第三编，财政经济（一），江苏古籍出版社 2000 年版；

6. 宁夏回族自治区档案馆编《中共宁夏党史档案资料选编（1926—1949）》，1986 年印。

二、资料汇编、地方志、报刊杂志、游记、日记、文史资料

（一）资料汇编、地方志

1. 《左宗棠全集》，第 14 册，札件，岳麓书社 1986 年版；

2. 《左宗棠全集》，第 5 册，奏稿五，岳麓书社 1991 年版；

3. 《左宗棠全集》，第 6 册，奏稿六，岳麓书社 1992 年版；

4. 张声磬著《道咸宧海见闻录》，中华书局 1981 年版；

5. 蔡尚思、方行编《谭嗣同全集》（增订本），中华书局 1981 年版；

6. 秦翰才著《左文襄公在西北》，岳麓书社 1984 年版；

7. 叶祖灏著《宁夏纪要》，南京正论出版社 1947 年版；

8. 马福祥等修《朔方道志》，天津华泰印书馆 1926 年；

9. 慕寿旗辑著，赵元贞、李炳校《甘宁青史略》，兰州俊华印书馆 1936 年印行；

10. 刘郁芬、杨思秀、张维等纂《甘肃通志稿》，1926 年印。

11. 刘锦藻编《清朝续文献通考》，卷三七八，实业一，考一一二四八；

12. 《大清历朝实录（光绪朝）》，卷 515，台湾华联出版社 1964 年版；

13. 王锺瀚点校《清史列传·崧蕃传》，卷五十九，中华书局 1987 年版；

14. 故宫博物院明清档案部编《清末筹备立宪档案史料》（上、下册），中华书局 1979 年版；

15. ［民国］叶超编《固原县志》，卷四，宁夏固原县文物工作站 1981 年印；

16. 宁夏回族自治区档案馆编，吴忠礼、杨新才主编《清实录宁夏资料辑录》，（上、中、下），宁夏人民出版社 1986 年版；

17. 马塞北主编《清实录穆斯林资料辑录》（下卷），第二分册，宁夏人民出版社 1988 年版；

18. 中国人民银行总行参事室金融史组编《中国近代货币史料》，第一辑，上册，中华书局，1964 年版；

19. 中国银行总行、中国第二历史档案馆合编《中国银行行史资料汇编（1912—1949）》，上编（三），档案出版社 1991 年版；

20. 宁夏省政府秘书处编《十年来宁夏省政述要》，财政篇，第三册，宁夏省政府 1942 年印，宁夏人民出版社 1988 年影印；

21. 宁夏省政府秘书处编《十年来宁夏省政述要》，教育篇，第四册，宁夏省政府 1942 年印，宁夏人民出版社 1988 年影印；

22. 宁夏省政府秘书处编《十年来宁夏省政述要》，建设篇，第五册，宁夏省政府 1942 年印，宁夏人民出版社 1988 年影印；

23. 宁夏省政府秘书处编《十年来宁夏省政述要》，地政篇，第六册，宁夏省政府 1942 年印，宁夏人民出版社 1988 年影印；

24. 宁夏省政府秘书处编《十年来宁夏省政述要》，卫生篇，第七册，宁夏省政府 1942 年印，宁夏人民出版社 1988 年影印；

25. 秦孝仪主编《革命文献》，第 81、82、83、88、89、90、102 辑，台北，中央文供应社 1981 年版；

26. 秦孝仪主编《中华民国重要史料初编——对日抗战时期》，第四编，战时建设（二），台北，中国国民党中央委员会党史委员会，1988 年编印；

27. 中华民国外交史料《中英庚款史料汇编》（下册），［台］国史馆，1993 年印行；

28. 中国西北文献丛书编辑委员会编《中国西北文献丛书》，第四辑（129 册），西北民俗文献，第 13 卷，兰州古籍出版社 1990 年版；

29. 中国西北文献丛书编辑委员会编《中国西北文献丛书》，第四辑（132 册），西北民俗文献，第 16 卷，兰州古籍出版社 1990 年版；

30. 《民国丛书》编辑委员会编《民国丛书》，第三编（70），上海书店 1991 年版；

31. 人民银行宁夏分行金融研究所编《宁夏金融史近代史料汇编》（上、下册），1987 年印；

32. 郭荣生编《中国省银行史略》，沈云龙主编《近代中国史料丛刊》，续编，第 19 辑，台北文海出版社 1975 年版；

33. 西安市档案局（馆）编《陕西经济十年（1931—1941）》，西安档案资料丛书，1997 年；

34. 陈真编《中国近代工业史资料》，第 3 辑，三联书店 1958 年版；

35. 重庆市档案馆、重庆市人民银行金融研究所合编《四联总处史料（上）》，档案出版社1988年版；

36. 宁夏金融志编写委员会编《宁夏金融志》；

37. 严中平等编《中国现代经济史统计资料选辑》，科学出版社1957年版；

38. 戴鞍钢、黄苇主编《中国地方志经济资料汇编》，汉语大词典出版社1999年版；

39. 《中华民国工商税收史料选编》，第五辑《地方税及其他税捐（下册）》，南京大学出版社1999年版；

40. 林竞著《西北丛编》，沈云龙主编《近代中国史料丛刊》，台北文海出版社；

41. 李泰棻著《国民军史稿》，1930年印；

42. 张玉法、张瑞德主编《中国现代自传丛书》第4辑，台北龙文出版社股份有限公司1994年版；

43. 中国西北文献丛书编辑委员会编《中国西北文献丛书》，续编，西北史地文献卷，第八册，甘肃文化出版社1999年版；

44. 杨建新主编《中国西北文献丛书》续编《西北史地文献卷》，第七册，甘肃文化出版社1999年版；

45. 中国水利学会水利史研究会编《中国近代水利史论文集》，河海大学出版社1992年版；

46. 斯大林著，唯真译校《列宁主义问题》，人民出版社1957年版；

47. 《孙中山选集》，人民出版社1981年第2版；

48. 宁夏省政府建设厅编《宁夏省水利专刊》，北平中华印书局1936年版；

49. 永宁县志编审委员会编《永宁县志》，宁夏人民出版社1995年版；

50. 宁夏省政府编《宁夏资源志》，1946 年印；

51. 杨新才等编《宁夏水旱自然灾害史料》，宁夏回族自治区水文总站，1987 年印；

52. 宁夏省农林处编《宁夏省农政七年》，1946 年印；

53. 宁夏省教育厅《宁夏教育概况》，宁夏印刷局，1940 年；

54. 宁夏农业地理编写组编《宁夏农业地理》，科学出版社 1976 年版；

55. ［日］支那省别全誌刊行会编纂《新修支那省别全誌》第 7 卷，甘肃省、宁夏省，东亚同文会发行，1943 年 12 月；

56. 李燕青著《抗日战争时期甘肃回民教育及其历史地位》，山东省民族事务委员会编《中国回族教育史论集》，山东大学出版社 1991 年版；

57. 朱斯煌著《民国经济史》，上海银行学会 1948 年版；

58. 杨绳信编著《清末陕甘概况》，三秦出版社 1997 年版；

59. 交通银行总行、中国第二历史档案馆合编《交通银行史料第一卷：1907—1949》（上册），中国金融出版社 1995 年版；

60. 瞿韶主编《中华民国史事纪要（初稿）》（1942 年 7 月—9 月），台北，中央文物供应社 1993 年版；

61. 中央银行经济研究处编《中国农业金融概要》，中央银行丛刊，商务印书馆 1936 年版；

62. 孙瀚文《论抗战期之西北回汉问题》，甘肃省图书馆编《西北民族宗教史料文摘》，1986 年印；

63. 赵增珏《中国之电信事业》，商务印书馆 1943 年版；

64. 秦孝仪主编《革命文献》第 76、77、78 辑，台北：中央文物供应社 1983 年版；

65. 俞飞鹏著《十年来的中国电信事业》（1927—1936），

《民国丛书》第五编第六十九种，上海书店 1992 年版；

66. 张樑任著《中国邮政》，《民国丛书》第二编第四十种，上海书店 1990 年版；

67. 张心澂著《中国现代交通史》，《民国丛书》第四编第三十七种．上海：上海书店 1992 年版；

68. 中国史学会主编《洋务运动》，上海人民出版社 1961 年版。

（二）报刊杂志

1. 杨鸿志《宁夏财政年刊》，1934 年；

2. 上海银行周报社《银行周报》，1935 年，39；

3. 《宁夏省财政概要》，1940 年；

4. 杨承厚著《中国公库制度》，商务印书馆，1944 年；

5. 秦晋著《宁夏到何处去》，1947 年；

6. 《宁夏省政府公报》1942 年、1944 年；

7. 林嵘：《七年（1933—1938）来中国农民银行之农贷》，《中农月刊》，1940，1；

8. 刘耀燊：《论地方银行》，《广东省银行季刊》，1942，9；

9. 赵兴国：《省银行制度之检讨》，《河北省银行经济半月刊》，1947，6；

10. 郭荣生著《政府对省地方银行之管制》，《四川经济季刊》，1945，1；

11. 萧紫鹤：《陕西省银行概况》，《金融知识》，1942，11；

12. 朱迈沧：《甘肃省银行概况》，《金融知识》，1942，11；

13. 胡元民《西北五省之金融业：金融实况》，《金融知识》，1943，4；

14. 朱斯煌：《民国经济史》，银行周报三十周纪念刊银行周报社，1948；

15. 《宁夏民国日报》，1938 年 10 月 22 日，第 2 版；

16. 《宁夏民国日报》，1938 年 11 月 7 日，第 2 版；

17. 《未来的回族教育》，《宁夏民国日报》1940 年 11 月 29 日，第 2 版；

18. 《敦厚堂普放慈款——泽惠全省穷民》，《宁夏民国日报》，1941 年 2 月 20 日，第 2 版；

19. 《宁夏省政府通告》，《宁夏民国日报》1943 年 1 月 17 日，第 1 版；

20. 《宁夏民国日报》1943 年 4 月 4 日，第 2 版；

21. 杨作荣著《修正农贷方针之建议》，《宁夏民国日报》，1943 年 10 月 31 日，第 2 版；

22. 黄风著《宁夏纵横谈》，西北通讯月刊社编《西北通讯》（月刊），1947 年，第 1 卷第 2 期；

23. 马鸿逵著《一年来之宁夏》，西北通讯半月刊社编《西北通讯》（半月刊），1948 年，第 2 卷第 8 期；

24. 明如著《宁夏边疆教育概况》，《新宁夏》，1947 年，第 2、3 期合刊；

25. 张其昀著《宁夏省人文地理志》，《资源委员会季刊》，第二卷一期——西北专号（一），1942 年；

26. 李梅著《战时宁夏的教育》，《西北论衡》，1941 年，第 9 卷第 10 期；

27. 朱桦著《促进甘肃固海区羊毛生产事业之商榷》，《畜牧兽医月刊》，1940 年，第 1 卷第 2 期；

28. 李翰园著《宁夏水利》，《新西北月刊》，1944 年，第 7 卷第 10—11 期合刊；

29. 罗时宁著《宁夏四年来造林事业概况》，《新西北月刊》，1943 年，第 6 卷第 1—3 期；

30. 南秉方著《宁夏省之农业金融与农贷》，《新西北月刊》，1944 年，第七卷，第十、十一期合刊；

31. 王月波著《加强团结与回民教育》，《新西北月刊》，1939 年，第 2 卷第 1 期；张兆焕《一年来之宁夏教育》，《新西北月刊》，1941 年，第 4 卷第 2—3 期合刊；

32. 少青著《宁夏现状》，《陇钟》，1931 年；

33. 汉初著《包宁铁路线初测近况》，《交通月刊》，1947 年，第一卷第六期；

34. 英夫著《谈西北穆斯林固有的宗教教育》，《突崛》，1942 年，第 8 卷第 11—12 合期；

35. 张载泽著《宁夏省滩羊产区访问记》，《西北畜牧》，1943 年，第 2 期；

36. 朱耀初著《宁夏水利事业概况》，《中央银行经济汇报》，1943 年 5 月 16 日，第 7 卷第 7 期；

37. 《开发西北》，1934 年，第 1 卷第 6 期；

38. 申报年鉴社编《申报年鉴》，申报社，1935、1944 年；

39. 《大公报》1935 年 2 月 9 日，第四、五版；

40. 梁敬錞著《宁夏輶轩录》，《东方杂志》，第 31 卷第 10 号；

41. 《东方杂志》，1907 年 6 月 25 日，第四卷第八期；

42. 董正钧《宁夏农业经济概况（上）》，《中农月刊》，1947 年 2 月，第 8 卷第 2 期；

43. 董正钧《宁夏农业经济概况（下）》，《中农月刊》，1947 年 3 月 31 日，第 8 卷第 3 期；

44. 张之毅《西北羊毛调查》，《中农月刊》，1942 年 9 月 30 日，第 3 卷第 9 期；

45. 倪良钧《宁夏之茶叶》，《中农月刊》，1943 年，第 4 卷第 7 期；

46. 韩在英《宁夏羊毛产销概况》，《中农月刊》，1945 年，第 6 卷第 5 期；

47. 重庆市档案馆《豫陕绥宁走私现状报告书（1939 年）》，《档案史料与研究》，1995 年第 2 期；

48. 宁夏省政府秘书处编译室编印《宁夏省政府公报》，第 212 期，1948 年 1 月 1 日；

49. 国民政府文官处印铸局编印《国民政府公报》渝字第 73、100、102、272、332 号；

50. 郭世汾著《甘宁青三省无线电之过去和现在》，《西北问题季刊》，第 1 卷第 4 期，1935；

51. 交通部编《抗战与交通》，第 26 期，1939 年 9 月 16 日。

（三）日记、游记

1. 徐旭生著《徐旭生西游日记》，宁夏人民出版社 2000 年版；

2. 范长江著《中国的西北角》，新华出版社 1980 年版；

3. 朱佑慈等译《何廉回忆录》，中国文史出版社 1988 年版；

4. 叶祖灏著《宁夏纪要》，南京正论出版社 1947 年版；

5. 傅作霖著《宁夏省考察记》，南京正中书局 1934 年版；

6. 中国第二历史档案馆编《冯玉祥日记》，第 2 册，《民国名人日记丛书》，江苏古籍出版社 1992 年版。

（四）文史资料

1. 宁夏区政协文史资料研究委员会编《宁夏文史资料》，第 8 期，1981 年；

2. 和龚著《马福祥年谱概略》，宁夏区政协文史资料研究委员会编《宁夏文史资料》，第11期1982年；

3. 宁夏区政协文史资料委员会编《宁夏文史资料》，第13辑，1984年版；

4. 宁夏回族自治区文史研究馆编《宁夏文史》，第1辑，1985年；

5. 宁夏回族自治区文史研究馆编《宁夏文史》，第2辑，1986年；

6. 宁夏银川市政协文史资料研究委员会编《银川文史资料》，第3辑，1986年；

7. 政协宁夏回族自治区委员会文史和学习委员会编《宁夏文史资料》，第18、22辑，宁夏人民出版社1987年；

8. 宁夏区政协文史资料委员会编《宁夏文史资料》合订本，第1、2册，宁夏人民出版社1988年；

9. 宁夏回族自治区文史研究馆编《宁夏文史》，第4辑，宁夏回族自治区文史研究馆，1989年；

10. 宁夏区政协文史资料委员会编《宁夏文史资料》，第7、17、19辑，宁夏人民出版社1990年版；

11. 宁夏回族自治区文史馆编《宁夏文史》，第10辑，1992年；

12. 宁夏回族自治区文史研究馆编《宁夏文史》，第11辑，1995年；

13. 宁夏区政协文史资料委员会编《宁夏文史资料》，第20辑，宁夏人民出版社1997年版；

14. 宁夏回族自治区文史研究馆编《宁夏文史》，第14辑，1998年版；

15. 银川市政协文史资料委员会编，马文明主编《银川文史集萃》，宁夏人民出版社1998年版；

16. 政协宁夏回族自治区委员会文史和学习委员会编《宁夏文史资料》，第25辑，宁夏人民出版社2001年版；

17. 政协宁夏银川市委员会文史与学习委员会编《银川文史资料》，第12辑，2003年版；

18. 甘肃省政协文史资料研究委员会编《甘肃文史资料选辑》，第16辑，甘肃人民出版社1983年版；

19. 政协宁夏回族自治区委员会文史和学习委员会编《宁夏文史资料》，存稿选编之一，第二十五辑，宁夏人民出版社2001年版；

20. 政协宁夏回族自治区委员会文史和学习委员会编《宁夏文史资料》存稿选编之二，第二十六辑，宁夏人民出版社2002年版；

21. 全国政协文史资料委员会编《中华文史资料文库》，第13、14卷，中国文史出版社1996年版；

22. 宁夏区政协文史资料委员会《宁夏老字号》，宁夏文史资料第20辑，宁夏人民出版社1997年版；

23. 宁夏回族自治区政协文史资料研究委员会《宁夏三马》，中国文史出版社1988年版；

三、著作、论文

（一）著作

1. 陈育宁总主编，吴忠礼、刘钦斌主编《宁夏通史》（近现代卷），宁夏人民出版社1993年版；

2. 吴忠礼、刘钦斌主编《西北五马》，中华民国史丛书，河南人民出版社1993年版；

3. 胡平生著《民国时期的宁夏省（1929—1949）》，台湾学生书局1988年版；

4. 吴景平著《宋子文思想研究》，福建人民出版社 1998 年版；

5. 魏永理主编，李宗植、张寿彭副主编《中国西北近代开发史》，甘肃人民出版社 1993 年版；

6. 宁夏回族自治区交通厅编写组、鲁人勇主编《宁夏交通史》，宁夏人民出版社 1988 年版；

7. 徐安伦、杨旭东著《宁夏经济史》，宁夏人民出版社 1998 年版；

8. 杨新才著《宁夏农业史》，中国农业出版社 1998 年版；

9. 李庆跃著《宁夏电影史话》，宁夏人民出版社 1995 年版；

10. 陈宗胜著《发展经济学》，复旦大学出版社 2000 年版；

11. 陈育宁主编《路在何方——迈向二十一世纪的西北民族地区》，宁夏人民出版社 1997 年版；

12. 宁夏水利志编纂委员会编《宁夏水利志》，宁夏人民出版社 1992 年版；

13. 宁夏回族自治区畜禽疫病志编写组编《宁夏回族自治区畜禽疫病志》，宁夏人民出版社 1993 年版；

14. 黄立人著《抗战时期大后方经济史研究》，中国档案出版社 1998 年版；

15. 陈明猷著《贺兰集》，宁夏人民出版社 1994 年版；

16. 叶世昌、潘连贵著《中国古近代金融史》，复旦大学出版社 2001 年版；

17. 中国人民银行金融研究所《中国农民银行》，中国财政经济出版社 1980 年版；

18. 姜宏业著《中国地方银行史》，湖南出版社 1991 年版；

19. 曹龙骐著《货币银行学》，高等教育出版社 2000 年版；

20. 史培军著《地理环境演变研究的理论与实践——鄂尔多

斯地区晚第四纪以来地理环境演变研究》，科学出版社 1991 年版；

21.《经济部西北工业考察团报告》，《民国档案》，1992 年第 4 期。

（二）论文

1. 吴传清著《试论孙中山关于开发西北经济的战略思想》，《辛亥革命研究动态》，1997 年第 1 期；

2. 沈社荣著《九一八事变后“开发西北”思潮的兴起》，《宁夏大学学报》，1995 年第 4 期；

3. 徐旺生著《近代中国牧草的调查、引进及栽培试验综述》，《中国农史》，1998 年第 2 期；

4. 史念海著《两千三百年来鄂尔多斯高原和河套平原农林牧地区的分布及其变迁》，《北京师范大学学报》，1980 年第 6 期；

5. 李云峰、赵俊著《1931—1937 年间西北金融业的恢复和发展》，《民国档案》，2004 年第 1 期；

6. 马明亮著《二十世纪三四十年代宁夏省银行的业务经营》，（学士论文），宁夏大学，2007；

7. 刘冰著《旧中国中央银行的兴衰》，《民国档案》，1990 年第 4 期；

8. 刘慧宇著《论国民政府中央银行的组建及其角色定位》，《民国档案》，1999 年第 3 期；

9. 程霖著《近代中国中央银行制度思想演进》，《财经研究》，2005 年第 3 期；

10. 易棉阳、姚会元著《1980 年以来的中国近代银行史研究综述》，《近代史研究》，2005 年第 3 期；

11. Topping John Themis . Chinese Muslim Militarist, *Ma*

Hongkuiin Ningxia（1933—1949）. Doctor thesis. USA：University of Michigan，1983.

12. 张力著《近代国人的开发西北观》，《中央研究院近代史研究所集刊》，1989 年第 18 期；

13. 胡迅雷著《民国时期宁夏金融币政史略》，《宁夏大学学报》，1994 年第 4 期；

14. 张天政著《马鸿逵与宁夏近代工业的兴衰》，《民国档案》，1999 年第 4 期；

15. 张天政著《国民政府时期关于宁夏开发经济因素思考之刍议》，《宁夏社会科学》，2003 年第 1 期；

16. 张天政著《晚清地方官员与宁夏开发》，《西北第二民族学院学报》，2003 年第 2 期；

17. 张天政著《左宗棠关于宁夏开发的思想主张及实践》，《泰山学院学报》，2003 年第 2 期；

18. 张天政著《20 世纪三四十年代宁夏畜牧业建设述论》，《中国农史》，2004 年第 3 期；

19. 张天政著《国民政府时期的宁夏水利建设述论》，《宁夏社会科学》，2004 年第 6 期；

20. 张天政著《马鸿逵时期的宁夏教育》，《宁夏大学学报》，1991 年第 2 期；

21. 张天政著《国民政府时期关于宁夏初、中等教育的思想主张及实践》，《固原师专学报》，2002 年第 5 期；

22. 张天政著《国民政府时期的宁夏回族普通教育》，《民国档案》，2005 年第 4 期；

23. 张天政著《马鸿逵与近代宁夏水利建设》，《宁夏文史》第 18 辑，2002 年 7 月；

24. 张天政著《20 世纪 40 年代的宁夏林业调查与建设》

（第一作者），侯甬坚主编《鄂尔多斯及邻近地区历史地理》学术讨论会论文集，三秦出版社 2008 年版。

25. 约翰·史密斯·托平撰《中国穆斯林军阀：马鸿逵在宁夏（1933—1949）》述评，张柱华主编《“草原丝绸之路”学术研讨会论文集》，中外关系史论文集第 17 辑，甘肃人民出版社 2010 年版。

后　记

对宁夏近代史的学习、研究兴趣可谓开始于1990年。那时，在陈明猷先生指导下撰写马鸿逵时期的宁夏教育一文。该文是一篇习作，至今虽不满意，但当时能够发表对自己也是一种鞭策。1997年去复旦大学学习，在戴鞍钢教授指导下，开始较为系统地学习宁夏近代史。非常感谢我的老师戴鞍钢教授当年对我的指导与支持！2001年，曾获得全国哲学社会科学规划办公室批准立项“近代中国人开发宁夏的思想研究”课题。经过两年的努力，2003年该课题结项。但此后一直在进行宁夏近代开发课题的研究。至2007年，曾有近10篇相关学术论文发表；另外，也曾指导研究生邸娜、王韦娟、成凯参与我的课题研究，他们分别提交民国篇第二章第六节有关国民政府时期宁夏银行制度建设实践部分内容，第二章第六节财税制度部分内容，第二章第一节邮电建设部分的论文初稿，后经我的修改、补充纳入书稿。经过多年的搜集、整理及思考，《近代中国开发宁夏的思想及实践研究》一书即将问世，在此要感谢提供帮助、支持的宁夏回族自治区档案馆、图书馆，中国第一、第二历史档案馆及甘肃省档案馆，宁夏大学图书馆及历史系、人文学院资料室，复旦大学图书馆及历史系资料室，国家图书馆等。在我对宁夏近代史研究的征程中，还要感谢我的博士生导师吴景平教授对我的指导与启发！最后要衷心感谢对我的宁夏近代开发研究提供帮助的所有挚友亲朋！

虽然前后历时二十年，着手撰写先后也经过十年，但就书稿的问世而言，时间还感仓促；加上本人水平有限，书稿中难免有疏漏与错误，敬请学界指正。

作　者

2011年3月20日

图书在版编目（CIP）数据

近代宁夏开发思想及实践研究／张天政著．
-北京：人民出版社，2011.9

ISBN 978-7-01-010224-5

Ⅰ.①近…　Ⅱ.①张…　Ⅲ.①区域开发-研究-宁夏
-近代　Ⅳ.①F129.5

中国版本图书馆 CIP 数据核字（2011）第 180036 号

近代宁夏开发思想及实践研究
JINDAININGXIAKAIFASIXIANGJISHIJIANYANJIU

作者署名　张天政
责任编辑　刘丽华
出版发行　人民出版社
（100706　北京朝阳门内大街 166 号）
网　　址　http://www.peoplepress.net
经　　销　新华书店总店北京发行所经销
印　　刷　北京市文林印务有限公司
版　　次　2011 年 9 月第 1 版
2011 年 9 月第 1 次印刷
开　　本　880 毫米×1230 毫米　1/32
字　　数　335 千字
印　　数　2000 册
印　　张　14.375
书　　号　ISBN 978-7-01-010224-5
定　　价　30.00 元